张红·著

民法典人格权编立法论

法律出版社
LAW PRESS·CHINA

序

民法典中是否要安排独立的人格权编可谓改革开放以来四十年中国民事立法史上的最大争论。海内外诸多学术先进参与讨论,百家争鸣,辨明了道理,最后形成了立法上的决策。在民法典中规定独立的人格权编,展现了中国民法典的中国特色、实践特色和时代特色。中国民法典拥有独立的人格权编是其硬核优势。

基于对这场重大立法争论的思考,作者有一些学习体会:(1)民法典中安排独立的人格权编主要是顺应时代发展,因应人民对人格权保护的需要,只是立法上的技术问题而已,不管是否独立成编,都无关政治权利,不会引发政治安全问题。(2)学术讨论应限于学术,“学术争论应是蓝天净土”。学术应该鼓励创新和宽容,不能“打棍子、扣帽子”。(3)我国民法师法德国民法,但我国不是德国,时代变化要求变法,学德国民法主要是学其神而非止于其形,德国民法的方法更重要。(4)学海无涯,法学研究所得只不过是片刻欢愉而已,很快就会被他人超越的,“文人相轻的那点面子”不是那么的重要,“从撤退开始”多好!作者作为后学晚辈,从这场学术争论中不仅学习了知识,还学会了很多做人的道理。

从事学术研究至今,作者主要的研究领域是人格权法,出版《基本权利与私法》《人格权总论》《人格权各论》三本基础理论研究著作,除本书专注民法典人格权编立法论之外,还将出版《人格法》教材,继续致力于从事该领域的研究。作者是人格权在民法典中独立成编的坚定拥护者,前期所从事的卑微研究致力于深化人格权独立成编的理论基础,后期将着力拓展人格权编的覆盖范围和丰富人格权编的条文内容及其解释适用。

本书是作者从事民法典人格权编立法研究成果的汇编,汇集了作者近年来所撰写的有关人格权立法的文章和提出的立法草案,是作者对这一重大立法活动的全面思考总结。作者针对人格权编起草过程中涉及的几乎所有条文,根据立法进程,都作出逐一评述。随着立法进程前进和作者认识的不断深入,一些观点也有自我修正之处,无所谓对错,代表作者在不同阶段的思考。本书第一章"人格权编建议稿及立法理由"囿于篇幅,难以作为一篇文章在杂志上发表,其完整版是第一次面世。其他的各章都在不同的立法时间点上发表在期刊上,收录本书时有所修改。本书附件收录了《民法典》人格权编法条及自2015年中国民法学研究会发布的第一份民法典人格权编草案到2020年《民法典》最终通过的人格权编的各种版本的人格权草案。本书可以作为民法典人格权编立法史资料、解释适用资料和人格权编教研资料使用。

本书所收录系列论文的写作时间从2015年持续到2020年,需要克服很多困难。要特别感恩家人相伴给予的力量,所在工作单位及同事对本人的支持。不管身在何处,都要感念组织培养、师长关爱和师生同仁的支持厚爱。感谢发表本书各章的杂志,特别是编辑同仁们。本书写作过程中,CCI(civil code institute)团队成员黄绍坤、程乐、陶鑫明等人做了大量基础工作,特别要感谢他们。

2020年6月8日于武汉大学法学院

缩 略 语

《中华人民共和国宪法》	《宪法》
《中华人民共和国民法通则》	《民法通则》
《中华人民共和国民法总则》	《民法总则》
《中华人民共和国物权法》	《物权法》
《中华人民共和国合同法》	《合同法》
《中华人民共和国继承法》	《继承法》
《中华人民共和国侵权责任法》	《侵权责任法》
《中华人民共和国收养法》	《收养法》
《中华人民共和国刑法》	《刑法》
《中华人民共和国英雄烈士保护法》	《英雄烈士保护法》
《中华人民共和国网络安全法》	《网络安全法》
《中华人民共和国人民警察法》	《人民警察法》
《中华人民共和国人民武装警察法》	《人民武装警察法》
《中华人民共和国执业医师法》	《执业医师法》
《中华人民共和国妇女权益保障法》	《妇女权益保障法》
《中华人民共和国国家通用语言文字法》	《国家通用语言文字法》
《中华人民共和国居民身份证法》	《居民身份证法》

《中华人民共和国民法典·人格权编草案》(2015年8月13日中国民法学研究会)	《民法学会草案》
《中华人民共和国民法典·人格权编专家建议稿(征求意见稿)》(2017年6月中国民法学研究会)	《专家建议稿》
《中华人民共和国民法人格权编(草案)》(2017年11月15日全国人大法制工作委员会民法室)	《室内稿》
《民法典·人格权编(草案)(征求意见稿)》(2018年5月全国人大法制工作委员会)	《征求意见稿》
《民法典各分编(草案)》	《一审稿》
《民法典各分编(草案)二审稿》	《二审稿》
《民法典各分编(草案)三审稿》	《三审稿》
《中华人民共和国民法典(草案)》人格权编	《四审稿》
最高人民法院《关于贯彻执行〈中华人民共和国民法通则〉若干问题的意见(试行)》	《民法通则意见》
最高人民法院《关于审理名誉权案件若干问题的解释》	《名誉权解释》
最高人民法院《关于审理名誉权案件若干问题的解答》	《名誉权解答》
最高人民法院《关于确定民事侵权精神损害赔偿责任若干问题的解释》	《精神损害赔偿解释》
最高人民法院《关于审理利用信息网络侵害人身权益民事纠纷案件适用法律若干问题的规定》	《利用信息网络侵权的适法规定》
最高人民法院《关于审理旅游纠纷案件适用法律若干问题的规定》	《旅游纠纷的适法规定》
最高人民法院《关于审理人身损害赔偿案件适用法律若干问题的解释》	《人身损害赔偿解释》
最高人民法院《关于人民法院民事执行中查封、扣押、冻结财产的规定》	《查封、扣押、冻结财产规定》

简目

目录

导　论

我国民法典是由单行民法发展而来,这不同于世界上其他的民法典产生过程。民法典编纂是由“编”和“纂”组成。“编纂”民法典,是对我国现行的、制定于不同时期的《民法通则》、《物权法》、《合同法》、《担保法》、《婚姻法》、《收养法》、《继承法》、《侵权责任法》和人格权方面的民事法律规范进行全面系统的编订纂修。“编纂”民法典,应当顺应中国特色社会主义进入新时代的新要求,进一步完善产权保护制度、公平交易制度、婚姻家庭和继承制度,进一步完善自然人和其他民事主体的人身权、财产权、人格权的保护救济制度。民法典由民法总则和民法各分编组成,总共七编。民法总则是对民法基本原则、主体制度、权利制度和法律行为制度的总括性规定,是整个民法制度的共同的基本制度。民法典各分编包括六编,依次是物权编、合同编、人格权编、婚姻家庭编、继承编、侵权责任编。

民法典编纂要彰显中国特色、体现时代特点、反映人民意愿。我国民法典中最具中国特色、最能体现时代特点和反映人民意愿的地方就是设立了独立的人格权编。经典民法典和传统的民法理论多注重平等主体间的财产关系,存在着“重物轻人”的倾向。传统理论亦认为人格权是一项仅具有消极受保护权能的绝对权,以侵权法加以保护即可。但随着社会的发展,姓名权、肖像权等人格权中的经济财产价值成为不可忽视的一部分。人格权中的积极权能开始显现并成为人格权的重要部分,权利人对自己的人格利益有着自由支配、利用的需要,这便要求民法典留有相应的制度空间,而在侵权责任编的部分不能对人格权进行积极确权,也无法规范人格权的积极权能。因此,传统的民法典体例结构无法满足这一要求,必须由独立的人格权编对此加以规定。我国民事立法自《民法通则》以来,一直高度重视人格权保护,在这方面的立法上一直走在世界的前列。近年来加强人格权保护的呼声很强,人民对生命、身体、健康、姓名、肖像、名誉、荣誉、隐私和个人信息等人格利益保护的要求不断增多。人格权面临的侵害愈发多元化,在信息网络、自媒体时代下的人格权保护需要新的规范加以回应。我国法律在回应这些要求上制度供给不足,其他国家的民事立法也存在这个问题,需要完善制度供给侧结构性改革。党的十九大报告明确指出,"保护人民人身权、财产权、人格权",体现了党对于人民权利的高度重视。我国民法典编纂充分贯彻了这一要求,是以人为本的体现。如果民法典中没有独立的人格权编,民法典立法就是对民法通则以来各既有单行民法的汇总,没有新的内容。这只能叫做"编"民法典,而不是"编纂"民法典。没有人格权编,民法典立法的必要性将大大降低,可能就不会有民法典。没有人格权编的中国民法典无异于大陆法系各民法典的复制品。民法典人格权编主要从民事法律规范的角度规定自然人和其他民事主体人格权的内容、边界和保护方式:除了规定以"人格尊严、人身自由"为基础的一般人格权以及各具体人格权之外,人格权编还结合各具体人格权的结构、特性详尽规定了针对各具体人格权的侵权行为构成,为人格权提供了周全的保护;同时还规定了各种侵权除外情形,避免过度保护人格权权利人而有损公共利益,比如肖像权的合理使用制度。这其中并不涉及公民政治、社会等方面权利。我国民法典确定设置独立的人格权编后,受到国际上的广泛赞誉,很多外国学者认为这是世界民法典立法史上的具有里程碑意义的创举。中国民法典的人格权编开创了对人格权行使、限制与精准保护的新式人格权规则体系,突破了单一的消极保护模式,为世界各国有效应对21世纪人格权保护的课题提供了中国经验与中国方案。

我国独具特色的七编制民法典除了拥有独立的人格权编之外,还有独立的侵权责任编,并没有设置债法总则。这种民法典编制不同于法国式的三编制民法典,也不同于的德国式的五编制民法典,在世界上是独一无二的,这是中国民法典在体系上的重大创新。有的观点认为,传统大陆法系民法典如德国、法国、日本、瑞士等国家民法典中没有人格权编,如果我国民法典规定了独立的人格权编将会有违民法典的科学性,破坏了大陆法系民法典的体系。这种观点不值得赞同。民法典的体例结构本身就不是一成不变的,没有标准答案。生活各式各样,上帝没有创造民法典体系,从来就没有一成不变的民法典体系。民法典的体系架构是开放、动态的。大陆法系的经典民法典也随着社会实践的变化而有所调整。道法自然,法典体系来自生活,是为了照顾生活。民法典是国之大典大法,植根于民族和国家,立民法典理应从国情出发,体现时代特点和回应人民意愿。编纂民法典要坚持实事求是,不能为了创新而创新,不能为了特色而特色。民法典是一国民众生活的反映,中国民法典源自中国实践。民法典设置独立的人格权编是对新时代人民群众对美好生活向往的积极回应,体现时代特点和回应人民意愿。坚持编纂一部有中国特色的民法典,是文化自信、制度自信和大国担当的体现。这部中国特色的民法典必定和中国产品、中国标准、中国服务一样,代表着中国法律,不断走向世界舞台的中央。

第一章　人格权编建议稿及立法理由*

第一节　一 般 规 定

第 1 条　人格权的保护

民事主体的人格权益受法律保护，任何组织和个人不得侵犯。

■ 立法理由

人格权的主体，主要为自然人，但对法人、非法人组织以及个体工商户，法律也规定在特别场合享有人格权，例如法人享有名称权、名誉权、荣誉权、信用权等人格权，非法人组织同样如此，即使个体工商户也享有名称权等人格权。其根源在于，自然人具有人格，而法人、非法人组织以及个体工商户为法律拟制人格。故本条规定，自然人为“民事主体”的人格权益受法律保护。但自然人与法人及其他民事主体因其自身性质和法律规定，享有人格权的种类和范围有所区别。

本条所称的“人格权益”应理解为自然人的人身自由、人格尊严以及法人、非法人组织的人格权益。因此，此条实为一般人格权的重申与扩展。我国对一般人格权的概念限制于对具体人格权客体之外的其他非典型人格利益的决定权，履行对于尚未得到具体人格权保护的非典型人格权利益进行保护的功能。故一般人格权既是具体人格权的母权利、渊源权，对所有的具体人格权具有概括的指导性和规定性；又是对具体人格权不能予以保护的其他人格利益进行补充性保护之权。一般人格权的范围极为广泛，主要包

---

* 本章部分内容曾结合立法进程发表于《法学评论》2019 年第 1 期。

括人身自由和人格尊严两大法益，并以人格尊严为其核心。人格尊严的实质内容，是民事主体独立享有人格，民事主体的人格一律平等，享有平等的主体资格，不受他人的支配、干涉和控制，且包括保持人格和发展人格的自由。在法律适用中，应当依据一般人格权的规定性，解释各项具体人格权，创造新的具体人格权，以及补充保护不被具体人格权所涵括的一般人格利益。

此外，人格权是一种双重权利，既是民法权利又是宪法权利。人格权是一种私法权利是没有太大争议的。但在以宪法秩序为追求的时代，应当突破狭隘的民法实证主义思维。在人格权编制定之后，人格权的私法性质将更加凸显，但这并不妨碍私法上的人格权借助宪法中的基本权利概括条款升华为基本权利，以具对抗国家权力之防御功能。

立法例

1.《民法总则》

第 3 条　民事主体的人身权利、财产权利以及其他合法权益受法律保护，任何组织或者个人不得侵犯。

第 109 条　自然人的人身自由、人格尊严受法律保护。

2.《室内稿》

第 1 条　民事主体的人格权益受法律保护，任何组织和个人不得侵犯。

3.《征求意见稿》

第 1 条　民事主体的人格权益受法律保护，任何组织和个人不得侵犯。

第 2 条　人格权的消极权能

人格权不得放弃、转让、继承，但法律另有规定的除外。

对人格权益不得进行非法限制，但为了公共利益的需要，国家机关可以依照法律规定予以限制。

立法理由

人格权是人之所以为人的权利，人格权与人自身不可分离。人格权不可放弃、转让、继承，是不言自明的基本原理。首先，人格权不得放弃。虽然人格权与人本身紧密相连，但人格权的权利人并不能任意放弃自己的生命、身体、健康权等。当然,除了消极的防御侵害权能,人格权也具有积极占有、使用、收益、处分的权能。本条关注的就是人格权的消极权能。如果允许对生命和身体进行积极使用、收益和处分,奴隶制、自杀、器官买卖、卖淫等都将被认为是人格权行使的必然,这本身就是与人格权发展相违背的。

其次,现行《继承法》规定继承的客体是遗产。所谓遗产,指的是被继承人死亡时遗留的个人所有财产和法律规定可以继承的其他财产权益。此处所指不可继承的正是人格权的消极权能。消极权能一方面表现出对抗性质,另一方面也表现出非财产性,故不能作为遗产加以继承。本条第 1 款但书“法律另有规定的除外”指的是人格权的积极权能。因为积极权能可以行使,具有财产价值,故可以放弃、转让与继承,不与《继承法》对遗产的定义相违背。

本条第 2 款体现的是人格权具有不受限制的特性,但为了公共利益时,仅能由特定的国家机关根据法律进行特殊处理。首先,对人格权加以限制的主体只能是国家机关。其次,只能依据法律的规定作出限制,不能根据行政法规、规章等对人格权进行限制。比如,生命权只能依法剥夺(依法判处死刑);姓名权,国家只能依法对取名、改名设置一定的规则限制。此外,“公共利益”是一个较为模糊的概念,以此为限制很可能导致权力滥用。这就需要明确的法律规定加以明确,不能以模糊的“公共利益”为由限制人格权益,避免权力的滥用。

回 立法例

1.《专家建议稿》

第 3 条第 1 款　非依法律规定,人格权益不受限制。

第 4 条　人格权益不得转让、继承,但法律另有规定的除外。

2.《室内稿》

第 2 条　人格权不得放弃、转让、继承,但法律另有规定的除外。

3.《征求意见稿》

第 2 条　人格权不得放弃、转让、继承,但法律另有规定的除外。

对人格权益不得进行非法限制,但为了公共利益的需要,国家机关可以依照法律规定予以限制。

第3条 人格权的积极权能

民事主体对其名称、肖像、个人信息等具有经济利益内容的人格权益享有支配的权利，可以许可他人使用，但根据其性质或者依照法律规定不得许可的除外。

立法理由

本条规定的是人格权的积极权能。在人格权发展之初，对人格权的认知和研究主要局限在物质性人格权，即生命、身体、健康权之上。此时认可这种物质性人格权的积极权能是十分困难的。但人格权本身是不断发展的，人格权特别是精神性人格权的商业利用已成为经济选择的必然。人格权的占有、使用、收益和处分也成为可能。诸如姓名、名称的决定、变更与使用，肖像的拥有、再现、许可和公开，隐私的隐瞒、处分、自主与使用权等都是人格权积极行使的体现。日本“×教派教徒输血案”中明确提出的患者对于自己身体拥有自我决定权；“暴力团成员更姓案”“近亲性侵被害者更姓案”中对当事人姓名变更权的支持；德国联邦宪法法院“真实表达自己姓名之权”裁定对姓名使用权的认可；“蓝天野案”“贾桂花案”“李海峰案”关于肖像的许可使用与合理使用的争论更是为人格权的积极行使提供了现实的判决依据和观念肯认。

但这种支配和许可不是无限制的。例如，名人或者普通人为了获取经济利益，向新闻媒体或者出版机构出卖自己的隐私信息、个人信息，或者允许拍摄、展示自己的私生活、私人空间；“网红”通过信息网络直播自己的隐私活动，通过各种自我丑化、搞怪搞笑等行为博取眼球，和网站约定分成、获取收入。这类行为在不影响他人的情况下是可以被允许的，但影响了他人，或者具有不良的社会影响就应该加以限制。人的尊严的保护，不仅是权利人自己个人的事情，而且是整个社会最基础的公序良俗。法律不鼓励、不支持过度消费自我人格并对社会产生不良影响的行为。

依据本条规定，人格权的支配和行使主体是民事主体。但非企业的法人和非法人组织的名称，通常不能许可他人使用，如国家机关、党的机关、居民委员会法人、村民委员会法人等的名称，不具有经济利益内容，不得许可他人使用，否则将损害公法人的职能和国家形象。事业单位、捐助法人、社会团体法人和非营利性非法人组织的名称，通常也不得进行经济利用，否则将损害国家事业或社会公益事业的公信力。真正能够进行支配和经济利用的名称，实际上只有企业名称。

此外，民事主体的名称、肖像、个人信息，并不当然具有经济利益。是否具有经济利益，取决于该人是否有一定的名气，从根本上取决于是否有人愿意付费使用，是否存在市场需求。无人愿意付费使用的，无所谓经济利益，如普通人的肖像或者个人信息。但即使不具有经济利益，权利人亦可支配其权利，甚至许可他人使用。

▣ 立法例

1.《室内稿》

第 3 条　人格权人可以许可他人使用其肖像、姓名、名称等，但是依照性质或者法律规定不得被许可的除外。

2.《征求意见稿》

第 3 条　民事主体对与其人格利益有关的事务享有决定权，任何组织和个人不得干涉，但行使决定权不得违反法律，不得违背公序良俗。

第 4 条　死者人格权益

侵害死者的姓名、肖像、名誉、荣誉、隐私等，损害其近亲属合法权益的，其配偶、父母、子女可以依法请求行为人承担民事责任；死者没有配偶、子女或者父母死亡的，其他近亲属可以依法请求行为人承担民事责任。

■ 立法理由

本条是关于死者人格权的规定。死者有无人格权？该权利谁来行使？一直都是该条立法过程中的争议焦点。按照民法一般原理和《民法总则》的规定，自然人的权利能力始于出生，终于死亡。自然人死亡后，不具有民事权利能力，从而也不存在权利，其人格权也就随之消灭。退而求其次，《精神损害赔偿解释》第 3 条规定了对死者“人格利益”的保护，避开死者享有人格权利这一逻辑漏洞，转而通过人格利益的保护加以规范的做法是值得借鉴的。例如,关于死者人格的保护,德国的判例学说也不以权利立论,而是认为世人对于死者的人格尊严存在一般性的尊重义务,若违反此义务,应承担责任,由此创设一种无权利与之对应的义务。保护死者的人格利益而非人格权亦可起到尊重死者人格尊严的作用是本条立法的参考,但为了避免限制未来学说的发展,采“权益”一词而非“利益”一词以预留解释余地。而对于权益被侵害后的请求权行使,则以其配偶、父母、子女为限。在没有配偶、父母、子女时,可由其近亲属行使请求权。

回 立法例

1.《专家建议稿》

第3条第2款　死者的人格利益受法律保护。

2.《室内稿》

第4条　自然人死亡后,其姓名、肖像、名誉、荣誉等受到侵害的,其配偶、父母、子女可以依法请求侵权人承担民事责任;死者没有配偶、子女或者父母死亡的,其他近亲属可以依法请求侵权人承担民事责任。

3.《征求意见稿》

第5条　侵害死者的姓名、肖像、名誉、荣誉、隐私等,损害其近亲属合法权益的,其配偶、父母、子女可以依法请求行为人承担民事责任;死者没有配偶、子女或者父母死亡的,其他近亲属可以依法请求行为人承担民事责任。

4.《精神损害赔偿解释》

第7条　自然人因侵权行为致死,或者自然人死亡后其人格或者遗体遭受侵害,死者的配偶、父母和子女向人民法院起诉请求赔偿精神损害的,列其配偶、父母和子女为原告;没有配偶、父母和子女的,可以由其他近亲属提起诉讼,列其他近亲属为原告。

第5条　英烈人格权益

英雄烈士的姓名、肖像、名誉、荣誉受法律保护,任何组织和个人不得以侮辱、诽谤、丑化或者其他方式侵害。

侵害英雄烈士的姓名、肖像、名誉、荣誉,损害社会公共利益的,法律规定的机关可以依法请求行为人承担民事责任。

■ 立法理由

本条规范内容是对英烈人格权益的保护。“英烈条款”的核心目的是维护媒体传播所侵害的社会公共利益。第一,该条款所列举的保护客体是穷尽式的。只限于英雄烈士的姓名、肖像、名誉、荣誉的保护,不包括生命、身体、健康等权利的保护。第二,保护对象为已经牺牲、其人格利益已转化为社会公共利益的英雄烈士等,只针对损害英雄烈士等人格利益进而损害社会公共利益的情形,其保护英烈人格利益是前提性目的,保护社会公共利益是最终核心目的,并须检察院等有起诉权的机构提起公益诉讼,唯有如此,才能取得民法体系的自洽和逻辑的周延。在此基础上,“英烈条款”应视为对死者人格保护的特殊情形,与其他死者人格利益保护的法律规范一起,构成死者人格利益保护的完整体系。第三,请求权行使主体应为公益诉讼机构,且不以英烈近亲属是否提起诉讼为根据。具体而言,对侵害英雄烈士的姓名、肖像、名誉、荣誉的行为,英雄烈士的近亲属可以依法向人民法院提起诉讼。英雄烈士没有近亲属或者近亲属不提起诉讼的,检察机关依法对侵害英雄烈士的姓名、肖像、名誉、荣誉,损害社会公共利益的行为向人民法院提起诉讼。负责英雄烈士保护工作的部门和其他有关部门在履行职责过程中发现第 1 款规定的行为,需要检察机关提起诉讼的,应当向检察机关报告。英雄烈士近亲属依照第 1 款规定提起诉讼的,法律援助机构应当依法提供法律援助服务。以侮辱、诽谤或者其他方式侵害英雄烈士的姓名、肖像、名誉、荣誉,损害社会公共利益的,依法承担民事责任;构成违反治安管理行为的,由公安机关依法给予治安管理处罚;构成犯罪的,依法追究刑事责任。

□ 立法例

1.《英雄烈士保护法》

第 25 条第 1 款、第 2 款　对侵害英雄烈士的姓名、肖像、名誉、荣誉的行为,英雄烈士的近亲属可以依法向人民法院提起诉讼。

英雄烈士没有近亲属或者近亲属不提起诉讼的,检察机关依法对侵害英雄烈士的姓名、肖像、名誉、荣誉,损害社会公共利益的行为向人民法院提起诉讼。

第 26 条　以侮辱、诽谤或者其他方式侵害英雄烈士的姓名、肖像、名誉、荣誉,损害社会公共利益的，依法承担民事责任；构成违反治安管理行为的，由公安机关依法给予治安管理处罚；构成犯罪的，依法追究刑事责任。

2.《室内稿》

第 5 条　英雄烈士等的姓名、肖像、名誉、荣誉受法律保护，任何组织和个人不得以侮辱、诽谤、丑化或者其他方式侵害。

行为人侵害英雄烈士等的姓名、肖像、名誉、荣誉，损害社会公共利益的，其近亲属或者法律规定的有关机关可以依法请求侵权人承担民事责任。

3.《征求意见稿》

第 6 条　英雄烈士的姓名、肖像、名誉、荣誉受法律保护，任何组织和个人不得以侮辱、诽谤、丑化或者其他方式侵害。

侵害英雄烈士的姓名、肖像、名誉、荣誉，损害社会公共利益的，法律规定的机关可以依法请求行为人承担民事责任。

第 6 条　兜底规定

除本编规定的人格权益外，自然人享有基于人格尊严、人身自由产生的其他人格权益。

■ 立法理由

本条为兜底条款，目的是适应未来人格权的发展。以一般人格权中的人格尊严、人身自由为核心产生的人格权益即使没有在本编作出详细规定，亦应视为人格权加以一般性的保护。

回 立法例

1.《民法总则》

第 109 条　自然人的人身自由、人格尊严受法律保护。

2.《征求意见稿》

第 7 条　除本编规定的人格权益外，自然人享有基于人格尊严产生的其他人格权益。

第 7 条　责任承担方式与诉讼时效

侵害他人人格权益的，应当依照本法和其他法律的规定承担停止侵害、赔偿损失、消除影响、恢复名誉、赔礼道歉等民事责任。

被侵权人依照前款规定提出的停止侵害、消除影响、恢复名誉、赔礼道歉请求权不受诉讼时效的限制。

立法理由

本条是人格权遭受侵害后，侵权人应承担的民事责任方式。本条承袭了《民法总则》第 179 条、《侵权责任法》第 15 条关于民事责任方式的规定。但《民法总则》第 179 条、《侵权责任法》第 15 条关于排除妨碍、消除危险是物权的保护方式，是物权请求权的内容，而非人格权的保护方式，故不将此类责任方式写入人格权编。

另外，停止侵害、排除妨碍、消除危险请求权不适用诉讼时效，《民法总则》第 196 条已有明文规定。消除影响、恢复名誉、赔礼道歉请求权，其性质和停止侵害、排除妨碍、消除危险请求权相同，当然可以参照适用《民法总则》第 196 条规定。而且，依据当然解释方法（举轻以明重），物权为财产权，其物权请求权尚且不适用诉讼时效，则人格权请求权，当然更不适用诉讼时效。因姓名权是一种人格权，其本质上属于绝对权、对世权，除姓名权本人之外，任何人都是义务主体，都负有不得侵犯他人姓名权的义务。基于人格权被侵害产生的停止侵害、恢复名誉、赔礼道歉、消除影响请求权不适用诉讼时效的规定，即人格权请求权系基于支配权而产生，与支配权的存在共存。若适用诉讼时效的规定，则影响人格权的绝对支配效力，影响人的人格和生存，故不具有财产利益内容的人格权请求权不适用诉讼时效制度。但具有财产利益内容的人格权请求权为债权请求权，应适用诉讼时效的规定。

立法例

1.《民法总则》

第 179 条第 1 款　承担民事责任的方式主要有：

（一）停止侵害；

（二）排除妨碍；

（三）消除危险；

（四）返还财产；

（五）恢复原状；

（六）修理、重作、更换；

（七）继续履行；

（八）赔偿损失；

（九）支付违约金；

（十）消除影响、恢复名誉；

（十一）赔礼道歉。

2.《侵权责任法》

第2条　侵害民事权益，应当依照本法承担侵权责任。

本法所称民事权益，包括生命权、健康权、姓名权、名誉权、荣誉权、肖像权、隐私权、婚姻自主权、监护权、所有权、用益物权、担保物权、著作权、专利权、商标专用权、发现权、股权、继承权等人身、财产权益。

3.《征求意见稿》

第8条　侵害他人人格权益的，应当依照本法和其他法律的规定承担停止侵害、排除妨碍、消除危险、赔偿损失、消除影响、恢复名誉、赔礼道歉等民事责任。

被侵权人依照前款规定提出的停止侵害、排除妨碍、消除危险、消除影响、恢复名誉、赔礼道歉请求权不受诉讼时效的限制。

第8条　侵害人格权益的认定

认定行为人承担侵害人格权益的，应当考虑下列因素：

（一）人格权益的类型；

（二）行为人和受害人的职业、社会身份、社会影响范围等；

（三）行为人的过错与否，但法律另有规定的除外。

行为人为新闻报道、舆论监督等维护公序良俗的目的，在必要范围内合理使用民事主体的肖像、隐私、个人信息等人格权益的，不承担民事责任。

■ 立法理由

1. 本条第1款第1项规定，认定侵权责任的承担应当考虑“人格权益的类型”，隐含着不同人格权益区分保护的思路。在处理责任承担问题时，人格权益类型首先要根据积极权能和消极权能的不同加以区分，其次要根据该权益本身的特点确定民事责任，具体操作有待裁判和个案的不同加以具体分析。

2. 本条第1款第2项规定，认定行为人承担侵害人格权益的民事责任时，应当考虑“行为人和受害人的职业、社会身份、社会影响范围等”，是综合考虑了人格权，特别是姓名权、肖像权、名誉权等权益的特点制定的。但依照我国现行《侵权责任法》以及最高人民法院关于侵权责任的司法解释，在侵害“生命权、健康权、身体权、名誉权、隐私权”这些典型的仅具或具有消极性权能较为明显的人格权时，无论行为人具有何种职业、何种社会身份、何种社会影响范围，均应当一律承担民事赔偿责任，绝不能因其具有某种职业、社会身份、社会影响范围而不必承担责任，也不会因为行为人的职业差异、社会地位高低、社会影响大小而多赔偿或少赔偿。同样，对于受害人这一方而言，在生命权、健康权、身体权等人格权益受侵害的侵权行为中，绝不能因为受害人具有某种职业、社会身份、社会影响范围而认为行为人不必对其侵权行为承担民事责任；受害人的职业、社会身份、社会影响范围，既不影响侵权责任的构成，也不影响侵权责任的方式和损害赔偿的数额。无论受害人职业、社会身份、社会影响范围如何，侵权人均应当承担停止侵害、赔礼道歉、赔偿损失等民事责任。关于受害人遭受人身损害的赔偿标准，《人身损害赔偿解释》早已确立具体的标准，残疾赔偿金、死亡赔偿金等均有统一、明确的赔偿标准，不因受害人的职业差异、社会地位高低、社会影响大小而异，可以参照适用。

3. 本条第1款第3项规定，在认定侵害人格权益民事责任承担时应当考虑“行为人的过错与否”。在刑法上，刑事责任的构成，区分故意和过失。在民法上，民事责任的构成，是否区分故意和过失，行为人过错达到何种程度需要承担民事责任，俱因权利性质的不同而存在差异。在法律没有明确规定时，过错大小对于民事责任的承担不发生影响（第三人侵害债权等某种特殊的侵权行为，仅在行为人故意时才承担侵权责任）。本项便为法律的特殊规定，在故意或过失侵害他人的名誉、肖像权等时，可能因为行为人过错程度较低而不必承担民事责任。

4.《征求意见稿》第9条第1款第4项规定，在认定侵害人格权益民事责任承担时应当考虑“行为的目的、方式、时间、后果等具体情节”。但这样的规定有违现行法律规定，有悖民法基本原理。在刑法上，法院对犯罪分子科以刑罚时，区分犯罪行为的目的、方式、时间、后果等具体情节。在民法上，民事责任的构成，只需具备特定的行为要件，而不考虑，也不应当考虑行为目的、方式、时间、后果等具体情节。行为具体情节轻重与否，不影响民事责任的承担，不会因行为具有某种特定目的、采用某种方式、处于某种时间、发生某种后果而判定行为人不必承担民事责任。本项规定认定侵害人格权益的民事责任时应当考虑行为的具体情节，与现行法律相抵触，且违反民法基本原理，对受害人极为不利。这只能作为法院酌情考虑的内容，但不能作为民事责任承担方式考虑的因素。

实际上，行为人的具体情节、侵害后果等因素，仅仅是人民法院在认定责任已经成立、行为人应当承担精神损害赔偿责任的前提下确定精神损害赔偿数额的考虑因素，而不是决定行为人是否承担责任的考虑因素，也不是确定物质损害赔偿数额的考虑因素（物质损害赔偿可由证据证明，据实计算）。

5. 本条第2款是关于肖像、隐私、个人信息的合理使用规则。在《征求意见稿》中原本还有姓名、名称的合理使用规则。但姓名、名称，是民事主体身份的标志，本来就是供他人自由称呼、使用的。法律之所以要求每一个民事主体都应当有自己的姓名或者名称，就是为了将该民事主体和其他民事主体区分开来，为了其他人能够称呼该民事主体。因此，任何人都可以称呼、使用他人的姓名、名称。而绝非仅限于新闻报道、舆论监督的必要范围内的使用。在侵权法上，要构成侵害他人姓名、名称的侵权责任，只能是盗用、假冒等故意混淆的方式。通常的使用，不会发生侵权责任，否则社会交往不可能正常进行，有悖姓名和名称法律制度的目的。因此予以删除。

☐ 立法例

1.《侵权责任法》

第6条　行为人因过错侵害他人民事权益，应当承担侵权责任。

根据法律规定推定行为人有过错，行为人不能证明自己没有过错的，应当承担侵权责任。

第7条 行为人损害他人民事权益,不论行为人有无过错,法律规定应当承担侵权责任的,依照其规定。

2.《征求意见稿》

第9条 认定行为人承担侵害人格权益的民事责任,应当考虑下列因素:

(一)人格权益的类型;

(二)行为人和受害人的职业、社会身份、社会影响范围等;

(三)行为人的过错程度,但法律另有规定的除外;

(四)行为的目的、方式、时间、后果等具体情节。

行为人为新闻报道、舆论监督等维护公序良俗的目的,在必要范围内合理使用民事主体的姓名、名称、肖像、隐私、个人信息等人格权益的,不承担民事责任。

第9条 特殊的责任承担方式

侵权人依法承担消除影响、恢复名誉或者赔礼道歉等责任形式的,应当与侵权的具体方式和所造成的影响范围相当。侵权人拒不履行的,人民法院可以采取在报刊、网络等媒体上发布公告或者公布生效裁判文书等合理的方式执行,由此产生的费用由侵权人承担。

■ 立法理由

本条属于侵权人拒不履行侵害人格权责任承担方式时的特殊规定,是对前文责任承担的一般方式的补充。法院可以通过在报刊、网络等媒体上发布公告或者公布生效裁判文书恢复权利人的名誉,消除相应的影响,责令侵权人进行道歉等,但对于停止侵害、赔偿损失的民事责任恐难使用。

◻ 立法例

1.《征求意见稿》

第11条 侵权人依法承担消除影响、恢复名誉或者赔礼道歉等责任形式的,应当与侵权的具体方式和所造成的影响范围相当。侵权人拒不履行的,人民法院可以采取在报刊、网络等媒体上发布公告或者公布生效裁判文书等合理的方式执行,由此产生的费用由侵权人承担。

2.《利用信息网络侵权的适法规定》

第16条　人民法院判决侵权人承担赔礼道歉、消除影响或者恢复名誉等责任形式的，应当与侵权的具体方式和所造成的影响范围相当。侵权人拒不履行的，人民法院可以采取在网络上发布公告或者公布裁判文书等合理的方式执行，由此产生的费用由侵权人承担。

第10条　精神损害赔偿

因当事人一方的违约行为，损害对方人格权益造成严重精神损害，受损害方选择请求其承担违约责任的，有权要求精神损害赔偿。

■ 立法理由

关于精神损害赔偿，《侵权责任法》在第22条中明确规定："侵害他人人身权益，造成他人严重精神损害的，被侵权人可以请求精神损害赔偿。"与此相反，对于违约精神损害赔偿，《民法总则》和《合同法》中都没有明确作出规定。值得注意的是，《旅游纠纷的适法规定》第21条提道："旅游者提起违约之诉，主张精神损害赔偿的，人民法院应告知其变更为侵权之诉；旅游者仍坚持提起违约之诉的，对于其精神损害赔偿的主张，人民法院不予支持。"这一解释说明最高人民法院至少在旅游合同纠纷场合明显否定了违约精神损害赔偿的可能性。传统民法以财产权保护为基础构建民法体系。随着对人保护的观念在民法理念中的不断渗透，借由各国宪法解释和司法实践推动，违约精神损害赔偿制度实成现代法律发展之趋势，此点从欧洲统一法的诸多文本规定中可见一斑。德国法以诚信原则为基础，衍生出对债权人的非财产性利益的保护义务，最终通过立法修正方式对违约损害赔偿予以肯定。本条通过立法明确违约损害人格权益的可以要求精神损害赔偿实有必要。

首先，在利益衡量上，损害赔偿的基本宗旨在于填补当事人遭受的损害，这其中也应该包括非财产性损害。对非财产性损害，如果否认违约精神损害赔偿之可能，而要求必须通过侵权之诉予以主张，受害人则必须放弃主张合同之诉的种种实益，如违约金、定金条款之主张，举证责任和时效上的便利。而如果他选择主张违约责任，则只能放弃对精神损害的赔偿。在我国司法实践中，法院在合同之诉中，往往依据《人身损害赔偿解释》对其他人身损害各项予以赔偿，唯独对精神损害一项不予支持。如此，精神损害赔偿实成当事人主张合法权利之“鸡肋”，不利于平衡合同双方当事人之利益和保护权利人的合法权益。

其次，在一些有名合同中，对人格权益的保护义务作了明确规定。如针对客运合同规定的“对旅客的救助义务”、“旅客伤亡的损害赔偿责任”、劳动合同中的休息度假和劳动条件要求等。同时，针对租赁合同，《合同法》第233条也间接提及了对承租人人身安全的保护义务。这也为违约损害人格权益的可以要求精神损害赔偿提供了先验性的基础。

可以说，违约精神损害赔偿制度之所以不断引起人们的关注和认可，原因除了人的价值、精神需求日益得以彰显之外，还在于合同义务(债的内容)的不断扩张——从传统法仅仅关注主给付义务的财产属性到逐渐肯定合同义务，包括附随义务中可以包含满足和保护合同债权人精神利益的内容。正是对合同义务内容的深入挖掘，才使违约精神损害赔偿明确了自身的存在价值——与侵权精神损害赔偿不同。在合同背景下，当事人的精神利益不再仅仅是被动的受保护对象，而可以成为当事人(以约定的方式)主动追求并可得到法律保护的客体。

回 立法例

1.《合同法》

第113条　当事人一方不履行合同义务或者履行合同义务不符合约定，给对方造成损失的，损失赔偿额应当相当于因违约所造成的损失，包括合同履行后可以获得的利益，但不得超过违反合同一方订立合同时预见到或者应当预见到的因违反合同可能造成的损失。……

2.《征求意见稿》

第12条　因当事人一方的违约行为，损害对方人格权益造成严重精神损害，受损害方选择请求其承担违约责任的，有权要求精神损害赔偿。

3.《人身损害赔偿解释》

第1条　因生命、健康、身体遭受侵害，赔偿权利人起诉请求赔偿义务人赔偿财产损失和精神损害的，人民法院应予受理。

本条所称“赔偿权利人”，是指因侵权行为或者其他致害原因直接遭受人身损害的受害人、依法由受害人承担扶养义务的被扶养人以及死亡受害人的近亲属。

本条所称“赔偿义务人”，是指因自己或者他人的侵权行为以及其他致害原因依法应当承担民事责任的自然人、法人或者其他组织。

第二节　生命权、身体权和健康权

第11条　生命权

侵权行为造成受害人死亡的，受害人的近亲属有权请求支付死亡赔偿金和死者生前扶养的人所必需的生活费，并赔偿为救治受害人所支出的医疗费、护理费等费用。

支付死者丧葬费的人有权请求加害人赔偿合理的丧葬费用。

■ 立法理由

本条是关于侵害自然人生命权的民事责任的规定。生命权是民事主体自然人最重要的民事权利，也是一个国家法律体系予以最严格保护的权利。侵害他人生命权即加害行为导致受害人死亡，既是最严重的侵权行为，也可能构成严重的犯罪行为。本条第1款规定有请求权的人和赔偿的范围。第2款规定有权请求支付丧葬费的主体。丧葬费的支付标准，应当是当地合理的丧葬标准，如果是少数民族公民或者有特别的宗教信仰，丧葬费的标准应该考虑其民族习惯或者宗教规则的要求。

各国民法几乎无一例外地规定侵害他人生命权致人死亡要承担民事责任。我国《民法通则》对此也作出了规定。但《民法通则》没有规定对死亡后果本身予以赔偿，而只规定了赔偿丧葬费、死者生前扶养的人必要的生活费用等；如果死亡前支付了医疗费用的还应当赔偿医疗费用。按照这样的规定，如果死者生前没有被扶养人，则不存在任何死亡赔偿。《道路交通事故处理办法》突破了《民法通则》的规定，规定了死亡补偿，即对死亡后果本身的赔偿，并严格将死亡补偿与对受扶养人的生活费补偿区别开来。近年来，各级人民法院审理侵权导致死亡的案件，大多判决加害人对死者亲属支付一笔死亡补偿金。最高人民法院关于精神损害和人身损害赔偿的司法解释,明确规定了死亡赔偿金。因此,本条明确规定了对死亡后果的赔偿即死亡赔偿金。

死亡赔偿金是对死亡后果本身的赔偿,不包括为救治受害人花费的医疗费用、护理费用和其他相关费用,也不包括丧葬费用。关于死亡赔偿金的性质,即究竟属于逸失利益赔偿还是精神损害赔偿?民法理论和裁判实务中存在不同的主张。笔者认为,如果死者是有劳动能力的成年人,死亡赔偿金主要是对死者创造物质价值的潜能的赔偿,即逸失利益赔偿,同时兼有对死者近亲属的抚慰作用,即兼有精神损害赔偿的性质;如果死者是未成年人或者没有劳动能力的成年人,则死亡赔偿金主要是对近亲属的精神抚慰,即精神损害赔偿。本条仅对死者近亲属的死亡赔偿金请求权作出规定,至于赔偿标准和计算方法,则留给法院决定。本条单独规定近亲属的抚养费请求权,表明这一权利是近亲属固有的权利,不是从死者那里继受来的,有利于对死者近亲属的保护。但在具体案件中,在决定扶养费金额时,应当考虑死亡赔偿金的数额,避免使加害人承担过重的赔偿责任而有失公平。

☐ 立法例

1.《民法总则》

第 110 条第 1 款　自然人享有生命权、身体权、健康权、姓名权、肖像权、名誉权、荣誉权、隐私权、婚姻自主权等权利。

2.《民法通则》

第 119 条　……造成死亡的,并应当支付丧葬费、死者生前扶养的人必要的生活费等费用。

3.《侵权责任法》

第 2 条　侵害民事权益,应当依照本法承担侵权责任。

本法所称民事权益,包括生命权、健康权、姓名权、名誉权、荣誉权、肖像权、隐私权、婚姻自主权、监护权、所有权、用益物权、担保物权、著作权、专利权、商标专用权、发现权、股权、继承权等人身、财产权益。

4.《室内稿》

第 8 条　自然人享有生命权,有权依法维护自己的生命安全。任何组织和个人非法剥夺他人生命的,应当依法承担民事责任。

5.《征求意见稿》

第 13 条　自然人享有生命权，有权依法保护自己的生命利益。任何组织和个人不得侵害他人生命。

6. 最高人民法院《关于审理触电人身损害赔偿案件若干问题的解释》第 4 条第 1 款第 7 ~ 8 项

（七）丧葬费：国家或者地方有关机关有规定的，依该规定；没有规定的，按照办理丧葬实际支出的合理费用计算。

（八）死亡补偿费：按照当地平均生活费计算，补偿二十年。对七十周岁以上的，年龄每增加一岁少计一年，但补偿年限最低不少于十年。

7.《道路交通事故处理办法》（已废止）

第 37 条　损害赔偿的标准按照下列规定计算：

（七）丧葬费：按照交通事故发生地的丧葬费标准支付。

（八）死亡补偿费：按照交通事故发生地平均生活费计算，补偿十年。对不满十六岁的，年龄每小一岁减少一年；对七十岁以上的，年龄每增加一岁减少一年，最低均不少于五年。

（九）被扶养人生活费：（略）

8. 中国台湾地区“民法”

第 192 条　不法侵害他人致死者，对于支出医疗及增加生活上需要之费用或殡葬费之人，亦应负损害赔偿责任。

被害人对于第三人负有法定扶养义务者，加害人对于该第三人亦应负损害赔偿责任。

第 193 条　第二项之规定，于前项损害赔偿适用之。

第 194 条　不法侵害他人致死者，被害人之父、母、子、女及配偶，虽非财产上之损害，亦得请求赔偿相当之金额。

9.《俄罗斯联邦民法典》

第 1088 条　1. 在受害人（扶养人）死亡时，有损害赔偿请求权的人是：

依靠死者供养或在死者生前有权要求死者供养的无劳动能力的人；

死者死后出生的子女；

父或母、配偶或家庭其他成员，不论有无劳动能力只要不工作并从事照顾死者应供养的未满 14 岁或者已满 14 岁但根据医疗机关的证明其身体状况需要他人照顾的死者的子女、孙子女、兄弟姐妹；

靠死者供养并在死者死后 5 年内丧失劳动能力的人；

父或母、配偶或者不工作而从事照管死者的子女、孙子女、兄弟姐妹并在照管期间内也丧失劳动能力的家庭其他成员，他们在结束对上列入的照管后，仍有损害赔偿请求权。

2. 损害赔偿的期限为：

对未成年人的赔偿——到满18周岁止；

对18岁以上学生的赔偿——到面授型学校学习结束时止，但不得超过23岁；

对残疾人的赔偿——在残疾期间内；

对照管靠死者供养的资助的子女、孙子女、兄弟姐妹的父或母、配偶或家庭中其他成员的赔偿——到所照管的孩子年满14周岁或身体状况改变时止。

第1089条　1. 因扶养人死亡给付损害赔偿请求权人的赔偿数额，应以该请求权人于死者在世时从按本法典第1086条的规则确定的死者工资（收入）中获得或有权获得自己的扶养费的份额确定。在确定对上列人的赔偿时，死者在世时所领取的赡养金、终身扶养金和其他类似的款项与工资（收入）一并列入死者收入中。

2. 确定赔偿金额时，因扶养人死亡所发给指定人的抚恤金、扶养人死亡前或者死亡后所发生的其他各类生活费以及由这些人领取的工资（收入）和助学金，都不列入赔偿的范围。

3. 因扶养人死亡而规定向每一个有损害赔偿请求权人的赔偿金额不应重新计算，但以下情况除外：

扶养人死亡后子女出生；

给付照管扶养人的子女、孙子女、兄弟姐妹的人的赔偿费发放或终止；

赔偿的数额可由法律或合同予以增加。

第1094条　对受害人死亡负有责任的人，应向支付丧葬费的人赔偿必要的丧葬费。

支付丧葬费的人已获取的丧葬补助金，不列入损害赔偿的范围。

10.《日本民法典》

第711条　害他人生命者，对于受害人的父母、配偶及子女，虽未害其财产权，亦应赔偿损害。

第12条　身体权和健康权

侵害自然人身体或健康的，受害人有权请求赔偿已经支出和将要支出的医疗费、康复费、营养补助费、护理费、因误工减少的收入等费用、残疾赔偿金以及由其扶养的人所必需的生活费等费用。

侵害未成年人身体造成残疾或者其他严重后果的，受害人的父母或其他抚养人有权单独请求适当的精神抚慰金。

■ 立法理由

本条是关于侵害公民身体权、健康权民事责任的规定。对健康权的侵害所导致的损害后果包括健康水平的下降、健康状况的恶化以及由此产生的精神痛苦。对身体权的侵害所导致的后果包括肢体、器官的丧失或部分丧失或某些生理功能的丧失以及由此产生的精神痛苦。对身体权的侵害常常导致受害人残疾、劳动能力丧失或部分丧失。《民法通则》没有区分身体权与健康权，《民法总则》作出了完善，这与其他国家的相关制度是一致的。但是在实践中，侵害身体权与侵害健康权往往会产生竞合，没有必要加以明确区分。根据本条第1款相关规定，侵害公民身体或健康，造成受害人人身伤害或者健康状况显著恶化的，受害人有权请求赔偿已经支出和将要支出的医疗费、康复费、营养补助费、护理费、因误工减少的收入等费用；造成受害人残疾的，有权请求支付残疾者生活自助用具费、生活补助费、残疾赔偿金以及由其扶养的人所必需的生活费等费用。考虑到父母亲对未成年子女的身体和健康有着更深厚的感情利益，本条第2款规定，侵害未成年人身体造成残疾或者其他严重后果的，受害人的父母或其他抚养人有权单独请求适当的精神抚慰金。

《民法通则》第119条规定，侵害公民身体造成伤害的，应当赔偿医疗费、因误工减少的收入、残疾者生活补助费等，其中不包括残疾赔偿金。后来的《道路交通事故处理办法》，增加了关于残疾赔偿金的规定，在近年的裁判实践中对于造成受害人残疾的案件，法院往往判决加害人支付一笔残疾赔偿金。以《民法通则》第119条的规定为基础，总结裁判实践经验，制定本条。法院在确定残疾赔偿金数额时，应当考虑以下情况：

(1)残疾的严重程度即残疾的等级。残疾越严重赔偿越高,残疾越轻微赔偿越低,完全丧失劳动能力的应当全额赔偿。

(2)受害人受害前的收入情况以及受害后预期的存活年限。受害前收入高的赔偿应当高,受害前收入低的赔偿应当低。在计算出每年的赔偿数额后与预期的存活年限相乘,大致得出赔偿额。

(3)对没有收入的受害人(包括未成年人),应当参照相同、相似条件人的收入状况或者相同、相似条件人未来的收入状况确定赔偿数额。必要时可以参考受害人当地人群的平均收入状况。

(4)对未成年人身体侵害造成残疾的,在确定残疾赔偿金数额时应当考虑其未来特殊教育、培训费用的支出。

(5)对高收入者的赔偿予以适当限制,如不超过当地平均收入的若干倍。

(6)采用定期金的支付方式。

回 立法例

1.《民法总则》

第 110 条第 1 款　自然人享有生命权、身体权、健康权、姓名权、肖像权、名誉权、荣誉权、隐私权、婚姻自主权等权利。

2.《民法通则》

第 119 条　侵害公民身体造成伤害的,应当赔偿医疗费、因误工减少的收入、残疾者生活补助费等费用……

3.《侵权责任法》

第 2 条　侵害民事权益,应当依照本法承担侵权责任。

本法所称民事权益,包括生命权、健康权、姓名权、名誉权、荣誉权、肖像权、隐私权、婚姻自主权、监护权、所有权、用益物权、担保物权、著作权、专利权、商标专用权、发现权、股权、继承权等人身、财产权益。

4.《专家建议稿》

第 9 条　自然人享有维护其生理和心理健康的权利。

5.《室内稿》

第 9 条　自然人享有身体权和健康权,有权依法维护自己的身体完整和健康,有权依法支配自己的身体行动。任何组织和个人侵害他人身体和健康的,受害人可以依法请求其承担民事责任。

6.《征求意见稿》

第 14 条　自然人享有身体权和健康权,有权依法维护自己的身体完整和身心健康,依法享有行动自由,任何组织和个人不得侵害他人身体或者健康。

7.《道路交通事故处理办法》(已废止)

第 37 条　损害赔偿的标准按照下列规定计算:

(五)残疾者生活补助费:根据伤残等级,按照交通事故发生地平均生活费用计算。自定残之月起,赔偿二十年。但五十周岁以上的,年龄每增加一岁减少一年,最低不少于十年;七十周岁以上的按五年计算。

(六)残疾用具费:因残疾需要配制补偿功能的器具的,凭医院证明按照普及型器具的费用计算。

8. 中国台湾地区"民法"

第 193 条　不法侵害他人之身体或健康者,对于被害人因此丧失或减少劳动能力或增加生活上之需要时,应负损害赔偿责任。

前项损害赔偿,法院得因当事人之申请,定为支付定期金。但须命加害人提出担保。

9.《埃塞俄比亚民法典》

第 2113 条　公平赔偿可以通过补救途径授予身体伤害的受害人,或在他因此死亡时,给其家人。

10.《俄罗斯联邦民法典》

第 1085 条　1. 造成公民残疾或健康的其他损害时,应赔偿受害人已失去的或预期能获得的工资(收入),以及因健康损害引起的额外费用,其中包括治疗、补充营养、购置药品、安装假肢、护理、疗养治疗、购置专门交通工具、从事其他职业的培训费等,只要确定受害人需要此类帮助和护理且又无权无偿获取该帮助和护理的。

2. 在确定受害人失去的工资(收入)时,因残疾或其他健康损害给致残的受害人规定的津贴,与在其健康损害前或者损害后规定的其他退休金、津贴和其他类似的款项一样不予考虑,并且也不引起损害赔偿金额的减少(不列入损害赔偿的范围内)。受害人于健康损害后所领取的工资(收入)也不列入损害赔偿的范围。

3. 本条规定的对受害人赔偿的范围和应向其给付的赔偿金额,可根据法律或合同予以增加。

第 1086 条　1. 应赔偿受害人失去工资(收入)的金额,按照其残疾前或者健康受到其他损害前或者其失去劳动能力前的月平均工资百分比确定,该百分比依受害人失去与之有关的职业劳动能力的程度确定，当不存在职业劳动能力时，则按丧失一般劳动能力的程度确定。

2. 受害人失去的工资范围，既包括其在本职工作中按劳动合同和民事合同领取的各类劳动报酬，也包括其在兼职工作中应交纳所得税的劳动报酬。而一次性给付，包括未休假的补偿费和离职时的退职金，不列入受害人失去工资的范围，暂时失去劳动能力或者怀孕及产假期间给付的补助金应列入。

经营活动的收入，以及作者的稿费也应列入失去的工资范围，此时，经营活动的收入根据税务检查机关的资料确定。

第 13 条　法定救助义务

自然人的生命权、身体权、健康权受到侵害或者处于其他危难情形的，负有法定救助义务的机构和人员应当立即施救。

■ 立法理由

在私法上，民事主体不负有救助他人的义务，当他人遭受侵害或者处于危难时，是否施以救助，一般取决于自愿，除非存在明确的约定。《民法总则》第 184 条规定“因自愿实施紧急救助行为造成受助人损害的，救助人不承担民事责任”，即体现了此种立法思想。

在公法上，基于特别的立法思想，并依据一些特别法律、行政法规的规定，一些机构或者人员，对于遭受侵害或者处于危难的自然人，负有法定救助义务，例如，《人民警察法》第 21 条第 1 款规定：“人民警察遇到公民人身、财产安全受到侵犯或者处于其他危难情形，应当立即救助……”《人民武装警察法》第 18 条规定：“人民武装警察遇到公民人身、财产安全受到侵犯或者处于其他危难情形，应当及时救助。”《执业医师法》第 24 条规定：“对急危患者，医师应当采取紧急措施进行诊治；不得拒绝急救处置。”由于法定救助义务完全取决于其他法律、行政法规的特别规定。所以，本条的适用需要参考其他法律的规定。

立法例

1.《人民警察法》

第 21 条第 1 款　人民警察遇到公民人身、财产安全受到侵犯或者处于其他危难情形，应当立即救助……

2.《人民武装警察法》

第 18 条　人民武装警察遇到公民人身、财产安全受到侵犯或者处于其他危难情形，应当及时救助。

3.《执业医师法》

第 24 条　对急危患者，医师应当采取紧急措施进行诊治；不得拒绝急救处置。

4.《专家建议稿》

第 12 条　自然人的生命权、健康权、身体权受到侵犯或者处于其他危难情形，负有法定救助义务的机构和人员应当立即实施救助。

5.《室内稿》

第 10 条　自然人的生命权、健康权受到侵害或者处于其他危难情形，负有法定救助义务的机构和人员应当立即救助。

6.《征求意见稿》

第 15 条　自然人的生命权、身体权、健康权受到侵害或者处于其他危难情形的，负有法定救助义务的机构和人员应当立即施救。

第 14 条　身体的处分

自然人有权依法自主决定无偿捐献其人体细胞、人体器官、人体组织、遗体。任何组织和个人不得强迫、欺骗或者利诱自然人捐献。

因捐献人体细胞、人体器官、人体组织所实施的提取或者摘取行为，不得危及自然人的生命，也不得损害除提取或者摘取行为产生的直接后果之外的正常生理功能。

立法理由

无偿捐献人体细胞、组织、器官等，从小的方面讲，涉及对自然人自主意思的尊重；从大的方面讲，涉及社会伦理、国民身体健康等。自然人在危难、贫困等情况下的无偿捐赠，很多时候，不仅可能严重损害其身体健康，而且会引发一系列家庭、社会问题。由无偿献血所造成的一些“艾滋病村”，以及由此所产生的社会问题，应当引起高度重视。因此，对于身体的处分，虽然是当事人的自由，但接收与否以及接收后的用途需要相关机构严格把关。

更不应忽视的是，人体细胞、人体组织、人体器官等捐献，自然人不能自行实施，必须通过医疗专家或专业医疗机构，并根据医学标准而实施，而医疗专家或专业医疗机构在实施人体细胞、组织、器官移植时，是否遵从医学标准及是否尊重捐献人的意思，几乎完全超越捐献人的控制。因此，对于人体细胞、组织、器官等无偿捐献而言，最为重要的法律问题是，如何规制人体细胞、人体组织、人体器官等移植行为，防范无偿捐献对自然人造成损害，从而对自然人的权利予以切实保障。

本条旨在保护当事人的意思自治，至于如何确保器官移植等活动符合自愿、无偿的原则，并尊重自然人的生命健康，必须通过一系列特别的制度予以保障，这属于公法的范畴，比如对有资格从事人体器官移植活动的医疗机构的限制、人体器官移植技术临床应用与伦理委员会的审查决定、行政机关的监督、刑事责任的威慑。因此，不在民法典这一私法典中加以规定。

回 立法例

1.《专家建议稿》

第13条　具有完全民事行为能力的自然人有权依法自主决定捐献其血液、器官或者遗体。

前款捐献行为不得危及该自然人的生命或者严重损害其健康。

2.《室内稿》

第11条　具有完全民事行为能力的自然人有权依法自主决定无偿捐献其人体细胞、人体组织、人体器官、遗体。无民事行为能力人或者限制民事行为能力人所作的无偿捐献应当由其法定代理人同意。

3.《征求意见稿》

第16条　自然人有权依法自主决定无偿捐献其人体细胞、人体器官、人体组织、遗体。任何组织和个人不得强迫、欺骗或者利诱自然人捐献。

因捐献人体细胞、人体器官、人体组织所实施的提取或者摘取行为，不得危及自然人的生命，也不得损害除提取或者摘取行为产生的直接后果之外的正常生理功能。

4.《人体器官移植条例》

第7条　人体器官捐献应当遵循自愿、无偿的原则。

公民享有捐献或者不捐献其人体器官的权利；任何组织或者个人不得强迫、欺骗或者利诱他人捐献人体器官。

第15条　捐献的形式要件

自然人同意捐献的意思表示应当采取书面形式或者有效的遗嘱形式，并且可以随时撤销该同意。

立法理由

自然人同意捐献，是对其身体的处分，此种处分依其性质不可强制履行，事实上不具有强制力。但自然人一旦死亡将执行其捐献意愿和遗嘱，很难再考察其生前真意。且对于身体组成部分的处分，由于对自然人的生命健康有重大影响，因而并非一经作出即不可撤销，自然人有权撤销处分其身体组成部分的行为，撤销后不得继续履行。自然人同意捐献的意思表示，必为无偿行为，如果没有上述规定，可能类推适用《合同法》第186条第1款关于赠与合同可以随时撤销的规定。但捐献能否适用赠与，适用之后有无弊端实有争议，通过独立的捐献条款加以规定，更有利于体现捐献的特殊性，不至于和赠与混同。

立法例

1.《专家建议稿》

第15条　自然人生前表示不同意捐献其人体组织、器官或者遗体的，应尊重其意愿。

自然人生前未拒绝捐献其人体组织、器官或者遗体的，该自然人死亡后，其配偶、成年子女、父母可以以书面形式共同决定捐献该自然人的人体组织、器官或者遗体。

2.《室内稿》

第12条　自然人生前表示不同意捐献人体细胞、人体组织、人体器官、遗体的，应当尊重其真实意愿，任何人不得代其捐献。自然人生前未表示不同意捐献的，该自然人死亡后，其配偶、成年子女、父母可以以书面形式共同表示同意捐献。

3.《征求意见稿》

第 17 条　自然人同意捐献的意思表示应当采取书面形式或者有效的遗嘱形式，并且可以随时撤销该同意。

4.《人体器官移植条例》

第 8 条　捐献人体器官的公民应当具有完全民事行为能力。公民捐献其人体器官应当有书面形式的捐献意愿，对已经表示捐献其人体器官的意愿，有权予以撤销。

公民生前表示不同意捐献其人体器官的，任何组织或者个人不得捐献、摘取该公民的人体器官；公民生前未表示不同意捐献其人体器官的，该公民死亡后，其配偶、成年子女、父母可以以书面形式共同表示同意捐献该公民人体器官的意愿。

第 16 条　买卖行为的禁止

禁止以任何形式买卖人体细胞、人体组织、人体器官、遗体。

违反前款规定的民事法律行为无效。

■ 立法理由

法律禁止侵害自然人身体权的一切行为，禁止买卖人体细胞、人体组织、人体器官、遗体，只有对法律规定的出于科研等公共利益目的需要的，作为除外处理。自然人的基因是具有遗传效应的 DNA 片段，DNA 与蛋白质组成的染色体位于细胞核之中，故基因也属于身体的组成部分，依法不受侵犯，禁止任何人非法获取、利用人的遗传基因。

此外，买卖人体细胞、组织、器官等行为，属于典型的违背公序良俗的行为，依据《民法总则》第 153 条第 2 款的规定，此类买卖合同，属于当然无效、确定无效、自始无效。

回 立法例

1.《专家建议稿》

第 16 条　禁止以任何方式买卖人体组织、器官或者遗体。

2.《室内稿》

第 13 条　禁止以任何形式买卖人体细胞、人体组织、人体器官、遗体。

3.《征求意见稿》

第 18 条　禁止以任何形式买卖人体细胞、人体组织、人体器官、遗体。

违反前款规定的民事法律行为无效。

4.《人体器官移植条例》

第 3 条　任何组织或者个人不得以任何形式买卖人体器官，不得从事与买卖人体器官有关的活动。

第 17 条　人体试验

有关科研机构开发新药或者发展新的治疗方法，需要在人体上进行试验的，依法经相关主管部门批准后，还应当向接受试验的本人或者其监护人告知可能产生的损害等详细情况，并经其书面同意，但本人或者其监护人可以随时撤销该同意。

■ 立法理由

自然人作为患者，在医疗法律关系中享有知情决定权，医疗机构及医务人员负有告知义务。医疗机构应当向权利人告知病情，告知不同医疗方案的具体方式、实施后果、实施风险等，患者有权知悉自己的病情，并决定具体的医疗方案，进行具体的检查、手术以及采用新的治疗方案，均须本人同意。无行为能力人或限制行为能力人由于缺少必要的判断能力，无法自我决定，故其接受医疗行为应当经其法定代理人代理行使知情同意权。突发疾病暂时丧失行为能力，或者没有意识或者失去控制的，由其近亲属行使知情决定权。

为了医学的进步和人类的发展，在开发新药或者新的治疗方法时，人体试验不可避免。自然人接受人体试验，是为全体人民福利而进行的活动，应予以尊重和保护。进行人体试验的法定条件是：(1)科研机构出于开发新药或者新的治疗方法的目的；(2)在研发过程中确有进行人体试验的必要；(3)经过卫生主管部门批准；(4)接受试验人本人同意，其他任何人无此决定权；(5)研发机构在试验前有告知接受试验人可能产生损害的义务，并与其签署知情同意书。

新药或者新的治疗方法试验，涉及医学伦理、人格尊严、人的保护等复杂问题，根据《世界医学大会赫尔辛基宣言》所确立的“公正、尊重人格、力求使受试者最大程度受益和尽可能避免伤害”原则，我国于 2003 年专门制定《药物临床试验质量管理规范》，对新药实验进行了非常详细的规定；2016 年又制定《涉及人的生物医学研究伦理审查办法》，对医学新技术或者医疗新产品在人体上进行试验研究等活动设立了详细的规范制度。

本条规定的关键在于如何确保新药试验等活动符合自愿的原则，并尊重自然人的生命健康。这一系列问题必须通过特别的制度予以保障，属于公法的范畴，比如对有资格从事新药实验等活动的科研机构的限制、伦理委员会的审查决定、行政机关的监督、刑事责任的威慑。故不在民法典中作出重复性规定。

如果行为人没有履行依法批准、知情同意等手续，侵害他人身体健康的，应承担侵权责任。《侵权责任法》第 55 条更是特别规定："医务人员在诊疗活动中应当向患者说明病情和医疗措施。需要实施手术、特殊检查、特殊治疗的，医务人员应当及时向患者说明医疗风险、替代医疗方案等情况，并取得其书面同意；不宜向患者说明的，应当向患者的近亲属说明，并取得其书面同意。医务人员未尽到前款义务，造成患者损害的，医疗机构应当承担赔偿责任。"

立法例

1.《侵权责任法》

第 55 条　医务人员在诊疗活动中应当向患者说明病情和医疗措施。需要实施手术、特殊检查、特殊治疗的，医务人员应当及时向患者说明医疗风险、替代医疗方案等情况，并取得其书面同意；不宜向患者说明的，应当向患者的近亲属说明，并取得其书面同意。

医务人员未尽到前款义务，造成患者损害的，医疗机构应当承担赔偿责任。

2.《室内稿》

第 17 条　有关科研机构开发新药或者新的治疗方法，需要在人体上进行实验的，依法经相关主管部门批准后，还应当向接受试验的本人或者其监护人依法告知可能产生的损害等详细情况，并经其本人或者监护人书面同意。

3.《征求意见稿》

第 19 条　有关科研机构开发新药或者发展新的治疗方法，需要在人体上进行实验的，依法经相关主管部门批准后，还应当向接受试验的本人或者其监护人告知可能产生的损害等详细情况，并经其书面同意，但本人或者其监护人可以随时撤销该同意。

4.《涉及人的生物医学研究伦理审查办法》

第3条 本办法所称涉及人的生物医学研究包括以下活动：

（一）采用现代物理学、化学、生物学、中医药学和心理学等方法对人的生理、心理行为、病理现象、疾病病因和发病机制，以及疾病的预防、诊断、治疗和康复进行研究的活动；

（二）医学新技术或者医疗新产品在人体上进行试验研究的活动；

（三）采用流行病学、社会学、心理学等方法收集、记录、使用、报告或者储存有关人的样本、医疗记录、行为等科学研究资料的活动。

第4条 伦理审查应当遵守国家法律法规规定，在研究中尊重受试者的自主意愿，同时遵守有益、不伤害以及公正的原则。

第33条 项目研究者开展研究，应当获得受试者自愿签署的知情同意书；受试者不能以书面方式表示同意时，项目研究者应当获得其口头知情同意，并提交过程记录和证明材料。

第18条 性侵害

任何人不得以言语、行动等方式对他人实施性骚扰等性侵害行为。

用人单位应当在工作场所采取合理措施，防止性侵害行为的发生。

■ 立法理由

性侵害在理论上属于对性的自主权的侵害。性自主权，是指人在遵循法律和公序良俗的前提下，自主表达自己的性意愿和自主决定是否实施性行为和以何种方式实施性行为，实现性欲望而不受他人强迫和干涉的权利。它有两层含义：第一，性自主权是一种有限制的权利，即受法律和道德的限制。如性交，除自己愿意外，还须对方同意，否则即构成强奸，而受到刑法的惩处；人与动物性交，由于显然背离了人类社会文明的性道德，故亦应受到禁止。第二，性是构成人格完整的一部分，与人的尊严和身心健康密切相关，故任何人都有保护性完整和性自主的权利，他人无权干涉和强迫。性自主权作为一项人格权，它体现在以下方面：其一，任何人的性意愿都不容亵渎，不容违背。性意愿只能由当事人自主考虑和自愿表达，其他任何人都不得强迫。性意愿的自主性是实施自愿性行为的前提。其二,性具有神圣不可侵犯性。不论是个人、组织、社会、国家都不得侵犯。性之权利完全是天赋的自然之权利,不容任何人玷污。

性自主权的内容主要表现为以下几项:

1. 拒绝权。此拒绝权是一种绝对权,对于他人无论是善意的还是恶意的性要求,均可拒绝,无须任何理由。

2. 自卫权。任何人对于指向自己的性侵犯有正当防卫的权利。侵犯性权利与侵害财产权不同,一旦既成事实,没有任何方法可以"恢复原状";另外,自人类产生以来,性侵犯又屡禁不止,还往往和暴力结合在一起。性侵犯虽无法根除,但法律可以鼓励人们与其进行坚决的斗争,所以性自卫权更有着特别的意义。任何人遭遇性侵犯,均享有在法律规定的范围内使用一切措施来防卫和反击加害人的权利。

3. 承诺权。对任何他人所提出的性要求(性器官接触或其他性行为),有不受干涉地完全按自己的意愿作出是否同意的权利。经承诺而为性行为者,他人之行为不构成侵犯性自主权(不具有承诺能力者除外)。承诺权的行使,取决于主体的年龄和心智发育能力。只有达到一定年龄和心智发育正常的人,始得行使;否则,承诺无效。承诺权不是绝对权,并非完全不受限制:第一,承诺权的行使,须在合法的范围内;第二,行使该权利不得违背社会公共利益和善良风俗,如卖淫、在公共场合性交,则不能被允许。

4. 选择权。任何人在性方面都有选择何种性行为方式及选择与何人共同进行性行为的权利。它包含两方面的含义:第一,在性行为方式上的选择权;第二,对性行为合作伙伴的选择权。但需要指出的是,这是一种双向选择,双方合意之性行为必须是双方同时选择了对方。若双方选择不能趋于一致,只能放弃,无权强求。性选择权的行使受法律和公序良俗的限制。如三人以上的共同性行为,向来为我国法律所否定,刑法中就有聚众淫乱罪之规定。同性恋之间的性行为,我国社会也尚未完全认可。

▣ 立法例

1.《妇女权益保障法》

第 40 条　禁止对妇女实施性骚扰。受害妇女有权向单位和有关机关投诉。

第 58 条　违反本法规定，对妇女实施性骚扰或者家庭暴力，构成违反治安管理行为的，受害人可以提请公安机关对违法行为人依法给予行政处罚，也可以依法向人民法院提起民事诉讼。

2.《专家建议稿》

第 83 条　不得以任何方式强迫他人违背真实意志为性行为。

禁止以言语、行动等方式对他人进行性骚扰。

用人单位在工作场所应当采取合理措施，防止性骚扰的发生。

3.《室内稿》

第 18 条　行为人猥亵他人或者以言语、行动等方式对他人实施性骚扰等性侵害行为的，受害人可以依法请求其承担民事责任。用人单位应当在工作场所采取合理措施，防止性骚扰的发生。

4.《征求意见稿》

第 20 条　任何人不得以言语、行动等方式对他人实施性骚扰等性侵害行为。

用人单位应当在工作场所采取合理措施，防止性侵害行为的发生。

第 19 条　人身自由

剥夺或限制公民人身自由的，受害人有权请求停止侵害、赔礼道歉和适当的损害赔偿。

受害人受到重大精神损害或者受到身体、健康损害以及财产损失的，加害人应当承担民事责任。

■ 立法理由

本条是关于侵害人身自由权的规定。本条第 1 款规定了侵害自然人人身自由的主要行为方式，即限制和剥夺人身自由，同时规定了侵害人身自由权的民事责任方式，包括停止侵害、赔礼道歉和适当赔偿。第 2 款规定对造成受害人重大精神损害或者健康、身体损害以及财产损失的，加害人应当承担民事责任。

各国民法典大多对自然人的人身自由权保护作出了专门规定。在英美法中,“非法禁闭”是独立的侵权诉因。我国《民法通则》没有对人身自由的保护作出规定,这无疑是一个法律漏洞。几年前就有学者对人身自由的保护以及侵害人身自由的民事责任问题作过探讨。最高人民法院的司法解释已经规定侵害人身自由应当承担包括精神损害赔偿在内的民事责任。在总结司法解释经验的基础上参考国外立法例,制定本条。

本编所谓“适当的损害赔偿”,是针对一般程度的精神损害的救济方式。本法将精神损害大体区分为三种程度:轻微的精神损害、一般程度的精神损害和严重的精神损害。对于轻微的精神损害,法律不要求加害人予以赔偿;对于某些侵害人格权的案件,法律推定存在一般程度的精神损害,相当于英美侵权行为法上所谓“名义上的损害”,受害人对这种精神损害无须举证,法院通常判决“名义上的赔偿”或者“适当的损害赔偿”,其数额较小;而对于严重的精神损害,则一般应要求受害人举证证明,法院将根据具体情况判决较高数额的损害赔偿。

立法例

1.《宪法》

第37条　中华人民共和国公民的人身自由不受侵犯。

任何公民,非经人民检察院批准或者决定或者人民法院决定,并由公安机关执行,不受逮捕。

禁止非法拘禁和以其他方法非法剥夺或者限制公民的人身自由,禁止非法搜查公民的身体。

2.《民法总则》

第109条　自然人的人身自由、人格尊严受法律保护。

3.《室内稿》

第19条　任何组织和个人以非法拘禁等方式剥夺、限制他人的身体自由,或者非法搜查他人身体的,受害人可以依法请求其承担民事责任。

4.《征求意见稿》

第21条　自然人的人身自由不受侵犯。任何组织和个人以非法拘禁等方式剥夺、限制他人的行动自由,或者非法搜查他人身体的,受害人可以依法请求行为人承担民事责任。

5.《精神损害赔偿解释》

第1条第1款　自然人因下列人格权利遭受非法侵害，向人民法院起诉请求赔偿精神损害的，人民法院应当依法予以受理：……（三）人格尊严权、人身自由权。

第8条　因侵权致人精神损害，但未造成严重后果，受害人请求赔偿精神损害的，一般不予支持，人民法院可以根据情形判令侵权人停止侵害、恢复名誉、消除影响、赔礼道歉。

因侵权致人精神损害，造成严重后果的，人民法院除判令侵权人承担停止侵害、恢复名誉、消除影响、赔礼道歉等民事责任外，可以根据受害人一方的请求判令其赔偿相应的精神损害抚慰金。

6.《民法通则意见》

第149条　盗用、假冒他人名义，以函、电等方式进行欺诈或者愚弄他人，并使其财产、名誉受到损害的，侵权人应当承担民事责任。

7.《埃塞俄比亚民法典》

第2104条　如果起诉完全是为了证实原告的某项权利受到侵犯，或被告已导致某种责任，可授予一个纯粹名义上的损害赔偿。

第2108条　如果被告非法剥夺原告的自由，则法院可通过补救的途径，命令被告向原告或原告指定的慈善机构支付公平的赔偿。

第三节　姓名权和名称权

第20条　保护范围

自然人享有姓名权，有权依法决定、使用、变更或者许可他人使用自己的姓名。

姓名是自然人的称谓，由姓氏和名组成。

具有一定社会知名度、为相关公众所知悉的自然人的笔名、艺名、网名等，受法律保护。

自然人行使姓名权，应当尊重社会公德，不得损害社会公共利益。

■ 立法理由

依据本条规定,姓名权的享有主体是自然人。姓名权的保护范围不应扩宽至法人、非法人组织、个体工商户等。法人、非法人组织、个体工商户享有名称权。自然人拥有的姓名外其他称谓,如笔名、艺名、网名等,并不鲜见。由于作家、艺术家、艺人等通常使用笔名、雅号、艺名等来取代真名,所以当这些通称广为人知的时候,就和真名一样受到姓名权的保护。此类称谓在构成上不要求符合姓名构造规范,但经过社会交往广泛传播而具备对特定自然人的识别性时,特定自然人对此类称谓的保持、使用、收益利益,具有受到法律保护的正当性。姓名及本条规范所保护的其他称谓仅限用于对具体自然人的称呼。由此,法人及其他组织的名称保护、非具体所指的自然人称谓(如山东人、王先生)等,不属于指代具体自然人的称谓,也就不受姓名权的保护。就死者有无姓名权这一问题,司法实务认为姓名权虽然不能继承,但是其所延伸出的精神性利益和财产性利益仍然可以为近亲属所享有。换言之,在特定自然人死亡后,他人若侵犯该自然人姓名权所延伸出来的财产性利益,近亲属可就此主张损害赔偿。

关于姓名权的保护范围,历次草案均有规定,应无疑义。只不过具体内容可能稍有不同。主要问题在于:第一,有无必要通过法条明确“姓名是自然人的称谓,由姓氏和名组成”。第二,对笔名、艺名、网名等的保护有无必要达到“被他人使用足以导致公众混淆的”程度。

第一个问题,姓名是经历漫长历史发展而形成的人与人之间的基本交流指称,是“姓”与“名”的组合。但长期以来,未见有法律条文规定究竟何为姓名。运用法律条文对其进行明确界定,对于姓名权利内部的条分缕析,特别是挖掘姓名权利内涵、完善姓与名的决定与变更,具有重要意义(界定姓名的意义会在接下来的条文安排上得到体现)。

第二个问题,以“混淆”为笔名、艺名、网名获得姓名权保护的前提是对姓名权的误解。“与姓名受同等保护”不仅仅是指被干涉、盗用、冒用后的权利保护,亦指其本身的决定、变更与使用为法律所确认。倘若以“混淆”为姓名权受保护的前提,是否意味着不至于导致混淆的普通笔名、艺名、网名的使用、变更和转让等就不受保护呢?这显然是说不通的。因此,对笔名、艺名、网名等的保护没有必要达到“被他人使用足以导致公众混淆的”

程度。只要该笔名、艺名、网名等具有了一定的社会知名度、为相关公众所知晓，就应该获得与姓名一样的保护。

回 立法例

1.《民法通则》

第 99 条　公民享有姓名权，有权决定、使用和依照规定改变自己的姓名，禁止他人干涉、盗用、假冒。

2.《专家建议稿》

第 20 条　自然人享有姓名权。

姓名是自然人的称谓，由姓氏和名组成。

具有一定的社会知名度、为相关公众所知悉的自然人的笔名、艺名、网名等，受法律保护。

3.《室内稿》

第 20 条　自然人享有姓名权，有权依法决定、使用、变更或者许可他人使用自己的姓名。

具有一定的社会知名度、为相关公众所知悉的自然人的笔名、艺名、网名等，被他人使用足以导致公众混淆的，与姓名受同等保护。

4.《征求意见稿》

第 22 条　自然人享有姓名权，有权依法决定、使用、变更或者许可他人使用自己的姓名。

具有一定社会知名度、为相关公众所知悉的笔名、艺名、网名等，被他人使用足以导致公众混淆的，与姓名受同等保护。

5.《意大利民法典》

第 6 条　每个人均依法享有姓名权。

姓名由姓氏和名字组成。

第 9 条　如果自然人使用的笔名与其姓名具有同等重要性时，可以获得第 7 条规定的诉讼。

6.《俄罗斯联邦民法典》

第 19 条　1. 公民以自己的名义取得权利和义务并行使权利和承担义务。公民的姓名包括姓、名以及父名，但法律或民族习惯有不同规定的除外。

在立法规定的情况下并依照立法规定的程序，公民可以使用化名（假名）。

第 21 条　姓的选择

自然人应当随父姓或者母姓。

有下列情形之一的,可在父姓和母姓之外选取姓氏:

(一)选取其他直系长辈血亲的姓氏;

(二)因由法定扶养人以外的人扶养而选取扶养人姓氏;

(三)有不违反公序良俗的其他正当理由。

少数民族自然人的姓氏可以遵从本民族的文化传统和风俗习惯。

■ 立法理由

依据本条第 1 款的规定,原则上自然人的姓氏选择应在父亲或母亲两者之间择其一。自然人出生取得姓氏,随父姓或母姓,沿袭现行《婚姻法》第 22 条的规定,也符合我国社会上对姓氏取得的传统认识。但在不违反公序良俗的情形下,可在父姓和母姓之外选取姓氏。此时只要不违背公序良俗,没必要对姓氏的选择作出过于严苛的限制。此乃自然人意思自治的应有之义。依据本条第 2 款的规定,我国少数民族众多,命名习惯也应民族的不同而有很大差异。因此,对于少数民族公民姓氏的选择,应允许其根据本民族的文化传统和风俗习惯决定。

为自己命名是自然人的基本权利之一。姓名的自我决定权是指在姓名的设定和变更方面,姓名权人具有自由决定权,任何第三人不得非法干预。此为人格发展和自我决定的重要表现形式,也是姓名权作为一项人格权的特殊之处。其他人格权基本上不存在设定方面的问题。就我国姓名传统及现制而言,姓氏一般取自父母姓氏,并由父母决定。父母不仅仅是指自然人的生父母,继父母与养父母也包括在内。这样的规定对自然人成长过程中由于亲属关系变动而导致的称姓改变具有囊括性。本法下述条文中得改称继父、母姓氏以及养父母姓氏,自属合理。

在中华传统文化中,“姓名”中的“姓”,即姓氏,体现着血缘传承、伦理秩序和文化传统。公民原则上随父姓或者母姓符合中华传统文化和伦理观念,符合绝大多数公民的意愿和实际做法。同时,考虑到社会实际情况,有正当理由的公民也可以选取其他姓氏。特殊情况下取得、改称自然人父姓、母姓以外其他直系长辈血亲姓氏，在我国家族、世代延续的立场上具有可接受性，目前大量发生的变更称姓事件和地方性户籍管理规范中也体现了“返祖姓”的广泛需求。所以自然人直系长辈血亲的姓氏其实也应纳入一般可变更姓氏选择范围；法定抚养人（父母、祖父母外祖父母）以外的人对自然人进行抚养，具有延续家族等正当性理由的，受抚养的自然人可以有姓氏上的改变，这也体现了在维护被扶养人利益基础上对非法定抚养人抚养付出的认可，但最重要的还是尊重抚养人与被扶养人的共同意思表示。

立法例

1.《婚姻法》

第22条　子女可以随父姓，可以随母姓。

2.《专家建议稿》

第21条　自然人原则上应当随父姓或者母姓。有下列情形之一的，可在父姓和母姓之外选取姓氏：

（一）选取其他直系长辈血亲的姓氏；

（二）因由法定扶养人以外的人扶养而选取扶养人姓氏；

（三）有不违反公序良俗的其他正当理由。

自然人的姓氏可以从本民族的文化传统和风俗习惯。

3.《室内稿》

第23条　自然人原则上应当随父姓或者母姓。有以下情形之一的，可以在父姓和母姓之外选取姓氏：

（一）选取其他直系长辈血亲的姓氏；

（二）因由法定扶养人以外的人扶养而选取扶养人姓氏；

（三）有不违反公序良俗的其他正当理由。

少数民族自然人的姓氏可以从本民族的文化传统和风俗习惯。

4. 全国人民代表大会常务委员会《关于〈中华人民共和国民法通则〉第九十九条第一款、〈中华人民共和国婚姻法〉第二十二条的解释》

公民依法享有姓名权。公民行使姓名权，还应当尊重社会公德，不得损害社会公共利益。

公民原则上应当随父姓或者母姓。有下列情形之一的，可以在父姓和母姓之外选取姓氏：

（一）选取其他直系长辈血亲的姓氏；

（二）因由法定扶养人以外的人扶养而选取扶养人姓氏；

（三）有不违反公序良俗的其他正当理由。

少数民族公民的姓氏可以从本民族的文化传统和风俗习惯。

5.《德国民法典》

第1617条第2款　父母称不同之姓，且父母对子女有共同之监护权，然对子女应称何姓未能达成合意时，父母于子女出生一个月内不为确定子女出生姓之声明时，则由家事法院将该确定权给予父或母一方行使；倘被委托（授权）之父母未于家事法院所定之期限内行使确定权，则该子女即取得被委托行使确定权之父或母之姓。

6.《埃塞俄比亚民法典》

第33条

（1）孩子随父亲的姓。

（2）不知其父亲的人否认与其存在亲子关系时，孩子从其母姓。

（3）第（2）款的规定只有在孩子的父亲的身份已经法院宣告后才可适用。

第22条　名的决定

自然人之名由其监护人决定，并依法登记。

名的决定应符合户籍管理规定，不得有害于公序良俗以及人格利益。

■ 立法理由

本条是名的决定与登记规则。名的选取是由监护人决定的，新生儿没有任何决定权或决定的可能性。此时禁止姓名的选取违背公序良俗且不得有害新生儿的人格利益是对姓名选择应有的限制，应予以明确。命名与称姓相较，父母之间更容易取得共识，且难以采取外部手段解决父母对新生儿名字的选择冲突，故不作规范上的强制调整。收养前自然人没有名字的，收养人可以确定自然人的名字并向户籍管理机关申报。

根据目前的研究来看，自然人的名字需要受到户籍管理规范上的文字限制与人格利益适当性限制。就文字限制而言，《国家通用语言文字法》与《居民身份证法》对此有部分规定，但不完备。此部分需要配套法律的调整与完善,不属于民法调整的内容。就文字的适当性限制而言,主要的限制来源于公序良俗。单纯名字或者名字与姓氏相结合,读音、表意涉及侵害他人权益或者使该姓名丧失识别功能的,应该认为是对命名自由的滥用。户籍管理机关对此种命名应不予认可。本条在未成年人的名字确定上,强调父母不得为子女取明显有害于其人格利益(难解、卑琐、使用上显然不便)的名字。此为限制父母命名自由,保护子女正当利益之必要。

☐ 立法例

1.《国家通用语言文字法》

第 17 条　本章有关规定中,有下列情形的,可以保留或使用繁体字、异体字:……(二)姓氏中的异体字;……

2.《居民身份证法》

第 4 条　居民身份证使用规范汉字和符合国家标准的数字符号填写。民族自治地方的自治机关根据本地区的实际情况,对居民身份证用汉字登记的内容,可以决定同时使用实行区域自治的民族的文字或者选用一种当地通用的文字。

3.《专家建议稿》

第 22 条　自然人的姓名由其监护人决定。

自然人的姓名应当使用规范汉字,不得违背公序良俗,不得损害公共利益。

4.《埃塞俄比亚民法典》

第 34 条

(1)孩子的名字由其父亲确定,如果父亲故去,由父亲的家庭决定。

(2)孩子附加的名字由其母亲确定,如果母亲故去,由母亲的家庭决定。

(3)如果不知孩子的父亲是谁,或孩子在父系方面没有亲属,孩子的母亲可以给其确定两个名字,如果母亲已故去,由其母亲的家庭来确定名字。

第 23 条　未成年人姓的变更

有正当理由的,未成年人的姓氏由父母协商,并向户籍管理机关申请变更。

下列情形中,户籍管理机关可依未成年人父母一方申报,以子女最佳利益为判断,允许未成年人变更原有姓氏为父姓、母姓或其他直系长辈血亲的姓氏。

(一)父母一方死亡;

(二)有事实证明未成年人原有姓氏对其具有重大不利影响。

立法理由

姓名变更权是姓名决定权的延伸。一般而言，变更姓名即权属所有人的自主决定的一种表现。因此，自然人有权变更其姓名。一般而言，姓名的变更只要不违反法律的强制性规定和公序良俗都应允许。考虑到姓名的变更会影响个人的权利义务关系，因此为了保护权利义务关系的稳定性和延续性，变更姓名需遵守一定的程序。这些程序是国家公权力对私权行使的干预，这种干预应当符合行政法的比例原则。

未成年人的姓氏取得由父母约定，变更亦然。但需要在此一般规定中提取特殊情形。未成年人原有的家庭环境改变，与其相连接的亲属关系也往往随之变化。这些变化可分为未成年人的父母离婚或一方死亡，之后随子女共同生活的一方并未再婚（一次变动）；未成年人的父母离婚或一方死亡，随子女共同生活的另一方与他人再婚（二次变动）；未成年人被他人合法收养这三种情形（一次变动）。

父母一方死亡而未再婚的，未成年子女的姓氏变更申报权利，根据上述原理，自然归于未死亡的另一方行使。

至于"有事实证明未成年人原有姓氏对其具有重大不利影响"的情形，则不要求未成年人的父母离婚或死亡。如果未成年子女有遭受来自家庭的不法侵害或者完全得不到应有的照顾，抑或父母实施恶性犯罪，此时子女称原姓氏往往对其不利。同时，以上情形下亦不能指望其父母还能依其抚养职责对子女的称姓问题作出回应。

立法例

《埃塞俄比亚民法典》

第 42 条

(1)任何人变更其姓必须以充分的理由向法院提出申请，并得到法院批准。

(2)法院在决定是否批准申请时，必须确保此等变更不会损害第三人利益。

第 24 条　亲属关系变动时姓的变更

未成年人父母离婚后与他人再婚，未成年人改称继父姓、继母姓、继父直系长辈血亲姓氏或继母直系长辈血亲姓氏的，由其生父母与继父或继母约定，向户籍管理机关申请变更。

未成年人父母一方亡故，另一方再婚，未成年人变更为继父姓、继母姓、继父直系长辈血亲姓氏或继母直系长辈血亲姓氏的，由其生父和继母，或生母和继父约定，向户籍管理机关申请变更。

立法理由

未成年人父母离婚或一方死亡后，与未成年人共同生活的一方与他人再婚，未成年人称姓选择范围里即出现了拟制血亲的父姓、母姓及其直系长辈亲属姓氏。

通常，继父母对未成年继子女视若己出，在姓名称呼一致上有着强烈的感情需求，但在法律层面，继父母与受其抚养教育的未成年子女形成的是拟制直系血亲关系，从社会伦理角度出发，拟制血亲关系让位于本源血亲关系，符合我国传统观念和道德模式，诉诸规范也并无不可。因此，较之利害关系，生父母对于子女的姓名利益仍须放在优先位置，即本条情形下的子女称姓变更，需其本源血亲与拟制血亲达成一致约定方可进行申报。

立法例

1.《专家建议稿》

第 25 条　未成年人父母离婚后，与未成年人生活的一方可以申请变更该未成年人的姓氏为与该未成年人共同生活一方的姓氏。

未成年人父母离婚后，与未成年人生活的一方再婚的，如果继父母与未成年人已经形成抚养关系的，与未成年人生活的一方或者未成年人的继父母可以申请变更该未成年人的姓氏为继父母的姓氏。

2.《室内稿》

第 25 条　未成年人父母离婚的，与未成年人共同生活的一方可以请求将该未成年人的姓氏变更为自己的姓氏，但应当征得另一方的同意。

第 25 条　被收养人姓的变更

被收养人可以称收养者的姓氏，亦可协商维持原有姓氏，亦可称收养人直系长辈血亲的姓氏。

被收养人改称收养人姓氏或收养人直系长辈血亲姓氏的，由收养人向户籍管理机关申请变更。夫妻共同收养的，并需养父母协商一致。

立法理由

现行民法就养子女称姓，规定于《收养法》第24条，养子女可以称父姓，可以称母姓，亦可以保留原姓。本条沿袭《收养法》第24条的规定，但增加了被收养人可以称收养人直系长辈血亲姓氏这一选择。其原因在于，常有收养人收养子女以图延续宗族的情形，此时被收养人改称收养人直系长辈血亲的姓氏具备妥适性。

立法例

《收养法》

第24条　养子女可以随养父或者养母的姓，经当事人协商一致，也可以保留原姓。

第26条　成年人姓的变更

有正当理由的，年满十八周岁的自然人或以本人劳动收入为主要生活来源的十六周岁以上未满十八周岁的未成年人，可以向户籍管理机关申请改称其他姓氏。包括：

（一）其他直系长辈血亲的姓氏；

（二）继父、生母及继父、生母三代以内直系血亲长辈姓氏；

（三）养父、生母及养父、生母三代以内直系血亲长辈姓氏；

（四）解除收养关系的被收养人恢复与生父母与其他近亲属间的权利义务关系后，收养关系发生前的原姓氏，其父、母姓氏，父、母三代以内直系血亲长辈姓氏；

（五）有不违反公序良俗的其他正当理由的可以改称其他姓。

立法理由

对于姓氏的变更，并不是无限制的。这方面的限制主要包括姓氏选择的限制以及变更次数的限制。年满十八周岁的自然人或以本人劳动收入为主要生活来源的十六周岁以上未满十八周岁的未成年人对姓氏的变更不需要经过任何人的同意，此时对于姓氏的选择主要以“父母”的三代以内直系血亲长辈姓氏为主。在不违反公序良俗且有正当理由时也可以不受上述规定限制。如新婚夫妻决定夫妻之间共同新的姓氏或者一方随另一方姓。

对于姓氏可以变更的次数建议不加限制。姓氏的变更兹事体大，这是每个公民的共识。即使不加限制，也不会有人频繁变更姓氏。若加以次数限制，反而会使某一次冲动的姓氏变更后，公民没法再纠正之前的错误。这反而是对姓名权的不当限制，且可能使得公民接下来的一生都以自己不能再更改的姓氏为耻。

变更为血缘及抚养关系上不相关的姓氏，是对传统血缘亲族延续极大的挑战，但基于现代社会对个人利益保护的重视程度，如果脱离原姓氏是维护姓名权人个人利益的仅有手段的话，法律规范上应当允许自然人有突破本法第21条中姓氏选择范围规定的机会。

仅成年人可依“不违反公序良俗的其他正当理由”申报姓氏变更，而不允许未成年人如此，主要是考虑到未成年人处于家庭抚养教育的环境之中，出现其称姓对本人造成极其不利影响的情形极少。即使发生，也应该由家庭成员及亲属来对未成年人进行引导和保护。脱离家庭与亲族的不利影响对未成年人而言显然更为有害，未成年人在称姓相关问题上可能受有的不利益，不宜通过改称外姓来加以解决。

回 立法例

《户口登记条例》

第18条　公民变更姓名，依照下列规定办理：

一、未满十八周岁的人需要变更姓名的时候，由本人或者父母、收养人向户口登记机关申请变更登记；

二、十八周岁以上的人需要变更姓名的时候，由本人向户口登记机关申请变更登记。

第27条　未成年人名的变更

有正当理由的，未成年人的名字由其父母约定向户籍管理机关申请变更。

未成年人的父母离婚或一方亡故后另一方与他人再婚的，未成年人的名字由其生父母与继父或继母约定后向户籍管理机关申请变更。

未成年被收养人的名字由收养人向户籍管理机关申请变更。夫妻共同收养的,并需养父母协商一致。

■ 立法理由

未成年人父母离婚或一方亡故后另一方与他人再婚,未成年人的名字需要调整的,仅需生父与继母,或生母与继父约定。这主要是考虑到在未成年人需要改名的时间点发生在其亲属关系变动后,名字上的不利益并不代表其血缘关系上的不利益。因此,为了尽可能减少维护子女名的利益而可能产生的不必要麻烦,由其身边的生父与继母,或生母与继父商定如何变更即可。养子女更名的问题,公安部三局《关于执行户口登记条例的初步意见》第 9 条第 2 款有部分规定,但不完整。本条将养子女变更称姓的做法类推适用于此。

在总体上,考虑到大多数未成年人对名字含义的理解较为浅薄,难以理解父母的良苦用心,本条去掉了未成年人自主申请改名的规定。对未成年人名字变更的正当事由不作从严把握,有利于姓名变更权利的实现。

◻ 立法例

1.《室内稿》

第 24 条　无民事行为能力人或者限制民事行为能力人的姓名由其监护人决定。监护人依法变更被监护人的姓名的,应当根据被监护人的年龄、智力和精神健康状况,尊重被监护人的真实意愿。

监护人之间对决定或者变更被监护人的姓名意见不一致的,人民法院可以根据监护人的申请,按照最有利于被监护人的原则确定。

2. 公安部三局《关于执行户口登记条例的初步意见》

第 9 条第 2 款　18 周岁以下的人,申请由乳名改大名的,根据本人或者父母的申报即可给予变更。但被收养或被认领的人,年龄较大的须征得本人同意,才能给予变更。

第 28 条　成年人名的变更

有正当理由的,年满十八周岁的自然人与以本人劳动收入为主要生活来源的十六周岁以上未满十八周岁的未成年人的名字，可自行向户籍管理机关申请变更。

立法理由

在我国实务上，对于名的变更，系已造成实际生活识别上的困扰的，公安机关和法院的态度多倾向于允许变更。而基于人格感情，尤其是基于自身感受申请更名的，多以失败告终。于此不禁引人深思：限制基于个人感情而为的更名行为，恐有侵害姓名权和人格尊严并有碍人格自由发展之虞。

因为存在本法第22条的命名规范，自然人的名字会预期性地避免对其人格上的伤害以及社会交往上的障碍。但环境因素的改变也有可能导致自然人的名字在使用上遭受不利益。故而改变名字的"正当的理由"，应是自然人名字的使用在识别上出现困难或读音、字形难读、难解、不雅等情形，在认定上应从宽处理。

自然人的名字与姓氏侧重的人格特性不同。姓氏代表血缘宗族，名字体现个性特征。名字和姓氏在确定之初，皆来源于父母合意。虽然原名字遇到使用不利益需要变更是客观事实，但新的名字同样需要父母协商一致加以确定，因而名字出现使用障碍而需要变更时，同样需要父母协商一致来加以完成。在未成年人父母离婚或一方亡故未再婚，有正当理由为子女变更名字的自然也是父母或尚未身故的一方。新起的名字同样需要符合本法第23条对命名的规范要求。

立法例

1.《瑞士民法典》

第30条第1款　如有正当理由，住所地的州政府可允许公民变更姓名。

第30条a　若夫妻一方死亡，在结婚时更改姓名的另一方配偶可以随时向户籍登记员申请重新使用其单身时的姓名。

2.《俄罗斯联邦民法典》

第19条2　公民有权依照法律规定的程序更改自己的姓名。公民姓名的变更不是终止或变更其在原名下所取得的权利和义务的根据。

公民有义务采取必要措施将自己更改姓名的情况通知其债务人和债权人，并承担由于其债务人和债权人不知悉其更改姓名而发生后果的风险。

已经更改姓名的公民，有权要求在按其原姓名办理的文件中做相应的变更，费用自负。

3.《埃塞俄比亚民法典》

第43条　取消某人的一个或数个名字或附加名字，可以由法院根据该人的申请批准之。

第29条　未成年人在姓名变更上的意愿

八周岁以上未成年人的姓氏或名字的变更，申请变更人需征询本人意见并得书面同意。

■ 立法理由

姓名的选择与变更很多时候都是父母的意志所决定的。但在公民到达一定的年纪，具有一定的辨识能力之后，应征询其本人的意见。未经允许的变更是对其姓名权的侵害。

之所以将姓名变更意愿的征求年纪定在八周岁是紧跟我国实际情况以及民法典对民事行为能力的规定的。八周岁以上的未成年人属于限制民事行为能力人，具有一定的民事行为能力，自然也就具备一定的对自身事务的决定意愿。因此，规定八周岁以上未成年人在变更姓名时应得到征询是比较合理的。为了避免法条的规定得不到落实，以书面同意为据执行力较强。

本条沿袭公安部《关于父母一方亡故另一方再婚后未成年人子女姓名变更有关问题处理意见的通知》，但又将适用范围加以扩大。主要考虑在于，未成年人自主申报姓名变更的情形在本法中已经限缩到了很小的范围，而八周岁以上未成年人已经具备一定的行为能力，其对姓名变更带来的影响也有一些自己的看法，这些意见并不一定被有权申报变更者知晓或采纳，忽略未成年人的意见对其成长而言并非有利。在被动状态下，法律规范要求姓名变更征询本人的意见，主要还是为了加强有权申报者与姓名权人本人的沟通与交流，如果未征得本人同意即进行申报，则不被允许。这也含有强调未成年子女最佳利益的一种规范意旨。

立法例

公安部《关于父母一方亡故另一方再婚未成年人子女姓名变更有关问题处理意见的通知》

一、以本人的劳动收入为主要生活来源的十六周岁以上未满十八周岁的未成年人,自主决定本人姓名的变更;其父亲和继母,或者母亲和继父要求变更其姓名的,必须征得其本人的同意。

二、十周岁以上的未成年人的父亲和继母,或者母亲和继父经协商同意,要求变更该未成年人姓名的,应当征得其本人的同意。

三、不满十周岁的未成年人姓名的变更,由其父亲和继母,或者母亲和继父协商一致后决定。

第30条　姓名使用

自然人对其姓名的使用,包括使用姓名彰显身份、使用姓名文字形成其他标识以及获得财产利益。

自然人对其姓名文字的其他标识性使用,不得损害他人与社会公共利益。

立法理由

姓名的使用权是姓名享有者的一种自由,其重要意义在于任何人不得干涉和妨碍,也不得盗用或假冒,即当他人超越权限擅自使用自己的姓名时,可以对此加以禁止。姓名享有者有权按照自己的意志决定自己的姓名如何被使用,在何处被使用,同时他人在不违背享有者意志的情况下,负有正确使用姓名所有者姓名的义务。这里的姓名不仅包括户籍上的姓名,还包括笔名、艺名等。

自然人对姓名使用最一般且常见的途径,是使用姓名表明自己的身份,确定个人为社会交流的一部分。同时,姓名由文字组成,而语言文字具有社会通用性,将组成自己姓名的语言文字用以标注为非自然人的其他组织的名称,发明专利的名称或是商品标识等,均无不可。但需要满足姓名在此之上能够予以使用的客观标准。

另外,姓名也可以作为自然人身份标识的一部分,进入广告宣传领域。

姓名的广告利用以及姓名作为上述商标、组织名称等的使用,均可以为姓名权人带来相应的财产利益。这虽成为当今的广泛共识,但现有法律中并未直截了当地指明。这对人格权财产利益的保护不利,同时也为进一步区分各不同人各要素所蕴含的财产利益的多寡设置了障碍。因此,本法明文规定之。

回 立法例

1.《室内稿》

第 20 条第 1 款　自然人享有姓名权,有权依法决定、使用、变更或者许可他人使用自己的姓名。

2.《征求意见稿》

第 22 条第 1 款　自然人享有姓名权,有权依法决定、使用、变更或者许可他人使用自己的姓名。

3.《德国民法典》

第 12 条　权利人的姓名使用权为他人所否定,或权利人的利益因他人无权地使用同一姓名而受到侵害的,权利人可以请求该他人除去侵害。有继续受侵害之虞的,权利人可以提起不作为之诉。

4.《意大利民法典》

第 7 条第 1 款　法律确认每个人使用自己姓名的权利。因他人不当使用姓名而给权利人造成损害的,可以通过法律救济途径请求停止侵害。请求停止侵害的诉讼不影响受害人请求赔偿的权利。

5.《瑞士民法典》

第 29 条第 1 款　当姓名的使用权发生争议时,可以提起姓名权的确认之诉。

第 31 条　姓名的自我决定利益

自然人对其姓名的确定、变更,因他人否认、干涉而利益受到损害时,权利人可以请求加害人停止侵害、排除妨碍、消除影响、赔礼道歉和损害赔偿。

■ 立法理由

所谓对姓名的确定,包括通过姓名确定当事人的身份以及对姓名正确地识别、发音与记载。基于姓名权人的自我决定利益保护,其有权对姓名的确定、变更享有法上允许的自由空间,主要包括姓名的更改与不更改权、正确称呼与记载权。本条侧重于对姓名权消极权利的保护以及精神利益的赔偿。有关财产利益以及姓名的使用等积极权能的保护将在下面的条文中加以规定。

因出生或其他原因获得姓名,原则上说即拥有了永久保持的权益,可以将此称为姓名保有权,即姓名下的身份确定。而为有效地发挥姓名识别功能与特定的机能,须使第三人易于对姓名发音,为此依循“社会上所承认的惯用方法”以称呼姓名,确有必要;虽然姓名被正确称呼系属人格利益内容之一,且与姓名持有者的个性不可分。《国家通用语言文字法》对标准化用语及文字予以明确规定,以普通话为基本规范用语,而涉及少数民族语言文字的问题,以宪法、民族区域自治法及其他法律的有关规定为准。一般来说,使用普通话表述自然人姓名即可,但对于少数民族人士,特定场合(如民族传统节庆、祭祀)须以特定文字与语言称呼时,姓名权人即存在特殊的被正确称呼的利益。至于进入我国境内的外国人应如何称呼的问题,一方面,尊重其姓名本来的外国文字发音;另一方面,在以汉语发音、表述其姓名时,依汉语与外国语正常转换的方式称呼,以主观上恶意或重大过失的态度进行转换者,伤害他人感情,应判断为姓名侵权。此即姓名权人享有对使用一般社会通行方法识读、记载姓名的确定。

回 立法例

1.《国家通用语言文字法》

第 2 条　本法所称的国家通用语言文字是普通话和规范汉字。

第 8 条第 1 款　各民族都有使用和发展自己的语言文字的自由。

第 9 条　国家机关以普通话和规范汉字为公务用语用字。法律另有规定的除外。

2.《俄罗斯民法典》

第 19 条 5　由于非法使用他人姓名而对他人造成的损害,应依照本法典予以赔偿。

第 32 条　姓名的财产利益

侵害他人姓名权造成财产利益损失的，姓名上财产利益的损害难以确定时，以加害人获得的利益赔偿；加害人获得的利益难以确定，权利人和加害人不能形成赔偿协议时，人民法院根据实际情况裁量赔偿数额。

■ 立法理由

对姓名权的侵害如第 31 条所述可以要求停止侵害、排除妨碍、消除影响、赔礼道歉和损害赔偿。但第 31 条的损失赔偿侧重精神损害赔偿，本条专注于姓名权财产利益的保护与损害赔偿。对于侵权人的某一行为既侵害权利人的人格利益又侵害财产利益时，可以同时请求赔偿精神损害和财产损失。

早期人格权系维护人之尊严与自由而存在，姓名权亦如此。然而，商品经济社会中，当自然人的人格符号反映在商品宣传、销售等环节上时，通常将该自然人特有的人格价值影响施加于市场，既增强了产品在市场上的号召力与可识别程度，同时也给该自然人带来了公共财源——通过合作、代言、商标命名等手段。对于姓名使用的市场化运作，无疑使姓名权人享受到了其姓名通过市场价值交换而产生的独有利益。换言之，姓名、肖像、声音、隐私资料等个人特征本身所体现的财产价值，及个人对其人格特征得为商业上使用，从而获得一定之经济利益。

姓名权上财产利益的保护系属人格权所具有的财产价值保护的一部分。美国法采取“二元论”之方法，将人格利益区分为隐私权（保护精神利益）与公开权（保护财产价值）；德国法建构在“一元论”的人格构造上，以同一人格权包括精神利益及财产利益，不将财产部分从人格权分离出来，作为一种独立的财产权。在我国现有的人格权体系中，创设美国法上的公开权并无必要。原因有二：一是我国属大陆法系国家，继受的法律多为德国法律，在权利体系中创设公开权的空间较小；二是通过解释的方式与立法的方式，亦可起到保护姓名上财产利益的目的。

虽然对姓名而言，按获益计算比较困难，因为侵权人对人格上财产利益的侵害并不一定是获利的全部原因，名人姓名、肖像等人格要素商业利用的宣传作用固然对商品销售的好坏产生影响，但不是全部的原因。最终在无法确定被侵权人受到的损失时,法官的自由裁量至关重要。因此,希望在人格权总则类条款中提出。

立法例

1.《民法通则》

第99条第1款　公民享有姓名权,有权决定、使用和依照规定改变自己的姓名,禁止他人干涉、盗用、假冒。

第120条第1款　公民的姓名权、肖像权、名誉权、荣誉权受到侵害的,有权要求停止侵害,恢复名誉,消除影响,赔礼道歉,并可以要求赔偿损失。

2.《侵权责任法》

第20条　侵害他人人身权益造成财产损失的,按照被侵权人因此受到的损失赔偿;被侵权人的损失难以确定,侵权人因此获得利益的,按照其获得的利益赔偿;侵权人因此获得的利益难以确定,被侵权人和侵权人就赔偿数额协商不一致,向人民法院提起诉讼的,由人民法院根据实际情况确定赔偿数额。

3.《民法通则意见》

第141条　盗用、假冒他人姓名、名称造成损害的,应当认定为侵犯姓名权、名称权的行为。

第151条　侵害他人的姓名权、名称权、名像权、名誉权、荣誉权而获利的,侵权人除应适当赔偿受害人的损失外,其非法所得应当予以收缴。

第33条　民事责任

任何组织和个人干涉、盗用、假冒或者以其他不正当方式侵害他人姓名权的,应当承担相应的民事责任。

立法理由

本条为兜底条款,规制一切以不正当方式侵害他人姓名权的行为,包括但不限于以干涉、盗用、假冒的方式侵害他人姓名权。姓名权所保护的利益包括自由利益(如对行政管制的对抗)、同一性利益(对身份一致性的要求,如冒用他人姓名发表粗俗的文章)、商业利益(姓名上财产利益,通过对姓名的商业利用,如进行广告宣传等)。这三种利益都可以在姓名权之下得到保护,且由于客体的一致性,同一行为可能导致多种利益受到侵害,由此损害赔偿的范围也将不同,此时需要根据案件具体情况予以判决。

本条亦欲在人格权编姓名权章确定兜底性质的请求权基础。认定姓名权侵权理应以“是否存在干涉、冒用、盗用他人姓名的行为”为唯一标准,与是否出现损害结果、行为人主观上是否有不正当目的等均无关。不管未来学界对于此一请求权定性为人格权请求权还是侵权行为请求权,都不影响在出现相应的侵害行为时,可以通过直接适用人格权编的条文加以解决。

针对姓名权侵权的精神损害赔偿问题,我国目前立法已经明确要求必须针对的是“严重侵犯人身权益的行为”,所以,如果法院认定侵犯公民姓名权的问题已经达到这个程度,则可以适用,否则就不能适用,此乃侵犯人身权益承担精神损害赔偿的共同规则。

回 立法例

1.《民法通则》

第 99 条　公民享有姓名权,有权决定、使用和依照规定改变自己的姓名,禁止他人干涉、盗用、假冒。

2.《室内稿》

第 22 条　任何组织和个人不得以干涉、盗用、假冒或者其他不正当方式侵害他人的姓名或者名称。

3.《征求意见稿》

第 24 条　任何组织和个人不得以干涉、盗用、假冒或者其他不正当方式侵害他人的姓名或者名称。

4. 中国台湾地区“民法”

第 19 条　姓名权受侵害者,得请求法院除去其侵害,并得请求损害赔偿。

5.《瑞士民法典》

第 29 条第 2 款　因他人冒用而受到侵害的人,可诉请求停止冒用;在侵权人有过错的情况下,可诉请损害赔偿;根据遭受损害的特性能够主张精神损害赔偿的,可以诉请精神抚慰金。

6.《俄罗斯联邦民法典》

第 19 条 4　不允许冒用他人姓名取得权利和义务。

7.《埃塞俄比亚民法典》

第 46 条

(1)任何配有姓名的人,每当第三人对此等姓名的盗用导致或可能导致其物质或精神损害时,都有权抵制此等盗用。

第 34 条　名称权

民事主体可以依法转让其名称,但根据性质或者依照法律规定不得转让的除外。

■ 立法理由

企业名称权能否转让,首先取决于企业名称权的性质。如果是单纯的防御性人格权,则不能转让。如果具有财产属性,才有进一步讨论的必要。

关于企业名称权的性质,有观点认为企业名称权是人格权的一种。主要理由是企业名称是商事主体在营业中表明自己的名称,实质上与姓名权无异,自然人与商事主体均有权决定、使用和依照规定改变自己的姓名,有权禁止他人干涉、盗用和假冒。自然人有自己的意志,有自己的人格,商事主体也一样,有意志,有人格,应视企业名称权与姓名权一样。而姓名权属于人格权,所以企业名称权也应属于人格权的一种。这种观点是值得肯定的,但不可否认的是企业法人本身是一个经济体,它也必须作为一个经营主体而存在,为财产而存在,没有财产就失去了生存的价值。作为主体的表达符号——企业名称也就代表了经营活动,代表了信誉。正因如此,企业名称才可能被假冒,才可成为一项财产进入流通。这就体现了名称权的财产属性。因此,名称权既具有人格的防御属性又具有财产属性,应该可以转让。那么究竟如何转让呢,我国《企业名称登记管理规定》第 23 条规定,要一并转让。究竟以后能否单独转让法人的名称权还有待进一步研究,不宜限制过死,故本条采取开放式的立法待未来的理论和司法实践加以填补。

▣ 立法例

《企业名称登记管理规定》

第 23 条　企业名称可以随企业或者企业的一部分一并转让。

企业名称只能转让给一户企业。企业名称的转让方与受让方应当签订书面合同或者协议,报原登记主管机关核准。

企业名称转让后,转让方不得继续使用已转让的企业名称。

第四节 肖 像 权

第 35 条 肖像权保护范围

自然人享有肖像权,有权依法制作、使用、许可他人使用或者公开自己的肖像。

本法所称肖像是通过摄影、雕塑、录像、电影等方式在一定载体上所反映的特定自然人可被识别的外部形象。

■ 立法理由

肖像权作为人格权之一种,在当今社会“眼球经济”需求扩大和电子科技进步的背景下,肖像特别是公众人物的肖像越来越容易被获取和传播,并被广泛运用于商业活动,其隐藏的巨大经济价值被发现并利用,因此而产生的肖像权纠纷更是日益增多。因此,本条旨在为肖像权的保护提供一般性的规定。

首先,肖像权的享有主体是自然人,法人、非法人组织等民事主体不享有肖像权。其次,肖像权具有消极权能,这是所有人格权都具备的特性,故本条没有过多规定。最后,肖像权具有积极权能。积极权能的表现在于肖像权人有权依法制作、使用、许可他人使用或者公开自己的肖像。

本条第 2 款试图为肖像权作出定义。肖像,亦称写照、传神和写真,从字义上看,肖像乃比照人物而制作的与人物相似的形象。肖者,相似,像也;像者,比照人物制作的形象也。对肖像的定义一般从两方面进行考察:一是强调肖像是对人的姿态、容貌、表情等客观真实的反映;二是对肖像表现形式之考察。从肖像的保护范围来看,第一种观点认为,将肖像定义为自然人的面部形象。第二种观点认为,肖像不限于自然人的面部特征,具有可识别性的其他外部特征亦包括在内。第三种观点认为,肖像就是自然人外部形象本身。第四种观点认为，肖像是通过绘画、照相、雕塑、录像、电影等艺术形式使自然人外貌在物质载体上再现的视觉形象。换言之，肖像不是公民外貌形象本身，而是公民外貌形象的真实写照。

根据本条来理解，肖像是通过摄影、雕塑、录像、电影等方式在一定载体上所反映的特定自然人可被识别的外部形象。首先，反映在一定载体之上的才能称之为肖像，人本身的外貌不是肖像。其次，肖像是可识别的外部形象。一是可以识别，如果他人无法从载体上识别出特定人就不是肖像。二是外貌形象的完整体现，而不应该追求是否反映了面部形象。综上，肖像是不是艺术品并不重要，只要是对自然人的真实形象的客观反映的表现形式即可。再次，肖像应当以自然人的形象为主体。只要达到足以认定某自然人与形象具有一致性即可，即使该形象只是该自然人的一部分。最后，肖像应当具有清晰的可辨别性。当一张图片中某个人清晰可辨时，人们在该肖像中所看到的就是人格，一项主观的权利。

回 立法例

1.《民法总则》

第 110 条　自然人享有生命权、身体权、健康权、姓名权、肖像权、名誉权、荣誉权、隐私权、婚姻自主权等权利。……

2.《侵权责任法》

第 2 条　侵害民事权益，应当依照本法承担侵权责任。

本法所称民事权益，包括生命权、健康权、姓名权、名誉权、荣誉权、肖像权、隐私权、婚姻自主权、监护权、所有权、用益物权、担保物权、著作权、专利权、商标专用权、发现权、股权、继承权等人身、财产权益。

3.《专家建议稿》

第 31 条　肖像是指通过绘画、照相、雕塑、录像、电影等造型艺术方式所反映的自然人的面部形象以及足以呈现个人外部形象的其他身体部分或身体部分的组合。

自然人对自己的肖像享有再现、使用、许可他人使用以及防止他人侵害的权利。

4.《室内稿》

第 27 条　自然人享有肖像权，有权依法制作、使用、许可他人使用或者公开自己的肖像。任何组织和个人未经许可不得使用他人肖像，不得以歪曲、污辱或者其他不正当方式侵害他人的肖像。

本编所称肖像，是指通过绘画、照相、雕塑、录像、电影等方式在一定载体上所反映的特定自然人可被识别的外部形象。

5.《征求意见稿》

第28条　自然人享有肖像权，有权依法制作、使用、许可他人使用或者公开自己的肖像。

本法所称肖像是通过摄影、雕塑、录像、电影等方式在一定载体上所反映的特定自然人可被识别的外部形象。

第36条　肖像权的消极权能

任何组织和个人不得以歪曲、污辱或者其他方式侵害他人的肖像。未经肖像权人同意，他人不得制作、使用、公开自然人的肖像，但法律另有规定的除外。

未经肖像权人同意，肖像作品的著作权人不得实施将肖像作品发表、复制、发行、出租、展览等涉及使用和公开肖像的行为。

■ 立法理由

本条规定肖像权的消极权能。根据第1款的规定，所谓“任何组织和个人不得以歪曲、污辱或者其他方式侵害他人的肖像”体现的是肖像的精神利益，而“他人不得制作、使用、公开自然人的肖像”体现的是肖像的财产利益。对于肖像的精神利益，当肖像权受到非法侵害时，权利人可以依法请求精神损害赔偿。肖像权的精神利益是其作为人格权所与生俱来的应然内容。对肖像精神利益的保护，包含自然人对自己形象享有的完整的权利，有权禁止他人歪曲、污辱或者其他方式侵害自己的肖像。但毋庸置疑的是，随着商业的发展，肖像所带来的财产利益也日渐得到司法实务的认可。“肖像权是一种人格权，但也具有财产的性质”无疑是对传统人格权的突破和冲击。当无肖像权的权能行使时，这种划分自然没有太大意义。但一旦出现权利人积极行使肖像权权能或发生侵权行为时，这种区分的意义就凸显了出来。当权利人为商业目的使用时，其财产利益一般经由权利人和使用人协商确定，而这种经过权利人允许情况下的使用行为，自然不会发生对权利人精神损害的不利后果,即便有精神损害的结果也因为同意而免责。精神利益是肖像权的核心内容,因而对精神利益的保护应该是贯穿始终的,只要构成对肖像权的侵害,就应该认为肖像权的精神利益有所侵害。但是否应加以赔偿,则根据精神损害的有关规定处理。

根据第2款的规定,肖像权和著作权是两种独立的权利。肖像作品的著作权当然受到肖像权的制约,这是肖像作品的本质所决定的。肖像作品的作者享有肖像作品的著作权,但这当然不能取代肖像权人的权利。著作权人也绝不会因此而自动取得被许可使用他人肖像的权利。肖像权人只是同意作者拍摄、绘制其肖像,并不意味着就此同意作者可以任意使用、公开其肖像。任何人行使权利,都不能侵害他人的权利。肖像作品著作权的行使,如果不经肖像权人同意,就会和肖像权形成冲突。肖像作品的著作权人要使用、公开作品中的肖像,当然应当征得肖像权人的同意(授权),否则就构成侵害肖像权的行为。

回 立法例

1.《民法总则》

第110条　自然人享有生命权、身体权、健康权、姓名权、肖像权、名誉权、荣誉权、隐私权、婚姻自主权等权利。……

2.《侵权责任法》

第2条　侵害民事权益,应当依照本法承担侵权责任。

本法所称民事权益,包括生命权、健康权、姓名权、名誉权、荣誉权、肖像权、隐私权、婚姻自主权、监护权、所有权、用益物权、担保物权、著作权、专利权、商标专用权、发现权、股权、继承权等人身、财产权益。

3.《专家建议稿》

第32条　制作他人的肖像,应当征得本人同意。未征得本人同意,本人可以请求停止侵害,但公益性拍摄等合理使用除外。

4.《室内稿》

第28条　未经肖像权人同意,他人不得制作、使用、公开自然人的肖像,但法律另有规定的除外。

未经肖像权人同意,肖像作品的著作权人不得实施将肖像作品发表、复制、发行、出租、展览等涉及使用和公开肖像的行为。

5.《征求意见稿》

第 29 条　任何组织和个人不得以歪曲、污辱或者其他方式侵害他人的肖像。未经肖像权人同意,他人不得制作、使用、公开自然人的肖像,但法律另有规定的除外。

未经肖像权人同意,肖像作品的著作权人不得实施将肖像作品发表、复制、发行、出租、展览等涉及使用和公开肖像的行为。

第 37 条　有利解释规则

肖像许可使用合同中就肖像使用的范围、方式等没有约定或者约定不明确的,应当作出有利于肖像权人一方的解释。

■ 立法理由

本条是对《民法总则》和《合同法》关于意思表示解释、合同解释的一般规则的突破。《民法总则》第 142 条关于意思表示解释的规定、《合同法》第 125 条关于合同解释的规定,都是立足于双方利益的平衡,探究双方的共同意思,遵从习惯和诚信原则,而不是仅仅对一方有利的解释。肖像许可使用合同(以及名称许可使用合同等),属于人格利益经济利用的范畴。本条之所以这样规定,是侧重保护肖像权这一人格权的法政策需要。精神利益是肖像权的核心内容,只要构成对肖像权的侵害就应该认为肖像权的精神利益有所侵害。即使是在许可使用合同中出现了对肖像权财产利益的侵害,也属于侵害了肖像权的精神利益。因此,法律作出侧重肖像权人保护的规定就是为了避免出现对肖像权人的精神利益侵害,以维护实质公平。这种特殊解释规则,目的在于通过特殊解释方法之采用,直接干预具体案件当事人之间的关系,排除作出不利于肖像权人的解释结果,维护利益平衡。

◻ 立法例

1.《室内稿》

第 29 条　肖像许可使用合同中就许可使用的权益范围、使用方式等约定不明确的,应当作出有利于肖像权人一方的解释。

肖像许可使用合同中肖像权人未明确许可、转让的权利,未经肖像权人同意,另一方当事人不得行使。

2.《征求意见稿》

第30条 肖像许可使用合同中就肖像使用的范围、方式等没有约定或者约定不明确的,应当作出有利于肖像权人一方的解释。

肖像许可使用合同中肖像权人未明确许可使用的权利,未经肖像权人同意,另一方当事人不得行使。

第38条 许可使用合同的解除

当事人对肖像许可使用期限没有约定或者约定不明确的,任何一方当事人可以随时解除肖像许可使用合同,但应当在合理期限之前通知对方。

当事人对肖像许可使用期限有明确约定,肖像权人有正当理由的,可以解除肖像许可使用合同,但应当提前通知对方。因解除合同造成对方损失的,除不可归责于肖像权人的事由以外,应当赔偿损失。

其他人格权益的许可使用参照适用本章关于肖像许可使用的规定。

■ 立法理由

第38条第1款所述内容属于合同法定解除的特殊规则。许可使用合同分为继续性和非继续性合同。一般而言,不定期的继续性合同是可以随时解除的。例如,《合同法》第232条规定:"当事人对租赁期限没有约定或者约定不明确,依照本法第六十一条的规定仍不能确定的,视为不定期租赁。当事人可以随时解除合同,但出租人解除合同应当在合理期限之前通知承租人。"但非继续性合同是不可以随意解除的,本条属特殊规定。

第38条第2款所称可以基于"正当理由"解除合同,应受限于《合同法》第94条规定的情形,除不可抗力导致合同目的不能实现、迟延履行、对方根本违约等情形之外,不可随意解除合同。

当事人订立合同,是预期利益的交换。合同信守原则,是合同法的基本原则,我国《民法总则》第119条、《合同法》第8条已有明文规定。赋予肖像权人单方解除合同的权利,是对合同信守原则的突破。合同法仅在极为特殊的情况下,才会赋予合同一方当事人随时解除合同的权利。肖像许可使用合同一般具有对价,相对人应向肖像权人支付许可费,这是商业性质的交易合同,以牺牲相对人利益为代价,赋予肖像权人特别的单方解除权本就是对合同信守的极大突破,故不能毫无限制。是故,因解除合同造成对方损失的,除不可归责于肖像权人的事由以外,应当赔偿损失。特别要注意的是,通常情况下,只有名人的肖像才具有经济利用价值,普通人的肖像一般是无人问津的。因此,订立肖像许可使用合同的当事人为名人时,如著名演员、运动员,他们通常都有自己的律师或者专业的经纪公司、经纪人,在订立肖像许可使用合同、约定保护自己的条款时,有足够的谈判协商能力,此时是否赋予当事人在肖像许可使用期限没有约定或者约定不明确情况下的任意解除权,应予以慎重考虑,若没有侵害其精神利益,则不能随意解除合同。

第 38 条第 3 款为其他人格权益的许可使用提供了指引,使立法更加简洁。

立法例

1.《室内稿》

第 30 条　当事人对肖像许可使用期限没有约定或者约定不明确的,当事人可以随时终止肖像许可使用合同,但是应当在合理期限内提前通知对方。

当事人对肖像许可使用期限有明确约定的,肖像权人可以基于重大理由终止肖像许可使用合同,造成对方损失的,应当赔偿损失。

姓名、名称等的许可使用参照适用本章关于肖像许可使用的规定。

2.《征求意见稿》

第 31 条　当事人对肖像许可使用期限没有约定或者约定不明确的,任何一方当事人可以随时解除肖像许可使用合同,但应当在合理期限之前通知对方。

当事人对肖像许可使用期限有明确约定,肖像权人有正当理由的,可以解除肖像许可使用合同,但应当提前通知对方。因解除合同造成对方损失的,除不可归责于肖像权人的事由以外,应当赔偿损失。

其他人格权益的许可使用参照适用本章关于肖像许可使用的规定。

第 39 条　肖像权的合理使用

实施下列行为的,可以不经肖像权人同意:

(一)为个人学习、艺术欣赏、课堂教学或者科学研究,使用他人已经公开的肖像;

(二)为报道时事新闻,在报刊、电视台、网络等媒体中不可避免地使用、公开他人肖像;

（三）国家机关为执行公务、保障公共安全等在必要范围内使用、公开他人肖像；

（四）拍摄特定公共环境不可避免地使用、公开他人肖像；

（五）其他维护公序良俗的行为。

立法理由

本条是关于肖像权的合理使用规则，同时也是相应的免责条款。免责事由一般分为正当理由的免责和外来原因的免责。前者从行为的正当性角度来解释免责事由，后者从因果关系的角度予以阐明。本条所规定的五项内容都是从行为的正当性角度加以规定的。

在合理使用时，可以不经肖像权人同意，不向其支付任何报酬，但不得侵犯肖像权人的其他权利。此时使用人不构成侵权。需要注意的是，在个人学习、艺术欣赏、课堂教学或者科学研究时使用的他人肖像必须是已经公开的肖像，而国家机关为执行公务、保障公共安全等在必要范围内拍摄特定公共环境使用的肖像可以是未公开的肖像。此外，肖像权的合理使用仅限于法律的特殊规定，且不能影响权利人对肖像的正常使用，也没有不合理地损害肖像权人的合法利益。

值得注意的是，本条第2项的适用仅限于时事新闻，其他新闻需转载时需要有相应的许可。如果使用他人已公开且明确声明不可使用的，不能视为合理使用。此外，若肖像权人已经采取一定的技术措施保护自己的肖像，那么规避和破坏该技术措施并使用肖像的行为除非符合本条第3、4、5项的规定，不属于合理使用。

立法例

1.《专家建议稿》

第34条　对肖像的合理使用，应当考虑肖像权人的社会地位、肖像权人活动内容、肖像再现的场所、制作肖像目的和社会容忍限度等因素。

2.《室内稿》

第31条　实施下列行为的，可以不经该自然人同意：

（一）为个人学习、艺术欣赏或者学校课堂教学、科学研究，使用他人已经公开的肖像；

（二）为报道时事新闻，在报纸、期刊、电视台、网络等媒体中不可避免地使用、公开他人肖像；

（三）国家机关为执行公务、保障公共安全等在必要范围内合理使用、公开他人肖像；

（四）拍摄特定社会公共环境或者自然环境不可避免地使用、公开他人肖像；

（五）其他维护公序良俗的适当行为。

3.《征求意见稿》

第32条　实施下列行为的，可以不经肖像权人同意：

（一）为个人学习、艺术欣赏、课堂教学或者科学研究，使用他人已经公开的肖像；

（二）为报道时事新闻，在报刊、电视台、网络等媒体中不可避免地使用、公开他人肖像；

（三）国家机关为执行公务、保障公共安全等在必要范围内使用、公开他人肖像；

（四）拍摄特定公共环境不可避免地使用、公开他人肖像；

（五）其他维护公序良俗的行为。

第五节　名誉权和荣誉权

第40条　名誉权

民事主体享有名誉权。任何组织和个人不得以侮辱、诽谤、诋毁或其他方式侵害他人的名誉。

本法所称名誉是他人对民事主体的品德、声望、才能、信誉、信用等的社会评价。

立法理由

本条规定名誉权。名誉权是重要的精神性人格权，其较早在世界范围内得到认可和保护。名誉权是民事主体就社会对其客观公正的评价享有的排斥他人贬损自己名誉的权利,其关系到民事主体在社会生活中所处的地位和应受到的信赖和尊敬的程度。

名誉权为民事主体所享有,包括自然人、法人和非法人组织。名誉权作为精神性人格权,自然为每个公民所享有。名誉权代表着独立的自然人的人格尊严。法人和非法人组织亦享有名誉权。法人的人格价值主要指向法人的信用、生产能力、经营状况等因素,法人的名誉即为前述之综合总结。我国民事立法承认了法人享有名誉权。法人名誉权与自然人名誉权不同,其表现在名誉的内容、侵害名誉权的方式以及二者与财产权的联系等方面。非法人组织作为民事主体,享有名誉权。非法人组织是否为名誉权的主体之一,学界存在争议。《民法通则》规定名誉权的主体为公民和法人,并未包含非法人组织。《民法总则》将非法人组织规定为民事主体之一,非法人组织应享有名誉权。

名誉权作为具体人格权,任何组织和个人不得侵犯。对于名誉权的侵害,主要有侮辱、诽谤、诋毁等方式。侮辱行为是指公然以暴力、谩骂等方式贬损他人人格,侵害他人名誉的行为。诽谤行为是指散布捏造的事实,恶意中伤他人以损害他人名誉的行为,其包括口头诽谤,亦包括文字诽谤。诽谤的最低限度为第三人知悉。侮辱、诽谤行为达到一定程度可构成刑法上的侮辱罪、诽谤罪。诋毁是指编造或扭曲事实,恶意毁谤、破坏他人的名誉,其与诽谤相近。侵害名誉权的主观状态可以是故意,也可以是过失。故意侵害他人名誉权,自为侵害名誉权之侵权行为。在名誉权侵权中,加害人的主观状态包括过失,其已为我国司法实践所承认。对于行为人过失侵害名誉权,可采推定的态度,行为人亦可提出证据证明自己不存在过错,即可推翻推定。过失侵害名誉权的行为如误指他人为坏人、误指他物为假物等。

名誉是社会公众对民事主体的评价,一般而言,是指良好而积极的社会评价。就"名誉"而言,一般有声名说、个人评价说、社会评价说以及个人评价和社会评价综合说等。上述观点实质上仅仅在罗列角度上存在不同之处,最终落脚在"社会评价"之上。民事主体的品德、声望、才能、信誉、信用等社会评价构成了民事主体的名誉,皆是名誉权的涵摄范围,任何组织和个人不得毁损之。

回 立法例

1.《民法通则》

第 101 条　公民、法人享有名誉权,公民的人格尊严受法律保护。禁止用侮辱、诽谤等方式损害公民、法人的名誉。

2.《专家建议稿》

第 36 条　自然人、法人、其他组织享有名誉权,禁止任何人以侮辱、诽谤等方式加以侵害。

第 37 条　禁止任何人利用网络或者其他即时通讯工具散布侮辱、诽谤他人的言论,毁损他人名誉。

3.《室内稿》

第 32 条　民事主体享有名誉权。任何组织和个人不得以诽谤、侮辱、诋毁或者其他不正当方式侵害他人的名誉。

本编所称名誉,是指他人对民事主体的品德、声望、才能、信誉、信用等的社会评价。

第 33 条　网络用户或者网络服务提供者不得利用网络采取诽谤、诋毁等方式,贬低对经营主体的产品或者服务的社会评价。

4.《中国澳门特区民法典》

第 73 条第 1 款　任何人均有权受保护,以免被他人以指出某种事实或做出判断,使其名誉、别人对其之观感、名声、声誉、个人信用及体面受侵犯。

5.《越南民法典》

第 33 条　一、个人的名誉、人格和尊严受到尊重并受法律保护。

二、任何人不得侵害他人的名誉、人格和尊严。

6.《埃塞俄比亚民法典》

第 2044 条　通过其言辞、文字或任何其他方法使另一个生存的人变得可恶、卑鄙或可笑,并使其信用、名誉或前途受到危害的人,实施了过犯。

第 2045 条　一、侵辱的故意不被认为是构成诽谤的一个实质要件。

二、如果被指控为诽谤的言说者或作者,没有在其言语或文字中有意地针对任何特定的人,不应该被认为犯有诽谤。

三、在此等情形,言说者或作者只有处在本应合理预见到其言辞或文字可能给他人造成侵辱的境地时,才得承担责任。

第 41 条　侵害名誉权的免责事由

行为人对他人的产品质量或服务质量进行正当评论，或者实施其他新闻报道、舆论监督等维护公序良俗行为的，不承担民事责任。但是另一方当事人能够证明行为人捏造事实、歪曲事实、对他人提供的事实未尽到合理审查义务或者包含侮辱等过度贬损他人名誉内容的除外。

■ 立法理由

本条规定侵害名誉权的免责事由。名誉权的保护固然重要，但法律应处理好名誉权的保护与言论自由的关系，均衡二者对立的矛盾。原本侵害他人名誉权的言论因符合某种抗辩事由的规定变为合法言论，享有言论自由的保障，兼顾言论自由与名誉权的保护。

在现代民主社会，针对公众事务，意见的自由发表与信息广泛交流乃是促进社会民主深化的重要机制，因而民众对得受公评之事项为公正之评论，纵有妨害他人名誉的情形，但基于社会公益的需要仍可以此作为抗辩理由。此已为我国审判实践所接受和承认，《名誉权解答》中第八问的回答规定："因撰写、发表批评文章引起的名誉权纠纷，人民法院应根据不同情况处理：文章反映的问题基本真实，没有侮辱他人人格的内容的，不应认定为侵害他人名誉权。文章反映的问题虽基本属实，但有侮辱他人人格的内容，使他人名誉受到损害的，应认定为侵害他人名誉权。文章的基本内容失实，使他人名誉受到损害的，应认定为侵害他人名誉权。"适用此一抗辩事由仍需具备一定条件，英国、美国在学说和实践发展中总结出了"四要件"与"三要件"。结合我国实际情况，比较域外经验，公正评论需具备四个构成要件：(1)行为人作出的具有名誉毁损性质的陈述不是对某种事实的陈述而是对某种观点的陈述；(2)行为人的评论必须是建立在某种真实性的事实陈述的基础之上或者建立在某种免责特权场合作出的陈述基础之上；(3)行为人只能对涉及公众利益的问题或对社会关心的问题作出评论，行为人的有关行为需是维护公序良俗的行为；(4)行为人对他人或他人的行为作出的评论被认为是公正的。一般认为，批评者、评论者主观上出于诚意，且批评、评论依据的事实应为"真实""公正""正当"。

若行为人评论、监督行为所依据的事实是捏造、歪曲的，自不能成为公正评论及正当的舆论监督，其可能构成对他人名誉的诽谤，应承担相应的侵害名誉权的民事责任。行为人的评论、监督行为应坚持适度原则，在其评论、监督的行为中不得包含侮辱等过度贬损他人名誉的内容，否则其行为不能构成公正评论及正当的舆论监督，反而会突破合法范围，走向违法边缘，侵害他人名誉权，承担相应的民事责任。此外，对他人提供的事实未尽到合理审查义务而以此为据进行的评论、监督行为，侵害他人名誉权的，不得以公正评论及正当的舆论监督作为抗辩事由。此一情况多发于新闻领域。真实性是新闻的基本原则和生命线。新闻媒体机构对其报道的新闻负有审查其内容真实性的义务，未尽到此种义务而发表失实新闻，新闻媒体机构应对此承担相应的法律责任。新闻工作人员在这种情况下发表报道或者任意听信传闻而不作适当审查使得报道内容严重偏离实际的，应承担法律责任。证明行为人捏造事实、歪曲事实、对他人提供的事实未尽到合理审查义务或者包含侮辱等过度贬损他人名誉内容等行为的证明责任由诉讼中另一方当事人承担。

回 立法例

1.《专家建议稿》

第 38 条　行使言论自由与他人名誉权发生冲突时，应当根据以下因素确定是否侵害名誉权：

（一）言论的类型、内容；

（二）受害人是否属于公众人物、机关法人或者国家机关工作人员；

（三）事实陈述是否真实或者陈述人是否尽到合理审查义务而确信为真实；

（四）意见表达是否包含侮辱性内容；

（五）事实陈述或者意见表达与公共利益的关联性。

第 40 条　对国家机关的监督、批评，不构成名誉权侵害。

对国家工作人员行使职权的监督、批评，不构成名誉权侵害。

第 41 条　消费者对生产者、销售者、经营者的产品质量或者服务质量进行监督、批评，不构成名誉权侵害，但构成诽谤或者意见表达仅以损害他人名誉为目的且显著降低其社会评价的除外。

第 42 条　新闻单位对生产者、销售者、经营者的产品质量或者服务质量进行监督、批评，内容基本属实，没有侮辱内容的，不构成名誉权侵害；主要内容失实，包含侮辱内容，损害他人名誉的，构成名誉权侵害。

2.《室内稿》

第34条 行为人对他人的产品质量或者服务质量进行监督予以正当批评、评论，或者实施其他维护公序良俗的适当行为的，不承担民事责任。但是，另一方当事人能够证明行为人的陈述捏造事实、歪曲事实、对他人提供的事实未尽到合理审查义务或者包含侮辱等过度贬损自己名誉内容的除外。

第42条 合理审查义务的确定因素

行为人对他人提供的事实是否尽到合理审查义务，应当根据以下因素确定：

（一）事实来源的可信性；

（二）行为人对明显可能引发争议的内容是否进行了必要的调查；

（三）事实的时效性和公序良俗的关联性；

（四）受害人名誉贬损的程度；

（五）审查的成本。

行为人应当承担自己已尽到合理审查义务的证明责任，但法律另有规定的除外。

■ 立法理由

本条规定合理审查义务的确定因素。行为人对特定的民事主体及该特定民事主体的某些行为进行批评、发表评论或从事正当监督时，必须依据一定事实。行为人对其所依据的事实负有合理审查义务，以确保依据事实的真实性、准确性。行为人若未尽到合理审查的义务，则构成名誉权的侵权，这种侵权行为是不作为侵权。对于行为人是否尽到合理审查义务，应参酌以下因素加以确定：

1. 事实来源的可信性。若行为人自可信、可靠的地方获取信息，相信其真实性且据此作出了某种陈述，即使造成了他人名誉的实际损害，仍可认为行为人尽到了合理审查的义务，从而可以此为抗辩而免除相应的民事责任。如行为人据以作出评论的事实是来源于权威的新闻报道与科学报告。

在我国，总结司法实际经验及结合我国实际情况，权威事实来源可以包括：法律、行政法规和规章认定的事实；人民法院的终审裁判文书认定的事实；合法的仲裁机构认定的事实；行政机关在正式文件和正式行政程序中认定的事实；执政党的正式文件、出版物认定的事实和执政党正式向社会发布的事实；国家立法、行政、司法、监察机关在其新闻发布会、记者招待会、白皮书、蓝皮书等上发布的事实；国家立法、行政、司法机关在其正式出版物上发布或者认定的事实；公民、法人和非法人组织关于自身活动以书面或口头方式公布的有关资料。

2. 行为人对明显可能引发争议的内容是否进行了必要的调查。在对他人提供的事实进行审查的过程中，若该事实明显可能引发争议，行为人应采取必要的行动，对该事实展开调查，以确认其真实性。如对于由他人提供的近期社会公众广泛关注的本地民生问题的爆料，报刊评论栏作者应展开诸如实地走访、拍摄等必要的调查。

3. 事实的时效性与公序良俗的关联性。确定行为人是否尽到合理审查的义务时，应考察事实的时效性及其公序良俗的关联性。若一个事实发生时间久远，其真实性必然受到合理的怀疑，此时行为人具有更高的审查义务。若一个事实与公序良俗紧密相关，行为人亦应承受更高程度的审查义务。

4. 受害人名誉贬损的程度。受害人名誉贬损的程度是确定行为人是否尽到合理审查义务的因素之一。通常来说，若基于他人提供的事实产生的评论会对受害人的名誉产生较为严重的侵害，则行为人对此应具有更高程度的审查义务，确保其所依据的事实的真实性、准确性。

5. 审查的成本。审查的成本是考量行为人是否尽到合理审查义务的重要考量因素。若进行审查的成本明显过大，超过了行为人的承受能力，或超过了有关行为应有审查程度的合理成本，此时强求行为人对此进行审查并不合理。审查的成本与审查的难度、审查的程度有关，考量审查的成本时，应着眼于具体个案的特性。

行为人是否尽到合理的审查义务，应依据上述因素以确定之。一般来说，行为人是合理审查义务的主体，行为人是否进行了合理审查活动，以何种方式审查了相关事实，行为人对之最为清楚，由其承担证明责任也是应有之义。若由受害人举证证明行为人未尽到合理审查义务,则受害人的诉讼负担加重,不利于保护受害人的利益。行为人尽到合理审查义务的证明责任由行为人自己承担,但法律另有规定的除外。

立法例

《专家建议稿》

第 39 条　陈述人对事实陈述是否尽到合理审查义务,应根据以下因素确定:

(一)所陈述事实来源的可信性;

(二)所陈述事实的时效性和与公共利益的关联性;

(三)导致名誉贬损的程度;

(四)审查的成本。

是否尽到合理审查义务,由作出事实陈述者承担举证责任,法律另有规定的除外。

第 43 条　文学作品侵犯名誉权

民事主体发表的文学作品的作品情节与特定人的情况相似,且为负面描写的,但不是以该特定人为描写对象的,不承担民事责任。

民事主体发表的文学作品描写真人真事,或者虽未写明特定人,但以该特定人或者其特定事为描写对象,损害该特定人名誉的,应当依法承担民事责任。

立法理由

本条规定的是文学作品侵犯名誉权的情形。侵犯名誉权的行为中,于现实生活中,作者通过文学作品损害他人名誉权的情形大量存在。文学作品依托于现实,但同时具有虚构性。文学作品的虚构性成为特定人名誉权受侵害的主要风险之一。文学作品侵犯名誉权问题上,名誉权保护常常与文学创作自由相冲突。

民事主体发表的文学作品中,若其作品情节与特定人的情况相似,但非以该特定人为描写对象的,作者不承担侵害该特定人名誉权的民事责任。若文学作品描写的为真人真事,或虽未写明特定人,但以该特定人或其特定事为描写对象，损害该特定人名誉的，构成侵害该特定人名誉权的行为。

若该文学作品属于纪实文学，可直接按照法律规定的要素进行侵权认定。若该文学作品属于创作型文学，则关键是要判断该文学作品所描述的对象是否可以指向现实中的真实人物。若作品中的人物与现实中某个特定人的居住环境等个人基本信息类似，或读者能够在通读作品后很容易就联想到现实中的某个具体的人，且作者对该角色使用了侮辱、诽谤性的语言，使此人社会评价较之前明显降低，使其精神备受打击，则作者构成名誉权侵权。此多为“含沙射影”“指桑骂槐”等侵犯名誉权的形态。判断文学作品侵犯名誉权时，仍以侵权行为判断的“四要件”为原则，结合文学作品侵犯名誉权的特点加以判断。

◻ 立法例

《征求意见稿》

第36条　民事主体发表的文学作品的作品情节与特定人的情况相似，但不是以该特定人为描写对象的，不承担民事责任。

民事主体发表的文学作品描写真人真事，或者虽未写明特定人，但以该特定人或者其特定事为描写对象，损害该特定人名誉的，应当依法承担民事责任。

第44条　信用权

民事主体可以依法查询自己的信用评价；发现信用评价错误或者侵害自己合法权益的，有权提出异议并要求采取更正、删除等必要措施。信用评价人应及时核查，经核查属实的，应当及时采取必要措施。

信用评价人的信用评价错误或者侵害他人合法权益的，应当依法承担相应的民事责任。

■ 立法理由

信用权是信用主体通过交易活动或职业生计活动而从社会获得公正评价并以此取得相关利益的权利。但仅将信用权侵害行为定性为精神上的侵害，就决定其救济方式采取精神损害救济为主，没有体现出信用权显著的财产特征。此外,有关信用权保护的不同立法模式,反映了不同国家和地区立法对信用保护的态度。总体而言,对信用权保护相同之处在于:国际上大多数国家和地区均由多部法律共同完成。对于信用权保护不同之处在于:各国或不同地区立法对于信用权保护的范围不一样。在立法技术上,世界各国和地区有关信用权保护的立法技术选择分为直接保护和间接保护两种。就直接保护方式而言,以《德国民法典》为代表,在侵权行为章中对侵害信用权的行为直接作出规定;而以我国台湾地区"民法"为代表的则采取在侵权行为部分专列人格权的保护方式,明确该权益,给予保护。就间接保护方式而言,又有多种不同路径。

就我国而言,采纳直接保护的方式较为合理,主要原因如下:(1)信用是一种重要的资信利益,在现代商品经济条件下迫切需要相应的权利保护。在当今社会,只要有商品交换,就会有信用活动发生;而与信用活动有关的资信利益,是主体所享有的一种重要的无形财产,随着市场经济的发展与人们权利观念的进化,有必要将这种资信利益从一般人格利益中分离出来,并最终与同此相关联的商誉利益相区别,即赋予其独立的财产形式并给予特别的法律保护。(2)信用主体是一个广泛的民事主体范畴,信用活动的主体必然会成为民事权利的主体。在信用活动中,根据信用主体的不同,可以分为商业信用、银行信用、国家信用、民间信用等。在信用关系中,主体是能动的活的要素,诸如赊购、预付等信用活动都必须通过主体的行为才能实现。因此,法律既要规范他们的信用行为,又要保护他们的信用利益。如果将资信利益的权利主体,限定为商事主体或企业法人,则势必造成其他主体的资信利益无从保护的盲区。在各种信用活动中都存有资信利益主体的情况下,法律仅承认部分利益为受到权利保护的法益,而将其他利益置于无权利状态的真空,不利于周延保护民事主体的合法权益。(3)信用关系基于债权债务关系而产生,其设定的权利对第三人无约束力,但信用关系当事人所享有的资信利益应得到其他人的尊重。具言之,授信人与受信人之间所发生的赊购、预付等债权关系,其债权是针对相对人的请求权,而授信人或受信人对于自己的资信所享有的权利,是一种可以向任何人提出主张的对世权。易言之,资信权利的主体作为人格权人,有权排除除主体以外的其他人(包括自然人与法人)的非法侵害。如果将侵权行为人限定为有竞争关系的经营者,这无异于宣告其他侵权行为为合法行为,这必然导致对信用利益保护不周的有害后果。

回 立法例

1.《专家建议稿》

第50条 自然人、法人和其他组织有权查阅、抄录或者复制涉及自身的信用资料,有权要求修改与事实不符的信用资料,有权对不良信用信息作出说明,并要求予以记载。

2.《室内稿》

第35条 民事主体可以依法查询自己的信用评价;发现对自己的信用评价错误或者侵害自己的合法权益的,可以依法提出异议,并且要求采取更正、删除等必要措施。信用评价人应及时核查,经核查属实的,应当及时采取必要措施。

信用评价人的信用评价错误或者侵害他人合法权益的,应当依法承担相应的民事责任。

3.《征求意见稿》

第37条 民事主体可以依法查询自己的信用评价;发现信用评价错误或者侵害自己合法权益的,有权提出异议并要求采取更正、删除等必要措施。信用评价人应及时核查,经核查属实的,应当及时采取必要措施。

4.《征信业管理条例》

第17条 信息主体可以向征信机构查询自身信息。个人信息主体有权每年两次免费获取本人的信用报告。

第25条 信息主体认为征信机构采集、保存、提供的信息存在错误、遗漏的,有权向征信机构或者信息提供者提出异议,要求更正。

征信机构或者信息提供者收到异议,应当按照国务院征信业监督管理部门的规定对相关信息作出存在异议的标注,自收到异议之日起20日内进行核查和处理,并将结果书面答复异议人。

经核查,确认相关信息确有错误、遗漏的,信息提供者、征信机构应当予以更正;确认不存在错误、遗漏的,应当取消异议标注;经核查仍不能确认的,对核查情况和异议内容应当予以记载。

5. 中国台湾地区"民法"

第195条第1款 不法侵害他人之身体、健康、名誉、自由、信用、隐私、贞操,或不法侵害其他人格法益而情节重大者,被害人虽非财产上之损害,亦得请求赔偿相当之金额。其名誉被侵害者，并得请求恢复名誉之适当处分。

6.《德国民法典》

第 824 条第 1 项　违背真相主张或传播适合于妨害他人的信用或对他人的生计或前途造成不利益的事实的人，即使其虽不明知，但应知不真实，仍应向他人赔偿由此而发生的损害。

第 45 条　荣誉权

民事主体享有荣誉权。任何组织和个人不得非法剥夺他人的荣誉称号或者诋毁、贬损他人的荣誉。

获得的荣誉称号应当记载而没有记载或者记载错误的，民事主体可以要求记载或者更正。

■ 立法理由

关于荣誉权，学者的表述不尽相同，但共同的路径是先界定荣誉，再界定荣誉权，界定荣誉则成为界定荣誉权的前提。荣誉，可从两方面阐释：在形式上，荣誉是权威机关对特定对象正式的肯定评价，特定对象可以是特定主体，也可以是特定主体的联合——集体、组织，如家庭、班级、小组、车间等。多数个体联合而成的复合主体不能成为民事主体，不享有任何权利，包括不因权威机关的正式肯定评价而享有荣誉权。在实质上，荣誉是权威机关对特定主体正式的肯定评价。基于荣誉的阐释，荣誉权应界定为获得荣誉的主体保持、支配荣誉的权利。换言之，获得荣誉的主体可支配即利用、凭借自己的荣誉，参与民事活动，此为荣誉权。

对于荣誉的可能"侵害"，可区分为来自授予者和来自非授予者两种类型。享有者不配获得相应的荣誉，声称荣誉享有者系采取不当手段获取荣誉称号。此种情况下，非荣誉授予者对取得荣誉之事实的否定以及荣誉称号剥夺之表示等，对荣誉权人享有荣誉根本不会产生任何影响，"非法剥夺他人的荣誉称号"的行为，非授予者无权实施，也无法实施。而声称荣誉享有者不配获得相应的荣誉或采取不当手段获取荣誉者，则可能涉及人格的贬损等侵害名誉权行为。换句话说，荣誉的非授予者无法撼动荣誉享有的事实，陷入"剥夺不能"，非授予主体无法影响荣誉的享有。

根据本条第2款的规定,如果国家机关或者其他行政主体授予荣誉称号,未依照程序记载或者记载错误的,应当通过行政诉讼程序处理。如果荣誉称号是由其他社会组织依照合同约定授予的,当荣誉称号应当依照合同记载而没有记载或者记载错误时,合同当事人当然有权要求另一方按照合同请求变更,或提起民事诉讼。

回 立法例

1.《民法总则》

第110条　自然人享有生命权、身体权、健康权、姓名权、肖像权、名誉权、荣誉权、隐私权、婚姻自主权等权利。……

2.《侵权责任法》

第2条　侵害民事权益,应当依照本法承担侵权责任。

本法所称民事权益,包括生命权、健康权、姓名权、名誉权、荣誉权、肖像权、隐私权、婚姻自主权、监护权、所有权、用益物权、担保物权、著作权、专利权、商标专用权、发现权、股权、继承权等人身、财产权益。

3.《专家建议稿》

第43条　自然人、法人和其他组织依法享有荣誉权。

本法所称荣誉,是指自然人、法人、其他组织依照法律、章程等获得的荣誉称号。

4.《室内稿》

第37条　民事主体享有荣誉权。任何组织和个人不得非法剥夺他人的荣誉称号和非法诋毁、贬损他人的荣誉。

民事主体获得的荣誉称号应当记载而没有记载或者记载错误的,民事主体可以要求予以记载或者更正。

5.《征求意见稿》

第39条　民事主体享有荣誉权。任何组织和个人不得非法剥夺他人的荣誉称号或者诋毁、贬损他人的荣誉。

获得的荣誉称号应当记载而没有记载或者记载错误的,民事主体可以要求记载或者更正。

第 46 条 因荣誉产生的物质利益

民事主体有权获得因其荣誉所产生的物质利益。

■ 立法理由

本条规制的是因荣誉产生的物质利益而非伴随荣誉所颁发的物质奖励。物质利益获得的法律基础与取得荣誉所依据的法律关系存在不同。公权力主体对外部主体授予荣誉的行为是一种具体的行政行为,公权力主体对内部主体授予荣誉的行为是行政机关内部管理行为;非公权力主体对内部主体授予荣誉的行为是劳动关系或内部管理行为,非公权力主体对外部主体授予荣誉的行为是合同行为。伴随着荣誉而产生的物质利益也只能分别在上述行为及其引发的关系的框架内加以调整,并不存在一种超越于上述基础关系的仅以荣誉为基础的物质利益获得权。荣誉权人并不能因为享有荣誉就当然有权要求他人给予物质利益,但有权保有因为其荣誉带来的他人的馈赠或者交易带来的种种利益。至于物质支配权,如荣誉权人在获得荣誉时已经取得相应的物质利益,则其对于该物质利益的权利属于财产权的范畴,而非荣誉权的内容,故不在本条规制的范围内。

回 立法例

1.《民法总则》

第 129 条 民事权利可以依据民事法律行为、事实行为、法律规定的事件或者法律规定的其他方式取得。

2.《物权法》

第 23 条 动产物权的设立和转让,自交付时发生效力,但法律另有规定的除外。

3.《室内稿》

第 38 条 民事主体有权获得因其荣誉所产生的物质利益。

4.《征求意见稿》

第 40 条 民事主体有权获得因其荣誉所产生的物质利益。

第六节　隐私权和个人信息权

第 47 条　隐私权

自然人享有隐私权。任何组织和个人不得以侵扰、泄露、公开或者其他方式侵害他人的隐私。

本法所称隐私是具有私密性的私人空间、私人活动和私人信息等。

■ 立法理由

本条规定隐私权。隐私权,即自然人对个人隐私的自主权利。随着科技及大众传媒的发展,特别是现代信息社会的高速发展,国家、企业和个人可以迅速地搜集、整合、处理和传送有关他人的各种信息资源,或作为商品加以利用,人们对于暴露在公众中越发敏感,这种法感情和人格意识促生了隐私权。

"隐私"内涵自出现以来,迄今尚无统一定论。最早关于隐私的界定出现在 1890 年沃伦和布兰代斯于《哈佛法学评论》(第 4 期)发表的《论隐私权》一文中,其将隐私界定为一种免受外界干扰的独处的权利。在此之后,学者们渐次扩展隐私之内涵,发展诸多定义,概括起来主要有以下几类:私人领域说、私人秘密和私人信息说、生活安宁和秘密说、开放性定义说等。虽然学界对此尚未形成统一意见,但纵观上述学说对于隐私的界定,都体现了隐私的私密性特征。依照不同的物质载体和存在形式对隐私进行分类可以分为私人空间、私事和私人信息。

私人空间又称私领域,是个人所欲保留的空间,或从公众生活中隐退而形成的私人空间范围,其既包括承载个人隐私的物理空间,也包括个人基于生存与发展的需要而与他人保持的心理距离或空间。私领域的范围很广,包括但不限于个人的住宅、身体、行李、箱、包、日记等。

私事,是指那些具有私人性的,群体利益、公众利益之外的私人事物和私人事务。私人事务和私人事物是不同的概念。前者是一种动态的隐私,具体是指私人活动,包括个人家庭活动、婚姻活动、社会交往及男女性行为等一切私人事务;后者是一种静态的隐私,是客观存在的事实,如私人的宗教信仰等。私人所有不愿公开以及他人介入的活动和事实都受到法律的保护,任何对私事的侵扰、泄露或公开等都是对隐私的侵害。私人活动是动态的隐私,因此可能会产生发展和变化,受到时间之影响,原本已经不是隐私的事务由于时间的流逝又可能变成隐私。

关于隐私权的性质,学界不无争议。在我国法律上,应该认为隐私权是具体人格权。隐私权不是一般人格权,因为一般人格权在我国法律体系中起着兜底性作用,是对具体人格权的补充。基于一般人格权的重要地位,隐私权不能如美国法那样归于一般人格权中,进而发挥一般人格权的作用。此外,将隐私权理解为一般人格权,不利于对其内容和权利边界作出准确界定。

隐私权存在的基础是个人人格尊严,隐私权表彰了个人人格尊严。隐私权作为具体人格权,通过对隐私以赋权保护,使自然人不受他人打扰以及生活秘密不受他人非法披露,以使自然人免受隐私的侵害。隐私权的权能分为积极和消极两个方面,其中消极的方面即是隐私维护权。隐私维护权,是指维护个人的这种信息保密、私生活不被干涉的"独处"状态的权利。

此外,隐私权具有绝对权、对世权的性质,因此,其义务主体是除权利主体外的所有人,义务主体负有不得侵害隐私权人隐私的义务。侵害隐私权的方式主要有侵扰、泄露、公开等侵害他人隐私的行为。义务主体实施侵害隐私的行为,构成对隐私权人隐私权的侵犯,应当承担相应的侵权责任。

回 立法例

1.《专家建议稿》

第55条　自然人享有隐私权。

本法所称隐私,包括自然人与公共利益无关的私人信息秘密和私生活安宁。

2.《室内稿》

第39条　自然人享有隐私权。任何组织和个人不得以侵扰、泄露、公开或者其他不正当方式侵害他人的隐私。

本编所称隐私,是指具有私密性的私人空间、私人活动和私人信息等。

3.《中国澳门特区民法典》

第 74 条　一、任何人均不应透露属他人私人生活隐私范围之事宜。

二、隐私之保留范围按有关事件之性质及各人之条件而界定,且尤其以本人所作之行为而显示出其欲保留之范围予以界定;对于公众人物,则尤其以有关事实与具知名度之原因两者间所存有之关系予以界定。

4.《法国民法典》

第 9 条　每个人都享有其隐私获得尊重的权利。

5.《魁北克省民法典》

第 3 条　每个人都拥有人格权,诸如生命权、个人神圣不可侵犯与安全完整的权利,以及其姓名、名誉与隐私受到尊重的权利。

第 35 条　每个人都享有其名誉与隐私受到尊重的权利。

除非有法律上的授权,任何人未经他人或其继承人的同意,都不得侵犯他人的隐私。

第 36 条　特别是下列行为,可以被视为侵犯了他人的隐私:

(1)进入或是从其住宅中拿走任何物品;

(2)故意窃听或是使用其私人通话;

(3)盗用或是使用他人在私有房屋中的形象或声音;

(4)利用任何手段将他人的私生活置于监控之下;

(5)为了任何不属于公开的合法信息的目的,而使用他人的姓名、形象、肖像或是声音;

(6)使用他人的信件、手稿或是其他私人文件。

6.《世界人权宣言》

第 12 条　任何人的私生活、家庭、住宅和通信不得任意干涉,他人的荣誉和名誉不得加以攻击。人人有权享受法律保护,以免受这种干涉或攻击。

7.《公民权利和政治权利国际公约》

第 17 条　一、任何人的私生活、家庭、住宅或通信不得加以任意或非法干涉,他人的荣誉和名誉不得加以非法攻击。

二、人人有权享受法律保护,以免受这种干涉或攻击。

8.《欧洲人权公约》

第 8 条　1. 人人有权享有使自己的私人和家庭生活、家庭和通信得到尊重的权利。

2. 公共权力机关不得干涉上述权利的行使,但是,依照法律的干涉,以及在民主社会中为了国家安全、公共安全或国家经济福利利益，为了防止混乱或犯罪，为了维护健康或道德，或为了保护他人的权利与自由所必需的干涉，不在此限。

9.《欧洲联盟基本权利宪章》

第7条 人人均有权要求尊重其私人与家庭生活、住居及通信。

10.《美洲人权公约》

第11条 一、任何人都享有其名誉受到尊重和尊严受到承认的权利。

二、任何人的私生活、家庭、住宅或通信不得加以任何或非法干涉，他的荣誉和名誉不得加以非法攻击。

三、任何人有权享有法律保护，以免受这种干涉或攻击。

第48条 侵害隐私的行为

民事主体从事民事活动，不得实施下列行为：

（一）非法搜查、侵入、窥视他人住宅等私人空间；

（二）非法拍摄、录制、泄露、公开、跟踪、窃听他人的私人活动；

（三）非法拍摄、窥视他人的身体；

（四）非法获取、隐匿、扣留、检查、毁弃、删除、泄露、公开、买卖他人的私人信息；

（五）非法以短信、电话、传单、电子邮件等方式侵扰他人生活安宁；

（六）以其他方式侵害他人隐私的行为。

■ 立法理由

本条规定侵害隐私的行为。《民法总则》第8条规定，民事主体从事民事活动，不得违反法律，不得违背公序良俗。隐私权为法律所保护，民事主体从事的民事活动不得侵害他人隐私。侵害他人隐私的行为主要如下：

1. 非法搜查、侵入、窥视他人住宅等私人空间。私人空间，也称个人领域，是指个人的隐秘范围，如身体的隐私部位、个人居所、箱包、日记等，均属于私人领域。公民有权禁止他人非法侵入私人领域，有权禁止他人非法破坏私人领域之隐秘性。个人的住宅是私人空间最为典型的一种，我国《宪法》第39条规定："中华人民共和国公民的住宅不受侵犯。禁止非法搜查或非法侵入公民的住宅。"现代民法认为个人的住宅形成其个人的生活空间,属隐私之范畴。一般认为,私人空间多属于物理上的特定空间,但社会的发展有将心理空间和虚拟空间纳入私人空间范畴内的趋势,如光污染、噪声污染等对心理空间侵扰、网络空间被他人侵入等。对于这些新问题,在现行的法律规范中尚无明晰的适用依据,但可以考虑将其纳入私人空间的范围内解决。

2. 非法拍摄、录制、泄露、公开、跟踪、窃听他人的私人活动。私人活动,是指一切私人的、与公共利益无关的活动,包括夫妻间的性行为、社会交往等。私人活动是一种动态的隐私,受到法律的保护,任何人不得非法拍摄、录制、泄露、公开、跟踪、窃听他人的私人活动。

3. 非法拍摄、窥视他人的身体。自然人对自己的身体享有隐私权,隐私权具有保密之权能,包括公民对身体隐秘部位的保密权。个人身体的隐秘部位属于个人私领域之范畴,对身体隐私的保护是由传统的"知羞耻、掩外阴"的观念所发展而来的。身体部位的隐私,未经许可,任何人不得非法拍摄、窥视,否则即构成对他人隐私权的侵害。侵害身体隐私的突出领域是医疗领域,由于治疗的原因,身体不可避免地要裸露,其中可能包括身体的隐秘部位。医院应确保暴露身体隐私部位的诊疗活动有相应的遮挡、隔离措施,以保护患者隐私权。而为了诊治、教学的需要,将患者隐私部位拍摄成像、同实习医生对患者隐私部位观摩、见习等行为即是严重的侵害隐私权的行为。

4. 非法获取、隐匿、扣留、检查、毁弃、删除、泄露、公开、买卖他人的私人信息。私人信息又称个人信息,是指关于个人的一切情报和资料。个人的所有情况都可能成为个人信息,包括姓名、身高、电话号码、家庭住址、健康状况、财产状况等,只要能通过某种物质载体所表现出来就属于个人信息的范畴。信息自主是现代隐私权保护的新领域。一般来说,侵害私人信息的行为可分为"侵入型"的侵入行为和"公开型"的公开行为,包括获取、隐匿、扣留、检查、毁弃、删除、泄露、公开、买卖等。

5. 非法以短信、电话、传单、电子邮件等方式侵扰他人生活安宁。私生活安宁权(或称生活安宁权、安宁生活权)是一种新兴权利,对这一权利的界定尚无统一定论。如有的学者认为,安宁权,就是自然人有权对他们的生活安宁享有一种权利,并且有权排斥他人对其正常生活的骚扰,对这样一种权利的侵害也是对隐私的侵害。安宁权的内容还不清晰,是否将其从隐私权独立出来存有疑问,但为了维护私人生活的自主,将其放在隐私权中是有道理的;有的学者则简要概述其为自然人享有的维持安稳宁静的私生活状态,并排除不法侵扰的权利。自这些定义观之,不难发现其共通之处,即强调侵害行为以及对正常生活的破坏。

非法侵入他人住宅、窃听他人电话等行为均属于侵扰他人私生活安宁的行为,但由于已有对私人空间、私人通信加以保护的规范,因此,私生活安宁保护的规范侧重于规制侵犯私人信息、私人活动、私人空间、私人通信之外侵害私生活安宁的行为。现代社会,商业销售模式和观念有了很大的变化,部分商家将大规模营销方式引入消费者的私人通信中来,通过群发短信、电子邮件,拨打电话、夹塞传单等行为,向人们传播"垃圾信息",严重威胁私生活安宁。我国在司法实践中,将骚扰电话和骚扰短信作为侵害隐私权行为的典型类型。

6. 以其他方式侵害他人隐私的行为。随着科技的进步以及社会的发展,侵害他人隐私的行为方式和类型层出不穷,现有立法只能将已经出现的、可类型化的侵害他人隐私的行为加以总结规定,以及对未来可能出现的侵害他人隐私的行为预先加以规范,但立法不可能将所有侵害他人隐私的行为全然加以规定。因此,规定相应的兜底性条款,发挥其补充、解释作用,实有必要。

回 立法例

1.《专家建议稿》

第 56 条　权利人可以将私人信息向特定人披露,并准许特定人利用或者向社会公众公开。任何人不得非法窥视、窃听、刺探、窃取、偷录、偷拍、公开他人的私人信息。

任何人不得通过网络技术方式搜索、公开自然人的隐私。

第 57 条　自然人的私人活动不受他人非法干涉。任何人不得非法跟踪、刺探、录制、披露他人的私人活动。

未经本人许可,不得非法录制或者对外公布私人谈话。

第 58 条　自然人的私人空间受法律保护。任何人不得非法窥视、骚扰、侵入、搜查他人住宅等私人空间。

第59条　自然人的私生活安宁受法律保护。

任何人不得以群发电子邮件、垃圾短信、垃圾电话或其他信息技术等方式，干扰他人私生活安宁。发送人应当为被发送人提供选择接受信息与否的机会，被发送人有权要求把自己的名字删除群发名单，经拒绝后继续发送的，发送人应当承担法律责任。

第62条　自然人的身体隐私受法律保护。任何人不得非法偷窥、偷拍、偷录、搜查他人身体，以及传播、公开、销售他人身体隐私的信息。

医院、体检中心等医疗保健机构对自然人的身体及健康资料负有妥善保管义务。

2.《室内稿》

第40条　行为人实施下列行为的，受害人可以依法请求其承担民事责任：

（一）非法窥视、搜查、侵入他人住宅等私人空间；

（二）非法刺探、窃听、拍摄、录制、泄露、公开、跟踪他人的私人活动；

（三）非法窥视、拍摄他人的身体；

（四）非法获取、隐匿、扣留、检查、毁弃、删除、泄露、公开、买卖他人的私人信息；

（五）以传单、电子邮件、短信、电话等方式非法侵扰他人生活安宁；

（六）其他侵害隐私权的行为。

3.《中国澳门特区民法典》

第78条　一、关于某一指明身份之人之个人经历资料，未经其同意，不得将其全部或部分公开或使用。

二、基于安全或司法方面之要求，或为科学、文化或教学之目的，又或基于与公众人物有关之其他应予重视之利益而有合理理由公开或使用某人之个人经经历资料者，不适用上款之规定。

4.《越南民法典》

第34条　个人的私生活保密权受到尊重并受法律保护。

搜集、公布个人私生活的情报资料必须得到本人同意，若本人死亡或丧失民事行为能力，则必须得到其亲属同意，但根据有权国家机关的决定且依法律规定对个人私生活情报资料进行搜集和公布的情形，不在此限。

第42条　个人享有住所不受侵犯的权利。

进入个人的住所必须得到主人同意。

任何人不得违背其意愿进入他人的住所。只有在法律有明文规定并且有有权国家机关的命令的情形，方可对个人的住所进行搜查，搜查必须依法律规定的程序和手续进行。

5.《埃塞俄比亚民法典》

第 13 条　(1)自然人的住所不受侵犯。

(2)任何人不得违背他人的意志进入其住所，也不得在其中进行搜查，法律规定的情形除外。

第 16 条　(1)任何人可自由地从事他认为与其职业和闲暇相适应的活动。

(2)对这一自由唯一可以承认的限制是因尊重他人权利、道德和法律而课加的限制。

(3)任何人限制其自己从事或不从事特定活动的行为无效，被证明是为了合法利益而作出的正当限制除外。

6.《欧洲联盟基本权利宪章》

第 8 条　一、人人均有权享有个人信息之保护。

二、此等信息应仅得于特定明确目的，且于信息所有人同意或其他法律规定之正当依据下，公平地被处理。人人均有权了解其个人信息，并有权要求销毁其个人信息。

三、应由独立之主管机关监督这些原则之确实遵守。

第 49 条　通信秘密

民事主体的通信秘密受法律保护。任何组织和个人不得侵害他人通信秘密。

■ 立法理由

本条规定通信秘密。权利人对其通信内容享有保密的权利。通信秘密不容侵犯是隐私权的应有之义。对通信秘密的保护有助于保障个人人格自由发展，保障隐私之安全，促进信息流通，对于社会健康稳定的维系有着重要的意义。对通信秘密的保护具有宪法依据，我国《宪法》第 40 条规定：“中华人民共和国公民的通信自由和通信秘密受法律的保护。除因国家安全或者追查刑事犯罪的需要，由公安机关或者检察机关依照法律规定的程序对通信进行检查外，任何组织或者个人不得以任何理由侵犯公民的通信自由和通信秘密。”亦即能够依法定程序对通信进行检查的只有公安机关、检察机关和国家安全机关,且必须基于调查犯罪、国家安全的目的。可见,对于通信内容的获取必须严格限定在法定范围内,从侧面体现了通信秘密保护的力度。

回 立法例

1.《宪法》

第40条　中华人民共和国公民的通信自由和通信秘密受法律的保护。除因国家安全或者追查刑事犯罪的需要,由公安机关或者检察机关依照法律规定的程序对通信进行检查外,任何组织或者个人不得以任何理由侵犯公民的通信自由和通信秘密。

2.《香港特别行政区基本法》

第30条　香港居民的通讯自由和通讯秘密受法律的保护。除因公共安全和追查刑事犯罪的需要,由有关机关依照法律程序对通讯进行检查外,任何部门或个人不得以任何理由侵害居民的通讯自由和通讯秘密。

3.《专家建议稿》

第61条　自然人的通讯自由和通讯秘密受法律保护。任何人不得隐匿、扣留、检查、毁弃或开拆他人的信件。不得非法截获、窃取、检查他人的电子邮件。不得非法窃听他人的电话,或者其他阻止、妨碍他人正常通讯的行为。

4.《室内稿》

第41条　自然人的通信自由和通信秘密受法律保护。任何组织和个人侵害自然人的通信自由和通信秘密的,受害人可以依法请求其承担民事责任。

5.《中国澳门特区民法典》

第75条第1款　秘密信件之收件人应就信件之内容守秘;收信人利用从信件中获悉之资料,即为不法。

6.《越南民法典》

第38条第3款　任何人不得擅自开拆、扣留或销毁他人的信函、电报,不得窃听他人的电话或进行意在阻止、妨碍他人通讯联络的其他行为。

第38条第4款　只有在法律有明文规定并且在有权国家机关发出命令的情形,才能对个人的信函、电报、电话进行检查。

7.《埃塞俄比亚民法典》

第31条　(1)未经其作者同意,机密信函的收件人不得泄露其内容。

(2)如果收件人表明其具有合法利益,他可在司法程序中出示该信函。

第 50 条　电子信息、互联网不得侵犯私生活安宁/垃圾广告

以电子信息方式发送广告等商业性信息的，应当明示发送者的真实身份和联系方式，并向接收者提供是否继续接收的意思表达渠道。民事主体明确表示拒绝的，不得向其发送广告等商业性信息。

利用互联网发布、发送广告等商业性信息的，不得影响民事主体正常使用网络，但当事人另有约定的除外。在互联网页面以弹出等形式发布信息的，应当显著标明关闭标志，确保一键关闭。通过已安装程序或者软件弹出信息的，还应当在程序或者软件中提供禁止继续弹出信息的设置选项。

■ 立法理由

随着社会进步，自然人的私人生活空间的安宁越来越受到尊重。未经公民的同意或者请求，以电子信息方式向其发送广告，使他人在接收、查看、删除这些广告时耗费大量的时间和精力，侵扰了他人私人生活空间安宁，侵害了他人私生活不受侵扰的权利。我国法律也对保护个人不受商业性信息打扰的权利作了明确规定。

以电子信息方式发送广告的，应当明示发送者的真实身份和联系方式。也就是说，必须明确、如实地表明发送者的身份和联系方式，包括其名称（或姓名）、电话、有效邮寄地址等可以确定发送者真实身份的信息。以电子信息方式发送广告的，应当向接收者提供拒绝继续接收的方式。实践中，一些广告主经常用群发电子邮件的方式向大量受众发送电子邮件广告，接收者往往并不欢迎这些广告，却被迫花大量的时间和精力来接收、读取和删除这些电子垃圾广告，而且由于发送者提供了错误或者虚假的回复地址，接收者无法拒绝继续接收，不得不继续受到电子垃圾广告的侵扰。当接收广告的民事主体明确表示其拒绝的，广告主不得向其发送广告等商业性信息。

互联网已成为现代社会必不可少的一部分，其亦为人们日常生活的一部分。当事人正常使用互联网时，其他民事主体负有不得侵扰其正常使用互联网的义务。因此，除非当事人另有约定外，利用互联网发布、发送商业性信息的行为不得影响民事主体正常使用网络。在实践中，广告等商业性信息一般以弹窗的形式出现。此时，弹窗广告应显著标明关闭标志，以确保权利人能及时关闭、一键关闭，及时停止对权利人私生活安宁的侵犯。如果弹窗广告是通过现已安装的程序或软件弹出的，这些程序或软件应该提供相应的是否继续弹出信息的设置选项。否则，这样的行为即持续性的、具有强制意味的侵害行为。

回 立法例

1.《广告法》

第43条　任何单位或者个人未经当事人同意或者请求，不得向其住宅、交通工具等发送广告，也不得以电子信息方式向其发送广告。

以电子信息方式发送广告的，应当明示发送者的真实身份和联系方式，并向接收者提供拒绝继续接收的方式。

第44条　利用互联网从事广告活动，适用本法的各项规定。

利用互联网发布、发送广告，不得影响用户正常使用网络。在互联网页面以弹出等形式发布的广告，应当显著标明关闭标志，确保一键关闭。

2.《专家建议稿》

第59条　自然人的私生活安宁受法律保护。

任何人不得以群发电子邮件、垃圾短信、垃圾电话或其他信息技术等方式，干扰他人私生活安宁。发送人应当为被发送人提供选择接受信息与否的机会，被发送人有权要求把自己的名字删除群发名单，经拒绝后继续发送的，发送人应当承担法律责任。

3.《室内稿》

第43条　未经自然人同意或者请求，或者自然人明确表示拒绝的，不得向其发送广告等商业性信息。

以电子信息方式发送广告等商业性信息的，应当明示发送者的真实身份和联系方式，并向接收者提供拒绝继续接收的方式。

利用互联网发布、发送广告等商业性信息的，不得影响自然人正常使用网络，但当事人另有约定的除外。在互联网页面以弹出等形式发布信息的，应当显著标明关闭标志，确保一键关闭。

第51条　个人信息权

自然人的个人信息受法律保护。任何组织和个人不得侵害他人的个人信息。

本法所称个人信息是以电子或者其他方式记录的能够单独或者与其他信息结合识别特定自然人或者反映特定自然人活动情况的各种信息，包括姓名、出生日期、身份证件号码、通讯联系方式、住址、婚姻家庭状况、财产状况、账号、密码、基因信息、行踪轨迹等。

■ 立法理由

个人信息本为隐私权保护内容，但随着互联网技术的广泛应用和大数据时代的来临，信息时代是建立在个人信息基础之上，社会对于个人信息的保护提出了更为迫切的要求，故有的国家立法已经承认个人信息权为独立的具体人格权，予以法律保护。本法确认能够识别自然人身份的个人信息，是基于自然人的人身属性、人格要素发生的个人信息，如姓名、性别、年龄、特点、通信、电话号码、电子邮箱等。个人信息权是权利人对自己的个人信息享有的隐瞒、利用、支配和维护的具体人格权，属于积极性人格权。是否公布个人信息、如何支配和利用个人信息，均由本人决定，他人不得干预。法律禁止任何组织和个人侵害自然人个人信息权，未经本人同意，对自然人的个人信息窃取、非法获取、出售或非法提供的行为，均认为是侵害自然人个人信息权的行为。

个人信息和隐私确有密切关联。一方面，许多个人信息（如个人银行账户、身份证号码）具有一定程度的私密性，都是个人不愿对外公布的私人信息。另一方面，从后果上看，侵害个人信息常常也会导致对个人隐私的侵害。此外，从侵害方式来看，侵害个人信息多数也采用披露个人信息方式，从而与侵害隐私权非常类似。但个人信息不完全属于隐私的范畴，不能将二者混同，主要原因如下：(1)性质不同。个人信息同时包含精神利益和财产利益，而隐私权主要是一种被动性的人格权。(2)客体范围不同。隐私权的客体主要是私密信息，如个人身体状况、家庭状况、婚姻状况等；而个人信息虽可能与隐私部分重合，但其都以信息的形式表现出来，且其许多内容不一定是私密的。(3)内容不同。隐私权的内容主要包括维护个人的私生活安宁、个人私密不被公开、个人私生活自主决定等,而个人信息主要是指对个人信息的支配和自主决定。(4)侵害方式不同。在我国对隐私权的侵害主要包括对私人领域的非法侵入和对隐私内容的非法披露。然而,对个人信息的侵害除了侵害隐私权的方式之外,还可以包括对已经公开个人信息的非法删除、修改等。(5)保护方式不同。通常来说,隐私权主要体现为不受他人侵害的消极防御性权利,即权利人在受到侵害时可要求停止侵害或者排除妨碍,而个人信息则包含要求更新、更正等救济方式。

回 立法例

1.《民法总则》

第111条　自然人的个人信息受法律保护。任何组织和个人需要获取他人个人信息的,应当依法取得并确保信息安全,不得非法收集、使用、加工、传输他人个人信息,不得非法买卖、提供或者公开他人个人信息。

2.《网络安全法》

第76条　本法下列用语的含义:

……(五)个人信息,是指以电子或者其他方式记录的能够单独或者与其他信息结合识别自然人个人身份的各种信息,包括但不限于自然人的姓名、出生日期、身份证件号码、个人生物识别信息、住址、电话号码等。

3.《专家建议稿》

第67条　自然人享有个人信息权。

本法所称个人信息,包括自然人的姓名、民族、出生日期、身份证号码、户籍、住址、职业、个人生物识别信息、婚恋情况、财务情况等能够直接或者以合理方式间接识别自然人主体身份的信息。

4.《室内稿》

第42条第2款　本编所称个人信息,是指以电子或者其他方式记录的能够单独或者与其他信息结合识别特定自然人或者反映特定自然人活动情况的各种信息,包括姓名、出生日期、身份证件号码、通信通讯联系方式、住址、职业、婚姻家庭状况、账号密码、基因信息、行踪轨迹等。

5.《征求意见稿》

第45条 自然人的个人信息受法律保护。任何组织和个人不得侵害他人的个人信息。

本法所称个人信息是以电子或者其他方式记录的能够单独或者与其他信息结合识别特定自然人或者反映特定自然人活动情况的各种信息,包括姓名、出生日期、身份证件号码、通讯联系方式、住址、婚姻家庭状况、财产状况、账号、密码、基因信息、行踪轨迹等。

第52条 个人信息的收集与使用

收集、使用自然人个人信息的,应当遵循合法、正当、必要原则,并应当符合以下条件:

(一)征得被收集者同意;

(二)公开收集、使用信息的规则;

(三)明示收集、使用信息的目的、方式和范围;

(四)不违反法律、行政法规的规定和当事人之间的约定。

信息收集人、持有人对收集或者持有的个人信息应当保密,并采取必要措施确保个人信息安全。除法律另有规定外,未经被收集者同意,不得非法加工、篡改、毁损、传输、买卖、提供或者公开其收集和持有的个人信息,但经过处理无法识别特定自然人且不能复原的除外;在发生或者可能发生个人信息泄露、毁损、丢失的情况时,应当及时采取补救措施。

■ 立法理由

伴随着社会信息化的进程,信息业者大量出现:不仅传统产业经营者通过大量收集和处理个人信息提高营销回应率、把握市场需求;而且出现了专门以信息的收集、处理、储存、利用和传输为主要业务的信息服务提供者。在传统隐私权保护中,对于他人隐私的披露或利用是否正当,是通过知情权、言论自由等与隐私权之间的冲突在具体个案中进行利益衡量,对他人隐私资料的“利用”并未得到社会的普遍认可;而在信息社会,信息业者对个人信息收集和利用的正当性已经得到了立法和社会的普遍承认,促进个人信息的合理利用与保护个人信息是同等重要的立法追求。信息,包括个人信息的可利用性,带来了人类社会前所未有的商业机会。把握这一商业机会,创造更多财富,是信息业者的基本利益诉求。

信息业者并不能一味追求个人信息最大限度的利用,适当水平的个人信息保护也符合信息业者的利益。只有在个人信息能够获得适当保护时,才有可能培植消费者的信任,作为消费者的个人才能放心提供其个人信息,整个商业领域内个人信息的利用才得以有序运行。同时,个人信息法律保护也是为信息业者收集、存储、处理、利用和传输个人信息活动设定正当性守则,维护信息业者之间的正当公平竞争,避免不当竞争造成劣币驱逐良币的不良效应。根据个人信息自决权的观念,所有的个人信息都和人格尊严相关。自决是核心概念,当事人得自由决定自己的个人信息上承载着何种价值,任何违反当事人意志的信息收集、处理或者利用的行为都侵犯了当事人的自决权,也侵犯了该信息上承载的人格利益。

回 立法例

1.《网络安全法》

第 40 条　网络运营者应当对其收集的用户信息严格保密,并建立健全用户信息保护制度。

第 41 条　网络运营者收集、使用个人信息,应当遵循合法、正当、必要的原则,公开收集、使用规则,明示收集、使用信息的目的、方式和范围,并经被收集者同意。

网络运营者不得收集与其提供的服务无关的个人信息,不得违反法律、行政法规的规定和双方的约定收集、使用个人信息,并应当依照法律、行政法规的规定和与用户的约定,处理其保存的个人信息。

第 42 条　网络运营者不得泄露、篡改、毁损其收集的个人信息;未经被收集者同意,不得向他人提供个人信息。但是,经过处理无法识别特定个人且不能复原的除外。

网络运营者应当采取技术措施和其他必要措施,确保其收集的个人信息安全,防止信息泄露、毁损、丢失。在发生或者可能发生个人信息泄露、毁损、丢失的情况时,应当立即采取补救措施,按照规定及时告知用户并向有关主管部门报告。

2.《专家建议稿》

第 70 条第 1 款　禁止任何人非法检测、获取、存储、公开自然人的生命信息和基因图谱信息。

3.《室内稿》

第42条第1款 自然人的个人信息受法律保护。任何组织和个人不得非法收集、使用、加工、传输、买卖、提供、公开或者以其他不正当方式侵害他人的个人信息。

4.《征求意见稿》

第46条 收集、使用自然人个人信息的,应当遵循合法、正当、必要原则,并应当符合以下条件:

(一)征得被收集者同意;

(二)公开收集、使用信息的规则;

(三)明示收集、使用信息的目的、方式和范围;

(四)不违反法律、行政法规的规定和当事人之间的约定。

信息收集人、持有人对收集或者持有的个人信息应当保密,并采取必要措施确保个人信息安全。除法律另有规定外,未经被收集者同意,不得非法加工、篡改、毁损、传输、买卖、提供或者公开其收集和持有的个人信息,但经过处理无法识别特定自然人且不能复原的除外;在发生或者可能发生个人信息泄露、毁损、丢失的情况时,应当及时采取补救措施。

第53条 删除权

自然人可以向信息持有人依法查阅、抄录或者复制其个人信息;发现信息有错误的、片面的情形,有权提出异议并要求及时采取更正等必要措施。

信息持有人有下列情形之一的,自然人有权要求其及时采取删除等必要措施:

(一)存在非法收集、使用信息的行为;

(二)持有侵害自然人合法权益的信息;

(三)持有的信息储存期限依法已经届满;

(四)根据收集或者使用的特定目的,信息持有人持有信息已经没有必要;

(五)其他没有正当理由继续持有信息的情形。

■ 立法理由

本条是关于权利人享有删除权的规定,包含了一定的被遗忘权的内容。被遗忘权的概念听上去十分新颖,但它其实根源于现有的隐私概念,其概念雏形可以追溯到20世纪80年代法国法上针对刑满释放人员的遗忘权。在权利内容上,被遗忘权与欧盟现有数据保护框架中的删除权、更正权和反对权等紧密相连,欧盟法院判决并非一蹴而就。2012年欧盟提出了“被遗忘权”,意图赋予人们删除那些不充分、不相关或过时、片面、负面的数字信息的权利,帮助人们摆脱尴尬的过去。本条规定的内容显然不仅限于此。

此外,根据我国《网络安全法》明文限定,只有符合该法强制性规定的网络运营者才可以从事信息收集活动。《网络安全法》第22条规定:“网络产品、服务应当符合相关国家标准的强制性要求。网络产品、服务的提供者不得设置恶意程序;发现其网络产品、服务存在安全缺陷、漏洞等风险时,应当立即采取补救措施,按照规定及时告知用户并向有关主管部门报告。网络产品、服务的提供者应当为其产品、服务持续提供安全维护;在规定或者当事人约定的期限内,不得终止提供安全维护。网络产品、服务具有收集用户信息功能的,其提供者应当向用户明示并取得同意;涉及用户个人信息的,还应当遵守本法和有关法律、行政法规关于个人信息保护的规定。”显然,只有符合相关国家标准强制性要求的网络产品、服务,才能用于收集个人信息。否则,即使信息持有人收集、持有了信息,其所持有的信息也存在被动或主动泄露、公开的重大风险。如果所谓的“信息持有人”不具有法定资质而从事此类活动,则民事主体所享有的权利绝不是本条所说的“依法查询”“提出异议”“要求更正”,而是有权要求信息持有人从根本上停止侵权行为。

在个人信息保护问题上,民事救济手段具有很大的局限性。社会生活中,除了个别极端案例外,侵害个人信息行为的一般特点是,受害人众多,但单个受害人所受损害较小。侵害行为发生后,单个权利人即便提起民事诉讼,也得不到多少赔偿,还不足以抵偿诉讼成本。因此,个人信息的保护手段,还需要通过行政管制和公法上的手段进行事先威慑和事后惩罚。《刑法》第253条之一规定非法获取个人信息罪。《网络安全法》第64条规定行政处罚都是与民事制度相匹配的协同治理办法。

◻ 立法例

1.《网络安全法》

第 43 条　个人发现网络运营者违反法律、行政法规的规定或者双方的约定收集、使用其个人信息的，有权要求网络运营者删除其个人信息；发现网络运营者收集、存储的其个人信息有错误的，有权要求网络运营者予以更正。网络运营者应当采取措施予以删除或者更正。

2.《专家建议稿》

第 73 条第 1 款　自然人有权向信息控制者发出通知，要求查询、修改、隔离或删除其个人信息，信息控制者接到通知后应当及时采取措施，协助本人行使上述权利。

3.《室内稿》

第 46 条　自然人可以依法向信息持有人要求查阅、抄录或者复制其个人信息；发现信息持有人持有的其个人信息有错误的，可以依法向信息持有人提出异议，要求信息持有人及时采取更正等必要措施。

有下列情形之一的，自然人可以依法要求信息持有人及时采取删除其个人信息等必要措施；

（一）信息持有人有非法收集、使用其个人信息等行为；

（二）信息持有人持有侵害其合法权益的信息；

（三）法律、行政法规规定的信息储存期限届满；

（四）根据收集或者使用的特定目的，信息持有人持有其个人信息已经不必要；

（五）法律、行政法规规定的或者具有正当理由的其他情形。

4.《征求意见稿》

第 47 条　自然人可以向信息持有人依法查阅、抄录或者复制其个人信息；发现信息有错误的，有权提出异议并要求及时采取更正等必要措施。

信息持有人有下列情形之一的，自然人有权要求其及时采取删除等必要措施：

（一）存在非法收集、使用信息的行为；

（二）持有侵害自然人合法权益的信息；

（三）持有的信息储存期限依法已经届满；

（四）根据收集或者使用的特定目的，信息持有人持有信息已经没有必要；

（五）其他没有正当理由继续持有信息的情形。

第54条　免责事由

实施收集、使用、加工、传输、买卖、提供或者公开自然人个人信息等行为，有下列情形之一的，行为人不承担民事责任：

（一）在自然人同意的范围内实施的行为；

（二）个人信息属于自然人自行公开的或者其他已合法公开的信息，但使用该信息侵害该自然人重大利益或者自然人明确拒绝他人使用的除外；

（三）学校、科研机构等为学术研究或者统计目的在合理范围内合法实施的行为；

（四）为维护公序良俗而实施的必要行为；

（五）法律、行政法规规定的其他适当情形。

■ 立法理由

本条是关于他人收集、使用、加工、传输、买卖、提供或者公开自然人个人信息的免责事由。根据第1项的规定，自然人同意的构成要件是：(1)自然人知道或者应当知道同意对其实施加害行为将要造成的后果。(2)自然人作出了同意对其实施收集、使用、加工、传输、买卖、提供或者公开自然人个人信息行为的明确意思表示。(3)同意的意思表示应当是在收集、使用、加工、传输、买卖、提供或者公开自然人个人信息行为实施之前作出。(4)同意的内容不违反法律的规定和善良风俗。(5)收集、使用、加工、传输、买卖、提供或者公开自然人个人信息行为不得超过信息主体的同意范围，否则应当承担相应的民事责任。根据第2项的规定，如果使用他人已公开且明确声明不可使用的，不能免责。根据第3项的规定，学校、科研机构等为学术研究或者统计目的只能在合理的范围内使用个人信息，也不能毫无限制地使用与科研、统计无关的信息。第4项的规定，是公序良俗原则的体现。第5项属于兜底条款，虽然本法没有规定，但其他法律、行政法规有规定的也可以免责，司法解释的规定除外。

▣ 立法例

1.《室内稿》

第48条　实施收集、加工、传输、买卖、提供或者公开自然人个人信息等行为，有下列情形之一的，行为人不承担民事责任：

（一）经该自然人同意，并且在同意范围内实施该行为；

（二）个人信息属于该自然人自行公开的或者其他已合法公开的信息，但使用该信息侵害该自然人的重大利益或者该自然人明确表示拒绝他人使用其个人信息的除外；

（三）学校、科研机构等基于公共利益在学术研究或者统计的必要范围内合法收集，且不足以识别特定自然人；

（四）为维护当事人利益、第三人利益或者社会公共利益采取适当行为；

（五）法律、行政法规规定的其他情形。

2.《征求意见稿》

第48条　实施收集、使用、加工、传输、买卖、提供或者公开自然人个人信息等行为，有下列情形之一的，行为人不承担民事责任：

（一）在自然人同意的范围内实施的行为；

（二）个人信息属于自然人自行公开的或者其他已合法公开的信息，但使用该信息侵害该自然人重大利益或者自然人明确拒绝他人使用的除外；

（三）学校、科研机构等为学术研究或者统计目的在合理范围内合法实施的行为；

（四）为维护公序良俗而实施的必要行为；

（五）法律、行政法规规定的其他适当情形。

3.《利用信息网络侵权的适法规定》

第12条第1款、第2款　网络用户或者网络服务提供者利用网络公开自然人基因信息、病历资料、健康检查资料、犯罪记录、家庭住址、私人活动等个人隐私和其他个人信息，造成他人损害，被侵权人请求其承担侵权责任的，人民法院应予支持。但下列情形除外：

（一）经自然人书面同意且在约定范围内公开；

（二）为促进社会公共利益且在必要范围内；

（三）学校、科研机构等基于公共利益为学术研究或者统计的目的，经自然人书面同意，且公开的方式不足以识别特定自然人；

（四）自然人自行在网络上公开的信息或者其他已合法公开的个人信息；

（五）以合法渠道获取的个人信息；

（六）法律或者行政法规另有规定。

网络用户或者网络服务提供者以违反社会公共利益、社会公德的方式公开前款第四项、第五项规定的个人信息,或者公开该信息侵害权利人值得保护的重大利益,权利人请求网络用户或者网络服务提供者承担侵权责任的,人民法院应予支持。

第55条　国家机关对个人信息的利用

国家机关依法行使职权的,可以在必要范围内实施收集、使用、加工、传输或者提供个人信息等行为。

国家机关依职权向社会公开的信息中包含个人信息的,应当对个人信息进行匿名化处理,但法律、行政法规另有规定的除外。

■ 立法理由

政府一直是最大的个人信息收集、处理、储存和利用者,可以说,政府公权力所及之处必然涉及上述个人信息的收集、处理和利用。不同于传统隐私权保护中政府超然的中立地位,在个人信息保护和利用中,政府积极加入其中,具有了利用者和管理者的双重身份角色:一方面,政府作为社会管理和社会福利的承担者,公共安全、公共管理和公共福利的推进都离不开对公众个人信息的掌握;另一方面,出于对行政效率的追求,也会不断促使政府积极探索个人信息利用的限度和价值。

与此同时,政府作为国家政权的承担者,负有保护公民基本权利和自由的责任。“人权是我们时代的观念,是已经得到普遍接受的唯一的政治与道德观念。”政府不能无节制地肆意收集和利用个人信息,个人信息法律保护制度的发展始终伴随着对政府权力的限制。这是因为个人信息法律保护制度的构建不仅是对公民提供保护,而且是为维护政府自身政权合法性所必需。宪法中确立的人权保障原则,需要部门法予以实现:国家通过立法对政府自身和信息业者的个人信息收集、处理和利用能力进行限制,确保本国的人权保护水准,维持自身政权的合法性;同时采取一切必要手段,包括法治、技术和物理措施保障个人信息的安全。

立法例

1.《专家建议稿》

第 75 条　国家机关依法行使职权的，可以在合理范围内对自然人的个人信息进行收集、使用和移转。

国家机关依职权向社会公开的信息中包含自然人个人信息的，除根据法律法规规定应当公开的以外，应对个人信息进行匿名化处理。

2.《室内稿》

第 49 条　国家机关依法行使职权的，可以依法在必要范围内实施收集、使用、传输或者提供自然人的个人信息等行为。

国家机关依职权向社会公开的信息中包含自然人的个人信息的，应当对个人信息进行匿名化处理，但法律、行政法规另有规定的除外。

3.《征求意见稿》

第 49 条　国家机关依法行使职权的，可以在必要范围内实施收集、使用、加工、传输或者提供个人信息等行为。

国家机关依职权向社会公开的信息中包含个人信息的，应当对个人信息进行匿名化处理，但法律、行政法规另有规定的除外。

4.《利用信息网络侵权的适法规定》

第 12 条第 3 款　国家机关行使职权公开个人信息的，不适用本条规定。

第二章　民法典之生命权、身体权、健康权立法论*

第一节　生命权立法论

一、生命权的内容

生命为人之最高利益，生命权乃法律所保护的最高法益。[1]《四审稿》明确“生命安全”，保障了自然人维持生命存续与保护自身安全的根本利益。[2] 马斯洛将生命需求揭示为人类第一层次需求，生存欲望是人之本能。[3] 我国《宪法》第45条赋予公民有从国家和社会获得物质帮助的权利，暗含认可公民之生存利益的宪法价值。但《宪法》同时又准许国家对公民的此种请求予以否定，且常驳回个案中权利人的具体请求，实为一种缺乏国家强制性保障的生存权。[4] 加之，我国《宪法》缺乏可诉性，《宪法》无法切实维护公民个体的生存利益。虽然我国民法体系暂未明确肯认自然人之生存利益，但保护生存利益的法理与价值之光仍闪烁于民法规范之中，例如，《继承法》第14条明确遗产分割时，须对缺乏劳动能力又无生活来源的继承人保留适当的遗产份额，是为对缺乏劳动能力又无生活来源者生存利益的保护；最高人民法院《关于建设工程价款优先受偿权问题的批复》中明

---

* 本章原发表于《社会科学家》2020年第1期，收入本书时有增删修订。

〔1〕 王利明主编：《中国民法典草案建议稿及说明》，中国法制出版社2004年版，第45页。

〔2〕 参见江平主编：《民法学》（第2版），中国政法大学出版社2011年版，第58～59页；杨立新：《人格权法》，法律出版社2011年版，第345页。

〔3〕 参见[美]亚伯拉罕·马斯洛：《动机与人格》（第3版），许金声等译，中国人民大学出版社2007年版，第16～20页。

〔4〕 参见徐显明：《生存权论》，载《中国社会科学》1992年第5期。

确建筑工程承包人的优先受偿权不得对抗已交付全部或大部分商品房买卖价款的消费者，是为消费者的生存利益优先于承包人利益。另外，民法对自然人生存利益的保障也散见于其他现行私法规范之中，例如，《民事诉讼法》第243条、第244条与《查封、扣押、冻结财产规定》，均旨在保障被执行人及其抚养人在强制执行过程中的基本生存需要；《企业破产法》第113条将职工的工资、社保金、医疗费和补偿金等债权置于破产财产清偿顺序的首位，是为保护职工的生存利益。可见，自然人生命利益的私法保障于我国法律体系中已获彰显，但数量有限、各自孤立的私法规范无法涵摄现实生活中所有的生存利益纠纷，故《四审稿》于专章中开门见山地明确自然人有权维护自身生命安全，提纲挈领地统合现行规范，以全面保障自然人的生命安全，确有必要。

《四审稿》所肯认的“生命尊严”彰显了民法对人之生命尊严的注重，超脱了传统理论对生命权属“防御性权利”的界定，〔1〕无疑为先进的立法选择。正如黑格尔所云：“法律绝非一成不变的，相反的，正如天空和海面因风浪而起变化一样，法律也因情况和时运而变化。”〔2〕可见，时代发展给法律概念注入了新的内核，生命权作为人之人格法益，理应因时而变。人类社会的不断演进，促使人格权从最初仅具有的消极防御权能流变为兼备积极权能与消极权能。〔3〕飞速发展的现代社会，尤其是以人类基因重组、克隆人、体外受精等为代表的生命科技与安乐死技术的突飞猛进，既极大地更新了关于人之生命的社会价值理念，亦加重了科技权威性使人“物化”的倾向，〔4〕对人之存在的根本问题产生难以估计的影响。〔5〕为妥善回应现实的挑战，避免人沦为现代生命科技的附庸，须将人之生命尊严贯穿于人生的

〔1〕 参见王利明：《人格权法的新发展与我国民法典人格权编的完善》，载《浙江工商大学学报》2019年第6期。

〔2〕 [德]黑格尔：《法哲学原理》，范扬、张企泰译，商务印书馆1979年版，第7页。

〔3〕 参见张红：《〈民法典各分编(草案)〉人格权编评析》，载《法学评论》2019年第1期。

〔4〕 参见高奇琦：《人工智能：驯服赛维坦》，上海交通大学出版社2018年版，第239页；张世欣：《思想政治教育的人学解读》，浙江大学出版社2017年版，第64~65页。

〔5〕 日本法学家北川善太郎先生对此早有预测：“在现代社会中，对法律制度产生影响的‘人的物化’现象正在触及人之存在的根本问题。”参见[日]北川善太郎：《关于最近之未来的法律模型》，李薇译，载梁慧星主编：《民商法论丛》(第6卷)，法律出版社1999年版，第289页。

各个阶段,生命权的内涵在侧重上应当由强调自然人生命的维系与安全发展为生命安全与生命尊严的并重,以彰显民法对人格尊严的保护。因此,《二审稿》将人格尊严具化于生命权领域,首次将生命尊严与生命安全并列,既是对传统理念的重大突破,亦是因时制宜的内容革新。《四审稿》沿袭并保持了《二审稿》的思路,值得肯定。

同时,《四审稿》第1002条前半段、第1003条前半段、第1004条前半段的规范表达一致,肯认了"自然人有权维护自身所享的生命权、身体权与健康权"。其具体内涵是指自然人的生命利益、身体利益、健康利益面临他人非法侵害或处于危险境况时,有权向公权力机关寻求公力救济,或有权依法进行自力救济,要求他人停止侵害或消除危险。自然人于合理限度内行使自力救济,可获免责。当前我国法律所肯认的自力救济行为主要有两种:正当防卫与紧急避险。刑法上,正当防卫与紧急避险共同构成法定的违法阻却事由,其价值在于赋予主体防卫行为或避险行为一定的刑事责任的免责事由。[1] 而民法中的正当防卫与紧急避险则强调自然人针对不法侵害的紧急自救权,并在一定限度内免于民事责任,[2]其价值在于将相关争议妥善化解于民事裁判领域之内,从而避免其上升为对抗性较强的刑事案件,以民法手段有效解决民事主体之间的矛盾,进而助益"和谐社会"的构建。

《四审稿》第1002条后半段与第1003条后半段、第1004条后半段一道简短精练地表达了"任何组织或者个人不得侵害他人的生命权、身体权和健康权"的规范意旨,但宣示性过强,并未界定侵害此三项权利的民事责任,降低了司法实践中的可操作性。是故,须进一步细化此三项权利的行使与保护。

二、法定救助义务

《四审稿》第1005条明确了负有法定救助义务的组织或个人应当及时救助生命权、身体权、健康权处于危难情形中的自然人。生命作为自然人之

---

〔1〕 参见张明楷:《刑法学》(第4版),法律出版社2011年版,第188~191页。

〔2〕 参见孟勤国、张里安主编:《物权法》,湖南大学出版社2006年版,第77~79页。

最高人格利益,理应受法律最严密的保护。[1] 而对身体权、健康权处于危难情形中的自然人怠于施救,极有可能会危及自然人的生命权,故本条将三者并列,以实现对人身安全的全面保障。自公法而言,国家基于特别立法理念,常通过一些专门性的法律、行政法规等要求特定的机构或人员(如警察、医师等)对人身安全遭受侵害或者处于危难中的自然人,负有法定的救助义务。就私法而言,民事主体不负有救助他人的义务。当他人的生命遭受侵害或处于危难之时,是否施以救助,一般取决于个人自愿,除非存在明确的约定或者法定之义务。例如,《合同法》第 301 条明确客运合同中承运人对急病、分娩、遇险的旅客负有尽力救助义务;《侵权责任法》第 37 条第 1 款规定公共场所的管理者应负安全保障义务;《海商法》第 38 条第 1 款赋予船长在海难发生时对船上旅客的组织抢救义务等。反观现实生活,自然人生命危及之时,旁观者未伸出援手,导致自然人因未获救助而遭受人身重大损害,甚至丧失生命的新闻屡见报端,"小悦悦事件"是为此种社会现实之典型。而又以"彭宇案"为例证,救助者不但未获感谢,反而可能被受助者指认为加害人。[2] 此种冷漠、不和谐的社会风气并非立法者所愿,故《民法总则》第 184 条赋予了善意施救者必要的责任豁免权,根本目的在于鼓励自然人于他人危难之际自愿施以援手,亦是《民法典》对社会主义核心价值观的贯彻。[3] 而《四审稿》第 1005 条之规定,不仅为自然人设置了具体的请求权基础,亦为我国《民法典》中的转介条款,[4] 使法官在具体民事案件的裁判过程中可通过此通道条款斟酌适用其他管制性规范,例如,《人民警察法》第 21 条、《人民武装警察法》第 18 条、《执业医师法》第 24 条等。易言之,由于法定的救助义务完全来自其他公法性管制规范中的特殊规定,故本条于民事裁判的具体适用中仍需斟酌、参考其他法律的规定,以谋求个案裁判中的利益平衡。

---

〔1〕 参见张新宝:《〈中国民法典·侵权行为法编草案建议稿〉理由概说》,载《私法》2002 年第 2 期。

〔2〕 参见房绍坤、张玉东:《论紧急救助情形下救助人不承担责任的条件——以〈民法总则〉第 184 条为分析对象》,载《比较法研究》2018 年第 6 期。

〔3〕 参见王利明:《〈民法总则〉的本土性与时代性》,载《交大法学》2017 年第 3 期;崔建远:《我国〈民法总则〉的制度创新及历史意义》,载《比较法研究》2017 年第 3 期。

〔4〕 参见解亘:《论管制规范在侵权行为法上的意义》,载《中国法学》2009 年第 2 期。

三、生命权规范体系中应增加的内容

(一)侵害自然人生命权的民事责任

民法典对于生命权的有关规定不能仅停留于宣示性的条文,应规定相应的人格权请求权,以明确生命权受侵害情形中请求权人以及具体的赔偿范围。[1] 生命权是否具有可赔偿性向来是学界争议的焦点,康德之言——"人的生命没有什么法律的替代品",[2]被大陆法系绝大多数国家奉为圭臬,其主流通说为对生命权的侵害本身无法赔偿。[3] 反观我国学界中"生命权不可赔偿论"的观点大致有如下三种:(1)生命至高无上,用金钱去代替或弥补侵犯生命权的损害后果,是对人之生命价值的误解;[4](2)用具体价格去衡量人之生命,是对人格尊严的侮辱,是对民法精神的亵渎;[5](3)对生命权的赔偿并不真正出于侵害生命行为的因果关系链条中,我国法律缺乏对生命权受害人本身的赔偿,实为一种"空权利"。[6] 对此,笔者认同李本森教授的见解,"生命权不可赔偿论"混淆了"抽象生命价值"与"具体生命价值",以抽象的"生命无价"掩盖住了具体的"个体生命价值",且个体生命的价值可以为民法所衡量。[7]

诚然,生命权的受害人因侵权行为而导致其主体资格已经丧失,无法基于民法规定的请求权基础进行自我救济,但这并非意味着民法规范的不作为。现代社会的发展让人与人之间的联系更密切,使每个人都处于其特定的社会网络之中。[8] 人之社会属性的加深,使个体生命的出生与死亡并非

---

〔1〕 参见张红:《〈民法典各分编(草案)〉人格权编评析》,载《法学评论》2019 年第 1 期。

〔2〕 参见[德]康德:《法的形而上学原理》,沈叔平译,商务印书馆 1991 年版,第 166 页。

〔3〕 参见[德]克雷斯蒂安·冯·巴尔:《欧洲比较侵权行为法》(下),焦美华译,张新宝校,法律出版社 2004 年版,第 71 页。

〔4〕 参见张新宝:《〈侵权责任法〉死亡赔偿制度解读》,载《中国法学》2010 年第 3 期。

〔5〕 参见刘引玲:《对生命权的思考》,载《法学家茶座》(第 15 辑),山东人民出版社 2007 年版,第 175 页。

〔6〕 参见冯恺:《生命损害赔偿请求权理论再思考》,载《政法论丛》2004 年第 2 期。

〔7〕 参见李本森:《生命价值的法律与经济分析——中国生命赔偿法律的改革路径》,载《中国社会科学》2011 年第 6 期。

〔8〕 参见李智超、罗家德:《中国人的社会行为与关系网络特质——一个社会网的观点》,载《社会科学战线》2012 年第 1 期。

是其“一己之利”，都会在一定范围内影响第三人的法益，从而使加害人侵害他人生命权的行为实则产生了“双重损害事实”，进而证成了“双重受害人说”，[1]民法理应且必须对丧失生命权的受害人及一定范围内第三人的利益予以救济，而与受害人死亡联系最为紧密的当为其近亲属。

理论中，对丧失生命权的受害人及其近亲属的救济包含以下两个方面：(1)积极的财产损失与消极的财产损失；(2)受害人近亲属的精神损失。积极的财产损失是指因救助受害人而可能产生的医疗费、护理费等。而消极的财产损失包括两个方面：第一，受害人遭受侵犯直至生命结束期间所造成的误工损失；第二，受害人创造物质价值潜能，即“逸失利益”的损失，死亡赔偿金是对此损失的赔偿。[2] 受害人遭受侵害行为之时直至死亡，其近亲属遭遇了亲人的生离死别，精神无疑遭受巨大创伤，故有权请求行为人支付精神抚慰金。另外，为维护死者“生命”最后的尊严，受害人的近亲属有权请求行为人支付死者的合理的丧葬费用，以示民法对人之生命最细枝末节之处的关怀。[3] 立法上，我国《民法通则》并未规定侵权人须对生命权丧失后果本身应负赔偿责任，使“撞残不如撞死”如此吊诡的社会道德观念一度甚嚣尘上，此显然有悖于民法之公平正义理念。此后，相继颁行的《民通意见》、《道路交通事故处理办法》(已废止)、《产品质量法》、《消费者权益保护法》、最高人民法院《关于审理触电人身损害赔偿案件若干问题的解释》等都因民法理论的缺乏、法律术语的不统一等原因仍未能对生命权丧失的后果本身予以完善的救济。[4] 这些繁多乃至令人眼花缭乱、又各自具有特殊调整范围的法律及司法解释，也造成法官在司法实践中援引规范的混乱。因此，须在《民法典》人格权编“生命权、身体权和健康权”的专章中对侵害生命权的民事责任作出明文规范，以整合相关民事立法，统合人身损害赔偿的规范体系，同时应保持一定的开放性，将司法实践中不同的个案情形交由人民法院予以个案利益的具体衡量。

综上所述，建议增设关于侵害生命权之民事责任的具体条文，条文设计

---

[1] 参见曹诗权、李政辉：《论侵害生命权在民法上的责任》，载《法学评论》1998年第5期。
[2] 参见张新宝：《〈侵权责任法〉死亡赔偿制度解读》，载《中国法学》2010年第3期。
[3] 参见张红、童航：《侵害生命权之丧葬费赔偿研究》，载《环球法律评论》2012年第3期。
[4] 参见朱晔：《论人身损害赔偿请求权与继承》，载《环球法律评论》2006年第2期。

如下：

侵权行为造成受害人死亡的，受害人的近亲属有权请求支付死亡赔偿金、精神抚慰金和死者生前扶养的人所必需的生活费，并赔偿为救治受害人所支出的医疗费、护理费等费用。

支付死者丧葬费的人有权请求加害人赔偿合理的丧葬费用。

（二）胎儿的生命利益

《四审稿》第1002条仅肯认了自然人享有生命权，而未对胎儿所享的生命利益作出规范。于我国现行民法中，“胎儿”虽为一个法律概念，但并无相关法律对“胎儿”的概念予以具体规范。现代生命科技的发展延展了人类对于生命认知的时间轴，[1]生命自受精着床之日起便朝基因所决定的方向发育，受精卵期、胚胎期和胎儿期均为人之生命所必经的不同且连续的发展阶段，故“只因出生时间的纯粹偶然性而否定其权利是不公平的”。[2]因此，笔者认为，为实现对“胎儿”各个阶段生命利益的全面保护，民法须将胎儿的认定范围向前延伸至胚胎开始形成之日，即卵子受精着床。

民法是否有必要肯认胎儿的生命利益？我国民法学者对此问题的探讨不曾间断，相关著述大致可以划分为“肯定说”与“否定说”两种。持“肯定说”的学者们基于“权利能力说”[3]“先期生命法益说”[4]“侵权责任说”[5]等角度论述民法肯认胎儿以生命利益的必要性与正当性。而认同“否定说”学者所持的理由主要有以下三种：第一，胎儿不享有民事权利能力，故不享有生命利益的主体资格；[6]第二，民法赋予胎儿生命利益几乎

---

[1] 参见王洪平：《论胎儿的民事权利能力及权利实现机制》，载《法学论坛》2017年第4期。

[2] [日]四宫和夫：《日本民法总则》，唐晖、钱孟姗译，台北，五南图书出版有限公司1995年版，第47页。

[3] 王洪平：《论胎儿的民事权利能力及权利实现机制》，载《法学论坛》2017年第4期。

[4] 杨立新：《人格权法》，法律出版社2011年版，第343页。

[5] 杨代雄：《出生前生命体的民法保护——以“限制权利能力”为基点》，载《东方法学》2013年第3期。

[6] 参见王利明主编：《人格权法新论》，吉林人民出版社1994年版，第299页。

无实际意义，胎儿的生命利益不适宜用民法保护；[1]第三，胎儿的生命利益与计划生育、优生优育等国策相悖，且与我国当前允许妇女堕胎的社会现实不符。[2] 笔者不赞同"否定说"之观点，以下对此一一予以批驳。

1. 因胎儿非民事主体而断然否定其享有生命利益，在逻辑上存在错误，此乃倒果为因。胎儿作为正在发展中的、潜在的人，仅因其尚未出生而将其认定为母体的一部分，从而否定其权利显然有违民法的公平理念。"究竟什么时候是人的生命的开始，从什么时候起可以受到法律的保护，这是与什么时候人就具有权利能力完全无关的另一个问题。"[3]民事主体经历了从"人可非人"到"非人可人"的历史沿革，[4]此皆出于人类自身发展需要而加以定夺。民法因人而设、为人所享，民法仅为保护人类生命权之手段而非目的。并且，我国《民法总则》第 16 条采"法定条件解除说"，规定凡涉及遗产继承、接受赠与等胎儿利益保护时，民法视胎儿具有民事权利能力。如果依"举轻以明重"之当然解释方法，继承、赠与等事宜尚且在民法上将胎儿与自然人等同而视之列，则胎儿之生命利益更不待言矣。是故，于侵害胎儿生命利益的特殊场合中，法律承认胎儿一定的民事主体地位，甚至将胎儿视为"尚未脱离母体的未来民事主体"，[5]具有合理性。此有利于保护胎儿的生命利益，符合当下人道及文明社会理念的发皇张大，合乎国际民法的发展潮流。[6]

2. 胎儿虽无法独立行使权利，但此并不意味着民法对胎儿生命利益的保护失去意义。"'权利'就是社会群体对个人(权利主体)作出某项行为决定以及相关的要求的承诺性赞同。"[7]民法肯认胎儿的生命利益，除了为

---

〔1〕 参见李锡鹤：《胎儿不应有法律上的利益——〈民法总则草案〉第 16 条质疑》，载《东方法学》2017 年第 1 期；李永军：《我国〈民法总则〉第 16 条关于胎儿利益保护的质疑——基于规范的实证分析与理论研究》，载《法律科学》2019 年第 2 期。

〔2〕 参见刘国涛：《司法实践中未出生者的民法地位》，载《河北法学》2003 年第 2 期。

〔3〕 [德]卡尔·拉伦茨：《德国民法通论》，王晓晔等译，法律出版社 2003 年版，第 127 页。

〔4〕 参见李拥军：《从"人可非人"到"非人可人"：民事主体制度与理念的历史变迁——对法律"人"的一种解析》，载《法制与社会发展》2005 年第 2 期。

〔5〕 魏振瀛、徐学鹿、郭明瑞主编：《北京大学法学百科全书：民法学·商法学》，北京大学出版社 2004 年版，第 897 页。

〔6〕 参见易军：《生命权：藉论证而型塑》，载《华东政法大学学报》2012 年第 1 期。

〔7〕 张恒山：《论权利本体》，载《中国法学》2018 年第 6 期。

胎儿生命利益铺设民法的救济通道,更在于将胎儿的生命利益从“个人的意志要求”上升成为“社会群体的承诺性赞同”,从而警示他人不侵扰胎儿之生命。近年来,由于经济社会的高速发展,交通事故、环境污染、医疗不当等侵害胎儿生命利益的纠纷频现司法裁判之案牍,但关于胎儿死亡赔偿金的诉求并未获人民法院的支持。[1] 观其裁判要旨,均以“胎儿娩出后有无生命体征”[2]作为判断行为人是否赔付胎儿死亡赔偿金的标准,而罔顾行为人的侵权行为与胎儿死亡此侵权后果之间的因果关系,最多以适当调高精神抚慰金的方式来弥补胎儿亲属的精神损失,[3]此种现象无疑有悖于民法的公平理念。而此种不公现象的产生,皆是由于我国立法对胎儿生命利益及其损害赔偿等问题未予以明文规定,是为亟待解决的“法律漏洞”。质言之,仅凭《民法总则》第16条此单一规定无法建构出保护胎儿生命利益的完备机制,《民法典》须以更精细的立法对胎儿的生命利益予以保障。

3. 民法保护胎儿的生命利益与当前我国的计划生育、优生优育等国策及允许妇女堕胎的政策之间的矛盾冲突并非不可调和。“在某些道德中,这种行为受到道德上的排斥,而在另一些道德中则得到准许。”[4]民法对于胎儿生命利益的肯认与否及保障的程度取决于特定历史时期下社会公共政策与维护胎儿生命利益之间的价值博弈,我们强调生命的诞生与发展是整个社会存在与发展的必要前提,但胎儿生命利益的维护须以现实社会生产生活所必需的共同道德为限。个体胎儿生命的诞生,也是国家生育控制权与父母生育权达成平衡的结果。[5] 当如“错误出生”“错误生命”等情况出现时,父母对是否产下残障胎儿的优生优育权应当优先于个体残障胎儿生命利益得到民法的保障,此亦符合人类社会“优生优育”为主流的人类生

[1] 典型案例:湖南省高级人民法院(2017)湘民申1310号民事裁定书;河南省南阳市中级人民法院(2017)豫13民终3884号民事判决书;广西壮族自治区梧州市中级人民法院(2017)桂04民终610号民事判决书;河南省信阳市中级人民法院(2018)豫15民终832号民事判决书等。

[2] 典型案例:重庆市第一中级人民法院(2016)渝01民终5395号民事判决书;上海市浦东新区人民法院(2012)浦民一民初字第33978号民事判决书。

[3] 河南省信阳市中级人民法院(2018)豫15民终832号民事判决书。

[4] [英]A. J. M. 米尔恩:《人权哲学》,王先恒等译,东方出版社1991年版,第238页。

[5] 参见徐国栋:《出生与权利——权力冲突》,载《东方法学》2009年第2期。

育价值取向。[1] 当胎儿生命利益与父母亲生育权发生冲突时，基于母亲作为孕育主体与维护母亲身体健康的法理考量，应确认母亲的生育权优先于父亲的生育权的行使，[2] 且胎儿生命利益的维护劣后于母亲生育权的行使。另外，可将违背母亲意愿的强制引产行为解释为刑法上的故意杀人罪，亦可达到胎儿生命利益与国家政策之间的博弈平衡。[3]

诚然，与自然人享有的生命权相比，胎儿的生命利益在权利的性质、内容与权利救济方面具有特殊性。首先，自权利的性质而言，胎儿的生命权并不具有不可克减性的特点。如前所述，胎儿的生命依附于母亲的生命，胎儿的出生与否取决于父母的意愿与决定，当胎儿的生命利益与父母生育权及身体健康权利相冲突时，胎儿的生命利益并不具有优先性。即使是在禁止堕胎的国家和地区仍保留了妇女因生理与心理等原因可堕胎的例外规定。[4] 其次，胎儿尚在母体之中，无法表达自我意识，因而不享有对其生命利益的处断权。例如，孕妇需实施具有较高风险的手术以期救治胎儿时，是否进行手术的决定权在于孕妇自己。但需注意的是，孕妇在接受可能危及胎儿孕育状态乃至生命的手术、医学实验等相关高风险活动时，应当尊重现有医学的条件与规律，遵循胎儿利益最大化的原则，从而避免人类对生命态度的“滑坡”。[5] 最后，胎儿生命利益的特殊性决定了胎儿生命利益救济的间接性。胎儿受其生理发展阶段的局限，遭受侵害的胎儿无法直接对自身利益寻求救济。对此，笔者赞同徐国栋教授之观点，我国民法应肯认胎儿监护制度，[6] 以便胎儿的母亲及其他亲权人间接行使胎儿的生命利益。

同时，胎儿生命利益除具有损害请求权之外，还具有因维系生命存续之必要物质基础而产生的胎儿生活费请求权。笔者认为，胎儿生活费请求权是指当胎儿的抚养人因遭受侵害而丧失劳动能力甚至生命时，胎儿的父母

---

〔1〕 参见张红：《错误出生的损害赔偿责任》，载《法学家》2011 年第 6 期。

〔2〕 参见张红：《夫妻生育权冲突及其解决——从妻子私自堕胎引发丈夫索赔案出发》，载《咸宁学院学报》2010 年第 9 期。此观点已在我国司法判决中得到肯定，参见北京市海淀区人民法院(2013)海民初字第 23318 号民事判决书。

〔3〕 参见周详：《胎儿生命权的确认与刑法保护》，载《法学》2012 年第 8 期。

〔4〕 参见陈新民：《“中华民国宪法”释论》(修正三版)，三民书局 1999 年版，第 300 页。

〔5〕 参见张莉：《胎儿的准人格地位及其人格利益保护》，载《政法论坛》2007 年第 4 期。

〔6〕 参见徐国栋：《罗马法中的胎儿保佐及其现代运用》，载《东方法学》2010 年第 6 期。

及其他亲权人有权要求侵权行为人给付一定的生活费。《德国民法典》第844条第2项末段规定："即使该第三人在侵害发生时已被孕育成胎儿但尚未出生,也发生该项赔偿义务(在致人死亡的情形下第三人的赔偿请求权)。"[1]可见,德国民法已经肯认了胎儿生活费请求权。反观我国民法,却没有明文赋予胎儿这一关乎生命维续的重要权利的请求权基础。但笔者认为,可运用民法解释方法,在现行民法规范体系的框架中找寻胎儿生活费请求权基础的规范踪迹。复观我国《民法总则》第16条之规定,胎儿继承遗产、接受赠与等经济性权利的获得已无障碍,而具有同质性的胎儿生活所必需的费用并未逸出《民法总则》第16条的射程,应当被解释在"涉及胎儿利益保护的"范畴内。加之,胎儿应属于《民法通则》第119条所规定的"死者生前扶养的人"的范围,民法应对维系胎儿生命的必要经济利益加以保护。而在我国的司法实践中,关于胎儿生活费请求权的相关案件同案不同判的现象大量存在。例如,在"王德钦案"中,人民法院在相关规范缺失的情景下,运用扩大解释的方法,将"死者生前扶养的人"解释为"既包括死者生前实际扶养的人,也包括应当由死者抚养,但因为死亡事故发生,死者尚未抚养的子女",[2]从而平等地保护了胎儿的生命利益,实为对生命权保护的续造探索。而在"马瑞、张丽案""范茂生案"等中,人民法院又以"胎儿尚未出生,不具备民事能力"为理由否定胎儿生活费请求权的成立。[3] 笔者认为,此种裁判路径忽视了胎儿与抚养人之间基于血缘关系而不因胎儿出生早晚发生实质性变化的抚养与被抚养关系,且鉴于减轻当事人诉累的诉讼效率考量,《民法典》应明文规范胎儿的生活费请求权基础,以统一司法裁判的尺度,达到法律效果与社会效果的有机统一。

---

[1] 陈卫佐译注:《德国民法典》(第4版),法律出版社2015年版,第322页。

[2] 四川省泸州市江阳区人民法院(2003)江阳民初字第356号民事判决书。人民法院肯认胎儿生活费请求权的其他典型案例:河南省南阳市中级人民法院(2010)南民一终字第362号民事调解书;江苏省沭阳县人民法院(2012)沭民初字第2769号民事判决书;浙江省台州市中级人民法院(2013)浙台民终字第572号民事判决书;山东省德州市中级人民法院(2014)德中少民终字第31号民事判决书等。

[3] 司法实践中,人民法院否认胎儿生活费请求权的典型案例:山东省济宁市中级人民法院(2014)济民终字第1313号民事判决书;安徽省亳州市中级人民法院(2010)亳民一终字第00590号民事判决书;安徽省宿州市中级人民法院(2013)宿中民三终字第00587号民事判决书等。

综上所述，建议增设关于胎儿生命利益的具体条文，条文设计如下：

自胚胎形成之日起，胎儿享有生命利益。

违背孕妇意愿造成胎儿死亡的，胎儿的父母及其他亲属有权请求行为人支付死亡赔偿金，并赔偿为挽救胎儿所支出医疗费、护理费等费用。

支付胎儿丧葬费的人有权请求加害人赔偿合理的丧葬费用。

胎儿的抚养人因遭受侵害而丧失劳动能力甚至生命，胎儿的父母及其他亲权人有权要求侵权行为人支付合理的胎儿生活费用。

（三）消极安乐死

安乐死大致可分为两类：以人道方式（如使用处方药）使病人在相对安详的状态中提前结束生命的积极安乐死；病人自愿申请，并经相关机构认可，撤除维生技术任其自然死亡的消极安乐死。[1] 随着现代生命科技的飞速发展，人们对生命的认识也在不断深化，人们对"优生"与"优死"有着同样的追求。现代医学的发达极大延伸了人类生命的长度，但仍无法保证人类生命的尊严。生存与死亡为生命的两极，尊严而生、从容赴死皆为珍惜生命的必然要求，选择有尊严的死亡也是生命权的应有之义。

所有的医疗手段当以延长生命、减轻病痛为目标，但身患绝症、处于生命末期的患者所遭受的生理及心理的极端痛苦，远超常人之想象。同时，患者及其家庭还面临巨大的经济与精神压力。因此，此种情况下，停止对患者的医疗救助、保全患者最后的体面与尊严，不失为对患者的同情之举，彰显对生命尊严的尊重，亦符合患者的最大利益。[2] 现实生活中，人们对于安乐死的诉求屡见报端，患者或其家属在患者医治无望的情况下主动放弃治疗等消极安乐死的行为大量存在。若继续放任有关安乐死的法律空白，只会助长现实中安乐死在不法之地蔓延，不利于社会的和谐稳定。《四审稿》对于生命尊严的肯认，为肯认人对自身生命的自我决定提供了制度空

---

〔1〕 参见韩跃红、李昶达：《安乐死辩论中的"尊严悖论"》，载《道德与文明》2015 年第 6 期。

〔2〕 参见陈新民：《"中华民国宪法"释论》（修正三版），三民书局 1999 年版，第 303 ~ 305 页。

间。[1] 但必须明确的是，这种自我决定并非不受约束，而须被限定在一定范围以内。满足法定条件、遵循法定程序的消极安乐死不会扰乱社会秩序，且未违背社会道德规范，反而会使患者保有生命最后的尊严，得以从难以忍受的病痛折磨中获得解脱，减少患者家属的物质与精神负担，最大化地利用有限的医疗资源，从而增加了社会的整体幸福感。是故，笔者认为，考虑现实国情与相关制度，以保护人之生命尊严为立法理念的《四审稿》，须合法化、规范化消极安乐死行为，以维护人的生命尊严，并不违背社会公共利益。

具体而言，合法化、规范化的消极安乐死制度须包含以下几个方面：(1)消极安乐死的权利主体仅属于消极安乐死的适用对象，即患者本人，[2] 其他人不得代理，以避免消极安乐死权利主体的扩大引起更大的社会波动；(2)消极安乐死的适用对象仅限于经医学鉴定无法救治且无法减弱身心所遭受剧烈痛苦的患者，且患者须为具有完全民事行为能力人，以避免可能的"滑坡效应"[3]；(3)选择并进行消极安乐死，必须出于消极安乐死适用对象本人的真实且明确的意思表示；(4)患者须提交消极安乐死的书面申请，并参照《四审稿》第1008条之规定，患者的书面申请须经相关主管部门批准与伦理委员会审查同意，且在患者实际执行安乐死前可以随时撤回；(5)消极安乐死的适用方法应遵循"尊严""安然"的原则，由专业人员与患者及其近亲属根据患者的具体情况予以决定；(6)实施消极安乐死的执行主体必须是取得相关资质的医疗机构，且执行程序必须严格按照法律规定；(7)任何组织与个人必须严格依法执行消极安乐死，否则须承担民事责任与刑事责任。可见，合法化、规范化的消极安乐死制度的建立，除《四审稿》须明文规定外，还需建立完善执行制度、审查制度、定点制度等相关配套措施，此可留待公法予以规范。

综上所述，建议增设关于消极安乐死的具体条文，条文设计如下：

经医学鉴定，无法救治且无法减轻病痛的完全民事行为能力人有

---

[1] 参见刘召成：《生命尊严的规范构造与制度实现》，载《河南社会科学》2019年第7期。

[2] 参见申卫星：《从生到死的民法学思考——兼论中国卫生法学研究的重要性》，载《湖南社会科学》2011年第2期。

[3] 参见刘小平：《新兴权利的证成及其基础——以"安宁死亡权"为个例的分析》，载《学习与探索》2015年第4期。

权依法自主决定实施消极安乐死，任何组织或者个人不得强迫、欺诈、利诱自然人实施消极安乐死。

自然人同意实施消极安乐死的意思表示应当采用书面形式，经相关主管部门批准并经伦理委员会审查同意，由取得消极安乐死资质的医疗机构予以实施。自然人同意实施消极安乐死的意思表示可以随时被撤销或撤回。

任何组织与个人应当依法严格执行消极安乐死，侵害他人人身权益及人格尊严的，受害人及其近亲属有权请求侵权人支付医疗费、丧葬费和精神损害赔偿等合理费用。

第二节　身体权立法论

一、身体权的内容

身体是自然人进行社会活动的物质基础，身体所体现的人格利益，即身体利益。[1] 因身体权和生命权、健康权在遭受侵害时法律效果较为相近，故一直以来被《民法通则》《侵权责任法》等我国民事立法“遗忘”，直至《民法总则》才首次明确肯认了自然人享有身体权。通说认为，身体权是自然人维护其身体完整与支配其身体组成部分的具体人格权。[2] 《四审稿》第1003条前半段规定了自然人享有身体权，并将身体权的内容界定为维护身体完整与维护行动自由。

自然人有权维护身体完整，除维护身体实质性完整外，是否还包括维护身体形式性的完整，学界素有争论。[3] 身体的实质性完整，是指包括所有躯体组织及已经植入人体内的人造物。此人造物是指已经植入身体内，已

---

〔1〕 参见杨立新：《人格权法》，法律出版社2011年版，第391页。

〔2〕 参见王利明：《民法学》（第2版），复旦大学出版社2015年版，第180～181页；杨立新主编：《中华人民共和国民法总则要义与案例解读》，中国法制出版社2017年版，第408～409页。

〔3〕 参见王利明：《人格权法研究》，中国人民大学出版社2012年版，第316页；杨立新：《人格权法》，法律出版社2011年版，第399页。

发生维护身体功能的物件,常见的如假牙、义肢、心脏瓣膜等。它们虽与天然生成的器官组织不同,但在人体内发挥着不可或缺的重要作用,加之现代医学的植入技术高度发达与移植手术的越发普遍,此类人造物理应为身体的重要组成部分。身体的形式性完整,是指自然人有权抵御违背自身意志的身体接触,常见如非法搜身、强行接吻等行为。[1] 考察《四审稿》"生命权、身体权和健康权"的专章规范,立法者已将常见的非法搜身、性骚扰等侵害身体形式性完整的行为,纳入侵害身体权的范畴,故《四审稿》所规定的身体权的权能,除具有有权维护身体实质性完整的权能外,还包含维护身体形式性完整的权能。《四审稿》第1010条遵循"权利保护主义为主,职场保护主义为辅"的原则,明确了对性骚扰行为的民事规制。[2] 笔者虽认为性骚扰行为侵害的是具有精神性人格要素的性自主利益,应由一般人格权予以保护,[3]但考察《四审稿》的规范逻辑,是将性骚扰视为对自然人身体权的侵犯,以身体权保护自然人部分性自主利益,亦符合比较法中身体权业已从消极防御权能的传统定位逐步转变为涵盖积极利用权能的新型人格权趋势。[4] 同时,当性骚扰损害了性自主利益中的精神利益时,仍可适用《四审稿》第990条关于一般人格权的规定,由此便实现了对性自主利益的全面保障。

《四审稿》第1003条前半段将"行动自由"纳入身体权的保护范畴,是对《四审稿》第990条规定的"人身自由"此一般人格权的法理基础于身体权领域的具化。人身自由包括身体行动的自由与精神活动的自由,[5]而身体权中的行动自由仅强调对人之身体自由行动的保护。《四审稿》第1011条,明文规定了不得以非法拘禁、非法搜身来限制、剥夺个人的行动自由,否则行为人将承担相关民事责任。考虑到实践中此类行为对人身侵害后果的

[1] 参见杨立新:《人格权法》,法律出版社2011年版,第399页。
[2] 参见杨立新:《民法典人格权编草案逻辑结构的特点与问题》,载《东方法学》2019年第2期。
[3] 参见张红:《性侵之民事责任》,载《武汉大学学报》(哲学社会科学版)2019年第1期。
[4] 参见王毅纯:《民法典人格权编对性骚扰的规制路径与规则设计》,载《河南社会科学》2019年第7期。
[5] 参见王利明等:《中国民法典学者建议稿及立法理由(人格权编、婚姻家庭编、继承编)》,法律出版社2005年版,第133页。

多样性,《四审稿》并未细化民事责任的具体内容,既为自然人规定了较为具体的请求权基础,有利于司法实践的准确适用,亦保持了一定的开放性,涵摄具体的案件事实,值得肯定。

自然人所享有的身体权,还具备可支配其身体组成部分的积极权能,最具代表性的便是自然人对自身身体的处分。现代医学技术的突飞猛进,大大加深了科技与人身之间的融合程度。科技在不断完善身体机能的同时,以器官移植、整形变性为代表的现代医学改造技术对人类身体极限的挑战亦越发剧烈。因此,现代医学科技为人类提供了更多的选择可能性,亦增加了身体受到伤害的可能。

自然人捐献其人体细胞、人体组织、人体器官时,虽是其自由,但难免会损害其身体健康,甚至危及生命,还会产生一系列的社会问题,故立法须严格限定自然人对其身体的处分行为。因此,《四审稿》第1006条、第1007条建构了关于自然人行使身体支配权及遗体捐赠的自由与禁止的边界。(1)自然人对身体的处分必须符合民法之公序良俗的要求,不允许对人体细胞、人体组织、人体器官及遗体的有偿买卖,否则其处分行为无效。此既为民法对人格尊严的保护,[1]亦符合社会的整体利益。我国《人体器官移植条例》第7条明确规定人体器官捐献应遵循“自愿、无偿”的原则,但其第10条仅将器官移植的接受者限定在“捐献者的配偶、直系血亲、三代以内的旁系血亲以及因帮扶等形成亲情关系的人员”范围内,由此导致了实践中关于“交叉移植”行为效力的争议。[2] 同时,现代科技的进步细化了自然人行使身体支配权的客体,不再局限于器官与遗体。因此,《四审稿》确立允许无偿捐献、禁止有偿买卖的原则,并未限定接受者范围,同时将人体细胞、人体组织纳入自然人处分身体内容的制度安排,彰显了生命科技时代民事立法的时代价值,值得肯定。(2)自然人处分身体具有高度风险性,须严格限定主体的民事行为能力资格与意思表示要件。为避免处分身体行为诱发道德风险,处分身体的主体须对该处分行为的后果具备完全的识别能力,故《四审

〔1〕 参见霍原:《论〈民法典〉对器官捐献自己决定权的规范回应》,载《学术交流》2017年第6期。

〔2〕 参见李娜玲:《关于非亲属间活体器官“交叉移植”的法律思考》,载《河北法学》2011年第5期。

稿》第 1006 条第 1 款前半段否定了因年幼、精神障碍或智力缺陷等无民事行为能力人与限制民事行为能力人的主体资格。同时，为实现自愿原则，须明确权利人的意思表示为真实，并要求捐献行为具有一定的要式性，故《四审稿》第 1006 条第 1 款后半段、第 2 款的规范，应予以保留。但《四审稿》删除了《一审稿》规定的人体捐献的撤回权，有悖于人体捐献行为的性质，不利于保障捐献者的合法权益，应予以调整。(3)《四审稿》第 1006 条第 3 款对遗体捐献采"推定同意主义"，对已故自然人的遗体，除自然人生前表示不同意捐献外，其成年近亲属可以书面形式共同决定捐献。此为立法者综合考量我国目前器官资源严重短缺的社会限制与社会公众利益的有心之举，以鼓励遗体捐献、弘扬社会主义核心价值观，值得肯定。另外，为确保人体捐献等活动切实遵循自愿、无偿的原则，并尊重自然人的生命健康，必须通过一系列特别的制度予以保障，例如，对有资格从事人体器官移植活动的医疗机构的限制、人体器官移植技术临床应用与伦理委员会的审查决定、国家行政机关的监督、刑事责任的威慑等，此乃公法之范畴，故无须在民法典中加以规定。

二、身体权规范体系中应增加的内容

(一)侵害身体权与健康权的民事责任

民法典应对身体权规定具体的人格权请求权，以明确身体权受侵害时请求权人以及具体的赔偿范围。基于上述内容，对身体权的侵害包括对身体实质完整的侵害、对身体形式完整的侵害以及对行动自由的侵害等三方面内容：(1)行为人以致人残疾、损害器官等方式侵害他人实质性的身体完整时，身体权的损害后果与健康权的损害后果往往会产生竞合，受害人有权请求行为人赔偿已经支出与将要支出的医疗费、康复费等费用。严重者，受害人可请求精神损害赔偿。行为人造成他人残疾或丧失劳动能力的，受害人有权请求支付生活自助用具费、由其扶养的人所必需的生活费以及残疾赔偿金等费用，此时亦可主张精神损害赔偿。(2)行为人以无健康损害的殴打、非法搜身、性骚扰等方式侵害他人形式性的身体完整时，此时的侵害行为虽不产生直接的经济损失，但若使受害人造成了精神上的压力、焦虑、痛苦、不安等，仍可认定为发生损害，受害人有权只请求行为人赔偿相应的精神抚慰金。(3)当行为人非法限制他人行动自由时,受害人可以其是否遭受直接经济损失为参照适用何种请求之标准,要求行为人赔偿损害。

综上所述,建议一并增设关于侵害身体权与健康权之民事责任的具体条文,条文设计如下:

侵害自然人身体权与健康权的,受害人有权请求赔偿已经支出与将要支出的医疗费、康复费、营养补助费、护理费、误工费、生活自助用具费及由其抚养的人所必需的生活费等合理费用,并赔偿残疾赔偿金、精神抚慰金。

(二)捐献意思表示的撤销

诚如前述,人体捐献行为应当恪守"自愿、无偿"之原则。为保障捐献人捐献行为系真实自愿的意思表示,应建构一个包含捐献行为全程的意思表示制度,即《四审稿》除规定完全民事行为能力人决定无偿捐献的意思表示应为要式表示外,还须确认完全民事行为能力人可随时撤销其捐献的意思表示的自由,原因有以下几个方面:

(1)就捐献人自身而言,其在捐献活动中并无获得经济利益之可能,反需承担高度的人身风险,故利益衡量的法理基础要求立法降低其对捐献人利益的损害。[1] (2)每个人当为自己利益的最佳判断者,捐献人对是否捐献的重新思考,理应得到民法的肯认。否则,对捐献人而言,捐献行为便从支配身体的权利异化成必须处分身体的义务,此显然有悖于人格尊严。(3)因人体捐献行为的特殊性,其与民法之一般赠与行为大相径庭。若该专章缺乏对捐助意思表示可撤销的明确,此种情况亦不能直接类推适用《合同法》关于赠与合同的相关规定。故《四审稿》须对人体捐献行为意思表示的撤回与撤销作特别规定,以示民法对人之身体的尊重,有利于无偿捐献的意思表示规范的周延。[2]

综上所述,捐献人享有"任意撤销权",建议于《四审稿》第1006条第2

---

〔1〕 参见余能斌、涂文:《论人体器官移植的现代民法理论基础》,载《中国法学》2003年第6期。

〔2〕 参见张红:《〈民法典各分编(草案)〉人格权编评析》,载《法学评论》2019年第1期。

款后半段增加关于捐献人可随时撤回与撤销其意思表示的具体条文，条文设计如下：

> 完全民事行为能力人依据前款规定同意捐献的，应当采用书面形式或者有效的遗嘱形式，并且可以随时撤回或撤销该同意。

(三)遗体保护

《四审稿》第994条规定死者人格权益遭受侵害后的请求权行使主体，但未进一步规定具体的救济方式。行为人侵害死者的遗体或遗骨等，亦会侵害死者的人格尊严。[1] 对于“生命权、身体权和健康权”专章而言，应延续立法者以身体权保护死者遗体的立法思路，结合亲属对死者的遗体利益，完善保护死者的遗体及尊严。

自然人的民事权利能力终于死亡，此决定了死者无法享有身体权，遗体不能成为身体权的客体。但遗体作为自然人身故的遗存，具有较强的人格属性，寄托着人们对故人的情感，承载着社会的孝道风俗，难以被市场交易价值衡量，故遗体绝不可与一般的物等同。为了彰显民法之人文关怀，有必要对死者的遗体及遗骨、骨灰等遗存形态予以保护，但死者不具备主体资格，故民法应保护生者的相关利益。我国历来奉行“入土为安”“死者为大”的社会观念，死者的遗存形式遭到他人侵害，无疑会引起死者亲属的精神痛苦与精神利益的减损，故民法典可对此种情况的精神损害赔偿作出规定，并把个案具体的精神损害赔偿数额交由人民法院遵循抚慰为主，补助、处罚为辅的原则以自由裁量。[2] 同时，对死者遗存形态的侵犯，亦可能会导致亲属对死者祭奠、丧葬之不便，[3] 因此，行为人须对遭到破坏的遗体、遗骨、骨灰等遗存形态承担恢复原状之责，若实在无法恢复，人民法院可酌情提高精神抚慰金的数额，以宽慰生者之痛苦。

---

〔1〕 参见王利明：《人格权法的新发展与我国民法典人格权编的完善》，载《浙江工商大学学报》2019年第6期。

〔2〕 参见张红：《侵害祭奠利益之侵权责任》，载《法学评论》2018年第2期。

〔3〕 典型案例：北京市第三中级人民法院（2014）三中民终字第05390号民事判决书；上海市第二中级人民法院（2010）沪二中民一（民）终字第971号民事判决书；上海市普陀区人民法院（2012）普民一（民）初字第7420号民事判决书。

综上所述，建议增设关于保护自然人遗体保护的具体条文，条文设计如下：

死者的遗体、遗骨、骨灰受法律保护，任何组织或者个人不得对其进行侮辱、损害。死者的配偶、子女、父母及其他近亲属有权请求行为人赔偿精神抚慰金与丧葬相关的合理费用。

（四）性侵害行为的民事责任

《四审稿》继续沿袭《一审稿》的立法思路，仅将性侵害行为限制在“性骚扰”的范围内。人格权编有意为性骚扰提供具体的请求权基础，却忽略了对性自主利益侵害更为严重的性侵行为之明确，似有不妥之处，〔1〕《四审稿》理应将对“性骚扰”的规制适度扩大为对“性侵害行为”的规范，并明文规范“性侵害行为”的民事责任，以全面且具体地保护自然人的性自主利益。

我国民众深受贞操文化熏陶，对性自主利益倍加重视。近日轰动一时的“某大学女生自杀事件”，虽其所持观念较为落后，但无疑会引发更多人的惶恐或共鸣。性自主利益是人格自由的表现形式之一，自然人享有根据自身性需要选择是否性交、与何人性交的权利，而实践中多发的性骚扰、强暴、欺诈性性侵、猥亵侮辱等侵权手段会侵害当事人性自主利益。〔2〕而且，伴有暴力的性侵害行为亦常损害受害者的身体权与健康权，甚至丧失生命，故须于《四审稿》专章中明文规定性侵害行为的民事责任。体例之具体安排上，亦如前述，《四审稿》选择了以身体权保护自然人性自主利益的立法思路，故将该规范置于《四审稿》第1011条之前较为合理。性侵害行为会直接造成受害人经济利益受损，如身体检查费用、生理康复费用、心理康复费用等。对此，民法典须肯认受害人有权请求行为人赔偿相关经济损失。性侵害行为亦常严重打击受害者的精神利益，酿成精神障碍，〔3〕而最高人民法院所作的相关司法解释，堵塞了刑事附带民事案件中受害人诉请精神

---

〔1〕参见张红：《〈民法典各分编（草案）〉人格权编评析》，载《法学评论》2019年第1期。

〔2〕参见张红：《性侵之民事责任》，载《武汉大学学报》（哲学社会科学版）2019年第1期。

〔3〕安徽省合肥市中级人民法院（2005）合刑终字第57号刑事裁定书；陕西省紫阳县人民法院（2016）陕0924刑初71号刑事附带民事判决书。

损害赔偿之救济路径，此举模糊了刑事责任与民事责任本质差异，显然违背民法之损害填补原则。因此，民法典须明确对受害人精神抚慰金的民法规范，以填补我国现行法律制度中对受害人民事赔偿之不足。同时，应对《四审稿》第1010条第2款关于性骚扰的预防与制止的立法设计有所保留，以贯彻"权利保护主义为主，职场保护主义为辅"规制性侵害行为的原则。

综上所述，建议删除性骚扰的规范条文，增设关于性侵害行为的预防、制止及民事责任之条文，条文设计如下：

> 违背他人意愿，以言语、行为等方式对他人实施性侵害的，受害人有权依法请求行为人赔偿医疗费、康复费、护理费、误工费等合理费用，并赔偿精神抚慰金。
>
> 机关、企业、学校等单位应当采取合理的预防、受理投诉、调查处置等措施，防止和制止利用职权、从属关系等实施性侵害。

第三节　健康权立法论

一、健康权的内容

通说认为，健康权指以保持身体机能为内容的权利。[1]《四审稿》第1004条前半段规定自然人享有健康权，并将健康权的内容界定为"身心健康"，即生理健康与心理健康两部分。由此，学界关于健康权具体内容之争论，可暂且告一段落。

自然人有权维护其生理健康与心理健康，保持其身心机能的正常运转。健康权与生命权、身体权一样，都具有自然权利的性质。但又与生命权、健康权相异，健康权没有明显的支配性。健康状况下降时，自然人有权寻求医疗救治，以恢复健康状况。自然人的健康权受到侵害或处于危难之时，负有法定救助义务的组织或者个人应当及时施救。如前所述，当健康权受到不法侵害时，自然人有权在合理限度内寻求自力救济。若健康权已遭受他人

---

〔1〕 参见王泽鉴：《侵权行为》，北京大学出版社2009年版，第102～103页。

侵害,则自然人有权请求行为人承担相应的民事责任。对健康权的侵害包括对生理健康状况的侵害与对心理健康状况的侵害两个方面:其一,行为人的行为降低他人的生理健康状况,如前所述,此时身体权常会伴随健康权而一同受损,受害人有权请求行为人赔偿相关的医疗费、康复费用、精神抚慰金等。若影响了受害人未来的劳动能力,受害人还可请求行为人赔偿由其抚养的人所必需的生活费用以及残疾赔偿金等。其二,行为人的行为仅对受害人造成精神上的刺激、恐惧、焦虑等情绪障碍,而没有损害其他生理健康及躯体机能,如因目睹严重车祸而惊吓过度,[1]受害人可向行为人请求精神损害赔偿以及心理治疗康复费用。但因精神损害赔偿的存在与否及损害程度因人而异,人民法院须于具体的案件事实予以个案审查,以救济受害人遭损的心理健康。

《四审稿》第1008条对人体医学试验的相关程序予以规定。自近代实验医学产生后,人类的活体医学试验业已成为医学研究的核心与关键。[2]医学进步为人类带来诸多福利的同时,又增加了全人类的风险,特别是以干细胞移植、基因编辑等为代表的生命科技,对现行法律秩序产生诸多风险挑战,[3]人类终非试验所用之小白鼠。因此,须对人体试验的基本程序予以限制,将人体试验活动纳入正确的基本伦理原则的轨道。(1)人体试验的目的应纯正,即在于提高疾病的预防、诊断与治疗,不可夹杂其他不正当目的。(2)试验机构进行人体试验的目的、用途及风险必须向受试者全面告知,并须征得受试者之同意。若受试者为未成年人或无同意能力的成年人,对试验性质有理解能力并明确反对的,试验不得进行。[4] (3)不得以强迫、欺骗、利诱等手段促使受试者接受试验,否则将构成对生命尊严的亵渎。(4)试验机构应在试验的全过程中,尽可能采取一切有效措施将受试者身心健康的损害程度降至最低,以彰显对人的尊重。(5)试验机构所要进行

---

〔1〕 参见王泽鉴:《人格权法　法释义学、比较法、案例研究》,北京大学出版社2013年版,第108~109页。

〔2〕 参见黄秀凤主编:《护理伦理学》,中国医药科技出版社2016年版,第159页。

〔3〕 参见王康:《人类基因编辑多维风险的法律规制》,载《求索》2017年第11期。

〔4〕 参见满洪杰:《关于受试者知情同意权的立法建议》,载《四川大学学报》(哲学社会科学版)2018年第3期。

的人体试验,必须经由伦理委员会的审查同意,以保证人体试验的伦理正当性、科学性以及受试者的人格尊严。是故,本条明确规范人体试验须依法报经相关主管部门批准并经伦理委员会审查同意,保障受试者知情同意权的实现之做法,值得肯定。另外,《四审稿》第 1008 条相比《一审稿》第 789 条,将"禁止向接受试验者支付任何形式的报酬,但是可以给予其必要的补偿"予以删除,并增设"进行临床试验的,不得向受试者收取试验费用"之条文,是因实践中报酬与补偿并无明确之界限,而受试者已承受健康受损之风险,理应不再对其收取费用,故《四审稿》的做法值得肯定。但《四审稿》第 1008 条删除受试者及其监护人的受试意思表示的撤回与撤销制度的做法,令人遗憾。

《四审稿》第 1009 条关注时下方兴未艾的人类基因编辑、人类胚胎编辑等生命科技活动,于民法中明确了人类基因编辑活动须遵循"不得损害人体健康、不得违背伦理道德、不得损害公共利益"的原则。随着生命科技的深入发展,自然人、胎儿与胚胎的基因所携带的关于健康、寿命、外表与智力等生命关键信息被不断破解,基因故被视为"生命的密码"。党的十九大报告指出,我国正日益走近世界舞台中央、不断为人类作出更大贡献。目前,人类基因编辑技术还存在不可预见性、不可逆转性与技术安全性的风险,冲击着传统的人类伦理及自然秩序,是人类命运共同体面临的共同挑战。突破科技研究之自由边界,即可能有损人作为主体的核心价值,从而根本上否定了科学研究的价值。因此,民法典作为民事领域的根本大法,有必要对基因编辑技术不得有损人格尊严的基本遵循予以限定,避免基因编辑技术这把"双刃剑"刺向人类自身。例如,明确基因编辑技术的使用途径以及使用规范、对违法者科以责任、完善伦理审查机制、建立公众知情参与机制等问题,留待公法予以规范,既高度关注且审慎管制生命科技活动,又避免因过度保守而束缚了科学的前进。另外,关于基因权利的性质与内容,尚待学界探讨,但基因所承载的涉及人格尊严、人性自由的自然人的基本信息,可以归入个人信息权的保护范畴。[1]

---

〔1〕 参见张红:《民法典之隐私权立法论》,载《社会科学家》2019 年第 1 期。

二、健康权规范体系中应增加的内容

(一)胎儿的健康利益

《四审稿》第1004条将健康权的主体限定为自然人,忽视了胎儿的健康利益。基于前述,胎儿自胚胎形成之日起,便应享有生命利益,其还应享有的健康利益,自不待言。同时,因胎儿受限于母体,无法行使身体权能,身体利益无从体现,故民法典无须对胎儿的身体利益作出规定。同时,肯认胎儿所享有的生命利益与健康利益,便可搭建胎儿物质性人格权的全面保障体系。

胎儿尚在孕妇体内,仍无法避免因交通事故、环境污染、错误诊断等行为而致自身健康利益受损。而侵害后果因胎儿尚未出生,须经过一段时间甚至隔代才能显现,但胎儿健康利益的损害赔偿问题仍可涵摄在侵权赔偿的一般原理中。具言之,即须满足侵权行为的四要件,胎儿的父母便可请求健康利益的损害赔偿。第一,侵害胎儿健康利益的违法行为须在胎儿时期。若胎儿已出生,须明确胎儿出生后对其受孕时遭受的健康损害有赔偿请求权,胎儿或胎儿的法定代理人可以自然人身体权、健康权请求权请求行为人损害赔偿。第二,侵害行为导致胎儿身体健康受损。若经医学检测,胎儿已罹患疾病、身体发育不全等健康问题,便可认定胎儿的健康利益已受损。第三,侵害行为与胎儿健康利益受损之间具有因果联系,此须胎儿的父母举证证明。第四,行为人须对侵害胎儿健康利益的行为具有过错。

综上所述,建议增设关于胎儿的健康利益之条文,条文设计如下:

自胚胎形成之日起,胎儿享有健康利益。

违背孕妇意志,侵害胎儿健康利益的,胎儿的父母及其他亲属有权请求行为人支付救治胎儿及孕妇的医疗费、护理费等费用。

胎儿期间遭受的健康损害,受害人有权请求行为人承担侵犯身体权、健康权的民事责任。

(二)受试意思表示的撤销

诚如前述,人体试验活动须以受试者知情且同意为前提。为保障人体实验的伦理正当性与科学性,保护受试者的身体健康与生命尊严,受试者接受人体试验的行为须系真实自愿的意思表示，应构建完整的参与人体试验的意思表示制度，即《四审稿》除规定受试者决定参与人体试验的要式意思表示外，还须肯认受试者可随时撤回或撤销其受试的意思表示的权利。

建议于《四审稿》第1008条后半段增加关于受试者可随时撤销和撤回其意思表示的具体条文，条文设计如下：

为研制新药、医疗器械或者发展新的预防和治疗方法，需要进行临床试验的，应当依法经相关主管部门批准并经伦理委员会审查同意，向受试者或者受试者的监护人告知试验目的、用途和可能产生的风险等详细情况，并经其书面同意。受试者或者其监护人可以随时撤销该书面同意。

第四节　结　　论

就我国现实国情而言，适当增加有关“生命权、身体权与健康权”规范的条文数量，对专业水准参差不一的法官的自由裁量权进行提前约束，以精细化保护人之生命、身体与健康，显得尤为重要。“人格权独立成编很重要的原因就是为人格权的裁判规则提供足够的空间”，[1]但须注重保持法律体系的适当开放性，既可防止法律制度的僵化，亦可为司法动能提供足够的空间。基于以上分析，并依循《四审稿》的立法思路与体例安排，就我国生命权、身体权和健康权之现有及应有之权利内容，建议将生命权、身体权和健康权的专章条文设计如下：

第×××条　自然人享有生命权，有权维护自己的生命安全和生命尊严。任何组织或者个人不得侵害他人的生命权。

第×××+1条　自然人享有身体权，有权维护自己的身体完整和行动自由。任何组织或者个人不得侵害他人的身体权。

第×××+2条　自然人享有健康权，有权维护自己的身心健康。任何组织或者个人不得侵害他人的健康权。

---

〔1〕 王利明：《论人格权独立成编的理由》，载《法学评论》2017年第6期。

第×××+3条　自然人的生命权、身体权、健康权受到侵害或者处于其他危难情形的，负有法定救助义务的组织或者个人应当及时施救。

第×××+4条　侵权行为造成受害人死亡的，受害人的近亲属有权请求支付死亡赔偿金、精神抚慰金和死者生前扶养的人所必需的生活费，并赔偿为救治受害人所支出的医疗费、护理费等费用。

支付死者丧葬费的人有权请求加害人赔偿合理的丧葬费用。

第×××+5条　自胚胎形成之日起，胎儿享有生命利益。

违背孕妇意愿造成胎儿死亡的，胎儿的父母及其他亲属有权请求行为人支付死亡赔偿金，并赔偿为挽救胎儿所支出医疗费、护理费等费用。

支付胎儿丧葬费的人有权请求加害人赔偿合理的丧葬费用。

胎儿的抚养人因遭受侵害而丧失劳动能力甚至生命，胎儿的父母及其他亲权人有权要求侵权行为人支付合理的胎儿生活费用。

第×××+6条　自胚胎形成之日起，胎儿享有健康利益。

违背孕妇意志，侵害胎儿健康利益的，胎儿的父母及其他亲属有权请求行为人支付救治胎儿及孕妇的医疗费、护理费等费用。

胎儿期间遭受的健康损害，受害人有权请求行为人承担侵犯身体权、健康权的民事责任。

第×××+7条　经医学鉴定，无法救治且无法减轻病痛的完全民事行为能力人有权依法自主决定实施消极安乐死，任何组织或者个人不得强迫、欺诈、利诱自然人实施消极安乐死。

自然人同意实施消极安乐死的意思表示应当采用书面形式，经相关主管部门批准并经伦理委员会审查同意，由取得消极安乐死资质的医疗机构予以实施。自然人同意实施消极安乐死的意思表示可以随时被撤销或撤回。

任何组织与个人应当依法严格执行消极安乐死，侵害他人人身权益及人格尊严的，受害人及其近亲属有权请求侵权人支付医疗费、丧葬费和精神损害赔偿等合理费用。

第×××+8条　侵害自然人身体权与健康权的，受害人有权请求赔偿已经支出与将要支出的医疗费、康复费、营养补助费、护理费、误工费、生活自助用具费及由其抚养的人所必需的生活费等合理费用，并赔偿残疾赔偿金、精神抚慰金。

第×××+9条　完全民事行为能力人有权依法自主决定无偿捐献其人体细胞、人体组织、人体器官、遗体。任何组织或者个人不得强迫、欺骗、利诱其捐献。

完全民事行为能力人依据前款规定同意捐献的，应当采用书面形式或者有效的遗嘱形式，并且可以随时撤回或撤销该同意。

自然人生前未表示不同意捐献的，该自然人死亡后，其配偶、成年子女、父母可以共同决定捐献，决定捐献应当采用书面形式。

第×××+10条　禁止以任何形式买卖人体细胞、人体组织、人体器官、遗体。

违反前款规定的买卖行为无效。

第×××+11条　死者的遗体、遗骨、骨灰受法律保护，任何组织或者个人不得对其进行侮辱、损害。死者的配偶、子女、父母及其他近亲属有权请求行为人赔偿精神抚慰金与丧葬相关的合理费用。

第×××+12条　为研制新药、医疗器械或者发展新的预防和治疗方法，需要进行临床试验的，应当依法经相关主管部门批准并经伦理委员会审查同意，向受试者或者受试者的监护人告知试验目的、用途和可能产生的风险等详细情况，并经其书面同意。受试者或者其监护人可以随时撤销该书面同意。

进行临床试验的，不得向受试者收取试验费用。

第×××+13条　从事与人体基因、人体胚胎等有关的医学和科研活动的，应当遵守法律、行政法规和国家有关规定，不得危害人体健康，不得违背伦理道德，不得损害公共利益。

第×××+14条　违背他人意愿，以言语、行为等方式对他人实施性侵害的，受害人有权依法请求行为人赔偿医疗费、康复费、护理费、误工费等合理费用，并赔偿精神抚慰金。

机关、企业、学校等单位应当采取合理的预防、受理投诉、调查处置等措施，防止和制止利用职权、从属关系等实施性侵害。

第×××+15条　以非法拘禁等方式剥夺、限制他人的行动自由，或者非法搜查他人身体的，受害人有权依法请求行为人承担民事责任。

第三章　民法典之姓名权立法论*

第一节　姓名权的保护范围

姓名是人之交流指称，由“姓”与“名”组合而成。比较法上，未见有专门规定姓名构成的规范，《二审稿》亦无规定。审判实践对于姓名的认识，多集中于姓名之指称功能与表现形式，即文字形式的、用以区别于其他公民的社会标志。[1] 以规范对姓名构成进行明确规定，对姓名权分条析理，尤其是把握姓名权利的内涵、完善姓名之决定与使用的内容，具有重要意义。姓名权作为具体人格权，其保护的是姓名权人的人格利益及其中的商业化利益。[2] 权能上，不同的观察角度有不同的结论，但姓名决定、变更、使用及授权他人使用等权能当无疑问。[3] 《二审稿》第 792 条规定，自然人就其姓名享有决定、使用、变更、许可他人之权能。姓名之决定包括初始决定以及姓名之再决定，后者即姓名变更；姓名之使用包括姓名权人自己使用以及许可他人使用。

依据本款规定，姓名权的主体是自然人。法人、非法人组织享有的是名称权。自然人拥有姓名外的其他称谓，如笔名、艺名、网名等，涉及姓名权保护范围的扩张问题。某些职业的从业者需要用到这些通称，如笔名之于作家、艺名之于艺人，当这些通称为众人知晓时，应受到保护。[4] 对此，《二审稿》第 797 条确认了这些通称的保护。构造上，前开称谓并不要求与姓名具

---

* 本章原发表于《河北法学》2019 年第 10 期，收入本书时有增删修订。

〔1〕 广东省惠州市惠城区人民法院(2017)粤 1302 民初 8331 号民事判决书；吉林省长春市二道区人民法院(2018)吉 0105 民初 174 号民事判决书。

〔2〕 参见王利明：《人格权法研究》，中国人民大学出版社 2018 年版，第 362 页。

〔3〕 参见韩强：《人格权确认与构造的法律依据》，载《中国法学》2015 年第 3 期。

〔4〕 参见［日］五十岚清：《人格权法》，［日］铃木贤译，北京大学出版社 2009 年版，第 118 页。

有相同构造,但其必须达到对特定人起识别作用的程度,方能为姓名权所保护。姓名权人对此有与姓名一样的决定、使用权能,并就由此而生之利益得为享有。姓名及本条规范所保护的其他称谓仅限于对具体自然人的称呼。故,名称的保护、指代一类群体的称谓(如湖北人、张女士、小学生)等,非由姓名权进行保护。在死者姓名保护上,审判实践认为姓名权因主体死亡而归于消灭,不能继承,但是由其延伸的人格利益仍然可以归于其近亲属,包括精神利益与财产利益。[1] 侵犯死者姓名所延伸的财产性利益的,死者的近亲属对此享有损害赔偿请求权。[2]

《二审稿》第 797 条对于笔名等通称的保护规定了"足以致使公众混淆"的要件。对此,以姓名权保护笔名等通称需达到"混淆"的程度,系对姓名权的内涵理解出现偏差。"与姓名……受同等保护"不单指侵害后的事后救济,亦指其决定、变更与使用等权利的积极行使。若笔名、艺名、网名必达"混淆"程度才可受姓名权之保护,则不至于导致混淆的上述称谓就不能受到姓名权的保护,存在保护上的漏洞。且其决定、变更与转让等积极行使权利的行为又如何保护,亦未可知。故只要该通称拥有一定的社会知名度、为一定公众所知晓,就应与姓名一样保护。[3] 有法院认为,某一特定名称在具有一定知名度的基础上,若公众能借此与特定自然人建立稳定的对应关系,则可以姓名权保护这一特定名称。[4] 有法院认为,"自然人在民事活动中可以使用自己的笔名、艺名、化名等。他人未经许可,不得擅自使用该艺名"。[5] 并无"混淆"之要求。

建议将《二审稿》第 797 条作如下修改,并将其置于本章第一条:

姓名是自然人的称谓,由姓和名组成。

具有一定社会知名度、为相关公众所知悉的笔名、艺名、网名、简称、字号等,与姓名和名称受同等保护。

---

〔1〕 参见湖南省长沙市中级人民法院(2013)长中民一终字第 02518 号民事判决书;河南省周口市中级人民法院(2016)豫 16 民终 1414 号民事判决书。

〔2〕 参见石冠彬:《姓名权侵权纠纷的裁判规则研究》,载《当代法学》2018 年第 3 期。

〔3〕 参见王叶刚:《民法典人格权编的规则设计》,载《政治与法律》2017 年第 8 期。

〔4〕 参见北京市朝阳区人民法院(2017)京 0105 朝民初字第 1832 号民事判决书。

〔5〕 北京市海淀区人民法院(2014)海民初字第 14529 号民事判决书。

第二节　姓名决定权(一):姓与名的选择

一、姓的选择

对于称姓选择,《二审稿》第794条沿用《全国人民代表大会常务委员会关于〈中华人民共和国民法通则〉第九十九条第一款、〈中华人民共和国婚姻法〉第二十二条的解释》,值得肯定。有观点认为,没有必要坚持"公民原则上应当随父姓或母姓"。[1] 这样的观点低估了姓氏在传统文化中的重要地位及其在生活中的作用。绝大部分的称姓选择遵照上述原则,与传统文化的要求相契合。但并非绝对不能选择其他称姓,唯需正当理由方可。[2]

第三姓应该得到严格的限制。[3] 有判决认为,姓氏的选择仅限于双亲,如此才能保障传承,契合大众的认知,且有利于行政层面的管理。[4] 在"北雁云依案"中,法院就认为原告自创姓氏"北雁"有违公序良俗。[5] 若在第三姓问题上有所松动,姓氏选择的自由将被放大,或大姓人数激增而小姓濒临消失,或自创姓氏造成混乱而模糊姓与名的界限。基于个人偏好选取或变更称姓,不但是对传统文化、道德观念的突破,也在人口管理上增添了不小的麻烦。[6] 但并非任何情况均不准许自然人选择父母姓氏之外的姓

---

〔1〕 黄泷一:《姓氏选择、公序良俗与法律解释——最高法院第89号指导案例与姓名权立法解释评述》,载《法治研究》2018年第5期。

〔2〕 参见李新天、郑鸣:《"第三姓"的立法解释透析与制度反思》,载《时代法学》2016年第3期。

〔3〕 理论界与实务界对此有一致意见,参见马桦、袁雪石:《"第三姓"的法律承认及规范》,载《法商研究》2007年第1期;张新宝、吴婷芳:《姓名的公法规制及制度完善》,载《法制与社会发展》2015年第6期;蔡小雪:《因公民起名引起立法解释之判案解析》,载《中国法律评论》2015年第4期。

〔4〕 参见辽宁省沈阳市中级人民法院(2005)沈行终字第252号行政判决书。

〔5〕 参见李予霞、牛占斌:《我的名字谁做主?——论姓名命名权的自由与限制》,载《法律适用》2009年第6期。

〔6〕 参见最高人民法院第89号指导案例:山东省济南市历下区人民法院(2010)历行初字第4号行政判决书。

氏,法律上对此应设立专门条款,唯有基于所规定的情形方能选择"第三姓"。

依《二审稿》第794条第1款,自然人姓氏选择应当在父母之间择其一,此系沿袭现行《婚姻法》第22条的规定。在不违反公序良俗的前提下,可在父姓和母姓之外选择姓氏。若因登记时笔误或其他原因而使现在的姓氏不同于祖姓,欲回归祖姓的;或保持原称姓将强烈有损人格尊严及妨碍人格自由发展的,如长期以来遭受家族内部的侵害,期望在形式上与家族撇清关系以走出阴影,再或原姓氏有"生僻、歧义、贬义"的情况存在,可允许改称为第三姓。[1] 根据《二审稿》第794条第2款的规定,少数民族公民的姓氏,可依本民族的文化传统和风俗习惯决定。这主要是考虑到我国是一个多民族国家,应对各少数民族之文化风俗予以尊重。

二、名的选择

《二审稿》未对名的选取作出规定,应予增补。仅有《二审稿》第796条对于姓名的变更作出了程序上的要求,难以满足现实需求。自然人名字的初始选择由其父母或其他监护人完成,自然人刚出生不可能具备自主选择名字的能力。但新生儿作为姓名权之主体,其名之选取完全取决于监护人,法律对于权利主体的合法权益应予充足保障。故新生儿名之选取不得有害于新生儿的人格利益或有悖公序良俗。相较于姓氏,父母对名字的选取更容易达成共识。父母对于新生儿名的选择存在分歧时,因其纠纷的私密性与个人性,留待家庭内部协商解决为宜,不作规范上的强制调整。被收养人没有名字的,收养人可为被收养人选择名字并进行申报。建议增设条文:

> 自然人之名由其监护人决定,名的决定应符合户籍管理规定,不得违背公序良俗和损害人格利益。

父母对孩子的命名权应受有一定限制,以是否有碍于子女人格自由健康发展及人格利益为准。[2] 选择难以使用、内涵粗俗的名字不应准许。自然人的名字要受到户籍管理规范上的文字限制,包括字源与字数的限制。

---

〔1〕 参见张红:《姓名变更规范研究》,载《法学研究》2013年第3期。
〔2〕 参见张红:《〈民法典各分编(草案)〉人格权编评析》,载《法学评论》2019年第1期。

此外，还要考虑适当性限制，即自字之形、音、意与识别机能等多方面考量。《国家通用语言文字法》第17条与《居民身份证法》第4条对名字的选择进行一定限制，但不够全面。首先，在字源的限制上，日本[1]和中国台湾地区有关规定[2]均将姓名字源限定在日常使用的简单文字，且在类型上亦有所限。《国家通用语言文字法》第9～15条列举了“必须使用规范汉字”的若干情形，但并未将姓名选择中的用字纳入规范用字的范围内。其次，“名”在字数上是否应有限制。有学者认为，名字当然应有字数限制，否则识别功能无从谈起，且徒增户籍管理的不便。[3] 对自然人姓名用字以及字数应规范与限制。如将字源扩大到权威版本的《现代汉语词典》所收录的汉字，即使是生僻字、繁体字，亦应肯认其具有作为姓名用字之法定地位。[4] 此部分需要配套法律的调整与完善。

在适当性限制上，公序良俗和人格利益是主要考虑因素。首先，名的选择不应出现卑琐、侮辱性的字词或用意，从而有违公序良俗。其次，名的选择不应有害自己或他人人格利益。单纯名字或者姓名相结合，读音、表意涉及侵害他人或本人人格利益的，如取名“恶魔”或者在他人名字后添加侮辱性字词的行为，应不予登记。最后，名的重要价值之一在于“识别”，倘若某一姓名失去了识别功能，比如给兄弟姐妹取相同的名字或者其他使该姓名丧失识别功能的行为，应视为对命名自由的滥用，户籍管理机关应不予认可。命名权如此，姓名的变更也应如此。

---

[1] 《日本户籍法》第50条规定：“子女之名应使用常用平易文字。常用平易文字的范围，以命令定之。”依日本法务省命令决定的常用平易文字之范围，于其《户籍法实行规则》第60条规定，使用于“名”中的文字包括“常用汉字、人名用汉字、片假名、平假名”。参见李梯恺：《姓名权之研究》，台湾天主教辅仁大学法律学研究所2009年博士论文。

[2] 中国台湾地区“户籍法”第2条规定，户籍登记之姓名，应使用教育有关机关编订之国语辞典或辞源、辞海、康熙等通用字典中所列有之文字。原住民之传统姓名或汉人姓名，均得以传统姓名之罗马拼音并列登记，不受前条第一项规定之限制……姓名文字未使用第一项所定通用字典所列有之文字者，不予登记。

[3] 参见李梯恺：《姓名权之研究》，台湾天主教辅仁大学法律学研究所2009年博士论文。

[4] 参见刘练军：《姓名登记规范研究》，载《法商研究》2017年第3期。

第三节 姓名决定权(二):姓与名的变更

一、姓的变更

姓表征家族血缘关系,姓多随家庭婚姻关系变动而变动。公民享有变更姓名的自由,但姓名涉及国家管制上的公法利益,这种自由也受到公法义务的约束。变更姓名需遵守一定的程序,以维护姓名权人法律关系的稳定与延续。这些程序是国家公权力对私权行使的干预,应当符合行政法的比例原则。特殊情况下改称自然人父母以外的其他直系长辈血亲姓氏,在血脉传承的立场上具有可接受性。"返祖姓"的诉求可见诸当下的实践,部分地方也出台相应规定以规制。[1] 自然人直系长辈血亲的姓氏也纳入一般可变更姓氏选择范围中。法定抚养人以外的人抚养他人,为延续家族或基于其他正当理由的,被抚养人可以更改姓氏,既保障了被抚养人利益,也肯认了非法定抚养人的付出,但关键仍是尊重双方的一致意愿。《二审稿》对自然人姓氏变更情形的考虑尚不全面,立法供给严重不足。姓的变更至少包括以下四种情形:

(一)成年人姓的变更

建议增设条文:

有正当理由的,年满十八周岁的自然人或以本人劳动收入为主要生活来源的十六周岁以上未满十八周岁的未成年人,可以向户籍管理机关申请改称其他姓氏。包括:

(一)其他直系长辈血亲的姓氏;

(二)继父、生母及继父、生母三代以内直系血亲长辈姓氏;

(三)养父、生母及养父、生母三代以内直系血亲长辈姓氏;

(四)解除收养关系的被收养人恢复与生父母及其他近亲属间的

[1] 参见河南省荥阳市人民法院(2013)荥行初字第14号行政判决书。

权利义务关系后，收养关系发生前的原姓氏，其父、母姓氏，父、母三代以内直系血亲长辈姓氏；

（五）有不违反公序良俗的其他正当理由的可以改称其他姓。

姓氏的变更须受姓氏选择范围以及变更次数的限制。完全民事行为能力人对姓氏的变更不需要经过任何人的同意，姓氏的选择范围符合《二审稿》第794条规定即可。考虑到对个人利益的着重保护以及现代社会价值多元需求，若更改原姓氏，甚至选择与血缘和抚养关系毫无关系之姓氏可有效维护自然人之人格尊严，法律应对此存有出路，允许以不悖于公序良俗之正当事由而予以更改。需要注意的是，未成年人不得借此更姓，主要是因为其尚处于家庭成长教育的环境下，脱离家庭与亲族的不利影响对未成年人之成长有害。对此，改称外姓不是解决未成年人称姓不利益的最佳方式。

姓或名的变更都将改变自然人的称呼，以这种方式企图规避责任、逃脱制裁的，不被准许。具体而言，应禁止正在被通缉的人和正在被羁押的人、涉嫌刑事犯罪或被判处有期徒刑以上刑罚之人、于征信系统中存有失信记录者、其他姓名信息与秩序稳定有紧密联系的人变更姓名。[1] 但上述限制应符合比例原则的要求。

就姓氏可以变更的次数问题，我国《姓名登记条例（初稿）》第20条规定了成年人仅可申请变更姓名一次。对此，笔者认为，没有必要限制姓氏变更次数。一般人并不会随意变更自己的姓氏。凡有变更，必是经过深思熟虑。硬性规定姓氏变更的次数可能使相关规范过于僵化，反过来不当限制了公民的姓名权，且可能使公民接下来的一生都以自己不能再更改的姓氏为耻。同理，在姓的变更次数不作限制的情形下，名的变更更无限制次数的必要。

---

〔1〕《姓名登记条例（初稿）》中不予办理姓名变更登记的情形有：（1）因故意犯罪或违法行为曾经被处以有期徒刑以上刑事处罚或者劳动教养的；（2）正在服刑或者被执行劳动教养的；（3）正在接受刑事案件或者治安案件调查的；（4）民事案件尚未审结或者尚未执行完毕的；（5）行政案件尚未审结或者行政处罚尚未执行完结的；（6）个人信用有严重不良记录的；（7）公民担任法定代表人（董事长、总经理、经理）时，因故意行为造成单位信用有严重不良记录的；（8）户口登记机关认定不宜变更的其他情形。

(二)未成年人姓的变更

建议增设条文:

有正当理由的,未成年人的姓氏由父母协商,并向户籍管理机关申请变更。

下列情形中,户籍管理机关可依未成年人父母一方申报,以子女最佳利益为判断,允许未成年人变更原有姓氏为父姓、母姓或其他直系长辈血亲的姓氏:

(一)父母一方死亡;

(二)有事实证明未成年人原有姓氏对其具有重大不利影响。

未成年人姓氏的变更主要考虑以下特殊情形:(1)在婚姻关系存续期间,父母对子女的称姓变更产生冲突。子女的姓氏于出生之时决定,其后改称父姓或母姓,从变更范围上来看,当属称姓问题中“无异议”的部分。对此,最高人民法院《关于子女姓氏问题的批复》的内容颇具借鉴价值:在未成年人姓氏的变更上,父母的合意是关键,否则不宜变更。(2)未成年人家庭环境改变,与其相连接的亲属关系往往随之变化,包括一次变动和二次变动:前者包括父母离婚或一方离世的,以及合法收养未成年子女的;后者则包括与子女共同生活的一方再婚。父母一方亡故而另一方未再婚的,申报变更未成年子女称姓的权利属于健在一方。对于父母离婚而未再婚情形下子女改称父姓或母姓的问题,最高人民法院《关于变更子女姓氏问题的复函》规定单方面变更子女姓名是不当的。

根据前述司法解释可归纳出两条规则:一是原则上不宜更改子女初始姓氏,此为家庭构建稳固性之考虑。二是父母对于子女姓氏变更需形成合意,否则保持原有称姓。此中内涵,无疑是将父母之合意作为处理家庭事务与代表子女利益的判断出发点,体现了打破我国古来男尊女卑的传统、倡导新型家庭关系的用意,具有合理性。此一裁判准有支持的声音也有反对的意见。[1] 对此问题,中国台湾地区"民法"第1059条规定,未成年子女欲变更姓氏,需父母以书面的形式约定且变更范围仅限于父姓或母姓之间(第2款)。以下情况,父母一方或子女可向法院申请宣告子女姓氏变更为父姓或母姓:(1)父母离异;(2)父母一方或双方亡故;(3)父母一方或双方生死不明三年及以上;(4)父母一方明显没有尽到保护或教育义务(第5款)。由此可见,子女的姓氏权利并不是完全掌握在生父母手中。但是,这样的规定在适用上也存有不同意见。有学者提出未成年子女变更姓氏可资参酌的诸因素:子女自身的真实想法;变更姓氏对其与父母之间感情、关系的影响;称原姓氏的时间及对身份认同与稳定发展的影响;生活环境对变更前后的姓氏的尊重程度;原称姓与变更后称姓所(将)面临的困难、不便对比;父母一方或双方对子女疏于照料或其他未尽到相应责任的情形;父母一方或双方对子女实施不法侵害行为或其他不利于子女成长的行为。[2]

过于严格或者过于松散的规定都不利于未成年人姓名权利的保护。因此,对于未成年人父母离婚后改称父姓或母姓的问题,更多应从子女自身的判断能力、称原姓的消极影响以及改称父姓或母姓后的积极意义三个方面进行甄别,依据个案作出判断,不宜做统一的原则性规定。且应以子女有判断能力时的自我决定为优先考虑对象,称原姓的消极意义为第二顺位,最后考虑改称父姓或母姓的积极影响。"有事实证明未成年人原有姓氏对其具有重大不利影响"的情形,不一定是父母离婚或去世,具体情形如遭受家庭的虐待等不法侵害、正常的照顾严重缺失或父母为恶性犯罪行为。姓的变更主体上,未成年子女的姓名变更申请权利应由法定代理人行使,但应该尊重其真实意愿。

(三)继子女姓的变更

自然人在特殊情形下可随第三人姓。在姓氏的变更中,这种随第三人姓的原因之一即亲属关系发生了变动。继子女姓氏变更的特殊之处在于:

---

〔1〕 具体可参见杨洪逵:《单方变更未成年子女姓氏的行为无效——对一起变更子女姓名案的再思考》,载《人民司法》2000年第12期;焦卫、杨晓霓:《对一起变更子女姓名案的法律思考》,载《法学》2001年第1期。

〔2〕 参见简良育:《民法亲属编修正后子女称姓之探讨》,载《月旦法学杂志》第161期。

第一,继父母因对继子女抚育成长的付出,其对继子女的称姓利益能否等同于生父母?第二,未成年子女在新组建的家庭中,称姓利益该怎样保护?理论上,《婚姻法》第27条为将继父、继母的姓氏作为选择提供了规范基础。但实践中,法官常忽视这一准用规定,这种忽视导致其对子女姓氏的选择范围限缩在亲生父母姓氏中,而《民法通则》亦未对法定监护人无法就监护事项达成一致时,该监护事项如何决定作出具体规定。由此导致被监护人利益与监护人利益因单方更改子女姓氏而发生冲突时,法官存在两种截然不同的解释,民法姓名权立法解释的出台亦同样未能对此予以关注。[1] 一般来说,继父母对其与继子女姓氏保持一致的问题上,有着强烈的感情需求。未成年人改称继父或继母姓、继父或继母直系长辈血亲姓氏存有基础。但在法律层面,本源血亲关系优先于拟制血亲关系,符合我国传统观念和道德模式。[2] 关于未成年子女姓氏上的利益问题,拥有相同姓氏对于未成年人融入新家庭而言有着重大意义。[3] 对照来看,生父母对子女的姓名利益应置于优先位置,即未成年人改称继父姓、继母姓、继父或继母直系长辈血亲姓氏的,需其本源血亲与拟制血亲达成一致约定方可进行申报。而出现未成年人父母一方亡故,另一方再婚,未成年人变更为继父母或继父母直系长辈血亲之姓氏的情形时,只需与其共同生活的一方生父母与新配偶约定即可,但同时也要尊重未成年人的意愿。至于此种合意应达到何种明确程度?应达到能够确定变更后的具体姓名的程度,笼统的同意变更姓名的协议不能作为未成年人姓名变更的依据。[4]

故建议恢复《二审稿》第795条第1款并修改为:

未成年人父母离婚后与他人再婚,未成年人改称继父姓、继母姓、继父直系长辈血亲姓氏或继母直系长辈血亲姓氏的,由其生父母与继父或继母约定,向户籍管理机关申请变更。

未成年人父母一方亡故,另一方再婚,未成年人变更为继父姓、继

---

〔1〕参见任江、张小余:《子女姓名决定、变更权的实证分析与启示——实证主义路径下的我国首部民法立法解释评析》,载《河北法学》2015年第11期。

〔2〕参见张红:《〈民法典各分编(草案)〉人格权编评析》,载《法学评论》2019年第1期。

〔3〕参见王利明:《民法典人格权编草案的亮点及改善》,载《中国法律评论》2019年第1期。

〔4〕参见上海市第一中级人民法院(2009)沪一中行终字第303号行政判决书。

母姓、继父直系长辈血亲姓氏或继母直系长辈血亲姓氏的，由其生父和继母，或生母和继父约定，向户籍管理机关申请变更。

（四）被收养人姓的变更

建议增设条文：

被收养人可以称收养者的姓氏，亦可协商维持原有姓氏，亦可称收养人直系长辈血亲的姓氏。

被收养人改称收养人姓氏或收养人直系长辈血亲姓氏的，由收养人向户籍管理机关申请变更。夫妻共同收养的，并需养父母协商一致。

《收养法》第24条的规定得到了《二审稿》的采纳。但是否意味着被收养人在已有姓名的情况下可以改称收养人的姓氏或收养人直系长辈血亲的姓氏呢？现有规范中，仅有公安部三局《关于执行户口登记条例的初步意见》第9条第2款中提到养子女更名的问题。依中国台湾地区“民法”第1078条第3款的规定，未成年养子女得依养父母的合意改称养父母一方的姓氏。综合我国相关规范的目的而言，姓的变更范围在没有特殊原因时当与姓氏的选择范围保持一致。收养人为延续宗族而收养子女之情形并不鲜见，若姓之变更没有违背被收养人的意愿，应允许改为收养人直系长辈血亲姓氏。如此，既考虑了收养家庭的内部和谐，也照顾到了未成年被收养人的人格发展利益。而养父母离婚的，可以参考前文已确立之规范框架进行操作。

二、名的变更

名的变更是姓名权规范的基本内容之一。《二审稿》对此付之阙如，应拾遗补阙。名为姓名的重要部分，表彰个人情趣与志向，故改名一事，应从个人人格利益角度加以考虑，只要符合公序良俗的要求且无害本人及他人利益，其修改应求从宽，不作过多限制。[1] 对于名的变更主体、变更次数、变更限制的问题原则上应与姓的变更保持一致，前文已有详述。

---

〔1〕 参见张建文、贾佳：《论我国姓名变更权的法律限制问题》，载《河北法学》2011年第3期。

（一）成年人名的变更

建议增设条文：

有正当理由的，年满十八周岁的自然人与以本人劳动收入为主要生活来源的十六周岁以上未满十八周岁的未成年人的名字，可自行向户籍管理机关申请变更。

有关更名之事由，公安部三局《关于执行户口登记条例的初步意见》第9条第2款规定更名需有“充足理由”。根据我国传统，名的变动多起因于重名、字义粗俗、改换命运等原因。实务中，户籍管理机关对以人格感情为由申请更名的，多持否定态度。[1] 如此便值得反思：限制基于个人感情的改名申请，恐有侵害姓名权和人格尊严并有碍人格自由发展之虞。[2] 若因重名等客观原因而准许改名是基于对户籍管理工作的便利和对公民人格利益的照顾的考虑，那么个人对于自身的价值认知最有发言权，若自此申请更名有充足且具说服力的理由，不应限制之。应允许个人基于价值观念、情感偏好等私人原因申请改名。

自然人的名字在初始选择上应尽量避免有碍个人成长与社会交往。但文化、环境因素的改变也有可能导致名字含义发生变化，进而有损自然人之人格利益。自然人名字的使用在识别或内涵理解上出现困难或名字含义有损人格利益情形，可认为是正当理由，应从宽处理。处理更名问题，不应囿于文义表面，而应结合社会文化环境对名字文字的理解及姓名权人的内心感受，落实维护个人人格尊严与人身自由的立法价值。故应当在维护社会管理秩序的前提下考虑更名限制比例，宜采“改名从宽”原则。

（二）未成年人名的变更

建议增设条文：

---

〔1〕 参见上海市浦东新区人民法院（2013）浦行初字第178号行政判决书；安徽省宿州市中级人民法院（2015）宿中行终字第00121号行政判决书；浙江省绍兴市中级人民法院（2016）浙06行终432号行政判决书；浙江省宁波市鄞州区人民法院（2018）浙0212行初75号行政判决书。

〔2〕 参见张红：《〈民法典各分编（草案）〉人格权编评析》，载《法学评论》2019年第1期。

有正当理由的，未成年人的名字由其父母约定向户籍管理机关申请变更。

未成年人的父母离婚或一方亡故后另一方与他人再婚的，未成年人的名字由其生父母与继父或继母约定后向户籍管理机关申请变更。

未成年被收养人的名字由收养人向户籍管理机关申请变更。夫妻共同收养的，并需养父母协商一致。

姓名最初是父母合意而生。名字因正当事由需要变更时，亦须父母合意确定新名字。在父母离婚或一方去世而未再婚的情形下，变更主体为父母或健在的一方。父母离婚或一方去世后另一方再婚的，仅需与未成年人共同生活的生父母与新配偶约定即可。考虑到未成年人更名发生于亲属关系变动后，名字上的不利益不如姓氏上的不利益那般严重影响个人成长与人格利益，与未成年人共同生活的生父母与新配偶约定已足。

一般来说，未成年人对自己名字的理解尚不成熟，不能很好地体会父母的心意，故对未成年人申请变更名字未予规定。然未成年人之真实意愿亦应尊重，且其成年后自动获得自我命名权。[1] 从宽认定未成年人更名的正当理由，有助更名权之成就。

(三)未成年人在姓名变更上的意愿

姓名的选择与变更很多时候都是父母的意志所决定的。但在公民到达一定的年纪，具有一定的辨识能力之后，应征询其本人的意见。未经允许的变更是对其姓名权的侵害。《一审稿》第795条第2款的规定虽然注意到了姓氏变更时未成年人的意愿问题，但过于原则性的规定势必导致实务中判定的困难，使得该条仅具有宣示性功能，难以为审判所援引。

该款只规定未成年人姓氏的变更应当尊重其真实意愿而将名字的变更抛之脑后，其用意实难解释。若认为未成年人在姓的选择上已经存在自己的想法或理解，而未成年人对自己的名字抱持一种不甚理解或者不太所谓的态度，从而制定这样的规则实在难以服众。(1)姓的选取固然重要，涉及家族与血缘的关系，但名的决定亦承载着家庭或者家长的希冀。不仅如此，

---

〔1〕 参见刘练军：《姓名登记规范研究》，载《法商研究》2017年第3期。

名字的选取与未成年人自身关系更加密切,未成年人每天被叫到的名字、每次写在试卷上的名字都能让他们明白自己的名字不是儿戏,而会跟随自己一生。(2)在婴儿出生时直到一定年纪之前,其可能没法正确地认识到姓和名对其自身的价值,但只要产生了对姓氏选择的判断和意愿时,其自然应当在名字的选择上具有相同的判断力。基于此,建议恢复《二审稿》第795条第2款并修改为:

> 父或者母变更未成年子女姓氏或名字的,应当尊重其真实意愿。八周岁以上未成年人的姓氏或名字的变更,申请变更人需征询本人意见并取得其书面同意。

本条沿袭了公安部《关于父母一方亡故另一方再婚未成年人子女姓名变更有关问题处理意见的通知》,[1]但又将适用范围加以扩大。主要的考虑在于,未成年人自主申报姓名变更的情形在本法中已经限缩到了很小的范围,而8周岁以上未成年人已经具备一定的行为能力,对姓名变更带来的影响,也有一些自己的看法,完全忽略之对未成年人的成长而言并非有利。对于8周岁以下的未成年人,在变更姓名时虽不需要取得其书面同意,但依然要加以询问,主要还是为了加强有权申报者与姓名权人的沟通与交流,以尊重其个人意愿。如果未征得本人同意即进行申报则不被允许,这也是强调未成年子女最佳利益的一种规范体现。

第四节　姓名使用权

一、姓名的一般使用

人格权的积极权能已逐渐为学界所肯认,实践亦呼唤法律对之进行规

〔1〕 参见公安部《关于父母一方亡故另一方再婚未成年人子女姓名变更有关问题处理意见的通知》:"一、以本人的劳动收入为主要生活来源的十六周岁以上未满十八周岁的未成年人,自主决定本人姓名的变更;其父亲和继母,或者母亲和继父要求变更其姓名的,必须征得其本人的同意。二、十周岁以上的未成年人的父亲和继母,或者母亲和继父经协商同意,要求变更该未成年人姓名的,应当征得其本人的同意。三、不满十周岁的未成年人姓名的变更,由其父亲和继母,或者母亲和继父协商一致后决定。"

制。人格权积极利用是其典型表现。人格权的经济利用日益普遍，比较法上已有诸多规范。自我国司法实践来看，因商业性利用他人姓名、肖像、个人信息等而引发的纠纷数量日渐上升，人格权立法应对人格权积极利用的实践进行积极回应，建构系统的规范制度。〔1〕

姓名使用权是很多国家的民法典都有规定的内容。〔2〕《二审稿》仅在第 792 条对姓名的使用作出宣示性规定稍有不足。自然人只有以自己的姓名参与社会实践，才能为自己取得权利和设定义务。〔3〕姓名的使用权是姓名享有者的一种自由，包括自己使用的自由以及授权于他人使用的自由。

在日常社会交往中，使用姓名识别区分，保障社会正常运行。对于需要运用姓名来区分他人、识别自我的场合，姓名权人有权使用自己的姓名，他人不得横加干涉。在重名的情况下，自然人仍可使用自己的姓名，同样的姓名所表征的自然人并非同一人。重名普遍，但社会交往亦正常进行。姓名这一人格标识并不孤立地发挥作用，而是与其他人格标识共同作用于识别个体。在自我使用中，还包括不使用自己姓名的自由。在不违背姓名权人意志的前提下，其他人应正确、恰当地使用他人姓名，如此方能正确指向姓名权人。需要注意的是，笔名等通称也包括在内。一般来说，权利人使用自己的姓名用以表明身份，确定自己为社会交流的一部分。易产生混淆的是姓名权与署名权的关系。在作品上署名不应视为姓名使用权的行使，而属于署名权的行使。姓名权与署名权分属人格权法与著作权法调整，在权利发生、客体与侵权责任构成上均有较大差别。

姓名作为人格标识，可以进入商业领域，为营利性活动所使用。姓名权

---

〔1〕 参见王利明：《人格权的属性：从消极防御到积极利用》，载《中外法学》2018 年第 4 期。

〔2〕 参见《德国民法典》第 12 条："权利人的姓名使用权为他人所否定，或权利人的利益因他人无权地使用同一姓名而受到侵害的，权利人可以请求该他人除去侵害。有继续受侵害之虞的，权利人可以提起不作为之诉。"《意大利民法典》第 7 条第 1 款："法律确认每个人使用自己姓名的权利。因他人不当使用姓名而给权利人造成损害的，可以通过法律救济途径请求停止侵害。请求停止侵害的诉讼不影响受害人请求赔偿的权利。"《瑞士民法典》第 29 条第 1 款："当姓名的使用权发生争议时，可以提起姓名权的确认之诉。"《埃塞俄比亚民法典》第 45 条第 1 款："任何人在进行与其职业有关的活动中对自己姓名的使用，不得通过有害的混淆，以导致《埃塞俄比亚民法典》第三人信用和声誉的损害为目标或结果。"

〔3〕 参见王利明：《人格权法研究》，中国人民大学出版社 2018 年版，第 362 页。

人将自己的姓名商业利用于广告宣传、作为商标或组织名称使用，从中获得相应的报酬。但姓名因其构成来源及构造规范的特性，在使用和理解上具有社会通用性，将姓名的文字为上述商业利用，须符合在此之上可加以使用的客观标准。姓名的商业性使用主要表现为姓名权人许可他人于商业领域使用其姓名。这种使用非物权性的转让使用，而仅限于债权性的使用。[1]姓名的商业性使用多配合姓名权人的肖像或声音等其他人格标识进行，纯粹使用姓名进行商业宣传并非主流做法。在姓名许可合同的处理上，可参考《二审稿》第801条、第802条关于肖像许可使用合同的有利解释规则与合同解除的特殊规则。对姓名的商业使用虽有学说与实践的共识，但仍欠缺规范层面的直接规定，在人格权财产利益的保护上存有不足之处，亦不利于进一步辨别不同人格要素所具有的财产利益。故有必要在《二审稿》中明确自然人对自己姓名的使用，包括使用姓名彰显身份、许可他人使用以及商业性使用。凡是影响姓名权的上述使用的，都属于对姓名权的侵害。但不论是姓名权人自我使用，还是经授权的使用行为，均受一定的限制，不得有损他人合法权益及社会公益。

综上，建议增加规定：

自然人对其姓名的使用，包括使用姓名彰显身份、使用姓名文字形成其他标识以及获得财产利益。

自然人对其姓名文字的其他标识性使用，不得损害他人与社会公共利益。

值得一提的是：第一，权利人无法出让或放弃自己的姓名。经权利人授权或许可，他人在约定范围内使用权利人姓名，但使用人无法取得姓名所有权，姓名权主体并不发生变化。[2] 第二，在签署合同、进行法律行为时使用化名是否具有法律效力？对此，有的学者认为只要可以识别当事人不至于产生混淆，使用法定姓名还是化名抑或笔名签署合同都应该具有法律效力；有的学者则认为特定情况下，如行政登记、进行司法活动或其他向国家机关

---

〔1〕 参见叶涛：《民法典编纂中人格标识财产利益的制度构建》，载《河南财经政法大学学报》2018年第4期。

〔2〕 参见房绍坤、曹相见：《标表型人格权的构造与人格权商品化批判》，载《中国社会科学》2018年第7期。

为意思表示时必须使用正式的姓名,其他的在公共场合使用正式姓名外的称呼应予准许。[1] 我国法律则强制性规定在有关法律文件上需签署正式姓名。问题在于非法律文件的合同以及其他重要签名,如借条、私下的调解协议等有无必要签署正式姓名。对此有学者认为自然人于重要法律行为上负有使用其在户籍上登记的正式姓名的义务,以避免法律关系的混乱和权利义务主体的不明确,从而维护正常的社会经济秩序,保护其他公民的利益。[2] 亦有学者认为只要能够识别是某特定自然人签署的合同,该合同就应该当然地约束该签名人。[3] 法律行为的成立和生效以当事人、标的、意思表示为要件,且三者相互融合,所谓当事人的要件不从签署正式姓名为必要,只要能够判断作出表示行为的当事人是谁,就不应当允许其以未签署正式姓名为由否认其意思表示。同理,在代理场合,代理人签署被代理人姓名的,也应当认为其作出了意思表示,不能以未签署正式姓名或者签署他人姓名为由否认法律行为的效力。但为了避免纠纷,还是应当提倡当事人使用正式姓名。

二、姓名的合理使用

姓名是权利主体的外在表征,彰示人格主体的存在。姓名权人参与社会活动,姓名作为象征性权利主体的抽象人格符号,代表权利主体参与各种法律关系。随着姓名权人社会活动的增长与深入,姓名参与社会的程度也随之越深。人格利益的社会化要求我们关注个体与群体的尊严与自由,并在其中处理好二者的关系,使之平衡稳定。[4] 特别是当下名人"培育"的时间成本越来越低的大背景下,如何避免对名人权益的过度倾斜而可能导致的社会利益结构失衡,成为必须回应的问题。[5] 严格来说,此非姓名使用权的内容,因为姓名合理使用的主体非姓名权人。但"姓名起了就是让他

---

〔1〕 参见[德]卡尔·拉伦茨:《德国民法通论》,王晓晔等译,法律出版社 2004 年版,第 160 页。

〔2〕 参见姚辉:《人格权法论》,中国人民大学出版社 2011 年版,第 157 页。

〔3〕 参见李永军:《论姓名权的性质与法律保护》,载《比较法研究》2012 年第 1 期。

〔4〕 参见孟勤国:《人格权独立成编是中国民法典的不二选择》,载《东方法学》2017 年第 6 期。

〔5〕 参见马一德:《商标权行使与姓名权保护的冲突与规制》,载《中国法学》2018 年第 4 期。

人叫的”,[1]社会的正常运行离不开社会成员对姓名的合理使用,其构成了姓名权人禁止他人使用自己姓名的限制,亦即姓名的消极使用权的限制。

姓名权和肖像权在权利性质、保护、行使、限制等方面存在相似之处。姓名和肖像承载着权利主体的象征意义,其不可避免地为社会中其他成员所使用,这也是必不可少的。正常社会活动需要对人的姓名或肖像进行利用,若凡是使用公民的姓名或肖像都要经过公民本人同意,会给社会生活造成诸多不便,极大提高了社会运行成本。故二者合理使用制度有其构建的必要性,其对个人和社会利益冲突的协调有着积极作用。

《专家建议稿》、《室内稿》、《征求意见稿》和《一审稿》人格权编均采用姓名权和名称权共置一章,肖像权自成一章的结构,且在肖像权一章中均有关于肖像合理使用的规定。姓名合理使用的规定未在以上四稿中出现。在《二审稿》中,姓名的合理使用是借第803条参照适用肖像权部分的规定来予以规制的。这样做有两个问题:首先,《二审稿》第803条针对的是其他人格权的“许可使用”可以参照适用肖像权的规定。合理使用规则本质上是“不许可亦可使用”,在解释“其他人格权的许可使用”上就颇费周折。其次,姓名权与肖像权的使用还是存在一定差异,比如代理人为被代理人利益使用被代理人的姓名。参照适用肖像权的内容就只能通过兜底条款加以解释,原则性过强而规范性不足。且姓名使用权的保护以不造成混淆为核心,在设置兜底条款时,没必要设置“维护公序良俗”此种解释空间巨大的条文,可以“其他不会造成与他人识别混淆、损害姓名权人姓名利益的使用他人姓名的行为”兜底,将限制范围缩小到合适且易于解释的地步。故建议增设条文:

> 在不造成与他人姓名识别混淆的前提下实施下列行为的,可以不经姓名权人同意:
>
> (一)为个人学习、科学研究、介绍或评论,适当引用(使用)他人姓名;
>
> (二)为报道时事新闻、在报刊、电视台、网络等媒体中不可避免地使用他人姓名;

[1] 徐国栋:《民法总论》,高等教育出版社2007年版,第329~330页。

（三）国家机关为执行公务、保障公共安全等目的在必要范围内使用他人姓名；

（四）为姓名权人自身的利益使用其姓名；

（五）工作单位在合理范围内使用其工作人员姓名；

（六）其他不会造成与他人识别混淆、损害姓名权人姓名利益的使用他人姓名的行为。

本条列举了六种情况：

1. 为个人学习、科学研究、介绍或评论，适当引用（使用）他人姓名。教育、科学、文化的发展可能会在一定情况下牺牲个人权利，这是基于公共利益对姓名权的限制，也是姓名的合理使用。需要注意的是，由于其涉及对人格权的限制，因此，须严格认定此种情形，必须是为了本款所列之目的而使用。

2. 为报道时事新闻，在报刊、电视台、网络等媒体中不可避免地使用他人姓名。首先，上述情形并不一定构成姓名侵权，原因在于本身的不可预知性；其次，在利益权衡后，选择更大社会效益进行优先保护是当然之选，此时个人姓名利益应让位于社会公共利益。同样，对于此种情形的认定应严格之。

3. 国家机关为执行公务、保障公共安全等目的在必要范围内使用他人姓名。在这种情形下，姓名的合理使用很大程度上即公权力对姓名权的限制，应遵循法律保护原则与比例原则，符合行政合法性和行政合理性的要求。此外，基于姓名的使用多为文字形式，缺乏可区分性，因此，该使用行为应结合必要的其他标识、说明手段将姓名权人与他人进行区分，以免造成混淆。

4. 为姓名权人自身的利益使用其姓名。这种情况下，使用姓名的人主观上大多为善意，有利于及时维护姓名权人的利益，不会对姓名权人造成负面影响。如某人失踪，其亲属、朋友为寻找线索而四处张贴寻人启事，将某人姓名印于其上并辅以其他标识、说明手段将其特定化，避免与其他同姓名、近似姓名人混淆。

5. 工作单位在合理范围内使用其工作人员姓名。如高校将教师姓名发布在其自身官网上，辅以其他必要标识、说明手段特定化对外进行展示，实现学生等群体的知情权等权利，属于合理使用。例如，在一起案件中，原告系医生，原告所在工作单位将原告的姓名、从业信息等在一定范围内对外展示，实现当地群众的知情权与选择权，属合理使用。[1]

6. 其他不会造成与他人姓名识别混淆、损害姓名权人姓名利益的使用他人姓名的行为。其作为兜底条款，可为今后新出现之姓名合理使用情形以及司法实践的发展留下空间，又不至于像公序良俗一样解释空间过大，同时发挥兜底性条款的补充、解释等功能。

第五节　对姓名权的保护

姓名权的保护有姓名权保护和姓名商品化权益保护两种模式。文化传统与法制实践的差异影响了各国的保护立场与做法。[2] 在我国，按照最高人民法院《关于审理商标授权确权行政案件若干问题的规定》，姓名权是《民法通则》第 99 条明确规定的一项权利，未经许可将他人姓名申请注册为商标并进行使用的行为属于侵害姓名权的行为。[3] 但也有学者主张我国立法在事实上区分了姓名权与姓名的商品化权益，后者已独立于前者，分属财产权和人格权的范畴。姓名的商品化权益为《反不正当竞争法》所保护。[4] 针对这一争论有必要借民法典人格权编编纂之机加以明确。

一、侵害姓名权的认定

对姓名自主使用利益的保护，民法上多通过设置防止盗用、冒用条款保护。[5]《二审稿》第 793 条对侵害姓名权典型行为的列举更加完善。值得

---

〔1〕 参见山东省青岛市中级人民法院(2017)鲁 02 民终 9258 号民事判决书。

〔2〕 参见[澳]贝弗利·史密斯:《人格的商业利用》，李志刚、缪因知译，北京大学出版社 2007 年版，第 4 ~7 页。

〔3〕 参见罗书臻:《完善法律适用标准——促进和维护诚信有序的商标法治环境》，载《人民法院报》2017 年 1 月 12 日，第 3 版。

〔4〕 参见孔祥俊:《姓名权与姓名的商品化权益及其保护——兼评“乔丹商标案”和相关司法解释》，载《法学》2018 年第 3 期。

〔5〕 参见陈龙江:《德国民法对姓名上利益的保护及其借鉴》，载《法商研究》2008 年第 3 期。

注意的是，司法裁判对于姓名权侵权的认定是否需要实际损害的发生有所分歧。对此，姓名权作为人格权，精神利益的维护系人格权保护的关键。姓名权侵权行为的存在本身即是对姓名权益的侵害，在理解上应予注意。此外，人格权侵权认定中不考虑侵权人过错问题。故姓名权侵权行为需符合以下构成要件：侵犯或妨害姓名权的行为；姓名权侵害之后果；二者间具有因果关系。

《二审稿》第793条对姓名权侵权行为作出了列举，这一规定基本沿袭了《民法通则》第99条。但这样对姓名权侵权行为的类型化列举存有缺陷，即侵害行为的类型提取是不可能穷尽且完美的。对姓名权的侵害救济条款只作行为方式上的描述，未免有所缺失。这种欠缺也体现在了审判实务之中：当加害人所使用的姓名在发音、书写上与姓名权人姓名难以辨认时；当加害人故意选取或变更姓名而与其他登记之姓名相同时；当加害人故意选择与他人姓名相同的笔名、艺名，谋取不正当利益时。[1] 此时套用“干涉、盗用或假冒”的文义显然难以规制这些行为，法官往往要依据姓名权之根本价值内涵扩张解释法律条文才能实现姓名权利益的保护。在人格权编编纂的当下，完全可以通过立法一劳永逸解决问题，沿袭原先立法实无必要。

基于以上分析，权益保护体系除了要对侵权行为种类进行规范之外，还应设计能够吸收未来可能出现的全新类型的概括条款。符号的初始功能即指代功能，为代表一个事物而存在。[2] 姓名作为一种符号，他人将姓名符号用于指代其他人时，权利人有权予以制止以避免混淆的发生，此为“同一性利益”的体现。[3] 在不存在引起混淆的情况下，他人的使用行为无涉本人，所以本人便自然无权加以阻止。[4] 姓名之混淆可分以下两类：

1. 个体识别上的混淆。根据姓名作为社会交往工具的特质确定两个

---

〔1〕 参见北京市第三中级人民法院(2014)三中民终字第04839号民事判决书；“湖南王跃文诉河北王跃文等侵犯著作权、不正当竞争纠纷案”，载《最高人民法院公报》2005年第10期；北京市第一中级人民法院(2006)一中民终字第6252号民事判决书。

〔2〕 参见李琛：《论知识产权法的体系化》，北京大学出版社2005年版，第135页。

〔3〕 参见王泽鉴：《人格权法　法释义学、比较法、案例研究》，北京大学出版社2013年版，第116页。

〔4〕 参见刘文杰：《民法上的姓名权》，载《法学研究》2010年第6期。

前提:第一,这一称谓需已被使用。无使用则无混淆,且需要不同的社会成员对涉及混淆的称谓进行使用,否则不会产生侵权问题;第二,混淆需达到社会对之予以肯定的一般认识,但并不要求实际大规模的识别错误发生。一来受害人请求停止侵害的权利可以提早行使,及时制止;二来减轻权利人的举证负担,便于维权。其中需要关注有他人重名或相似姓名所致混淆与作品人物姓名与真实人物姓名之混淆的问题。对于前者而言,因为姓名以文字构成,重名或相似姓名现象不可避免,唯需禁止一方利用此种近似而谋取不正当利益。最终所致混淆方为关注的核心所在,至于无意近似还是刻意更改,只是侵权行为的一部分而已。[1]

2. 对于姓名商业利用的混淆。在广告、[2]商标、[3]企业名称、[4]网络域名[5]等涉及姓名使用的场合,若使用的是享有一定知名度的人物姓名,可能出现姓名权人未予许可或授权的情形。这种情形损害的并非姓名权人的"同一性利益",但会造成姓名权人授权他人使用其姓名于特定领域的假象,即虚假的关联性,姓名利益被分流,减损姓名权人应得利益。所以,姓名外化关联混淆的发生,必须限定在对姓名权人的称谓本身进行利用表彰的范围内,而不是携有其姓名下一切行为的总结。[6] 判断侵权行为的关键仍在于是否与特定人发生"混淆",尤其是混淆于具有一定知名度与影响力人的姓名。在此需区分经济利益的损失以及自主决定姓名使用利益的侵害。侵权人对案涉姓名具有正当利益时(如重名、读音一样),不可贸然以姓名权侵权认定,还应考虑其他部门法(如《反不正当竞争法》)进行规制以及利益衡量方法的运用。

(一)典型侵权行为

理论与实践中对"干涉、盗用、假冒"的一般理解是:干涉是指干涉他人

---

〔1〕 参见"湖南王跃文诉河北王跃文等侵犯著作权、不正当竞争纠纷案",载《最高人民法院公报》2005 年第 10 期。

〔2〕 如"袁隆平案",湖北省高级人民法院(2017)鄂民终 3252 号民事判决书。

〔3〕 如"王宗德案",贵州省高级人民法院(2016)黔民终 440 号民事判决书。

〔4〕 如"吴利忠案",浙江省绍兴市中级人民法院(2007)绍中民一终字第 170 号民事判决书。

〔5〕 如"周立波案",上海市高级人民法院(2011)沪高民三(知)终字第 55 号民事判决书。

〔6〕 参见张红:《混淆姓名之侵权责任》,载《财经法学》2015 年第 4 期。

决定、使用、改变姓名；盗用是指未经他人同意或授权，擅自以他人名义实施某种行为；假冒即冒名顶替，使用他人姓名并冒充该人参加民事活动或从事其他行为。[1] 以干涉方式侵害姓名权的行为，多发生于家庭（包括离婚后原家庭成员的干涉）或家族内部对于姓名的选择、变更上。如在一起案例中，赵某与蒋某离婚，其婚生子随赵某生活。孩子自身意愿为跟随赵某姓赵，且在生活中一直如此使用。而蒋某擅自为其更名，干涉孩子姓名的变更，应予纠正。[2] 对于同名问题，同名各方不得禁止他人更名为该姓名，也不得要求其他同名者改名。[3] 即使有充足证据证明他人为恶意侵害姓名权人合法权益而改为相同姓名，若侵权人已经合法程序更名，亦不得强行要求恢复原有姓名或更为其他姓名，只得禁止侵权人为侵权行为，处以严厉惩罚。如是处理重名问题，主要是因为姓名权为人格权之一种，为人所固有，也是自然人在姓名决定与变更上的自由，不可随意干预之。若行为人明显出于不当目的而故意改为与他人相同姓名，以造成混淆，则他人可请求相应救济。

盗用他人姓名的行为，可能是将他人姓名用于行政事务的办理，或从事民事法律行为。实践中，前者多表现为行为人未经许可或授权，将姓名权人之姓名用于工商登记、缴纳税款；[4] 后者多表现为行为人擅自在法律文书上签署他人姓名，[5] 这种情况与表见代理颇为相似，但仍应有所区别。表见代理所规制重点在于调整法律后果的承担，盗用之规制则旨在提供事前

---

[1] 具体论述参见王利明：《人格权法研究》，中国人民大学出版社 2018 年版，第 383 ~ 386 页；杨立新：《人格权法》，法律出版社 2015 年版，第 180 ~ 181 页；贵州省毕节市七星关区人民法院（2016）黔 0502 民初 2733 号民事判决书；江苏省泰州市医药高新技术产业开发区人民法院（2015）泰开民初字第 01161 号民事判决书；安徽省合肥市中级人民法院（2015）合民一终字第 04601 号民事判决书。

[2] 参见四川省南充市中级人民法院（2016）川 13 民终 1604 号民事判决书。

[3] 参见河南省郑州市中级人民法院（2016）豫 01 民终 939 号民事判决书；广东省佛山市禅城区人民法院（2016）粤 0604 民初 11545 号民事判决书。

[4] 参见北京市密云区人民法院（2017）京 0118 民初 10065 号民事判决书；江苏省徐州市鼓楼区人民法院（2017）苏 0302 民初 4453 号民事判决书；重庆市九龙坡区人民法院（2017）渝 0107 民初 17761 号民事判决书。

[5] 参见新疆维吾尔自治区乌鲁木齐市中级人民法院（2011）乌中民一终字第 1823 号民事判决书；上海市第一中级人民法院（2018）沪 01 民终 2504 号民事判决书。

之防范与事后之救济。值得注意的是,盗用他人姓名可能同时侵害被侵权人的信用利益或名誉权。因为这种擅自以他人名义实施的行为,在一般公众眼中即将有关事件与该姓名所对应,而这些事件有可能使姓名权人信用评价受损或社会评价降低。[1]

假冒他人姓名侵害姓名权的,“齐玉苓案”是为著例。[2] 假冒他人姓名从事各种活动,并不是直接侵害姓名权人的利益,而是借助姓名权人的身份达到自己的目的。这也是区别于盗用方式的关键所在。假冒他人姓名,行为人可能从中获益,根据《侵权责任法》第 20 条与不当得利原理,应将所获利益返还姓名权人。但值得重视的是,姓名权人因此而丧失的利益并非能够简单地通过金钱衡量,在“冒名上学”一类案件中,被侵权人所受损害深深影响着其人生轨迹。在“邢国亭案”[3]中,虽然该案以诉由不当驳回起诉,但自该案案情观之,若原告所陈为真,数十年前假冒他人之名攫取工作职位,几乎彻底改变了原告的人生。诚然,这其中存有历史环境下制度的疏漏,但其为当下的姓名制度设计敲响了警钟。实践中,还出现过刑事案件犯罪嫌疑人假冒他人姓名以逃避法律制裁的情况,这种情况当然侵害他人姓名权。[4] 假冒他人姓名同样可能侵害他人名誉权。若行为人能够证明自己纯属笔误而非盗用、假冒他人姓名的,不应认为其侵害他人姓名权。[5]

干涉行为主要侵害的是姓名权人的自主决定利益,盗用与假冒行为则是通过混淆侵害姓名权人利益。侵权行为方式的种类对侵权责任的成立与否及其大小并不产生影响。故在侵害姓名权的规范设计上,宜从侵权行为所损害的权益类型出发。建议在《二审稿》第 793 条的基础上,增加姓名权侵权判定的关键标准:

任何组织或者个人以干涉、盗用、假冒等方式侵害他人的姓名权或

---

[1] 参见辽宁省葫芦岛市中级人民法院(2017)辽 14 民再 38 - 45 号民事判决书;“张开峰案”,载《最高人民法院公报》2008 年第 10 期。

[2] 参见《最高人民法院公报》2001 年第 5 期。

[3] 参见河南省舞阳县人民法院(2015)舞民初字第 1575 号民事裁定书。

[4] 参见浙江省宁波市中级人民法院(2018)浙 02 刑再 1 号刑事裁定书。

[5] 参见辽宁省鞍山市中级人民法院(2018)辽 03 民终 449 号民事判决书;山东省德州市中级人民法院(2017)鲁 14 民终 656 号民事判决书;上海市第一中级人民法院(2017)沪 01 民终 14007 号民事判决书。

者名称权,对于他人个体识别或姓名商业利用造成混淆的,应当承担相应的民事责任。

在体例安排上,权利受到侵害的保护条款应置于权利的描述性条款(包括权利内容,权利行使等规范)之后,故该条应置于姓名权和名称权章的尾部,以起到兜底之作用。基于此,该条应规制一切以不正当方式侵害他人的姓名权的行为,包括但不限于以干涉、盗用、假冒的方式侵害他人姓名权。姓名权所保护的利益包括自由利益(如对行政管制的对抗)、同一性利益(对身份一致性的要求,如冒用他人姓名发表粗俗的文章)、商业利益(姓名上财产利益,通过对姓名的商业利用,如进行广告宣传等)。这三种利益都可以在姓名权之下得到保护,且由于客体的一致性,同一行为可能导致多种利益受到侵害,由此损害赔偿的范围也将不同,此时需要根据案件具体情况予以判决。针对姓名权侵权的精神损害赔偿问题,应考察请求精神损害赔偿的共通标准,即"严重侵犯人身权益的行为"。

(二)特殊问题

1. 不管某人与他人重名抑或姓名相似,其正常使用自己的姓名来表彰自身活动的自由应予认可与保护。唯姓名权人使用其姓名,且他人通过仿冒其他身份特征的手段,有识别混淆的危险时,才应认为其应当承担民事责任。从另一个角度讲,一个人不使用其姓名,这种类似于不主张权利的"怠于"作为,法律有必要优惠地保护他吗?〔1〕

2. 作品中人物与现实人物姓名相同的,若为非虚构类型作品,无姓名权人授权的,属于"盗用"他人姓名。如果虚构作品中出现与现实人物姓名相同或相近的姓名、称谓,使读者对现实人物的过往或人品产生误解,虽不会发生姓名权人身份、行为混淆的情况,但这很大可能损害姓名权人之名誉、隐私等人格权益,此时应交给名誉权、隐私权保护。〔2〕

3. 商标与姓名权人之间的特定联系需要进行综合考量以判断。将姓

〔1〕 参见崔建远:《姓名与商标:路径及方法论之检讨——最高人民法院(2016)最高法行再27号行政判决书之评释》,载《中外法学》2017年第2期。

〔2〕 参见安徽省合肥市瑶海区人民法院(2014)瑶民一初字第00682号民事判决书;黑龙江省哈尔滨市中级人民法院(2017)黑01民再2号民事判决书。

名文字进行改造的商标注册行为,若能判断使用该商标的商品或服务与特定人物之间存有较为普遍且稳定的联系,则该行为属侵害他人的在先姓名权利。纯属谐音他人姓名的商标,应认定为不当使用他人姓名。重名情况下,其中一人对该姓名的商标注册,属侵害当中知名人士或该商标可特定对应之人的姓名权利,盗取他人身份一致性利益下对姓名商业价值独占的利益。[1] 对于姓名注册商标的问题研究,还应当注意区分注册商标与非注册商标。[2]

4. 自然人就某一名称主张姓名权保护的,该名称需满足如下要求:一是知名度要求,即社会大众对这个名称比较熟悉;[3]二是实践要求,即已有部分人用这个名称来指称该自然人;三是稳定对应的要求,即该名称与该自然人之间的关联联系是稳定对应的。[4]

二、姓名的财产利益

建议增设条文:

侵害他人姓名权造成财产利益损失的,姓名上财产利益的损害难以确定时,以加害人获得的利益赔偿;加害人获得的利益难以确定,权利人和加害人不能形成赔偿协议时,人民法院根据实际情况裁量赔偿数额。

姓名已经在一定程度上成为具有经济价值的财产(财产性利益),[5]

---

[1] 参见张红:《混淆姓名之侵权责任》,载《财经法学》2015 年第 4 期;黄小洵:《公众人物姓名商标注册的法律规制——以公众人物姓名与注册商标权利冲突为视角》,载《北方法学》2017 年第 2 期。

[2] 参见李士林:《论姓名商标》,载《法治研究》2014 年第 7 期。

[3] 知名度越强保护范围越宽,会影响商标类别的保护,但保护范围不应该超过《商标法》中对驰名商标的保护。参见丁相顺、杜民:《姓名权与商标权法律关系的符号学分析——以"乔丹"商标案为分析路径》,载《上海政法学院学报》(法治论丛)2018 年第 4 期。

[4] 参见崔建远:《姓名与商标:路径及方法论之检讨——最高人民法院(2016)最高法行再 27 号行政判决书之评释》,载《中外法学》2017 年第 2 期。不管是"对应关系标准",还是一些学者提出的"联系标准",都只是形式上的不同称谓,是对"对应关系"和"联系"字面本身的理解不同产生的差异,实践中并无影响。关键还是事实上如何判断特定联系与稳定的对应关系。

[5] 参见李琛:《论知识产权法的体系化》,北京大学出版社 2015 年版,第 135 页。

即姓名权既承载了权利人的精神利益，又具有财产利益。[1] 商品经济社会中，当自然人的人格符号反映在商品宣传、销售等环节上时，通常将该自然人特有的人格价值影响施加于市场，既增强了产品在市场上的号召力与可识别程度，同时也给该自然人带来了公共财源——通过合作、代言、商标命名等手段。对于姓名使用的市场化运作，无疑使姓名权人享受到了其姓名通过市场价值交换而产生的独有利益。易言之，能够体现个人特征的人格要素具有商业利用的价值，其可与本人产生对应联系，本人亦能获得相应的经济报酬。

人格标识外在于主体，具有他为性、可支配性和可商业利用性。姓名权的使用权能主要是姓名的可支配性和可商业利用性的体现。姓名权上财产利益的保护系属人格权所具有的财产价值保护的一部分。美国法采取二元论之方法，将人格利益区分为隐私权（保护精神利益）与公开权（保护财产价值）；德国法在一元的人格构造上，将人格权的精神与财产利益统一。在我国现有的人格权体系中，创设美国法上的公开权并无必要。一是我国属大陆法系国家，继受的法律多为德国法律，在权利体系中创设公开权的空间较小。二是通过解释的方式与立法的方式，亦可起到保护姓名上财产利益的目的。

人格平等且尊严无价，但个人的商业利用价值却可以经由评估而得出一个较为合理的结果。虽然对姓名权而言，按获益计算比较困难，因为侵权人对人格上财产利益的侵害并不一定是获利的全部原因。名人姓名、肖像等人格要素商业利用的宣传作用固然对商品销售的好坏产生影响，但不是唯一的因素。在无法确定被侵权人受到的损失时，法官的自由裁量至关重要，因此建议在姓名权和名称权章中规定有关姓名权财产保护的内容。至于损害赔偿数额的计算，人格权特别是经济利用实践较为广泛的人格权，因遭受侵害而受的经济损失属可得利益的丧失，即“本可得而未获得”。[2] 此时适用可预见性规则较为合理。

---

〔1〕 参见杨立新：《人格权法》，法律出版社 2015 年版，第 177 页。

〔2〕 罗昆：《人格权法与合同法的互动探讨》，载《东方法学》2017 年第 6 期。

三、责任承担

姓名权侵权责任承担上,有人格权请求权与侵权损害赔偿请求权两种工具为之提供保障。人格权请求权侧重于事前预防,这主要是因为人格权系绝对权,只要有关行为有碍于人格权,即便侵权行为未予实施或侵权责任未成就,权利人亦可行使人格权请求权。侵权损害赔偿请求权则主要关注损害后果发生后的补救。[1]《二审稿》第778条规定了人格权请求权,结合姓名权之特性,依人格权请求权与侵权损害赔偿请求权的"区分原则",对侵害姓名权责任承担分述如下。

(一)基于人格权请求权的责任承担

姓名权人行使人格权请求权可请求的责任承担方式包括哪些,暂无统一意见。[2] 论者之所争,在实质上并未脱离人格权请求权作为绝对权保障的工具,侧重事前预防的特性。当姓名权人发觉姓名处在遭受侵害的风险之下,或已有轻微妨碍但不至侵权时,其可要求对方停止有关行为,并排除已造成之妨碍,消除已造成的危险。因侵害姓名权给姓名权人造成的影响,自应由侵权人负责消除之,此为应有之义。赔礼道歉可起消除影响、恢复名誉之效。《二审稿》第782条规定了侵权人不履行消除影响、恢复名誉或者赔礼道歉等责任时,法院可采取的替代措施,保障姓名权人的合法权益。

(二)基于侵权损害赔偿请求权的责任承担

侵权损害赔偿中,以金钱赔偿为主,包括财产损失赔偿、精神损害赔偿。其中,精神损害赔偿基于违约请求,这已为《二审稿》第779条所确认。

如前文所述,对于姓名权商业性混淆的损失赔偿,依姓名权人可计算损

---

〔1〕 参见王利明:《论人格权请求权与侵权损害赔偿请求权的分离》,载《中国法学》2019年第1期。

〔2〕 具体论述可参见王利明:《论人格权请求权与侵权损害赔偿请求权的分离》,载《中国法学》2019年第1期;杨立新、袁雪石:《论人格权请求权》,载《法学研究》2003年第6期;马俊驹:《民法上支配权与请求权的不同逻辑证成——兼论人格权请求权之独立性》,载《法学研究》2007年第3期。

失为准,包括既有利益的损失和可得利益的丧失。难以计算的则以加害人获益为准,以法官酌定兜底。有观点认为,姓名权作为财产性人格权,遭受侵害时不得主张精神损害赔偿。[1]《二审稿》第 779 条明文规定了人格权的违约精神损害赔偿请求权,故姓名权不但在遭受侵害时可主张精神损害赔偿,在违约发生时若符合请求精神损害赔偿的标准时自得请求。对于个体识别混淆侵权,仅精神损害赔偿有适用余地,特别是针对前述“冒名上学”“冒名顶工”案件。精神损害赔偿数额的确定上,应运用《二审稿》第 781 条确定的标准。

最后,对于公权力侵害姓名权的责任承担,如行政机关不当禁止公民更名。因其非通过民事诉讼程序处理,责任承担上应适用相应的法律或其他规范,如《国家赔偿法》等。

---

〔1〕 参见黎桦:《民法典编纂中的财产性人格权研究》,载《政治与法律》2017 年第 8 期。

第四章　民法典之肖像权立法论*

第一节　肖像权的客体与内容

一、肖像权的客体

（一）肖像的认定

何为“肖像”系讨论肖像权问题之前提。《二审稿》第 798 条第 2 款在总结学理探讨和司法实践的基础上为肖像作出定义。肖像反映于一定载体之上，且需有可识别性。“外部形象”即指肖像并非局限于面部形象，自然人的整体外貌形象均可作为肖像内容。此外，清晰“可辨别性”是肖像应有之义，只要肖像载体之上的呈现能够识别为特定人即肖像。实务中肖像认定的另一标准在于完整性。有法院认为案涉照片仅为人的部分面部器官，不具有完整性，且需借助高科技手段方能认定属于某人肖像的一部分，因此，这一载体非原告肖像。[1] 早期司法实务对于肖像反映在物质载体上，且对具有识别性有统一认识，但对于是否仅限于自然人面部形象存有分歧。

近来审判实践对于肖像的认定趋于统一。大多数法院认为，肖像认定需要把握以下几个要素：（1）反映在一定的物质载体上；（2）自然人外部形象的再现；（3）可识别自然人。“葛优案”中，法院认为肖像是通过绘画、摄影、电影等艺术形式使自然人的外貌在物质载体上再现的视觉形象。[2]

---

* 本章原发表于《学术研究》2019 年第 9 期，收入本书时有增删修订。

〔1〕《最高人民法院公报》2003 年第 6 期。

〔2〕参见北京市第一中级人民法院（2018）京 01 民终 97 号民事判决书。

(二)肖像权的客体是肖像利益

肖像权的客体是肖像利益。人格权是民事主体对其特定的人格利益享有的权利。“肖像利益”的观点与人格权客体理论保持了一以贯之的协调。对集体肖像、死者肖像利益保护等特殊问题提供了更为有利的理论解决基础。以死者肖像利益保护为例,自然人死亡后自无肖像权可言,法律所保护的是其因生前肖像的存在而延续的对其继承人有价值的精神利益与财产利益。[1] 如此,近亲属便有更合理的依据主张权利。有法院认为,被告擅自使用原告已故母亲的肖像,是为侵权;原告继承的是死者肖像具有的财产利益,故被告侵犯了死者肖像上的财产利益。[2] 肖像利益客体说并不会否定肖像所带来的财产价值,而是将财产利益与精神利益一同纳入肖像权保护范畴中,前者系后者在市场经济社会中转换的派生利益。[3] 恰若前述“葛优案”中,葛优作为我国著名演员,其肖像具有一定的商业价值,侵害葛优的肖像权必然导致肖像中包含的经济性利益受损。[4] 肖像权主要反映的是精神利益,为个人所专属。早在20世纪,德国实务界便认为肖像权的目的在于防范精神利益的侵害,如在“Graf Zeppelin案”中,被告将原告姓名与半身像申请商标登记,法院认为此举在某种程度上并不符合每个人的品位。[5] 肖像蕴含的财产价值在近年来得以发掘,尤其是明星等公众人物。美国创设“公开权”以保护这一财产利益,并在司法实践中不断发展、成熟。肖像利益的保护包括肖像精神利益与肖像财产利益。

---

〔1〕 参见张红:《死者生前人格上财产利益之保护》,载《法学研究》2011年第2期。

〔2〕 参见北京市崇文区人民法院(1999)崇民初字1189号民事判决书。

〔3〕 参见杨立新:《人格权法》,法律出版社2015年版,第193页。

〔4〕 类似案例可参见“任达华与海南正大汇龙房地产开发有限公司肖像权纠纷上诉案”,海南省高级人民法院(2013)琼民三终字第59号民事判决书;“河北日报报业集团与谭明珠肖像权纠纷上诉案”,北京市第三中级人民法院(2018)京03民终5302号民事判决书。

〔5〕 See RG vom 28.10.1910. RGZ 74, 308 – Graf Zeppelin.

二、肖像权的内容

(一)肖像权的积极权能

《二审稿》第798条第1款规定肖像权的积极权能。制作权能即权利人决定制作或不制作肖像及禁止或允许他人制作自己的肖像。[1] 肖像的许可与公开实质上是使用的表现形式之一。[2] 肖像权商业化利用中,一般是肖像权人与被授权人签订肖像许可使用合同进行的。《二审稿》第801条、第802条规定了肖像许可合同的有利解释原则和解除。肖像权作为人格权,对其保护应置于优先地位。这种特殊解释规则,目的在于通过特殊解释方法直接干预具体案件当事人之间的关系,排除不利于肖像权人的解释结果,维护利益平衡。一般而言,不定期的继续性合同可以随时解除。但非继续性合同则否,本条属特殊规定。肖像的许可使用是将肖像的使用权许可给他人使用,但肖像的使用权是由肖像权分离出来的部分权能,这一分离并不代表永久的分离或让与。为确保肖像权人的利益,肖像权人在有重大事由或正当理由时,可随时终止合同,肖像的使用权自动回复。由此造成的损失应由肖像权人赔偿,但不可归责于肖像权人的除外。[3] 合同信守原则,是合同法的基本原则。赋予肖像权人单方解除合同的权利,是对合同信守原则的突破。肖像许可使用合同一般具有对价,相对人应向肖像权人支付许可费,这是商业性质的交易合同。以牺牲相对人利益为代价,赋予肖像权人单方解除权本就是对合同信守的极大突破,故不能毫无限制。本条第2款所称"基于正当理由"解除合同,应受限于《合同法》第94条规定的情形,除不可抗力导致合同目的不能实现、迟延履行、对方根本违约等情形外,不可随意解除合同。因解除合同造成对方损失的,除不可归责于肖像权人外,应当赔偿损失。

---

〔1〕 参见王利明:《人格权法研究》,中国人民大学出版社2018年版,第424页。

〔2〕 参见王泽鉴:《人格权法　法释义学、比较法、案例研究》,北京大学出版社2013年版,第141页。

〔3〕 参见王利明:《中国民法典学者建议稿及立法理由　人格权编·婚姻家庭编·继承编》,法律出版社2005年版,第27~28页。

（二）肖像权的消极权能

《二审稿》第 799 条规定肖像权的消极权能。肖像权之精神利益是肖像权之核心利益，包括权利人对自己肖像享有完整的权利，禁止他人丑化、污损或以信息技术手段伪造等侵害肖像的行为。本条第 1 款第 2 句维护肖像的精神利益和财产利益，肖像的制作、使用、公开行为都需经过权利人同意，但并非所有前述行为都需权利人同意。本条第 2 款规定了肖像作品的使用限制。当以人物肖像为素材或原型进行创作时，最终产生的成果便是肖像权与著作权的共同表现形式。从法益位阶和法的价值位阶上看，肖像权作为民法保护的人格权应当优先。这在国家版权局《关于对影楼拍摄的照片有无著作权的答复》中有所体现，其答复第 3 项的规定，肖像权人只是同意作者拍摄、绘制其肖像，并不意味着就此同意作者可以任意使用、公开其肖像。在一则案例中，原告授权被告仅可为特定主体进行商业样片的陈列及专业学刊的发表、展出、出版而使用原告摄影照，被告则将之用于图书出版，超出了原告的授权范围，是为侵权。[1]

实践中，人体模特的肖像权纠纷问题突出。艺术家在创作某些艺术作品时需要人体模特以帮助创作，如人体素描或人体写真。对此，不应一概认为，“自然人接受作为人体模特的约定，视为放弃以其人体形象制作的作品的肖像权”。[2] 若肖像权人以人体模特为职业，则其应该对自身职业之特殊展示性拥有清晰认识，原则上不可对以其为原型的艺术作品主张肖像权。在合同部分内容未约定或约定不明时，若该部分属于行业内通行规则，不应机械作偏向肖像权人的解释。实践中有法院认为，“被告系营利性的企业单位，其支付原告费用不应理解为仅仅指向原告的劳务报酬，还包括了相关肖像权使用费”，原告作为职业模特对被告之使用行为应有预料且未在合同中提出相反的意思表示，被告属合理使用。[3]

此外，还有自然人因自身追求，或是与作者关系好而担当人体模特。这

〔1〕 参见胡昌明、田丽丽：《使用人体摄影侵犯肖像权的认定》，载《人民司法》2007 年第 20 期。

〔2〕 杨立新：《人格权法》，法律出版社 2015 年版，第 195 ~ 196 页。

〔3〕 参见上海市闵行区人民法院（2015）闵民一（民）初字第 20354 号民事判决书。

种情况下,该自然人通常不与作者签订合同,也不谙行业规则。在一则案例中,原告并非职业模特,与被告画家系恋人关系,后者以恋人身体为素材进行创作之作品一般认为仅供私人收藏;被告以行使个人著作权为由将画作发表、展览或获取收益,侵犯原告的肖像权。[1] 以他人为原型进行艺术创作,应先考察双方之约定。在无约定的情况下,应结合双方当事人身份、关系等分析解决。对此,《二审稿》可专设一条以规定人体模特的肖像权。

第二节 肖像权的扩张保护

与肖像利益一样具有可识别性的人格利益可以类推肖像权的保护方法进行保护。[2] 这些人格利益本身的特性及保护需求上,都与肖像权保护规则较为相似。一般人格权条款太过抽象,不利于司法实践的运用,尤其是对于这些人格利益的商业化利用。以肖像权扩张的方式保护这些人格权益是更为妥当的选择。

一、美术形象

美术形象是否类推适用肖像权保护规则,不可概论。漫画方式呈现的形象往往具有夸张的特点,不一定构成肖像。比较法上,法国的有关判例对素描受到肖像权保护予以承认;[3] 日本对此存在不同观点,如"林真须美案"中,原告认为被告以素描插图的形式描绘自己,并发布在杂志上,系侵害其肖像权。初审法院与最高裁判所对此表示支持,认为素描之真实性与写实性达到可识别程度时,即可以肖像保护。[4] 美国与德国则在判例中通过扩张理解"肖像",对可与特定人产生普遍识别性的形象进行保护。[5]

---

〔1〕 参见湖南省湘潭市中级人民法院(2012)潭中民一终字第 46 号民事判决书。

〔2〕 参见王利明:《人格权法研究》,中国人民大学出版社 2018 年版,第 433 页。

〔3〕 See Trib. civ. Seine, 16 Jun. 1858, 3, 62.

〔4〕 参见大阪地判 2001 年(平成 14 年)2 月 19 日判决,《判タ》第 1109 号 170 页。

〔5〕 有关判例可参见 BJH NJW 2000, 2201 – Der Blaue Engel. ; White v. Samsung Electronics American, Lnc. 971F. 2d 1395(9th Cir. 1992)。

无论何种形式，考察的重点在于其所呈现是否能够清晰辨认为特定某人，且一般人可据此建立联系。如在“崔永元案”中，法院认为，一般人结合漫画所描绘的特定背景可认定这一肖像漫画是原告的肖像漫画，被告未经许可将其用于广告，侵犯了原告的肖像权。[1] 与之相似的还有“周杰伦肖像权纠纷案”。[2]

二、游戏形象

若游戏形象与个人真实形象具有较高的相似性，可为一般人识别，应受到肖像权的保护。“章金莱案”中，一审法院认为原告所饰演的孙悟空与原告本人的形象不尽相同，在本质上有所差别，故原告塑造的形象不是本人的肖像。二审法院认为，一般观众可立即分辨出被告使用的孙悟空形象非原告扮演的孙悟空形象，故被告不构成对原告肖像权侵犯。[3] 假使被告使用的游戏形象能为一般观众识别为原告的影视形象，原告之请求权基础亦不在肖像权，而是表演者权。

三、表演形象

表演形象可受《著作权法》的保护，其可否以肖像权保护，需探讨。演员塑造的表演形象可能是人物或非人物。后者通过特殊的设备进行拍摄，再经由后期处理而成的电影，人们断不能通过观察这一表演形象直接识别演员。因此，在这一类的表演形象中，很难说演员对此享有肖像权。就扮演人物的表演形象而言，如果能被识别为特定演员，则可以得到肖像权的扩张保护。“章金莱案”中，影视剧中的孙悟空形象非演员一人独占，但原告所塑造的孙悟空形象深入人心，具有显著性特点，观众可建立起 1986 年《西游记》孙悟空与章金莱的联系，作为扮演者、塑造者的章金莱应对此享有精神

---

[1] 参见北京市朝阳区人民法院（1999）朝民初字第 4247 号民事判决书。

[2] 参见北京市第三中级人民法院（2018）京 03 民终 10807 号民事判决书；类似案例可参见《爸爸去哪儿》节目嘉宾与北京搜狐互联网信息服务有限公司肖像权纠纷系列案：北京市第一中级人民法院（2016）京 01 民终 496 号民事判决书；北京市海淀区人民法院（2016）京 0108 民初 19834、19839 号民事判决书。

[3] 参见北京市西城区人民法院（2010）西民初字第 10534 号民事判决书；北京市第一中级人民法院（2013）一中民终字第 05303 号民事判决书。

利益与财产利益。[1] "董成鹏案"中,法院的论述值得参考,"剧照上存在肖像权与著作权的双重权利,两项权利仅是聚合而非吸收,不能以照片属于剧照而否定表演者享有的肖像权"。[2] 由此,判断是否可由肖像权进行扩张保护时,仍着眼于肖像的特性。

四、声音

与姓名、肖像具有显著表征个人的还有声音。《二审稿》新增第 803 条规定自然人声音保护参照适用本章规定。域外法制普遍对声音保护树以规范,如《秘鲁共和国新民法典》第 15 条第 1 款规定,肖像和声音未经本人授权,不得利用。《魁北克省民法典》第 36 条通过隐私权对声音利益进行保护。美国通过判例确认声音应受到公开权保护。[3] 声音作为一种人格标识,同具有表征个人、许可他人使用的功能。声音的特殊性在于其可为他人模仿,大量的"模仿秀"节目可能对权利人,尤其是明星等公众人物人格利益造成损害,但这并不是说要一概禁止,因为如此过于限制了一般人之行为自由。

第三节　肖像权的限制

一、合理使用

《二审稿》第 800 条规定了肖像权的合理使用。该条列举 4 项具体的合理使用行为,第 5 项为兜底条款。应总结既有学理研究与审判实践经验,尽可能类型化合理使用情形,降低审判实践适用困难,避免向一般条款"逃逸"。现代社会诸多社会活动都需要利用肖像,若凡利用公民肖像都要经过本人同意,必定会给正常的社会生活造成诸多不便,极大提高社会运行成本。在意大利,其关于肖像权的合理使用规定在版权法上。[4] 参考我国

---

〔1〕 参见高翼飞:《角色形象成为演员肖像权的客体考量》,载《人民司法》2013 年第 16 期。

〔2〕 北京市朝阳区人民法院(2016)京 0105 民初 19050 号民事判决书。

〔3〕 See Wait v. Frito - Lay Inc. ,978F. 2d. 1093(C. A. 9 1992).

〔4〕 参见《十二国著作权法》,《十二国著作权法》翻译组译,清华大学出版社 2011 年版,第 296 ~ 301 页。

《著作权法》第22条并结合肖像权特性，肖像权合理使用包括：

1. 为实施新闻报道，不可避免地使用、公开肖像权人肖像。

新闻中不可避免地使用他人肖像具有正当性，一般不会对当事人的人格利益造成损害，人格尊严也不因此贬损，否则新闻自由无法实现，进而有损公共利益。如在"陈雯瑜案"中，被告在店员的配合下于某化妆品专柜进行拍摄，后将所摄照片刊于报纸；原告发现被告所摄照片包括原告，故诉至法院。法院认为其"作为新闻宣传报道使用的，虽涉及原告形象，但并不构成侵权"。[1] 若为记载或宣传特定公众活动而使用参与者的肖像也是合理使用。使用他人肖像用于时事新闻报道在必要性上需满足"不可避免"的要求，否则亦为侵权。如在"李海峰案"中，被告电视台将原告等人参与混合指认的画面播放于新闻，在被告电视台已知原告等人非真正嫌疑人的情况下，未经处理而径直呈现原告等人肖像，非合理使用。在本案中，电视台并非"不可避免"使用原告等人肖像。

2. 为依法履行职责，国家机关在必要范围内使用、公开肖像权人肖像。

国家机关依法履行职责体现了国家和社会公共利益，具有优先正当性。如公安机关在通缉令中使用被通缉者的肖像，或司法机关在诉讼中使用他人肖像作为证据。国家机关执行公务时使用他人肖像必须是仅涉及公民本人，否则需要予以相应说明，或加以技术手段保护其他人。"李海峰案"中，原告等人并非案件当事人，仅是履行公民的协助配合义务参与指认，然而电视台在播出相关片段未对原告等人加以技术处理，仅对真正的案件嫌疑人进行技术处理，侵犯了原告的肖像权。非国家机关为自身利益而使用当事人肖像，不构成合理使用。

3. 为个人学习、艺术欣赏、课堂教学或者科学研究，在必要范围内使用肖像权人已经公开的肖像。

需要注意的是，这里使用的必须是已经公开的肖像。使用肖像的行为必为上述目的，而非营利使用。典型情况如在医学专业期刊上使用他人照片以展示、讲解专业知识。在专业书籍上使用他人肖像可否？对此不可一概而论，若该专业书籍纯为科研、教学交流，使用他人肖像行为属合理使用。

---

〔1〕 参见上海市静安区人民法院(1997)静民初字第1696号民事判决书。

“史某某案”中，被告称案涉书籍为医学著作，其中使用原告的医学照片是为说明复杂的理论，未遮挡部分肖像系基于专业学术的考量，属合理使用；出版社的辩解与此相似。法院认为，“涉案书籍正式出版且公开销售，相关主体在该书中使用他人照片的行为属于以营利为目的”，被告行为不属于合理使用。[1]

4. 为肖像权人自身的利益而使用其肖像。

这种情况下，使用他人肖像的人主观上大多为善意，其为肖像权人自身利益而使用肖像权人之肖像，有利于及时维护肖像权人的利益，而不会造成负面影响。如某人失踪，其亲属、朋友为寻找线索而四处张贴寻人启事，将某人肖像印于其上。值得注意的是，使用肖像的行为必须是为了肖像权人自身利益，否则不构成合理使用。在“朱开勇案”中，朱开勇因与周梦钰的父亲有经济纠纷，至周梦钰学校附近散发、张贴“寻人启事”，上附周梦钰父亲照片，并配文指责；周梦钰以侵害名誉权为由将其诉至法院。虽然在周梦钰及其父亲未主张肖像权侵害，但朱开勇的行为明显不构成合理使用周梦钰父亲肖像的行为，是为侵犯他人肖像权。[2]

5. 为介绍、评论某一作品或者说明某一问题，可善意使用他人之肖像。

此系借鉴著作权合理使用制度情形而来，其基础仍是基于公共利益而对个人肖像权予以限制，有利于文化、科学的发展。如使用他人照片作为时下流行穿着之例证，如在“靳东案”中，被告辩称案涉文章评论明星穿着风格，对原告肖像的使用系作为例证说明需要，属于合理使用；法院认为，“涉诉文章系对服装公司及其服装的宣传推广，服装公司在文章中使用带有靳东肖像照片的行为属于从事与其经营有关的宣传活动，具有营利目的”，故不属于合理使用。[3] 至于是否一概禁止用于商业目的，需要结合具体案情分析。原则上，应禁止其用于商业目的，但在肖像权人已授权他人商业使用其肖像情况下，为说明这一事实，纵使实效上有助力商业推广，也应认定为合理使用。

---

〔1〕 参见北京市朝阳区人民法院（2014）朝民初字第 36582 号民事判决书。

〔2〕 参见江苏省常州市中级人民法院（2017）苏 04 民终 3593 号民事判决书。

〔3〕 参见北京市朝阳区人民法院（2018）京 0105 民初 29970 号民事判决书。

6. 纪念馆、档案馆、博物馆、美术馆等为陈列或保存版本的需要，可复制本馆收藏的肖像作品。

展示、复制具有特殊价值和意义的肖像作品，其落脚点仍在公共利益。前者如为纪念改革开放四十周年而将有关领导人讲话、视察的照片列于专题展览活动中，后者如为保存开国大典的历史照片而进行复制，以免原件损坏而丧失珍贵的历史呈现。典型如"金某某案"，该案中，被告与其他组织联合举办《溥仪生平展》；原告系溥仪同父异母之胞弟，起诉被告未经同意使用溥仪肖像。被告以合理使用作为辩解。法院最后以"溥仪属历史公众人物"为由认定被告行为非侵权行为。[1] 虽然法院以"公众人物"解决这起纠纷，但从合理使用理论观察，使用溥仪肖像进行展览的行为属合理使用；若博物馆对溥仪肖像进行复制，亦为合理使用。

7. 工作单位在合理范围内使用其工作人员肖像。

工作单位在工作任务需要的合理范围内，制作工作人员肖像，并在一定范围的公开与使用，系工作单位管理工作人员、开展业务活动的需要。如高校将教师照片发布在其自身官网上，实现学生等群体的知情权等权利，属于合理使用。在"成国栋案"[2]中，法院认为，原告作为被告的工作人员，被告在原告任职期间将原告照片以及相关信息在一定范围内对外展示，实现患者的选择权和知情同意权，属正常合理使用。

8. 拍摄特定公共环境不可避免地使用、公开他人肖像。

自然人出现在公共场所中，其应当认识到自己有被摄录之可能，且其进入公共环境，可在一定程度上视为对他人摄录包含自己的照片、视频允许，对自己的肖像权益的处分。特定多数人之封闭场所，也可以公共场所论之，如举办大型演唱会的体育场即公共场所。此外，摄录他人必不以该自然人为突出呈现，而仅仅作为点缀。[3] 事实上，这种情形下的拍摄，难免偶有摄及他人，不可能完全避开或一一征得允许，故可阻却违法。[4] 就此而言，拍

---

〔1〕 参见北京市东城区人民法院(2006)东民初字第 2942 号民事判决书。

〔2〕 参见山东省青岛市中级人民法院(2017)鲁 02 民终 9258 号民事判决书。

〔3〕 参见王泽鉴:《侵权行为》,北京大学出版社 2016 年版,第 168～169 页。

〔4〕 参见王泽鉴:《人格权法　法释义学、比较法、案例研究》,北京大学出版社 2013 年版,第 143 页。

摄大型活动或公共道路等地之摄影材料出现某一自然人，且不一起为画面唯一呈现，仅作为点缀，即合理使用。在“贾桂花案”[1]中，原告于公园摆摊售卖，电影摄制组偷拍了包括原告肖像的画面；电影上映后，原告亲友同事在电影画面中认出原告。法院认为，偷拍暗摄的手法系为纪实的需要，摄制者主观上无恶意，案涉片段无商业价值，非不可替代，故具有社会实践合理性。但值得反思的是，人格权系绝对权，侵害人格权不以主观恶意为必要，且摄制电影最终也是为了营利之目的，显非合理使用，纵与拍摄手法无关。该案中，原告在影片中有 4 秒钟的形象定格，不符合拍摄特定公共环境下不可避免使用他人肖像的合理使用情形。在镜头中因表现某一场景而非显著使用他人肖像，则不构成侵犯肖像权之行为。

综上所述，合理使用之实质即“正当使用”，可从两方面予以考量：是否为社会公共利益使用、是否为商业性质使用。就前者，不能一概地认为“对社会有益即符合社会公共利益目的”。在公众人物与公共利益间，应根据公众人物的身份不同对其肖像予以不同程度的保护力度；就偷拍与公共利益而言，应谨慎“社会执法”之倾向。就后者，凡为商业性质而使用他人肖像必然不成立合理使用，因为合理使用本质上是无偿使用；非商业性使用他人肖像并不必然为合理使用，如将某人肖像贴于公共厕所以指示性别，明显系侵权行为。

二、集体肖像

《二审稿》对于集体肖像问题未予规定，建议《二审稿》增加相关条款规制集体肖像的使用。所谓集体肖像，即两个及以上自然人肖像呈现于同一载体之上。个人对于集体肖像的使用自然非同于使用本人肖像那般自由，但个人之肖像亦呈现其上，为组成之一部，确有使用之正当性。“华赞案”和“姚明诉可口可乐案”即典型。[2] 在“华赞案”中，原告和温某共同出访

---

[1] 参见北京市海淀区人民法院(1993)海民初字第 3991 号民事判决书；北京市第一中级人民法院(1995)中民终字第 797 号民事判决书。

[2] 参见王启扬：《华赞诉美国中国项目咨询公司侵害肖像权纠纷案》，载《人民法院报》2000 年 10 月 3 日，第 3 版；王镜宇、徐济成：《小巨人肖像上了可口可乐罐》，载《新民晚报》2003 年 5 月 16 日，第 10 版。

美国，与他人一起合影留念，后原告所属集团聘请温某任职，原告与温某出访美国的合照印在该办事处资料上并广为散发。原告诉请被告停止侵权，赔礼道歉并赔偿精神损失。而在“姚明诉可口可乐案”中，姚明与其他两名队友的肖像被印于被告产品之上，而姚明诉称仅授权百事可乐使用其姓名与肖像，故请求判令被告停止侵权，赔礼道歉并赔偿损失。有学者主张单设“集体肖像权”以专门规制〔1〕或以“形象权”〔2〕保护之。权利依主体而存在。《民法总则》第 110 条、《二审稿》第 798 条规定肖像权仅为自然人享有，故自然人之外的其他民事主体非肖像权之主体。就“集体肖像权”而言，“集体”之概念仅是量的集合，非同于法人，更不属民事主体。〔3〕集体肖像系各单个肖像之聚合，单个肖像上仍具有独立人格特征，因为肖像一旦呈现于众，权利人即得享有法律上之权利，故而个体肖像上权利依然独立存在。在“姚明诉可口可乐案”中，“集体肖像权”实际上是国家体育总局或中国篮球协会对国家男篮全体队员的肖像使用、收益权利，由全体队员让渡而来，由集体在一定范围内统一行使。

个人对于自己的肖像享有肖像权，然在集体肖像问题上，其必然面临他人是否愿意将肖像公开的问题。对此，可类型化为三种情形：第一，有明显特殊人物而非突出整体之肖像集合，如人数不多的粉丝与明星合影；第二，无明显特殊人物而突出整体之肖像集合，如人数众多的学术会议合影；第三，不突出个人而形成标识化整体之肖像集合，如某球队整体形象具有可辨识性，其整体成为固定化的团队形象。第一种情形下，集体肖像中的各个体就该集体肖像可进行个人使用，但应征得其他人同意。至于个体形象是否被突出显示，此系责任量定之参考。第二种情形下，集体肖像中的每个个体通常具有一定的组织关系，每个个体肖像都清晰再现，但又未突出显现，且无特殊宣传意义的人物。就内部关系而言，个体有权在不损害他人利益的前提下使用该集体肖像而无须经过他人同意；就外部关系而言，集体肖像成

〔1〕 杨祥：《集体肖像权刍议》，载《人大法律评论》2012 年第 1 期。

〔2〕 袁博：《我国形象权纠纷案件类型化研究》，载《上海政法学院学报》（法治论丛）2011 年第 5 期。

〔3〕 参见王泽鉴：《人格权法　法释义学、比较法、案例研究》，北京大学出版社 2013 年版，第 59 页。

员以外的第三人，对于该集体肖像负有不得侵害之义务，无论其是否有所指，均应经由全体个体同意。最后一种情形中，集体的整体形象达到可识别程度，成为固化的团队形象。此种情形下，看该组织成员是否授权集体享有一定范围内肖像的排他性使用权。若有授权，未按照约定范围使用集体肖像的，个体可主张侵权救济；若未授权，则需考察集体肖像是否达到个体被识别的程度，达到即侵权。综上，集体肖像纠纷归根到底仍是个人肖像权的权利让渡及行使范围问题，无须在立法上专设“集体肖像权”以规制，但应对集体肖像作出规定。

三、保护期限

《二审稿》第 777 条规定了死者的配偶、子女、父母可就死者姓名、肖像、名誉、荣誉、遗体等遭受侵害主张救济；无配偶、子女、父母时，其他近亲属有此请求权。如此规定，似有不妥：若死者无近亲属，其人格权益遭受侵害，何人可得请求救济？再者，该条所列生者寿命并非固定，由此可能导致死者人格利益保护期限不同，有违公平之嫌。自然人去世后，死者人格利益仍然存在。死者之人格利益应受保护，但存有一定期限，否则可能于情理不合，有碍于文化传统。我国出现过孔子后人主张侵权之诉。[1] 有学者认为，对死者人格精神利益享有告诉权的直系血亲限于“五服”；[2]德国有学者建议死者人格保护期限应借鉴著作权法之规定；[3]美国部分州法律针对肖像权明确规定了 50 年到 100 年不等的保护期限。[4]《二审稿》可针对死者肖像的保护专条规定保护期限。至于具体的期限设定，建议类推适用《著作权法》第 21 条之规定，设定死者人格利益保护期限为 50 年。因为发表权作为著作人身权之一种，与死者其他人格利益并无本质区别，保护上理应一致。死者肖像上的财产利益之于继承人而言，即无形财产权，与著作财产权极为类似，可类推适用后者。

---

〔1〕 参见杨仁寿：《法学方法论》，中国政法大学出版社 1999 年版，第 3 页。

〔2〕 参见冯象：《政法笔记》，江苏人民出版社 2004 年版，第 185 ~ 190 页。

〔3〕 See Götting, Persönlichkeitsrechte als Vermögensrecht, 1995, S. 281.

〔4〕 See Ind. Stat. § 32 - 12 - 1 et seq. (West Supp. 1993) and Okla. Stat. Ann. Tit. 12 § 1488 supp. et seq. (West Supp. 1993).

四、公众人物

《二审稿》第781条的规定是综合考虑了人格权,特别是姓名权、肖像权、名誉权等特点制定的。该条在侵权判定上对公众人物的人格权作出了限制规定,但不甚明确。公众人物的肖像不可为商业性利用,除非经由授权同意。建议在"肖像权"章中进行更细致的规定。

公众人物的概念在我国审判实践中已经有所应用。[1] 概念界定上,有法院认为:"公众人物通常是指为公众所知,自愿进入公众视野,客观上具有社会影响力的公民。"[2]但这样的定义显然未将"非自愿型公众人物"考虑在内。公众人物系与公共利益关系密切的自然人。正因公众人物与社会公众的关系密切,对前者人格权进行一定的限制殊为必要,且程度应有别于一般的民事主体。就此而言,除了一般性事由外,还可能基于舆论监督、满足公众兴趣等目的合理使用。有学者归纳可以主张公众人物抗辩的肖像权侵权情形,只有擅自制作、公布他人肖像以及非以营利目的正当使用他人肖像三种。[3] 实践中有的法院认为,公众人物的容忍限度应遵循以下原则:公共利益原则、非营利原则和真实性原则。即必为服从公共利益之需要,而不可为盈利目的之需要,且有关行为、事实必须真实。[4] 如上原则可资参酌。

五、著作权对肖像权的限制

《二审稿》第799条第2款规定了著作权的行使不得侵犯肖像权。当一项智力创作以人物肖像为素材、原型时,最终的成果系肖像权与著作权的共同表现形式,亦即肖像作品。著作权的行使应尊重作为基本人格权的肖像权,不得侵害之。反过来,肖像权也不能在行使上侵犯著作权。在"张某案"[5]中,被告委托张某拍摄一组艺术写真,后张某在出版的书中发现,该

---

〔1〕 参见上海市静安区人民法院(2002)静民一(民)初字第1776号民事判决书。

〔2〕 "刘继明与陈应松名誉权纠纷上诉案",湖北省武汉市中级人民法院(2018)鄂01民终645号民事判决书。

〔3〕 参见丁宇翔:《人格权侵权中"公众人物抗辩"的裁判规则》,载《法律适用》2016年第6期。

〔4〕 参见北京市第三中级人民法院(2014)三中终字第06367号民事判决书。

〔5〕 参见北京市高级人民法院(2003)高民终字第1006号民事判决书。

书的版权页署名为“汤某”，且部分图片有所改动。在本案中，案涉艺术写真系原被告双方配合的结果，属肖像作品，原告为著作权人即作者，被告为肖像权人，著作权人对此应享有相应的权利。法院认为，书中部分作品进行了剪裁，破坏了作品完整，侵犯了作者保护作品完整权。

第四节　侵害肖像权的认定与责任

一、侵害肖像权的认定

根据《二审稿》第 799 条第 1 款的规定，侵害肖像权之构成要件应为：(1)侵犯或妨害肖像权的行为；(2)肖像权侵害之后果；(3)二者间具有因果关系；(4)未经肖像权人授权或同意。《民法通则》第 100 条确认“营利目的”为肖像侵权责任之要件。

在上述逻辑推导下，对于非以营利为目的，而以侮辱、诽谤、诬告陷害等目的使用他人肖像权的情形将不构成侵犯肖像权。事实上，无论是否以营利为目的，只要使用肖像进行侮辱、诽谤和诬告陷害，都是侵害基本人权的行为。因此，如果坚持认为以营利为目的是肖像权侵权责任之构成要件，则将与《宪法》第 38 条之规定相冲突，从而在法理上因违宪而无效，显然绝非妥当。[1] 司法实务自“刘艳案”[2]开始反思，法院认为侵害肖像权责任的构成并不以营利为必须要件。在“张初美案”[3]中，二审法院认为：“非以营利为目的，不构成侵犯肖像权，于法有据，应受法律保护，属于对法律的错误理解和适用。”但“以营利为目的”仍具有重要的价值，其在肖像权侵权责任制度中的定位应是责任范围确定依据。对于不以营利为目的的肖像权侵权责任承担范围，这一考虑因素不发生作用。在以营利为目的的情况下的责任承担范围之确定必然要求将其作为衡量因素。在“李冰冰案”[4]中，

---

〔1〕 参见张红：《“以营利为目的”与肖像权侵权责任认定——以案例为基础的实证研究》，载《比较法研究》2012 年第 3 期。

〔2〕 参见广东省中山市中级人民法院(2005)中法民一终字第 1003 号民事判决书。

〔3〕 参见安徽省六安市中级人民法院(2016)皖 15 民终 1898 号民事判决书。

〔4〕 参见北京市第三中级人民法院(2018)京 03 民终 2247 号民事判决书。

法院在酌定赔偿金额时参考了一般有偿使用原告肖像的标准。这实际上是指被告实施侵权行为具有营利目的的情况下，对肖像权体现的财产利益的赔偿。但在精神损害赔偿中，这一因素不能作为精神损害裁量的因素，因为精神损害赔偿是一种补偿，而非赔偿。否则将使公众人物与普通民众的赔偿数额产生的巨大差额，在精神人格的保护上有失公平。

二、侵害死者肖像利益

《二审稿》第777条规定死者人格权益被侵害后的请求权行使主体，以其配偶、父母、子女为限。在无配偶、子女并且父母已经死亡时，其近亲属可行使请求权。但未对具体的救济方式进一步规定。于"肖像权"章而言，应结合死者肖像利益的保护，补充这一规定。

死者的肖像权因死亡而消灭，但其所承载和保护的利益却不因此当然消灭。侵害死者的肖像精神利益而使生者蒙羞可直接认定生者名誉权损害，对死者肖像的不当使用使死者余存的形象被破坏可以一般人格权救济。〔1〕实践中有的法院认为，"死者虽然不享有肖像权，其肖像作为一种客观存在是不会消亡的，死者的肖像会对其近亲属产生精神及经济上的特定利益"，对死者肖像的侵害可能会造成近亲属精神利益或财产利益的损害。〔2〕最高人民法院颁布的《精神损害赔偿解释》第3条规定了死者的近亲属可因死者肖像被以侮辱、诽谤等方式侵害而起诉请求精神损害赔偿。侵害死者肖像上财产利益，即侵害继承人获得死者人格财产权。人格权具有积极权能，且具有财产价值，故可以放弃、转让甚至继承，不与《继承法》中遗产的定义相违背。"鲁迅肖像权案"〔3〕中，被告未经授权或同意，擅自制作、出售带有鲁迅肖像的产品，鲁迅之子诉请被告停止侵权，并赔礼道歉。该案虽以调解结案，但被告存有不当得利之可能。原告作为鲁迅继承人，得请求被告赔偿经济损失，即预期收益被侵占。继承人可就这一无形财产权

---

〔1〕参见张红：《论一般人格权作为基本权利之保护手段——以对"齐玉苓案"的再检讨为中心》，载《法商研究》2009年第4期。

〔2〕上海市黄浦区人民法院（2014）黄浦民一（民）初字第1245号民事判决书。

〔3〕参见最高人民法院《关于周海婴诉绍兴越王珠宝金行侵犯鲁迅肖像权一案应否受理的答复意见》（〔1998〕民他字第17号）。

自己使用或授权他人使用,但不得违背死者生前明示或可推知的意思。根据《继承法》法理以及法律、司法解释的规定,首先应尊重死者生前立定的遗嘱或其他明确的意思表示;若无明确意思表示,则《继承法》第 10 条规定的第一顺位继承人享有死者肖像上财产权利并可诉请精神损害赔偿,至于第二顺位继承人等其他近亲属,应考虑其是否在生前与死者共同生活、同甘共苦等因素,必要时可不受继承顺位的约束。

三、责任承担

《二审稿》第 778 条第 1 款规定了权利人于人格权受侵害时的人格权请求权。结合肖像权侵权之特性,侵害肖像权的责任承担方式主要有四种。

(一)停止侵害

侵害肖像权的行为可能是继续性的,肖像权人在侵权行为进行时有权要求侵权人停止侵害。这一类典型的侵权行为如未经同意将他人肖像应用于定期播放的广告之上,肖像权人此时有权要求停止播出广告。此种责任承担方式可与其他责任承担方式并用。

(二)赔礼道歉

侵害肖像权的行为必然对肖像权人的精神利益有所损害,此时肖像权人可请求侵权人赔礼道歉。道歉的方式,可以是当面道歉,亦可通过在报纸、网络等媒体上刊登道歉声明。如在"陈莎莎案"[1]中,法院认为,被告未经原告许可,在涉案网站上使用原告肖像,构成对原告肖像权的侵犯,应承担相应的责任,原告要求被告赔礼道歉于法有据。《二审稿》第 782 条第 2 款还规定了侵权人拒不履行赔礼道歉的,人民法院可直接发布公告或公布生效之裁判文书以执行,所产生费用由侵权人承担。

---

〔1〕 参见北京市第三中级人民法院(2018)京 03 民终 5754 号民事判决书;相似案例可参见"重庆美伽医疗美容门诊部有限公司与周冬雨肖像权纠纷上诉案",北京市第一中级人民法院(2018)京 01 民终 3142 号民事判决书。

(三)消除影响、恢复名誉

消除影响与恢复名誉的责任方式常适用于名誉权侵权案件,但在肖像权侵权案件中亦可得使用,多见于侵害肖像权、死者肖像利益之情形。在美国著名的“奥·布瑞恩案”〔1〕中,被告将原告肖像用于啤酒广告即意味着后者赞同销售啤酒,但这与原告生前的个人意志与信念相违背,故诉请被告恢复原告的名誉。值得注意的是,这一责任方式难以单独适用,往往是通过诸如赔礼道歉等责任方式来达到消除影响、恢复名誉的目的。

(四)赔偿损失

《二审稿》在“肖像权”章未规定侵害肖像权的赔偿损失,而适用《二审稿》第 778 条第 1 款。对此,应在“肖像权”章中增添有关条款以规定肖像权侵权中有关赔偿损失的特别规定。赔偿损失可分为财产损害赔偿与精神损害赔偿。肖像权的财产利益遭受侵害多发生于商业化利用之下,关键在于如何确定这一损失及应赔偿之数额。

若肖像权人有充足证据证明自己肖像权遭受侵害所造成的数额,侵权人应依此数额进行赔偿。《侵权责任法》第 20 条确立了获利视为损害的规则,符合完全赔偿原则。据此,实践中肖像权人难以证明自己所遭受的损失,但侵权人获利相对容易证明,可依此主张财产损害赔偿。有的法院因缺乏财产损失的事实证明而驳回经济损失诉求,如“徐珂蒙案”中,法院认为,“因未提供证据证明经济损失的存在,对损失的真实性无法确认,故对原告的诉讼请求不予支持”。〔2〕 但被告“未经许可”侵害原告肖像权,怎能要求有利益分配约定?此外,依《侵权责任法》第 20 条,参考被告因此获益数额确定即可,无须证明其间的因果关系,唯需考虑的仅是赔偿数额而已。故在难以确定侵权人具体获益数额时,法官应酌定赔偿数额,而不能因此拒绝受理案件或无理由驳回经济损失赔偿的诉讼请求。酌定赔偿数额应具体考量个案具体情节,结合现行法律规定,侵犯肖像权的经济损失赔偿的数额确定方法如表 4 - 1 所示:

---

〔1〕 See 124 F 2d 167(5th Cir. 1941).

〔2〕 吉林省四平市中级人民法院(2015)四民一终字第 279 号民事判决书。

表4-1 侵犯肖像权的经济损失赔偿额

<table>
<tr><td rowspan="7">肖像权人经济损失:A
侵权人因侵权而获益:B
经济损失赔偿数额:C</td><td>情形
A>0,B=0</td><td>处理
根据具体情节酌定C,尽可能达成C=A</td></tr>
<tr><td>A=0,B>0</td><td>C=0,非法所得予以收缴</td></tr>
<tr><td>A>B或A=B</td><td>C=A</td></tr>
<tr><td>A<B</td><td>C=A</td></tr>
<tr><td>A难以确定</td><td>C=B</td></tr>
<tr><td>B难以确定</td><td>双方协议,否则根据具体情节酌定C</td></tr>
</table>

肖像权之精神利益系其核心,侵害肖像权必有损其精神利益。实践中,法院对侵害肖像权之精神损害赔偿大多予以认定,但最终所认定的精神损害赔偿数额仅为诉求极少一部分。对于一般的精神损害,原则上不适用赔偿抚慰金之方式,而采停止侵害、赔礼道歉等形式救济;对于严重的精神损害,参考是否存在受害人自杀、无法正常生活、严重影响工作和学习而导致工作、学习出现失误等因素认定赔偿数额。

对于违约精神损害赔偿,传统民法以财产权保护为基础构建民法体系,《二审稿》第779条对此作出了规定。肖像权合同的违约行为可能造成肖像权人的精神痛苦,如合同相对方未按约定对肖像权人之肖像进行编辑,致使编辑后的肖像丑陋不堪,肖像权人因此饱受讥讽,影响其正常工作。司法实践中的类似案例有"李慧娴案",[1]法院认为被告"侵犯了原告的权利,对原告的精神造成了伤害",判令被告赔偿精神损害抚慰金10万元。本条通过立法明确违约损害人格权的可以要求精神损害赔偿实有必要。

---

〔1〕 广东省广州市中级人民法院(2013)穗中法民一终字第2589号民事判决书。

第五章　民法典之名誉权立法论*

第一节　名誉权的主体

《三审稿》第804条明确民事主体享有名誉权。名誉权为精神性人格权，原则上由自然人享有。法人、非法人组织享有特定的名誉权，主要指法人的信誉、生产能力、经营状况等因素。《名誉权解释》第1条承认法人、其他组织的名誉受法律保护，[1]裁判上亦予认可。[2]法人等组织体的“人格”乃法律拟制之结果，法人等组织体的名誉权与自然人名誉权存在差异。自然人享有名誉权之权能为最为完整，其他民事主体之名誉权行使和保护以必要为原则，参照自然人名誉权进行法律适用。胎儿和死者名誉保护问题是立法中的难点。人的权利能力始于出生终于死亡，但“人过留名，雁过留声”，人之出生与死亡，不同于电子数据的凭空产生与彻底删除。胎儿与死者名誉保护需要在立法中作特殊安排。

---

* 本章原发表于《东方法学》2020年第1期，收入本书时有增删修订。

〔1〕《名誉权解释》第1条：“问：名誉权案件如何确定侵权结果发生地？答：人民法院受理这类案件时，受侵权的公民、法人和其他组织的住所地，可以认定为侵权结果发生地。”

〔2〕有关法人名誉保护的裁判案例有：“上海新亚医用橡胶厂诉武进医疗用品厂损害法人名誉权纠纷案”，载《最高人民法院公报》1988年第1期；“马明欣与吉林国贸房地产开发有限责任公司名誉权纠纷案”，吉林省高级人民法院（2014）吉民三涉终字第12号二审民事判决书；“永州市鸿大房地产实业有限公司与熊艳玲法人名誉权纠纷案”，湖南省永州市中级人民法院（2018）湘11民终1426号民事判决书，等等。涉及非法人组织名誉保护的裁判案例有：“杭州广银物业管理有限公司淮安分公司与淮安市福德物业服务有限公司、韩炳年等名誉权纠纷案”，江苏省淮安市中级人民法院（2018）苏08民终3898号二审民事判决书；“哈尔滨市香坊区新一代幼儿园、黑龙江万鼎文化传播有限公司名誉权纠纷案”，黑龙江省哈尔滨市中级人民法院（2018）黑01民终8874号二审民事判决书，等等。

一、胎儿

建议增加:“胎儿名誉受法律保护。侵害胎儿名誉的,近亲属有权向法院提起诉讼。”胎儿名誉受法律保护应无异议。胎儿在母体内其人格尚未觉醒,但并非代表着社会无法对其进行评价。胎儿乃父母之希望寄托,家族长辈亲朋惦念之至。他人对未降生之胎儿进行侮辱,如“该胎儿为私生子或患有先天缺陷等”,胎儿无法感知,但亲属之感情因胎儿名誉被贬损而受损害,亲属得以胎儿名誉受损提起诉讼。追究侵害胎儿之名誉者的侵权责任,究竟是依据亲属名誉感情受损,亲属自己诉讼;还是因胎儿不能行使自身名誉权,亲属基于胎儿名誉权代位诉讼?前者之保护模式类似死者名誉保护,后者可类比无民事权利能力或限制民事权利能力人的名誉保护模式。胎儿毕竟不同于死者,逝者已矣,除为生者寄托哀思,再无主张自身权利之可能;胎儿无意外将获得民事权利能力。名誉侵害之后果非短期可以消除,若胎儿顺利降生,在社会另类目光中长至成年,或心智成熟后得知自己曾经受侮辱诽谤之过往,得否再次提起追责?

应当认可的是,胎儿名誉保护限于赋予亲属消极的防御权。《民法总则》第16条之规定旨在维护胎儿获得利益之权利,而赋予其部分民事权利能力,当其娩出时为死体的,权利能力溯及灭失。此处规定似采纳纯获利条件下的“法定解除条件说”。[1] 对此条款的正当性、解释与适用学界争议未止,且就胎儿的精神性人格利益是否需要保护、是否享有损害赔偿请求权等问题分歧较大。[2] 然出于民法典的体系完整性,胎儿名誉之保护应当照此为之。更进一步的问题是,法律是否需要为保护胎儿名誉赋予其部分民事权利能力。法律“先验地”赋予胎儿有限制的民事权利,虽有其合理之处,但与“权利能力始于出生,终于死亡”的基本法理于形式逻辑上存有冲

---

〔1〕 王泽鉴:《民法总则》,北京大学出版社2009年版,第87~88页。

〔2〕 参见李锡鹤:《胎儿不应有法律上利益——〈民法总则草案〉第16条质疑》,载《东方法学》2017年第1期;李永军:《我国〈民法总则〉第16条关于胎儿利益保护的质疑——基于规范的实证分析与理论研究》,载《法律科学》(西北政法大学学报)2019年第2期;王洪平:《论胎儿的民事权利能力及权利实现机制》,载《法学论坛》2017年第4期;朱晓峰:《民法典编纂视野下胎儿利益的民法规范——兼评五部民法典建议稿胎儿利益保护条款》,载《法学评论》2016年第1期,等等。

突。名誉保护固有其特殊之处,胎儿与近亲属之名誉乃紧密联系之整体。《民法典》补充胎儿名誉保护的规定,旨在若行为人针对胎儿实施侮辱诽谤之情形下,亲属虽非被侵害之对象,但依其身份赋予其维护胎儿名誉之权利,其自身名誉亦可得以周全,此应属妥当。至于亲属得否因他人侮辱胎儿名誉,向法院同时主张自己和胎儿的侵权损害赔偿?因权利主体不同,并不冲突。只是胎儿若娩出为死体,则其所享有之物质赔偿视为不当得利予以返还。至于当事人所履行之“赔礼道歉”之义务,因亲属与胎儿之名誉系紧密相关的社会评价,拆分开来不足以“修复”任何一方的名誉,故不存在返还。

二、死者

《三审稿》第777条规定死者名誉保护。保护死者人格利益系通说,但各家学说之法理略有差异。人格权延伸保护说主张民事主体消灭后,存在延续的人格利益。有观点认为,死者虽自我意识消灭,无法主张人格权,但其亲族对死者的追思与敬慕之情亦为法律所应保护之对象。[1] 另有死者权利保护说、[2]人格利益继承说[3]等。笔者认为,人格权内含精神与财产双重利益,故对死者人格利益保护应分而论之。对于精神利益应在坚持“间接说”的前提下,由法院通过个案裁判予以把握,进而实现法的续造。[4] 死者生前之人格关联利益,归属于死者之继承人。继承人行使此项权利需按照死者明知或可推知的意思进行,权利行使期限宜为50年。[5]

近年来,司法解释的用词从“死者名誉权”过渡到“死者名誉”,在死者

---

〔1〕 参见林山田:《刑法各罪论》,台湾大学法学院图书部2005年版,第257页。

〔2〕 参见龙卫球:《民法总论》,中国法制出版社2001年版,第340页。

〔3〕 参见郭明瑞等:《民商法原理(一):民商法总论　人身权法》,中国人民大学出版社1999年版,第468页。

〔4〕 参见张红:《死者人格精神利益保护:案例比较与法官造法》,载《法商研究》2010年第4期。

〔5〕 参见张红:《死者生前人格上财产利益之保护》,载《法学研究》2011年第2期。

人格利益保护上坚持肯定态度。[1] 但在公报案例和司法批复中，对直接保护还是通过承认亲属损害请求权间接保护的态度存在摇摆。现行法律的取向是近亲属利益说，采间接保护观点。[2] 中国文化中有为死者讳的传统。人的生命走向终结，权利能力自然消灭；但其人格上仍有紧密相连之法益，故应保护。敬重逝者之道德义务，排斥对死者的声名贬损或将其生平进行恶意歪曲宣扬等行为。出于维护死者利益，亦为自身之权利着想，遗属于此得向法律主张维持死者享有的客观社会评价。[3] 对死者名誉的侵害亦可能构成对遗属的名誉或个人尊严的损害，此时遗属请求救济自身名誉权，要求停止针对死者名誉的侵权行为。为死者的遗属利益施以充分、合理的立法考量，足以间接地实现保护死者的生前个人利益之需求。由法律直接保护死者的人格权（如果赋予的话）在理论上和实践上都会造成不利的后果。[4]

建议增加条文："英雄烈士的名誉受法律保护。其他法律另有规定的从其规定。"在死者名誉保护中，有一类特殊问题立法也必须予以回应，即英雄烈士的名誉保护。近年来，互联网上对英雄人物、革命烈士的恶意戏谑日益增多。[5]《民法总则》第 185 条确认了侵害英雄烈士姓名、肖像、名誉、荣誉，有损公共利益的，应承担民事责任。2018 年《英雄烈士保护法》第 25 条有进一步的规定。在《三审稿》中重设此条款似有降低立法效率之嫌，但

---

〔1〕 相关司法解释有《精神损害赔偿解释》第 3 条、第 7 条；《名誉权解答》第 5 条。案例有"彭家惠诉《中国故事》杂志社名誉权纠纷案"，载《最高人民法院公报》2002 年第 6 期；"李林诉《新生界》杂志社、何建明侵害名誉权纠纷案"，载《最高人民法院公报》1998 年第 1 期；"陈秀琴诉魏锡林、《今晚报》社侵害名誉权纠纷案"，载《最高人民法院公报》1990 年第 2 期；"蒋文娟、蒋如琴等与蒋兴荣、蒋兴国等名誉权纠纷案"，浙江省绍兴市中级人民法院（2015）浙绍民终字第 1795 号二审民事判决书；"蔡华清、严林媛等与蔡双生、蔡某等名誉权纠纷案"，江苏省苏州市中级人民法院（2017）苏 05 民终 6345 号二审民事判决书，等等。

〔2〕 参见张红：《人格权总论》，北京大学出版社 2012 年版，第 372 页。

〔3〕 参见［德］卡尔·拉伦茨：《德国民法通论》（上册），王晓晔等译，法律出版社 2013 年版，第 173 页。

〔4〕 参见葛云松：《死者生前人格利益的民法保护》，载《比较法研究》2002 年第 4 期。

〔5〕 参见"淮安市检察院诉曾某侵害烈士名誉公益诉讼案"，江苏省淮安市中级人民法院（2018）苏 08 民公初 1 号民事判决书；"徐畅名誉权纠纷案"，山东省烟台市中级人民法院（2018）鲁 06 民初 211 号民事判决书。

其关于英烈名誉的条文过于原则,《英雄烈士保护法》又难以作为民法请求权基础规范,难以周全保护英烈名誉。建议在《三审稿》中保留英烈名誉保护的特别规定,并加以细化。

首先需要明确的是何为“英雄烈士”。规定中的“英雄”系形容词以修饰“烈士”,故“英雄烈士”是指有英雄品质之烈士。[1] 另有学者将“英雄”与“烈士”并列,均属名词,[2]并认为本条的英雄烈士应限缩解释为已身故且无近亲属的英雄烈士。[3] 正确理解此处条文之含义,需明确两个前提:其一,我国对于“烈士”的评定有明确的标准。[4] 两词语应为并列关系。英雄的含义更为广泛,可与“等”字共同涵摄为社会利益、国家利益作出无私贡献甚至英勇牺牲之人。其二,此处英雄烈士不应只是指已经去世且无近亲属之死者。一般死者之名誉得有近亲属维护,盖因死者之名誉影响辐射限于亲族,难言社会公众因某个体死后名誉受损而受到伤害。法院对一系列毁损英雄烈士名誉的案件裁判,体现出英雄烈士名誉维护主体的二元性。以“黄钟、洪振快诉梅新育名誉权侵权纠纷案”为例,裁判中指出:法院审理侵害英烈名誉、荣誉的案件,除保障个人合法权益外,还要保护社会公共利益。[5] 因此,对于英雄烈士名誉侵害类案件,当死者没有亲属或亲属不愿提起诉讼时,有关机关有权有责提起公益诉讼。

第二节 名誉权的客体与内容

一、名誉权的客体

《三审稿》第804条第2款首次对名誉的概念进行了界定。名誉是社会

---

〔1〕 参见张新宝:《〈中华人民共和国民法总则〉释义》,中国人民大学出版社2017年版,第402页。

〔2〕 参见中国审判理论研究会民商事专业委员会编著:《〈民法总则〉条文理解与司法适用》,法律出版社2017年版,第344页。

〔3〕 参见沈德咏主编:《〈中华人民共和国民法总则〉条文理解与适用》(下册),人民法院出版社2017年版,第1222页。

〔4〕 相关法律规定包括《烈士褒扬条例》第8条,《军人抚恤优待条例》第8条等。

〔5〕 参见“葛长生诉洪振快名誉权、荣誉权纠纷案”,最高人民法院指导案例99号。

公众对民事主体的评价，通常是正面的社会评价。民事主体的品德、声望、才能、信用等社会评价构成其名誉，为名誉权所保护。随着互联网的发展，有学者提出虚拟世界之"社会评价"亦是名誉之组成部分，理应为名誉权所保护。[1] 法人的名誉，亦即商业信誉，指有关其商业或职业道德、资信、商品质量或服务质量诸方面的社会评价。[2] 非法人组织之名誉界定可借鉴前述法人名誉。"名誉"一词之含义，在法律规定范围之外，允许法院裁判和学者在不同社会发展背景下进行适当充实应无异议。

名誉感系内心的自我感受，是人们对自己价值的感情和自我评价。名誉权与名誉感属不同范畴，名誉感受到伤害并非意味着名誉权受损。[3] 名誉感是自然人人格尊严的内容，但是人格尊严并非名誉权的客体，而是一般人格权的客体。[4] 民法不应以其"极其脆弱"为由免予保护。（否则侮辱行为如何构成侵权？）但若对主观名誉加以保护，又超出名誉权的保护范围（外部评价），故在实务上只能将其作为一种"其他人格利益"加以保护。[5]

荣誉并非名誉权客体。荣誉，是指权威机关对特定主体的正式的肯定评价。[6] 从共性角度着眼，则名誉和荣誉皆为外界对民事主体的客观评价。但在评价的主体、评价的目的性上存在较大差异。名誉泛指不特定社会主体对民事主体之评价，客观而不具有特殊的目的性；荣誉指特定主体，可能是政府机关或一定范围一定领域内具有较大影响力的组织，对民事主体的积极地正面肯定，旨在表彰当事人在事业上做出的杰出成就抑或重大的社会贡献。

史尚宽先生云："权利以有形或无形之社会利益为其内容或目的，为此内容或目的之成立所必要之一定对象，为权利之客体。"[7]名誉权的客体应当为名誉，迥异于一般标表型人格权之客体，精神性人格权调整对象不直

---

〔1〕 参见葛江虬：《论网络虚拟名誉及其民法保护》，载《河南大学学报》（社会科学版）2017年第4期。

〔2〕 参见梁慧星：《民法总论》，法律出版社2009年版，第96页。

〔3〕 参见"汪腾锋与南方日报社、深圳市人民政府法制办公室等名誉权纠纷案"，广东省高级人民法院（2015）粤高法民一提字第7号再审民事判决书。

〔4〕 参见张红：《人格权各论》，高等教育出版社2016年版，第266页。

〔5〕 参见温世扬：《略论人格权的类型体系》，载《现代法学》2012年第4期。

〔6〕 参见李锡鹤：《民法原理论稿》，法律出版社2009年版，第323～324页。

〔7〕 史尚宽：《民法总论》，中国政法大学出版社2000年版，第221页。

接为相关的人格利益。名誉为公众对民事主体的社会评价,缺乏可支配性与可交易性,并不直接产生财产利益。

二、名誉权的内容

《三审稿》第804条第1款规定任何组织或个人不得以侮辱、诽谤等方式侵害他人名誉权,即名誉权的消极防御权能。据其所属之权利种类,名誉权属人格权、绝对权,具有当然的对世效力,具有支配性和排他性。观诸名誉权之内容,王利明教授认为包括名誉保有权、名誉利用权、名誉维护权、排斥侵害的权利;[1] 张新宝教授主张,名誉权是由民事法律确认的民事主体所享有的,接受和维持对其名誉的客观公正评价的一种具体人格权。[2] 诸般论述不一一列举,然其主旨可概括为:名誉权是民事主体就自身客观公正的社会评价所享有的排除他人对其贬损的权利,与民事主体的社会生活质量紧密相关。学术界关于名誉权的特点亦着墨颇多。除民事权利所共有的法定性、客体特定性和作为具体人格权享有绝对性以外,名誉权具有主体专属性。名誉权为民事主体所有,不可转让和继承。名誉权具有非财产性,但并不意味着其与财产利益完全隔离。详言之,民事主体名誉受损,其财产利益难免受负面影响。如诽谤企业制售盗版产品,污损其商业信誉,产品销量降低。[3] 名誉权在不同场域涵摄范围不同,名誉与其他人格要素存有差异,名誉以社会生活之存在为前提,倘若独自生存于人迹罕至之孤岛,自无名誉可言,亦无名誉权保护之必要。社会公众的言论自由权、对公共事务的舆论监督权等常与名誉权发生冲突,名誉权的保护理应有其边界。人格权兼具消极防御和积极利用的权能。[4] 就名誉权而言,法律赋予名誉权其防御性权能,体现为"受尊重性"。至于是否应当增加有关名誉权的商业利用规定,笔者认为暂可不必。名誉权具有专属性,无法转让与许可使用,实务中亦极少有此类实例。

---

〔1〕 参见王利明:《人格权法研究》,中国人民大学出版社2018年版,第472~473页。

〔2〕 参见张新宝:《名誉权的法律保护》,中国政法大学出版社1997年版,第29页。

〔3〕 参见"ExperExchange,Inc.与汉王科技股份有限公司等商业诋毁纠纷案",北京市高级人民法院(2013)高民终字第4326号二审民事判决书。

〔4〕 参见王利明:《人格权的属性:从消极防御到积极利用》,载《中外法学》2018年第4期。

第三节　名誉权的侵权构成要件

最高人民法院在《名誉权解答》中,首先确立了侵害名誉权责任认定的“四要件”体系,在实务中亦多以此条文为裁判依据。[1] 但在此前 1986 年颁布的《民法通则》关于侵权责任的规定中并未出现涉及“行为违法性”的表述。[2] 此后 2009 年颁布的《侵权责任法》中同样未出现此类表述。按照特别法优于一般法的原则,在侵害名誉权的案件中,应当优先适用《名誉权解答》的规定。现在面临的问题是,在民法典中是否需要就名誉权侵权责任认定专门保留“行为违法性”的规定。

就当前立法实际而言,未来民法典中名誉权侵权责任认定并未继承前述特殊规定。《民法总则》第 176 条确认了合同责任和侵权责任的承担,但没有明确具体的构成要件,是作为一般条款发挥宣示作用。在民法典草案・侵权责任编三次审议稿中,第 944 条规定与《侵权责任法》第 6 条第 1 款实质类似,用词上由“侵害”变为“损害”,但在一般过错侵权的责任构成要件上没有变化。而在《三审稿》中,第 778 条、第 781 条、第 781 条之一规定了侵害人格权的责任承担,未就构成要件进行规定。这表明,根据目前发布的《三审稿》和《民法总则》的内容,并未在“行为违法性”的表述上突破《侵权责任法》的规定。

就名誉权范畴,是否要保留行为违法性在侵权责任认定要件上的独立地位,笔者认为没有必要,理应与其他具体人格权一同纳入《侵权责任法》确立的责任体系中。论及行为的违法性,必定涉及学界有关侵权责任构成

---

〔1〕 参见《名誉权解答》第 7 条:问:侵害名誉权责任应如何认定?答:是否构成侵害名誉权的责任,应当根据受害人确有名誉被损害的事实、行为人行为违法、违法行为与损害后果之间有因果关系、行为人主观上有过错来认定。

〔2〕 参见《民法通则》第 106 条:公民、法人违反合同或者不履行其他义务的,应当承担民事责任。公民、法人由于过错侵害国家的、集体的财产,侵害他人财产、人身的应当承担民事责任。没有过错,但法律规定应当承担民事责任的,应当承担民事责任。相关条文还包括第六章第三节的其他规定等。

的“三要件”与“四要件”之争。〔1〕 然而，即便在这两种观点源起的法国和德国，无论司法实践抑或学界研究并非“同心协力”，各种主张之内部亦有批判与反思之暗流。〔2〕 故张新宝教授之观点可为此争论于立法上作结：关于构成要件主要存在于学者的理论中，而不是一个需要由立法来作出规定的问题。〔3〕 违法性要件在名誉权的认定中，没有起到特殊作用；名誉权与其他具体人格权在受侵害方面，没有体现出实质差别。反观民法典之编纂不是现有法条的单纯罗列，而是以体系化为目标的有机整合。因此，必须处理法典内部的不协调部分，没有必要将其作为特例保留单独的违法性要件。我国对名誉权的侵权责任认定应当遵从现行法确立的一般过错侵权责任的认定体系，而如何解释适用，应于尊重司法实践丰富经验的基础上结合学界理论研究成果加以整体把握。〔4〕

一、侵权行为

《室内稿》第 32 条将侵害名誉权的行为规定为“诽谤、侮辱、诋毁或者其他不正当方式”。但在《三审稿》第 804 条将表述改为“侮辱、诽谤等方式”。名誉权作为绝对权，对其造成负面影响的行为都得为权利人排除，故后者表述更为合理。

---

〔1〕 以杨立新教授为代表的学者主张“四要件说”，即违法行为属独立的侵权责任构成要件。参见杨立新：《简明侵权责任法》，中国法制出版社 2015 年版，第 61 页等。主张“三要件”说的学者以王利明教授为代表，否认违法性有独立于过错责任存在之必要。参见王利明：《侵权责任法疑难问题研究》，中国法制出版社 2012 年版，第 178 页；王利明：《我国〈侵权责任法〉采纳了违法性要件吗?》，载《中外法学》2012 年第 1 期，等等。

〔2〕 参见程啸：《侵权责任法》，法律出版社 2015 年版，第 262 页。

〔3〕 参见张新宝：《侵权责任法立法研究》，中国人民大学出版社 2009 年版，第 101 页。

〔4〕 纵然学界就此争论派别间观点泾渭分明，但在司法实践中却已形成逻辑自洽的解释体系。虽《侵权责任法》之表述并未明确采违法性之观点，有关“四要件”的适用并未如司法解释之规定这般，局限于名誉权侵权案件，而是自发地在其他侵害具体人格权甚至其他权利的案件审理中获得运用。如最高人民法院指导案例 98 号“张庆福、张殿凯诉朱振彪生命权纠纷案”，河北省唐山市中级人民法院（2018）冀 02 民终 2730 号二审民事裁定书；“施某某、张某某、桂某某诉徐某某肖像权、名誉权、隐私权纠纷案”，江苏省南京市江宁区人民法院（2015）江宁少民初字第 7 号民事一审判决书，载《最高人民法院公报》2016 年第 4 期（总第 234 期）；“江苏金建建设集团有限公司、易亚清因申请诉前财产保全损害责任纠纷案”，湖北省高级人民法院（2018）鄂民终 1287 号二审民事判决书，等等。

民事主体的名誉为社会评价，而社会评价源于社会公众之言论，言论可分为事实陈述和意见表达。《三审稿》中对名誉权侵权行为的表述与《民法通则》《民法总则》《名誉权解答》相同，均为“侮辱、诽谤”。侮辱行为，即公然采用暴力、谩骂等手段贬低他人人格，损害他人名誉的行为。[1] 亦即恶意的意见表达。例如，使用肮脏的语言、侮辱性言辞攻击和辱骂他人。诽谤行为，即传播编造的事实，恶意中伤他人以贬损他人名誉的行为，包括口头表达和书面表达的形式。[2] 亦即虚假的事实陈述。例如，毫无根据地捏造他人作风不好、败坏名誉。[3] 诽谤的最低限度为第三人知悉。侵害名誉权的行为既可为积极的作为也可表现为消极的不作为。侮辱、诽谤行为达到一定程度可构成《刑法》上的侮辱罪、诽谤罪。

二、过错

鉴于我国没有承认违法性作为侵权责任的独立要件，行为的违法性应为过错要件吸收。以往学理上常常独立讨论违法性，因而过错自然被限制为主观要件。考虑《侵权责任法》立法实际，过错应当进一步细分，分为主观过错性，或称可责难性与客观违法性。行为在客观上，因侵犯名誉权这一绝对权利，因而具有推定的违法性，前述德国民法学界的结果不法说可以提供理论支持。行为人内心状态亦应为司法者所关注。侵害名誉权的主观状态可以是故意，也可以是过失。故意侵害他人名誉权，自为侵权行为。名誉权侵权的认定中，加害人的主观状态涵括过失，如误指他人为坏人、误指他物为假物等，此已为我国司法实践所承认。如“高秀东、泸州老窖股份有限公司名誉权纠纷案”中，上诉人高秀东在转载、改编案涉文章过程中，忽视其内容中明显带有贬损、诋毁性质的文字表述，对与被上诉人泸州老窖公司商业信誉和产品声誉密切相关的负面信息不加核实，没有履行必要的审核、注意义务，造成当

---

〔1〕 参见“陈某某诉莫宝兰、莫兴明、邹丽丽侵犯健康权、名誉权纠纷案”，载《最高人民法院公报》2015 年第 5 期（总第 223 期）。

〔2〕 参见“田宁、浙江盘石信息技术有限公司与沈秀丽名誉权纠纷案”，浙江省杭州市中级人民法院（2014）浙杭民终字第 1106 号二审民事判决书。

〔3〕 参见“黄佳祥等名誉权纠纷案”，北京市第一中级人民法院（2018）京 01 民终 9165 号二审民事判决书。

事人名誉受损的应当承担责任。[1] 对于行为人过失侵害名誉权的判断，应当结合合理审查义务，行为人亦可举证证明己方无过错以求推翻推定。只有行为人在主客观两方面均不具有过错时，方能主张该要件缺失，提出免责抗辩。

三、因果关系与损害事实

因果关系与损害事实的认定是名誉纠纷类案件的审理疑难点。盖因此类案件的损害事实并非体现于具体的物件损坏或身体伤残，而是受害人享有的、来自社会公众的评价降低。[2] 倘若需受害人举证存在因果关系、损害事实，难以举证界定“社会公众”，也难以得知不特定第三人心中的想法。而无限制地采取推定态度，对行为人又难言公平。[3] 被告人散布损害名誉的事实也许是名誉权案件中唯一的因果关系，[4] 结合裁判中的典型观点，笔者认为，在满足侵权内容公开至第三人的条件下推定因果关系成立；基于一般社会成员的客观标准，判断损害事实的存在。[5] 由行为人通过抗辩的方式证明因果关系或损害事实不存在。另需指出，当事人的主观名誉感受损并不一定是侵害名誉权要求的损害事实。在法院以一般客观标准判断不存在社会评价降低的情形下，当事人主张自身名誉感受损的而索赔的，应不予支持。[6] 名誉权的损害一般体现为：一是社会公众对受害人的评价下

---

〔1〕 参见“高秀东、泸州老窖股份有限公司名誉权纠纷案”，四川省泸州市中级人民法院（2018）川05民终1475号二审民事判决书。

〔2〕 参见“武文政与毕然等名誉权纠纷案”，北京市第一中级人民法院（2019）京01民终654号民事二审判决书。

〔3〕 参见“孟爽与河南日报报业（集团）有限公司名誉权纠纷案”，河南省高级人民法院（2013）豫法民提字第001号再审民事判决书；“钱健与凯斯·达比名誉权纠纷上诉案”，海南省高级人民法院（2012）琼民三终字第60号民事判决书，等等。

〔4〕 参见［美］H. L. A. 哈特、［美］托尼·奥诺尔：《法律中的因果关系》，张绍谦、孙战国译，中国政法大学出版社2005年版，第74页。

〔5〕 参见“厦门豪嘉利商贸发展有限公司、洋马发动机（上海）有限公司名誉权纠纷案”，最高人民法院（2017）最高法民终362号二审民事判决书；“北京大学诉邹恒甫名誉权纠纷案”，北京市第一中级人民法院（2014）一中民终字第9328号二审民事判决书；“密士强与石家庄三鹿集团股份有限公司侵害名誉权、不正当竞争纠纷上诉案”，山东省高级人民法院（2000）鲁经终字第317号二审民事判决书。

〔6〕 参见“柴慈彬与中山市天龙电器有限公司等名誉权纠纷上诉案”，天津市第一中级人民法院（2018）津01民终552号二审民事判决书。

降，二是精神损害，特殊情况下附带财产损失。[1]

第四节　侵害名誉的免责事由

免责事由、抗辩事由与违法阻却事由三种表述在侵权责任认定上纠缠交错，对其含义应当进行简要辨析。违法阻却事由系以德国为代表的大陆法系国家的侵权法概念，其意在阻却侵害行为的违法性。[2] 适用这一概念的前提为承认违法性作为侵权构成要件。抗辩事由在英美法系运用频繁，它主要针对原告的诉讼请求而非法律责任本身，是对抗诉讼请求的各种事由，泛指抗辩权、事实抗辩和免责减责事由，其范围较大。[3] 免责事由，从文义解释看，免责的前提是存在责任，即应满足侵权责任的构成要件，而行为人因存在免责事由，进而免于承担责任。但根据《侵权责任法》的规定，第30条正当防卫、第31条紧急避险，在这两种情形下行为人之行为不具有过错，因而不满足责任构成要件。现行法律将其规定于减责免责事由中，显然我国法律中的免责事由是广义上的，即包括构成要件缺失的免责和构成要件满足的免责。[4]

考虑到民法典体系的稳定性，应当延续《侵权责任法》的规定，采用免责事由的表述。根据侵权责任编的内容，在一般规定中确定通用的减责、免责事由，再由各种侵权责任的专门规定中个别确定减责免责事由。这样在遵循《民法总则》侵权责任编的一般规定基础上，《三审稿》为名誉权的侵权责任认定规定单独的免责事由应属恰当。

名誉权规定免责事由是对名誉权保护的限制。为避免名誉权的泛化与滥用，理应对名誉权的保护进行一定的限制。笔者通过梳理相关案例，构成

---

〔1〕 参见张新宝：《侵害名誉权的损害后果及其民事救济方式探讨》，载《法商研究》（中南政法学院学报）1997年第6期。

〔2〕 参见王福友、高勇：《侵权违法阻却事由论纲》，载《北方法学》2009年第6期。

〔3〕 参见宋宗宇、曾林：《侵权责任减责免责事由的制度创新与立法完善》，载《重庆大学学报》（社会科学版）2012年第4期。

〔4〕 参见艾围利：《免责的理由：逻辑推论还是政策考量?》，载《四川师范大学学报》（社会科学版）2015年第4期。

侵权者免责事由主要如下：文学创作、舆论监督、新闻报道、职务行为与消费者评价等。名誉权的保护固然重要，但民事主体正当行使其他权利的自由亦当予以保护。行为人正当行使权利，对相对人名誉造成影响的，其行为不具有过错；负有法定职务的民事主体正当行使职权的，即便对相对人的名誉造成损害，但其行为亦不具有过错。上述两点应为立法吸收，对《三审稿》第 805 条免责事由进行补充。

一、正当行使权利

（一）陈述事实

建议增加“陈述事实”为免责事由。若行为人发布的言论基本属实，则不构成对他人名誉权的侵犯。陈述事实并非在任何情况下都不构成侵权，其陈述内容需不涉及他人私密，否则可能构成对当事人隐私权的侵害；片面的事实陈述亦存侵害名誉之可能。故法院认定此类免责事由存在，尚需结合客观影响。实务中事实陈述的场景颇为丰富，常见于各种社交媒体平台。行为人所发布之内容既没有夸大或隐瞒事实，也没有虚构、造谣和污蔑，更没有使用侮辱、诽谤性的语言，客观上不会造成相对人社会声望和评价的降低的，自不为侵害名誉之行为。[1]

当下电商网购成为消费主流，社会公众依赖网络信息来源获取商品信息的需求激增，各种点评机构和测评网站顺势而生，此类主体对于产品的描述和评价对营业者名誉的影响不容小觑。对于各种点评文章、点评网站上发表的关于商家、产品和服务的陈述与评价亦需加以必要区分。如果同业竞争者为商业竞争而发表不实陈述和虚假评价，当然侵害了被评价主体的名誉权，甚至构成不正当竞争行为，受竞争法调整；[2]针对消费者评价，则在下文专门讨论；若评价人为第三方机构，则需证明其处于中立角度，意图

---

〔1〕 参见“施某某、张某某、桂某某诉徐某某肖像权、名誉权、隐私权纠纷案”，江苏省南京市江宁区人民法院（2015）江宁少民初字第 7 号民事判决书，载《最高人民法院公报》2016 年第 4 期（总第 234 期）。

〔2〕 参见“北京奇虎科技有限公司、奇智软件（北京）有限公司与腾讯科技（深圳）有限公司、深圳腾讯计算机系统有限公司不正当竞争纠纷上诉案”，最高人民法院（2013）民三终字第 5 号民事判决书。

为陈述事实而非引导消费者做出倾向性选择。若未建立在充分的事实基础上,缺乏公正性,表述已经偏离测评主体应当具有的事实陈述的中立立场,对消费者产生误导者,则有侵害名誉之虞。[1]

(二)合理评论

建议增加"合理评论"为免责事由。民主的纵深发展要求对于公共事务的意见表达更为宽松。民众对特定事项作合理之评论,即使有碍他人名誉,但关涉社会公共利益,不应使其承担侵权责任。这已体现在相关的规范与审判实践中。[2] 针锋相对的评论多出现在文学评论和学术批评领域。不论是人文社科领域还是自然科学领域,批评、反思与回应皆为激发学术活力、鞭策学者进步、助力学科发展之行为,可资保护。当事人须于理性范围内,无客观上恶意的侮辱、诽谤行为,主观上为公共利益而评论,方可主张合理评论免责。对于公众议题开展具有学术色彩的批评行为,司法只能就行为本身进行法律评价,而不宜对学术观点作出科学性评判。同时,行为人对公众议题及他人的监督批评亦应遵循合理且善意的原则,若行为人恶意诱导公众言论或采取背离公序良俗的散布手段,导致他人名誉受损的结果,则应当认定为构成名誉侵权。[3]

适用这一抗辩事由另需满足相当条件。英美在理论与实践中总结出了"四要件"说[4]与"三要件"说。[5] 就我国而言,合理评论的构成要件有

---

[1] 参见"上海新世纪机器人有限公司诉北京泡泡信息技术有限公司名誉权纠纷案",上海市浦东新区人民法院(2014)浦民一(民)初字第39872号民事判决书,载《人民司法·案例》2016年第14期。

[2] 参见《名誉权解答》第8条:问:因撰写、发表批评文章引起的名誉权纠纷,应如何认定是否构成侵权?答:因撰写、发表批评文章引起的名誉权纠纷,人民法院应根据不同情况处理:文章反映的问题基本真实,没有侮辱他人人格的内容的,不应认定为侵害他人名誉权。文章反映的问题虽基本属实,但有侮辱他人人格的内容,使他人名誉受到损害的,应认定为侵害他人名誉权。文章的基本内容失实,使他人名誉受到损害的,应认定为侵害他人名誉权。

[3] 参见"普陀山佛教造像研究院、李巍名誉权纠纷案",浙江省高级人民法院(2017)浙民终903号民事二审判决书。

[4] See David Price, *defamation law*, *Procedure & Practice*, London, Sweet & Maxwell, 1997, p. 63.

[5] See Keth R. Evans, *The law of defamation in Singapore and Malaysia*, Singapore, Malaya Law Journal Pte. Ltd., 1988, p. 60.

四：一是行为人作出的有关陈述系针对某种观点；二是行为人的评论必须是基于某种真实性的事实陈述或某种免责特权场合作出的陈述；三是行为人只能对涉及公众利益或社会关心的问题作出评论，行为人的有关行为需是维护公序良俗的行为；四是行为人对他人或他人的行为作出的评论被认为是公正的。[1] 一般认为，批评者、评论者主观上出于诚意，且批评、评论依据于一定的真实事实是“公正”“正当”的要求。

（三）未公开的口头或书面意见和建议

建议增加“未公开的口头或书面意见和建议”为免责事由。《名誉权解释》第2条、第4条规定关于内部刊物与内部处理意见侵害名誉的免责事由。二者的共同特点在于“内部”，即非公开性，即罕有在社会上扩散并导致其社会评价降低之可能。[2] 内部人员对本部事务相当熟悉，这种整理的内参或内部通报行为，不具有损害名誉的可能性。受评价人的内心名誉感受到伤害，盖因此负面评价乃相关人员基于受评价人的行为表现作出的，故非偏离事实或恶意诽谤。[3] 在司法实践中，劳动者与用工单位的双向评价是典型的内部意见。在“米乐美公司与贺喜名誉权纠纷案”中，法院认为，被告控诉公司管理层的行为方式是使用公司内网、受众是内部员工，内容反映问题基本真实，未超出公司的内部管理事项范畴。故尽管措辞不当，但该电子邮件局限于公司员工传播，公司外部不特定人并不能知晓，未在社会上造成不良影响，故不能将其认定为侵害原告名誉权。[4]

（四）消费者评论

建议增加“消费者评论”为免责事由。我国立法赋予消费者批评建议

---

〔1〕 参见张民安主编：《名誉侵权的抗辩事由——事实真实、公正评论、绝对或相对免责特权等对行为人名誉侵权责任的免除》，中山大学出版社2011年版，第19～20页。

〔2〕 参见“九江萍钢钢铁有限公司、湖南微科物流有限公司名誉权纠纷案”，湖南省高级人民法院（2018）湘民再556号再审民事判决书。

〔3〕 参见“张力与北京招商局物业管理有限公司名誉权纠纷案”，北京市高级人民法院（2018）京民申4620号再审审查与审判监督民事裁定书。

〔4〕 参见“米乐美公司与贺喜名誉权纠纷案”，江苏省苏州市中级人民法院（2010）苏中民终字第0246号民事判决书。

的权利。[1] 消费者有权对经营主体提供的商品和服务进行评价监督，经营主体对此负有一定的容忍义务。批评建议是消费者表达自身诉求、维护自身利益的有力武器，同时也鞭策经营者提供更优质的商品和服务，促进市场良性发展。经营主体应当听取消费者的批评建议，并作出必要回应和相应改进。若存在消费者权益受损的客观事实，其评价表述词句或有不妥；但内容上以描述客观经过为主，并无捏造或歪曲事实而贬损其人格之意，客观上也无因诽谤、诋毁使其人格丑化之结果。此依常情判断，仅为用词语气失当，仍属于言词颇重的正常批评之范畴。[2] 经营主体的容忍义务与消费者权益的保护存在必要限度，司法裁判中需要对此进行个案裁量。当消费者虚构捏造事实恶意评价，超出对产品或服务质量进行批评、评论的范畴，且其行为属于故意，影响了经营者的经营、侵害经营者名誉权时，其作为民事主体，当然可依法维护自身名誉。[3]

（五）新闻自由

在《征求意见稿》和《三审稿》中均将为维护公序良俗的新闻报道作为侵害名誉的免责事由，并将当事人合理审查作为免责事由的限制。新闻自由系新闻界为实现服务社会的目的，合法开展采写活动，发表、出版新闻作品，不受一切组织及个人非法压制、约束的权利。新闻节目不仅应及时向百姓传递最新的国内外消息，更肩负着监督公权力运行的重要使命，是言论自由在具体领域的展现。新闻自由亦有合理的限制，即不能以新闻自由为借口，侵害他人的私权。新闻生命在于真实性。[4] 有关新闻媒体报道影响名誉的法律规制，在《名誉权解释》与《名誉权解答》中均以基本内容严重失

---

〔1〕 参见《消费者权益保护法》第 15 条：消费者享有对商品和服务以及保护消费者权益工作进行监督的权利。消费者有权检举、控告侵害消费者权益的行为和国家机关及其工作人员在保护消费者权益工作中的违法失职行为，有权对保护消费者权益工作提出批评、建议。第 17 条：经营者应当听取消费者对其提供的商品或者服务的意见，接受消费者的监督。

〔2〕 参见“富山河装饰集团有限公司等与付智名誉权纠纷上诉案”，湖北省武汉市中级人民法院（2018）鄂 01 民终 1360 号民事判决书。

〔3〕 参见“刘绍斌、李波与红河州实田汽车销售服务有限公司名誉权纠纷案”，云南省红河哈尼族彝族自治州中级人民法院（2014）红中民一终字第 467 号民事判决书。

〔4〕 参见杜鹏：《媒体报道中的新闻侵权与法律规制研究》，载《法学杂志》2016 年第 2 期。

实、基本内容失实和内容属实但评论不当，组建起一套以“事实”为标准的评价体系。新闻报道内容只要基本属实，无侮辱他人人格的内容，不应认定为侵害他人名誉权。[1] 若报道有违上述准则的规定，未做到“真实、准确、全面、客观”，有失新闻媒体应持的中立地位，主要内容缺乏依据、严重失实的，当属侵权。[2]

然虑及新闻报道的时效性与消息来源的复杂性，要求新闻媒体在完全查证事实后再行报道，稍显苛刻。新闻媒体的监督作用在于指出受监督对象行为的不合理之处。只要出于公心，不失偏颇，不应当成为责难的对象。另有裁判认为新闻舆论介入现实生活，推动社会进步应予支持。维护社会利益需要充分发挥新闻传媒的作用，故社会对其过失性错误应当给予必要宽容。[3] 社会成员在享有知情权的同时，亦需容忍合理查证下的失实报道，以维持公民名誉保护与言论传播自由之间的平衡。[4]

（六）创作自由

《三审稿》第807条规定创作作品侵害名誉权的抗辩事由。创作之自由，乃艺术之生命。文学作品依托于现实，但同时具有虚构性。文学作品的此种特性成为相对人名誉权受侵害的主要风险之一。处理文学作品侵犯名誉权问题，需解决名誉权保护与文学创作自由之冲突。在文学作品侵害名誉权的认定上，已有学者提出自己的标准。[5] 该类责任认定应参照一般侵权行为的四要件，结合文学作品自身的天然特点，文学作品贬损名誉的责任认定标准应从如下方面予以考虑：内容违法性、作者主观恶意性、作品公开性、名誉受损客观性。[6] 民事主体发表的文学作品中，若其作品情节与特

---

〔1〕 参见“董炳、董志等与泉州晚报社名誉权纠纷案”，福建省高级人民法院(2014)闽民再终字第13号再审民事判决书。

〔2〕 参见“大连金州重型机器有限公司与陕西煤业化工集团神木天元化工有限公司、中国化工报社名誉权纠纷案”，最高人民法院(2014)民一终字第73号二审民事判决书。

〔3〕 参见“成都轻工大厦商场诉商务早报社案”，四川省高级人民法院(2000)川民终字第168号民事判决书。

〔4〕 参见刘文杰：《论新闻侵权的归责原则》，载《环球法律评论》2010年第4期。

〔5〕 参见杨立新：《人身权法论》，人民法院出版社2002年版，第340页。

〔6〕 参见张红：《文学作品中的名誉权侵权责任》，载《中南民族大学学报》(人文社会科学版)2012年第6期。

定人的情况相似相近,但非以该特定人为描写对象的,作者不承担侵害该特定人名誉权的民事责任;若文学作品描写的为真人真事,或虽未写明特定人,但以该其特定事为描写对象,损害其名誉的,构成侵害该特定人名誉权的行为。

若一文学作品属于纪实文学,可直接按照法律规定的要素进行侵权的认定。〔1〕 若该创作行为既有违被描述者对于自身的意志自由,亦不可避免地诱使公众误读其人格形象,进而产生失真法人评价,认定侵害当事人的名誉权。〔2〕 若属于创作型文学,则关键是要判断该文学作品所描述的对象是否可以合理地指向现实中的真实人物。若作品中的人物与现实中特定人的居住环境等信息基本一致抑或读者在通读作品后能通常地联想到现实中特定人,此时如作者对该角色使用了侮辱、诽谤性的语言,使此人社会评价较之前明显降低,则作者构成名誉权侵权,此多表现为"含沙射影""指桑骂槐"等侵犯名誉权的形态。在一起案件中,影视中心在《赵尚志》剧中对"冯界德"这一人物的塑造上使用"冯界德"真实姓名存在不妥,作为作品情节需要而塑造人物,其虚构事实贬损了"冯界德"形象,放任了该行为可能造成的对他人社会评价降低的后果,存在欠缺主观注意的过错。〔3〕

(七)维护公序良俗(舆论监督、检举等)

建议增加"为维护公序良俗采取的其他行为"为免责事由。《宪法》赋予公民广泛的监督建议权利,特别是针对政府机关工作人员违法行为。

---

〔1〕 参见《名誉权解答》第9条:"问:因文学作品引起的名誉权纠纷,应如何认定是否构成侵权?答:撰写、发表文学作品,不是以生活中特定的人为描写对象,仅是作品的情节与生活中某人的情况相似,不应认定为侵害他人名誉权。描写真人真事的文学作品,对特定人进行侮辱、诽谤或披露隐私损害其名誉的;或者虽未写明真实姓名和住址,但事实是以特定人为描写对象,文中有侮辱、诽谤或披露隐私的内容,致其名誉受到损害的,应认定为侵害他人名誉权。编辑出版单位在作品已被认定为侵害他人名誉权或被告知明显属于侵害他人名誉权后,应刊登声明消除影响或采取其他补救措施;拒不刊登声明,不采取其他补救措施,或继续刊登、出版侵权作品的,应认定为侵权。"

〔2〕 参见"张艺谋诉华夏出版社、黄晓阳名誉侵权案",北京市高级人民法院(2010)高民终字第411号二审民事判决书。

〔3〕 参见"冯景华诉黑龙江电影电视剧制作中心侵害名誉权纠纷再审案",黑龙江省哈尔滨市中级人民法院(2017)黑01民再2号再审民事判决书。

《名誉权解释》第5条规定，舆论监督、检举控告等行为，对当事人名誉造成损害的，不视为侵害名誉权。对此类旨在维护公序良俗的行为，行为人只要出于公心，即便言词稍有过激，亦不构成侵权。[1] 考虑到行为人并非必然有能力或有义务查证全部事实，实务中关于事实基础的审查要求应当适度降低，即存在一定不实之处，但只要没有故意捏造、歪曲事实，诬告陷害等，不应认定为侵权。如在"郭静与苗纯辉、经济日报社名誉权纠纷案"中，当事人所撰文章属对苗纯辉向有关部门控告郭静涉嫌贩卖毒品的原因、过程及主观认知的描述，并未涉及侮辱、诽谤郭静的内容，故不存在名誉权侵害的情况。[2] 上述行为与向社会公然散布虚假的事实，损害他人名誉有本质的区别。

二、行使法定职权

建议增加"行使法定职权"为免责事由。行为人在特定情况下享有法律赋予的职权，做出特定行为对相对人造成名誉负面影响的，不应当认为侵害名誉权。此处法律应作广义解释，法律、行政法规和部门规章等都属于职权的正当来源。依据职权来源的层级不同，实施行为的限度亦存在区别，需要法院进行个案裁量。当今社会，公众对于名誉权的重视程度明显提升，国家机关的行为曝光度和透明度亦水涨船高，故国家工作人员的行为对当事人名誉影响较之前更为深远。这对职权行使人的行为方式提出更高要求，有利于规范职权行为。但若当事人可就此恣意起诉，则职权义务人无法进行正常工作。[3] 故应规定行使职权这一法定免责事由，以衡平这种矛盾。此外，有些职权行为，诸如国家征信机关依据事实，进行失信人信息公开，行为本身的目的即在于通过对被评价者的不良行为作出负面评价，降低其社

---

〔1〕 参见"大庆万州食品有限公司、中国人民财产保险股份有限公司大庆市分公司名誉权纠纷案"，黑龙江省高级人民法院(2018)黑民终392号二审民事判决书。

〔2〕 参见"郭静与苗纯辉、经济日报社名誉权纠纷案"，河南省高级人民法院(2016)豫民终第32号二审民事判决书。

〔3〕 参见"彭正涛、柳桂香等与鄂州市华容区人民政府、鄂州市葛店开发区管理委员会名誉权纠纷案"，湖北省高级人民法院(2016)鄂民终831号二审民事判决书。

会声誉,起到督促、惩罚效果,此种行为当然不能认定为侵害名誉权。[1]

三、合理审查义务

《三审稿》第806条规定合理审查义务的确定因素。民事主体行使权利和履行职责应当遵循必要限度,如滥用言论自由的权利,侵害他人名誉者,难言其行为具有正当性,主观上亦有过错。《三审稿》第806条规定属对免责事由的限制。行为人若主张不承担民事责任,应当同时满足行为具有正当性,且履行合理审查义务两个条件。在《室内稿》中没有就此进行规定,而对比《征求意见稿》的规定,[2]《三审稿》在个别用词上进行了调整。[3] 建议增加"转载"作为规制对象,此为针对诸如微信、微博或贴吧等网络平台或新闻媒体转载内容引发争议的规定。对于新闻媒体间的转发转载对名誉权的侵犯,已有学者注意到其中媒体转播权与名誉权的冲突,并加以研究。[4] 增加有关转载的规定,将与现有的司法解释规定更加协调。[5]

行为人对某民事主体及行为表达评论、否定意见或进行正当监督时,理应根据必要的事实。行为人对其所依据的事实基础负有合理审查的义务,以保证事实基础的真实与准确,否则即可能侵害他人名誉权,属不作为的侵

---

[1] 参见"邱隽、中国工商银行股份有限公司三明三元支行名誉权纠纷案",福建省高级人民法院(2018)闽民申4193号再审审查与审判监督民事裁定书。

[2] 参见《征求意见稿》第35条:"行为人对他人提供的事实是否尽到合理审查义务,应当根据以下因素确定:(一)事实来源的可信性;(二)行为人对明显可能引发争议的内容是否进行了必要的调查;(三)事实的时效性和与公序良俗的关联性;(四)受害人名誉贬损的程度;(五)审查的成本。行为人应当承担自己尽到合理审查义务的证明责任,但法律另有规定的除外。"

[3] 参见《三审稿》第806条:"认定行为人是否尽到前条第二项规定的合理审查义务,应当考虑下列因素:(一)内容来源的可信度;(二)对明显可能引发争议的内容是否进行了必要的调查;(三)内容的时效性;(四)内容与公序良俗的关联性;(五)受害人名誉贬损的可能性;(六)审查能力和审查成本。行为人应当就其尽到合理审查义务承担举证责任。"

[4] 参见曹小娟、慕明春:《"免责"还是"处罚"——关于网络转载是否承担名誉权侵权责任的思考》,载《陕西师范大学学报》(哲学社会科学版)2016年第5期;丁镜:《转载媒体侵害名誉权的民事法律规制》,载《学术交流》2014年第3期。

[5] 参见《名誉权解释》第3条:问:新闻媒介和出版机构转载作品引起的名誉纠纷,人民法院是否受理?答:新闻媒介和出版机构转载作品,当事人以转载者侵害其名誉权向人民法院提起诉讼的,人民法院应当受理。

权。合理审查义务是为了保护名誉权,而附加给行为人的法定义务,属立法机构基于司法实践,总结出的评价行为违法性和行为人主观过错程度的典型维度,也是行为人作出行为的事前指引。对于行为人是否充分履行合理审查义务,应综合考虑以下因素加以确定。

（一）内容来源的可信度

如果行为人从某一值得信赖的地方获取信息,并据此作出相应的评论,即使有碍于他人名誉,亦无须承担相应的民事责任,如行为人作出评论之事实依据来源于权威部门。就我国国情及审判实践而言,权威消息来源包括:法律、行政法规和规章认定的事实;人民法院的终审裁判文书与合法的仲裁机构认定的事实;行政机关在正式文件和正式行政程序中认定的事实;执政党的正式文件、出版物认定的事实和执政党正式向社会公布的事实;国家立法、行政、司法、监察机关在其新闻发布会、记者招待会、白/蓝皮书等正式出版物上发布或者认定的事实;公民、法人关于自身活动以书面或口头方式公布的有关材料。[1] 但行为人本可以选择更为权威的信息来源,而轻信其他信息来源,造成受害人名誉损失的应认定主观上有过失,属侵权行为。

（二）行为人对明显可能引发争议的内容是否进行了必要的调查

如果该内容将显著引发非议,非恶意行为人有理由预见自己的行为可能会引发严重后果。出于风险规避,应采取必要的行动,对该事实展开补充调查,如对热点民生问题的爆料应进行实地走访、拍摄等必要的调查行为。

（三）事实的时效性和其与公序良俗的关联性

若为重大突发事件,为了保证公民的知情权,可以在合理谨慎的条件下,适当降低审查义务;若某事件发生已久,其真实性必定遭受大众的合理怀疑,此时行为人应进行更严格的审查;若某些事实与公序良俗密切相关,行为人亦应有更高程度的审查义务。

---

〔1〕 参见张红:《人格权各论》,高等教育出版社2016年版,第318页。

（四）受害人名誉可能贬损的程度

《三审稿》中确认当事人的名誉受贬损程度的可能性作为考虑因素，这是否表明我国名誉权的保护不要求侵害实际发生，而存在可能侵害之严重危险状态即可？用词的简单变化将导致实务审判的强烈反馈，对“侵害事实发生”这一判断要件具有关键影响。当然，如果采此种观点自然对当事人之名誉权的保护更为周全，但对人格权侵害的认定体系提出了更高的协调要求，则需要从人格权编全局的角度进行制度设计。通常来说，若行为人基于外部事实发表评论，预见相关内容会严重侵害他人名誉，则其对此应具有更严格的审查义务，确保信息的真实性、准确性。

（五）审查成本与审查能力

审查成本是评判行为人合理审查义务履行的重要标准。如果审查成本明显过高，超出行为人的承受能力，或超出有关行为应有审查限度的合理成本，此时苛求行为人对此进行审查，支付高昂、不合理的审查成本，自不可取。审查成本的衡量不仅关涉审查的难度、审查的深度，还与特定信息的具体情况紧密相连。此外，行为人审查能力也是对于义务履行的客观限制。《三审稿》中相比《征求意见稿》增加此标准，对行为人审查义务标准起到完善的积极作用。审查能力标准，要求法院在裁判时，针对不同身份的民事主体特点，进行主观衡量，并予以不同程度的要求。[1] 是否需要就此在名誉权其他规定中，根据不同身份进行区分要求，可以待付诸实践以后再行细化。所以，如果这一事实所要求的审查能力高于行为人的审查能力，虽客观上不能达致，但仍应要求行为人尽其所能进行审查。

行为人是否尽到合理的审查义务，应综合考虑上述因素以判断之。但并非通过上述列举即可穷尽一切评价当事人之标准，在评价该类涉及名誉权的行为时，应当区分行为性质属事实陈述、意见表达抑或二者兼有，并适用不同的评价标准。针对为维护公序良俗之行为，应当更加的宽容。一般

---

〔1〕 参见“肖传国与北京雷霆万钧网络科技有限责任公司、方是民名誉权纠纷上诉案”，北京市高级人民法院(2007)高民终字第1146号二审民事判决书。

来说,行为人是履行合理审查义务的主体,对审查的方式与程度最为了解,故承担证明责任属应有之义,但法律另有规定的除外。[1]

第五节　责任承担

受害人主张侵权人承担责任的请求权法理基础有二:一是人格权请求权,二是损害赔偿请求权。前者性质上是基于绝对权的请求侵权人妨害排除和恢复原状,后者是基于侵权之债的履行请求。以往《侵权责任法》第15条规定的全部侵权责任承担方式,将二者混同涵盖,但在法律性质上应当予以区分。[2] 对于侵害名誉权的责任形式,《民法通则》《名誉权解答》予以规定,为停止侵害、恢复名誉、消除影响、赔礼道歉和赔偿损害。《一审稿》第778条就人格权的民事责任承担补充了排除妨碍和消除危险两种形式,《二审稿》和《三审稿》第778条相应修改为"民事责任"加以统合,条文表述更为简洁。鉴于前述观点,两种请求权对应不同的责任承担方式。

一、基于人格权请求权的责任承担

人格权请求权的责任方式体现为排除妨碍、消除危险、停止侵害、消除影响、恢复名誉和赔礼道歉。其核心为免于侵害和恢复原状。排除妨碍和消除危险,是指名誉尚未遭受实际侵害而处于危险状态下,受害人有权要求行为人承担的责任。停止侵害,自然指行为人负有停止加害行为之责任。《三审稿》保留《二审稿》新增的第807条之一,确认了名誉权人针对媒体报道失实的更正、删除权,系预防功能的体现。权利人及时行使人格权请求权以求限制损害结果的发生或扩大。消除影响和赔礼道歉一般连同适用。名誉为社会之评价,意图消除负面影响使其恢复原状,消除影响的责任承担应当面向公众。行为人自发的赔礼道歉,可以在诉讼的

---

〔1〕 参见张红:《事实陈述、意见表达与公益性言论保护——最高法院1993年〈名誉权问题解答〉第8条之检讨》,载《法律科学》(西北政法大学学报)2010年第3期。

〔2〕 参见王利明:《论人格权请求权与侵权损害赔偿请求权的分离》,载《中国法学》2019年第1期。

任何阶段进行。若法院裁判要求其承担消除影响、赔礼道歉等责任，而侵权人拒不执行生效判决的，人民法院可将判决的主要内容及相关案情公告、登报。

二、基于损害赔偿请求权的责任承担

损害赔偿请求权的责任方式主要为金钱赔偿，在名誉权领域，分为精神损害赔偿和附带性财产损失赔偿。

（一）精神损害赔偿

精神损害赔偿，是指民事主体因其人身权利遭受非法侵害，其人格利益和身份利益受到损害或精神上遭受痛苦，要求侵权人以财产赔偿等责任进行救济和维护的民事法律制度。《名誉权解答》第10条规定，精神损害赔偿的赔偿数额应综合考虑侵权人的过错程度、侵权行为的具体情节以及精神损害后果等情况酌定。法人与非法人组织虽享有名誉权，但因其无法感受"精神"上之痛苦，故不适用精神损害赔偿。但在侵害法人与非法人组织名誉权的案件中，若其成员主张自身名誉受损，理由充分的，可对其适用精神损害赔偿。

（二）附带性财产损失赔偿

名誉权虽不同于标表型人格权直接涉及经济利益，但其损害结果可能涉及经济利益的损失，法院在认定损失赔偿时需要对此进行界定。名誉侵权案件中的财产损失，是因名誉贬损而产生的间接损失。这种损失既包括现有利益的损失，也包括预期利益的损失。现有利益的损失包括严重精神损害的治疗费用，心理咨询费用，为诉讼发生的必要支出等；预期利益损失，则为侵害名誉权案件的发生，可得利益的减少或丧失。对于我国《侵权责任法》所确定的损失填补原则，原告承担着损失举证责任。

第六节　结　　论

基于上文分析,本书建议《三审稿》“名誉权章”作如下修改:

第一条

民事主体享有名誉权。任何组织或者个人不得以侮辱、诽谤等方式侵害他人的名誉权。本法所称名誉是他人对民事主体的品德、声望、才能、信用等的社会评价。

第二条

胎儿名誉受法律保护。侵害胎儿名誉的,近亲属有权向法院提起诉讼。

第三条

英雄烈士名誉受法律保护。其他法律另有规定的从其规定。

第四条

侵害名誉权的责任,除应当根据受害人确有名誉被损害的事实、行为人实施损害行为、损害行为与损害后果之间有因果关系、行为人主观上有过错等认定外,应当参照本法第781、781条之一条之规定。

第五条

行为人正当行使权利实施下列行为,影响他人名誉的,不承担民事责任:

(一)陈述事实;

(二)合理评论;

(三)行使法定职权;

(四)未公开的口头或书面意见和建议;

(五)消费者评论;

(六)文学艺术创作;

(七)新闻报道;

(八)其他维护公序良俗的行为。

但是行为人捏造、歪曲事实、对他人提供的事实未尽到合理审查义务,或者包含过度贬损他人名誉内容、超过理性限度的除外。

第六条

行为人对转载的或者他人提供的事实是否尽到合理审查义务,可以根据以下因素确定:

(一)信息来源的可信度;

(二)对明显可能引发争议的内容是否进行必要的调查;

(三)事实的时效性和与公序良俗的关联性;

(四)受害人名誉贬损的可能程度;

(五)审查能力和审查成本。

行为人应当就自己已尽到合理审查义务承担举证责任,但是法律另有规定的除外。

第六章　民法典之隐私权立法论*

第一节　隐私权的内容

《一审稿》第 811 条第 1 款前半段直接明确自然人享有隐私权。在信息社会，国家、企业和个人可以快捷地搜集、整合、处理和传递有关他人的信息资源，或作为商品加以利用。人们对于暴露在公众中逐渐感到敏感，这种法感情和人格意识促生了隐私权，隐私权在世界范围内得到承认与推崇。在我国，隐私权经历了“名誉权保护—隐私利益保护—隐私权保护”的发展过程。[1] 隐私权保护之价值可划分为三个层面：个体层面——维护人的尊严和个体自主，社会层面——实现信息共享与隐私利益互动，技术层面——为科技发展提供评价标准。

《一审稿》第 811 条第 1 款后半段进一步规定，其他民事主体负有对权利人隐私权保护的消极义务。通过列举的方式明确了侵害隐私权的方式，是隐私权积极确权的体现。但从立法体系看，该部分与《一审稿》第 812 条规范功能、规范内容上皆存在重复。从立法逻辑看，对隐私权之保护，首先应是权利确认以及概念界定，为后面条文立法奠定规范基础。在草案中，在确权与概念界定之间规范隐私权的侵权模式实有不当。既无必要，又违背了立法的逻辑，故应当删除《一审稿》第 811 条第 1 款后半段的内容。

从比较法上看，隐私权的具体内涵在世界范围内存在巨大差异。因我国法学研究广泛借鉴了域外的先进立法经验，我国在借鉴不同立法例的基础上，在理论界针对隐私权的概念及其涵射范围等呈现出不同的理论争议。

---

* 本章原发表于《社会科学家》2019 年第 1 期，收入本书时有增删修订。

〔1〕 张红：《人格权各论》，高等教育出版社 2015 年版，第 430 页。

隐私权界定的核心在于隐私内涵的确定。隐私内涵的确定有两种模式：第一，价值判断模式；第二，具体列举模式。从《一审稿》第 811 条第 2 款内容上看，兼采两种模式。隐私权的初始含义为“免受外界干扰的、独处的”权利，但经过多年发展，隐私权概念虽有共识，但也存在诸多争议。[1] 在世界范围，大陆法系与英美法系隐私权内涵存在巨大差异，根本原因在于大陆法系人格权立法体系与美国人格权保护模式的殊途而不同归，以我国与美国立法模式的对比为例：在美国隐私权已经成为涵盖多种人格利益保护的人格权利益的集合，实际上承担了人格权对新型人格权利益的“吸纳”作用；而我国人格权体系日益细化，形成了“具体人格权＋一般人格权”的保护模式。由此为保障人格权内在体系的稳定性，避免不同具体人格权间的适用冲突，有必要清晰、谨慎地确定隐私权的涵摄范围。

隐私概念是开放的，内蕴诸多价值内涵。[2] “隐私”自出现以来，迄今尚无统一定论。自隐私权提出以来，理论上发展出诸多定义，可概括如下：私人领域说、私人秘密和私人信息说、生活安宁和秘密说、开放性定义说等。在司法实践中，隐私权亦存有不同裁判观点。如在“唐某诉黄某案”[3]中，法官认为隐私权是专属于公民享有对其个人的，与公共利益、群众利益无关的个人信息、私人活动和私有领域进行支配的人格权，是专属于公民享有的绝对权。在“王某诉电信昆明分公司案”[4]中，法官认为隐私权主要有四个板块：个人生活安宁权；个人生活信息保密权；个人通信秘密权；个人隐私使用权。上述学理与实践对隐私的定义都体现了隐私具有私密性特征。隐私权应受“隐私合理期待”的限制，具备“隐”与“私”的特征，“隐”在主观上表现为权利主体不欲他人知悉的心理，强调的是信息主体不愿公开、为他人知的信息。对“隐”之确定应综合主客观双重标准，即主观上认为此乃隐私，客观上符合“合理隐私期待”。而“私”是一种客观存在，是具有人身辨

---

〔1〕 参见王利明：《隐私权概念的再界定》，载《法学家》2012 年第 1 期。

〔2〕 参见[美]阿丽塔·L. 艾伦、[美]理查德·C. 托克音顿：《美国隐私权：学说、判例与立法》，冯建姝等译，中国民主法制出版社 2004 年版，第 13 页。

〔3〕 参见广东省深圳市宝安区人民法院(2010)深宝法民一初字第 244 号民事判决书。

〔4〕 参见云南省昆明市中级人民法院(2004)昆民二终字第 785 号民事判决书。

识度的真实事物。[1] 自此而言，私密性应包含主观、客观双重判断标准。[2]《一审稿》第811条在私密性的限定下，又进一步将隐私类分为私人空间、私人活动和私人信息，并用“等”字体现该条款的开放性。

私人空间是个人所欲保留的空间，或退出社会日常交往而形成的私人空间范围，包括物理空间和心理距离或空间。前者使个人隐私得以存在，后者则是保护个人发展需要与自由需求所必需。私人空间包括但不限于个人的住宅、行李、箱、包、日记等。私人活动是指具有私人性，而无涉公益的私人事物与私人事务。事物和事务之间存有差异。事务侧重强调具有动态性的隐私，私人事务可具体化为个人家庭活动、婚姻活动、社会交往及男女性行为等；事物侧重于静态的隐私，是客观存在的事实，如私人的宗教信仰等。私人所有不愿公开以及他人介入的活动和事实都受到法律的保护，任何对私事的侵扰、泄露或公开等都是对隐私的侵害。私人活动因其特性，可能随时间流转，原本已经不是隐私的重新变成为隐私。私人信息是随着计算机技术发展而产生的新的隐私领域。在现代社会，随着计算机技术的快速发展，信息收集、储存、分析归纳的成本等日益下降，而与之相对，网络技术对民众生活的渗入越来越深，且很多网络服务的使用，都需要首先完成个人信息注册。此外，网络爬虫等技术也为网络服务商收集个人信息提供了便利，以致在网络时代个人隐私在“裸奔”。但需要注意的是，人格权编各草案都区分了隐私权和个人信息，而作为隐私权内容的“私人信息”如何与个人信息进行明确区分，是人格权立法必须要解决的问题。

从条文内容看，《一审稿》第811条第2款用“私密性”来限定私人空间、私人活动、私人信息不妥。私密意指属于个人的、比较隐秘的，此与私人在词义上具有重复性，因而缺少多角度判断标准，不利于隐私权在司法实践中的积极确权。在我国人格权立法体系内，隐私权应该具备“隐”与“私”两个向度，其判断标准应当兼顾主观与客观两方面。主观之判断应兼顾一般性的社会心理期待，即权利客体应属应当隐蔽之事务。虽然隐私权是绝对

〔1〕 参见张红：《人格权各论》，高等教育出版社2016年版，第479～488页。

〔2〕 已有法院持此种观点，参见广东省江门市中级人民法院（2017）粤07民终2531号民事判决书；上海市闵行区人民法院（2015）闵民一（民）初字第224号民事判决书。

权,具有对世的性质,但不可否认在特殊情形下,为求社会福祉更大化和保障他人利益,隐私权应让位于公共利益。[1] 但需要注意的是,公私并非静态的二分法,在具体情形下是可以相互转化的。在不同场景下,同种隐私可能存在是否应当保护的区分,由此,需引入公共利益判断标准,为灵活司法实践预留了空间。职是之故,《一审稿》第 811 条第 2 款建议修订为:"本法所谓隐私是指自然人与公共利益无关的、隐蔽的私人空间、私人活动和私人信息等。"

第二节　侵害隐私权的侵权行为

一、侵害隐私权之侵权行为条款应予保留

《一审稿》第 812 条采用"具体类型 + 兜底规定"的立法模式,详细规定了侵害隐私权的侵权行为,为司法适用提供了较为清晰的裁判标准。本条规范内容或许会使人产生这样的看法:该条文是典型的侵权责任规范条文,理应放置于"侵权责任编"。本书认为该条款宜保留于"人格权编"。民法典的条文设计不仅要考虑行为性质,亦要关注规范对象;在追求逻辑体系完美性的同时,也要兼顾司法适用中找法的便利性和针对规范对象的体系性。所以在条文编排存在多样依据的情形下,围绕隐私权这一规范对象,集中而谨慎地于一处周延规范存有正当性依据。否则,会增加法律司法适用上的困难。[2]

从民法典的整个规范体系考察看,此种规范模式亦非孤例。如"物权编"第 117 条规定:"因一方当事人的过错或者确定物的归属给另一方当事人造成损失的,应当给予赔偿或者补偿。"此规则作为侵权责任之规范,但规定于"物权编"。该编类似条文还包括第 62 条、第 81 条第 2 款、第 110 条等。在比较法上,《德国民法典 · 物权法编》第 989 条规定:"占有人自诉讼

〔1〕 参见张新宝:《隐私权研究》,载《法学研究》1990 年第 3 期。

〔2〕 参见王利明:《论人格权编与侵权责任编的区分与衔接》,载《比较法研究》2018 年第 2 期。

系属发生时起，对于因自己过错致使物受到减损、灭失，或者因其他原因致使自己不能够返还物而发生的损害，向所有权人负责任。”该编第 990 条、第 991 条、第 1054 条等皆属于侵权责任规范。[1] 基于此，《一审稿》第 812 条应予保留。

二、侵害隐私权的侵权行为类型

《一审稿》第 812 条规定了侵害隐私权的典型侵权类型：

1. 搜查、侵入、窥视他人住宅等私人空间。公民有权禁止他人非法侵入私人领域，有权禁止他人非法破坏私人领域之隐秘性，其中个人住宅最为典型。[2] 私人空间多属于物理上的特定空间，个人的住宅为其个人的生活空间，属隐私之范畴。此三种行为方式是侵权的形式，住宅等私人空间则是隐私权的客体。搜查一般是指行政机关非法对私人住宅的侵入。依循我国立法习惯，空间与搜查搭配多是私权利对抗公权力的一种体现。[3] 如是“搜查”一般被视为侵害宪法人格权的行为，而且搜查私人空间必然以侵入为前提，故可将搜查视为侵入的一种特殊情形。因《一审稿》第 812 条第 3 项强调身体隐私，所以在理解上该条款中的“私人空间”不应该包含身体。

2. 拍摄、录制、泄露、公开、跟踪、窃听他人的私人活动。私人活动属动态隐私，自然应得法律保护。未经权利人授权或许可，在不存在其他法定事由时，他人不得对他人私人活动从事该条所列举之行为。但需要探讨的是，在法律未规定、当事人未同意情形下，所有拍摄私人活动等行为皆属于侵权行为吗？如公用摄像头拍摄到情侣间的亲密行为。本书认为，此种情形并非皆构成侵权，仍需考量拍摄者的行为目的、是否具有过错以及行为发生的空间等要素，[4] 此可参照适用人格权编、侵权责任编中的一般性规范，为求条文设计得当和避免重复，于此处可不予规定。

---

〔1〕 参见杜景林、卢谌：《德国民法典——全条文注释》，中国政法大学出版社 2015 年版，第 761 ~ 786 页。

〔2〕 参见《宪法》第 39 条：“中华人民共和国公民的住宅不受侵犯。禁止非法搜查或非法侵入公民的住宅。”

〔3〕 参见《宪法》第 39 条、《治安管理处罚法》第 87 条、《刑事诉讼法》第 132 条。

〔4〕 参见刘史丹：《隐私权的新发展——私人摄像头侵犯隐私权案件的审理思路和判断要素初探》，载《法律适用（司法案例）》2017 年第 12 期。

3. 拍摄、窥视他人的身体。个人对自己的身体毫无疑问享有隐私权，对身体隐私的保护发展自传统的“知羞耻、掩外阴”观念。未经许可，任何人不得非法拍摄、窥视，否则即构成对他人隐私权的侵害。《宪法》第37条第3款规定禁止非法搜查公民的身体；《劳动法》第96条第2项规定禁止非法搜查劳动者。因为《宪法》不能直接规范私人间法律关系，为落实宪法精神，此处可以修订为“拍摄、窥视、搜查他人的身体”。侵害身体隐私常发生于医疗领域，患者的隐秘部位可能因诊断、治疗的需要而展露于医生面前。为了诊治、教学的需要，将患者隐私部位拍摄成像、实习医生对患者隐私部位观摩、见习等行为是严重的侵害隐私权的行为。[1] 此外，应对民事主体的身体隐私作扩大化解释，以将基因隐私纳入该款予以保护。基因隐私关乎个人生命的秘密，权利人有权支配自己基因隐私，以决定是否告知他人抑或公开。[2]

4. 获取、隐匿、扣留、检查、毁弃、删除、泄露、公开、买卖他人的私人信息。私人信息又称为个人信息，即与特定人相关联的、反映个体特征的具有可识别性的符号系统。[3] 个人的所有情况都可能成为个人信息，包括姓名、家庭住址、健康与财产状况等，只要能通过某种物质载体所表现出来就属于个人信息的范畴。隐私权的新发展拓展至对信息自主的保护。一般来说，侵害私人信息的行为包括“侵入型”的侵入行为和“公开型”的公开行为。需要注意的是，此处私人信息应指不涉及公共利益、隐秘的私人信息，以区分私人信息与个人信息权的客体。而且从隐私权规范体系上看，此处私人信息作为《一审稿》第811条第2款隐私的下位概念，对其应作缩小解释。

5. 以短信、电话、即时通信工具、传单、电子邮件等方式侵扰他人的生

[1] 参见孙振栋：《论医院见习教学中患者隐私权之保护——兼谈我国隐私权立法》，载《法学》2001年第2期。

[2] 参见王康：《基因权的私法规范》，中国法制出版社2014年版，第230页。

[3] 参见王利明：《人格权法研究》，中国人民大学出版社2018年版，第619页。

活安宁。生活安宁利益是一种新兴法益,[1]但需要注意的是其与隐私权的差别:首先,二者对私人信息公开所持有的主观心理要件不一。隐私权价值是民众在社会生活中享有独处的时空,个人可以真实地生活,发展个性而不受他人支配和操纵。[2] 所以权利人不愿并积极的排除他人知悉自己的隐私。而生活安宁利益主体并不刻意隐蔽私人活动领域、私人信息等,甚至会主动公开,如主动填写私人信息注册相关的服务账号。只是隐私控制者滥用个人信息,使利益主体生活安宁受到破坏。其次,两者内容不同。隐私权客观表现形式前文已述,隐私若被公之于众,就会使隐私权人觉得羞耻和不愉快;而生活安宁利益的内容是自身对生活安宁状态的一种向往,多与隐私权无关。再次,对隐私权的侵害则是公布了其不愿被他人所知的事实,且公布内容的还必须是已经发生的、真实的、合法的事实;而侵害生活安宁则不要求其公布的事实与侵害隐私权公布的内容一样。最后,损害后果不同。隐私的保密性遭损害系侵害隐私权之后果;而生活安宁之损害,包括隐私权侵权后果,亦有其他。相比而言,生活安宁遭损害则反映在原有的生活宁静的状态被破坏。由此,本书认为,应删除此条款。而随着社会发展、人口聚集,嘈杂的广场舞、垃圾短信、骚扰电话等扰乱生活安宁的民事纠纷也是越来越多,安宁、和谐的生活环境已为每个自然人梦寐以求而不得之生活状态。[3] 基于此,笔者认为,应当增添保障生活安宁条款,以保证个人生活的宁静。

6. 以其他方式侵害他人的隐私权。隐私是开放性的法律概念,科技的进步以及社会的发展不断扩充着隐私的内涵,同时新的隐私侵权行为方式和类型也会不断出现。现有立法只能将既有的、可类型化的侵害他人隐私的行为加以规定,而无法周延列举所有的隐私侵权行为。该兜底性条款为人格权编的未来面向预留空间。

---

〔1〕 参见方乐坤:《精神安宁权的基础及理由分析》,载《西南政法大学学报》2007 年第 5 期;刘保玉、周玉辉:《论安宁生活权》,载《当代法学》2013 年第 2 期。在中国台湾地区又有居住安宁的人格利益一说。参见王泽鉴:《人格权法　法释义学、比较法、案例研究》,北京大学出版社 2013 年版,第 249 页。

〔2〕 参见张新宝:《从隐私到个人信息:利益再衡量的理论与制度安排》,载《中国法学》2015 年第 3 期。

〔3〕 参见张红:《侵害生活安宁利益之侵权责任》,载《财经法学》2018 年第 6 期。

三、隐私权规范体系中应增加的内容

“合理隐私期待”是判断隐私的重要标准，在司法实践中可从“私人事实”、“法律规定”、“社会习俗”和“利益平衡”等要素判断隐私期待是否合理。[1] 由此隐私之判断应受到其所在情景、涉及主体的影响，例如，私人场所—公共场所、一般民众—公众人物等会影响隐私权的涵摄边界。随着民众权利意识的觉醒，对隐私权要求越来越高，不仅要求私人场所的隐私权，亦要求在公共场所享有一定的隐私权，[2]这种权利诉求在司法实践中已有所呈现。[3] 而公众人物（官员、娱乐明星）对社会有超出一般人的影响力，享有着更多的社会资源，由此公众人物有些“隐私”的公开就具备了一定的公共利益。[4] 此外，在生活中未成年人隐私的保护与支配日益受到重视，而因未成年人隐私的独立性常被隐于家庭、学校的团体性之下，而不受重视。但在网络社会，未成年人参与网络的机会越来越多，为了保障儿童的隐私，有必要对其进行立法探讨。

（一）公共场所隐私权

条文设计：

在公共场所里，自然人符合合理期待的隐私应受到法律保护。

立法理由：从社会背景看，随着科学技术的发展，我们身边的雷达、红外摄像机等已经十分常见。不仅有公共监控设备，许多家庭亦在自家门口安装了摄像头，这使大范围、长时间的监督他人行为成为可能，且在现实生活中十分常见。在此社会环境下，自然人如同生活在“圆形监狱”中，其一举一动都毫无秘密而言，生活在别人的监督之下。[5] 由此，我们应该破除“公

---

〔1〕 参见杜红原：《隐私权的判定——“合理隐私期待标准”的确立与适用》，载《北方法学》2015 年第 6 期。

〔2〕 参见侯国跃、刘玖林：《公共场所的隐私保护问题》，载《重庆日报》2018 年 3 月 29 日，第 007 版。

〔3〕 参见广东省高级人民法院（2016）粤民再 464 号民事判决书；福建省漳州市中级人民法院（2016）闽 06 民终 2427 号民事判决书，等等。

〔4〕 参见李新天、郑鸣：《论中国公众人物隐私权的构建》，载《中国法学》2005 年第 5 期。

〔5〕 参见张民安主编：《公共场所隐私权研究》，中山大学出版社 2016 年版，第 449 页。

共场所无隐私”的陈旧观念，明确公共场所的隐私权以应对科技发展带来的挑战。

从司法实践看，明确公共场所的隐私权，既是对司法实践的总结，亦是对司法争议的回应。如在“徐某诉沈某隐私权纠纷案”中，徐某、沈某相邻而居，沈某在房屋西侧、东侧都安装了摄像头，其中西侧摄像头正对着徐某房屋前公共区域和徐某进出房屋的走道。徐某以隐私权受损为诉由，向法院提起诉讼。一审法院认为徐某在公共场所的行动并不属于私人秘密范畴，陈某安装摄像头的行为并未侵犯徐某隐私权。而二审法院则认为安装摄像头行为会涉及公共利益以及他人行为，因此应谨慎安装。〔1〕 在“李某、黄某某隐私权纠纷案”中，法官进一步认为，侵权人安装的摄像头的摄像范围虽是公共领域，但公民进出住宅的行为与家庭和财产安全、私人生活习惯等高度关联，应视为具有隐私性质的人格权益，受法律保护。〔2〕 另有裁判认为，公共场所的隐私权可被理解为个人享有在公共场所不被他人直窥、打扰、关注的权利。〔3〕 此外，司法实践中亦有坚守“公共场所无隐私”的裁判。〔4〕

从人格权内在伦理看，一般认为“知情—同意”被视为公共场所无隐私权的理论基础。该理论认为，自然人出现在公共场所即表明其知道其行为会暴露在他人的窥视之下，而其进出公共场所的行为则表明其知道和愿意接受风险存在。〔5〕 但这一传统理论建构的基础是社会的短时记忆、偶然窥视。如前所言，现代社会永久记忆、不间断窥视成为可能，可以简便、低成本地通过对公共场所碎片化信息的归纳分析进而得出相关人的隐私。由此可见，在一定情形下“知情—同意”原则适用的社会背景已经动摇。一般而言，在公共场所相对隐蔽或无人时，民众仍会表达情绪、发挥天性、展现自我等。而在现代技术条件下，如果支持当事人时时处于“老大哥”的监控之

---

〔1〕 参见上海市第一中级人民法院（2015）沪一中民一（民）终字第2620号民事判决书。

〔2〕 参见广东省高级人民法院（2016）粤民再464号民事判决书。

〔3〕 参见上海市第一中级人民法院（2018）沪01民终508号民事判决书。

〔4〕 参见北京市第二中级人民法院（2018）京02民终2622号民事判决书。

〔5〕 参见李延舜：《公共场所隐私权研究——法理、要素及类型》，载《政法论坛》2018年第6期。

下，无疑会压抑自然人的人格尊严。基于上述分析，为了避免司法实践中“同案异判”的情形，有必要增加公共场所隐私权条款。

(二)公众人物隐私权

条文设计：

因公共利益、舆论监督等需要，社会公众人物的隐私可不经允许予以报道、披露。

立法理由：西方有法谚云“高管无隐私”，我国亦强调“阳光是最好的防腐剂”。从上述两法谚可见，公众人物隐私的相对透明化是出于公共利益保护的需要。因为公众人物是基于自己的官方职位或是基于自己的社会影响力，其掌握、支配的社会公共资源远超过一般民众。为避免寻租、贪污等行为的出现，保障公共利益，需要对公众人物的行为进行监督。[1] 而且公众人物的不当行为、言行会造成更大社会负面影响，因此，公众人物更应谨言慎行，接受社会监督。从另一角度看，公众人物(如官员)的权力有时来源于民众，民众对公众人物的一些隐私享有知情权，对公众人物隐私权的限制符合公平原则。在生活中，如电影明星等公民自愿成为公众人物，并借助公众人物这一身份，通过广告、演唱会、出演影视剧等方式，可获得巨大利益。基于公平原则，公众人物隐私权的涵摄范围应受到限制。[2] 故毋庸置疑，公众人物所享有的隐私权较一般人更为狭窄。从比较法角度看，社会公众人物隐私权的克减性在世界范围内获得了肯认：美国“纽约时报诉沙利文案”中确立了公众人物的人格权可克减原则，明确了报道中的真实恶意原则；[3] 在德国“Caroline”案中，一审法院以《德国艺术品著作权法》第23条第1款为裁判依据，认为“绝对新闻人物”的肖像权在保护力度上弱于一般人。绝对新闻人物，即此人拥有一定知名度，且公众对其相关信息的知悉

---

〔1〕 参见齐晓丹：《社会监督与公众人物隐私权保护中的利益平衡》，载法制网：http://www.legaldaily.com.cn/fxjy/content/2018-05/30/content_7556855.htm，2019年12月30日最后访问。

〔2〕 参见江必新等：《最高人民法院指导性案例裁判规则理解与适用(侵权赔偿卷二)》，中国法制出版社2014年版，第153页。

〔3〕 See New York Times Co. v. Sullivan, 376U. S. 254(1964).

有正当利益。[1] 由上文可见,应明确公众人物隐私权的克减性,设计相应条款以保障民众知情权、新闻自由。

公众人物隐私权的限制条款的建构,首先需面对的问题是公众人物的判定问题。我国现有立法尚无对公众人物概念的释义,但在2002年的“范志毅案”[2]中,法官首先提出来公众人物概念。在“天津报刊出版社与吴静怡名誉权纠纷案”[3]中,法官认为公众人物是在一定范围内为人们所广泛知晓和关注,并与社会公共利益密切相关的人物。公众人物人格权呈现民众兴趣性、与公共利益冲突性、法律保护的有限性等特点。而在另一则案例中,法官又明确了因重大事件偶然成为公众人物的情况。[4] 学理上,公众人物可分为“自愿型公众人物”(高级官员、明星等)和“非自愿型公众人物”(重大刑事案件受害者等)或“完全目的公众人物”(美国总统)和“有限目的公众人物”(明星)。主体类型区分是影响公众人物隐私权的要素之一。除此之外,仍需参酌以下方面以明确公众人物隐私权的边界:时间要素,随着时间的流逝公众人物可能会被公众所淡忘,比如官员退休等;事件因素,应根据事件的性质和严重程度的差异,判断公众人物的隐私权边界;披露要素,隐私有绝对隐私、相对隐私之分,绝对隐私是指纯属私人领域的隐私,例如公众人物的夫妻生活、家庭住宅等,相对隐私是指涉及公共利益的隐私,如官员财产、家庭外的人际交往等。[5]

(三)未成年人隐私权保护

条文设计:

未成年人隐私权受法律保护。他人收集未成年人的隐私时,应经过未成年人的监护人允许。未成年人的监护人可在符合未成年人发展需要的前提下查看、披露未成年人隐私。其他非完全民事行为能力人

---

[1] 2004年6月24日判决。案号:59320/00。出处:Reports of Judgments and Decisions 2004 - VI。

[2] 参见上海市静安区人民法院(2002)静民一(民)初字第1776号民事判决书。

[3] 参见北京市朝阳区人民法院(2013)朝民初字第35480号民事判决书。

[4] 参见北京市第一中级人民法院(2017)京01民终5729号民事判决书。

[5] 参见喻军:《论政府官员隐私权及其规制——以绝对隐私、相对隐私为切入点》,载《政治与法律》2013年第5期。

的隐私保护准用该条规定。

立法理由:隐私权自产生以来即存在“成年人”预设和监护人、管理人与未成年人“利益一致”预设。[1] 但在现实生活中,随着未成年人年龄的增长,其隐私意识也在不断增强。又因为未成年人心智尚未成熟,有些令其难堪等不愿为他人所知的信息被披露,对未成年人的成长、发展的影响无疑更为严重。如“付某某案”中,法院认为被告网络公司未尽审核义务,将原告未成年人之隐私予以公开,给未成年人的成长造成严重的不利影响。[2] 在一些刑事案件中,被害人隐私的泄露会使受害者遭受二次伤害。在比较法上,1989 年联合国与会国共同同意的《儿童权利公约》第 16 条充分肯定了儿童隐私权的保护;美国制定了《儿童在线隐私保护法案》;澳大利亚制定了《儿童和青少年(照管和保护)法》。可见未成年人隐私权保护已在世界范围内得到了认可。我国立法亦十分重视对未成年人隐私权的保护,《未成年人保护法》第 39 条确认了未成年人的隐私不得为他人或组织所披露;但该条文仅关注到隐私权的消极权能,而未基于未成年人之特殊性,明确未成年人隐私权的积极权能,不利于周延保护未成年人的隐私权益。

隐私权系支配权,未成年人并不具备完全民事行为能力,其对自己隐私内容的支配,如是否披露自己隐私,应告知且征得其监护人同意。在现实生活中,随着网络技术的发展,未成年人在虚拟空间与外界接触的机会不断增多,其中有些未成年人不当处置自己隐私,如在某些不法网站被诱惑裸聊等,[3] 不经意间为自己未来成长埋下祸根。此时就需要监护人的介入,而信息收集机构和未成年人服务提供机构则要为未成年人监护人的介入提供条件。此外,未成年人就学等需要填报个人隐私,如疾病信息等,需要征得未成年人的同意。由此,在保护未成年人隐私权时,应明确其隐私权对监护人的依附性。

监护人与未成年人间的关系被学者称为“威权关系”,指对子女的天性

[1] 参见李延舜:《论未成年人隐私权》,载《法制与社会发展》2015 年第 6 期。

[2] 参见《利用互联网侵害未成年人权益的典型案例》,载《人民法院报》2018 年 6 月 2 日,第 3 版。

[3] 参见《网游“小花仙”成性侵幼女温床,七年间无人监管》,载中国青年网:http://news.youth.cn/jsxw/201706/t20170607_9998627.htm,2019 年 2 月 28 日最后访问。

因势利导,既注意孩子的个性,注重自我独立性的培养;同时又强调父母权威,以及父母在孩子成长过程的指导作用。[1] 基于此,我们既要肯认未成年人监护人对未成年人隐私掌控的能力,又要为未成年人隐私预留一定空间。监护人不能也没必要获悉未成年人的所有隐私,也不能不分隐私内容、场合的披露未成年人隐私。监护人的行为应符合未成年人利益最大化原则,[2] 与未成年人的成长、发展相适应。值得一提的是,未成年人若遭受来自监护人的虐待等侵害时,监护人不得以隐私权为由拒绝外界对这一相关事实的披露并借此寻求保护未成年人权益。如在"施某某案"[3] 中,被告徐某将施某某的照片发至微博,并将施某某遭受家庭暴力的情况随图发布,张某和桂某作为施某某的监护人以侵犯未成年人施某某隐私权为由将徐某告上法庭。法院认为被告徐某的行为属于揭露可能存在的犯罪行为和保护未成年人合法权益不受侵犯,故而驳回原告的全部诉讼请求。随着未成年人的年龄的增长,其监护人对其隐私的掌控范围也相应缩小、强度越弱。如《美国儿童网上隐私保护法》明确监护人对 13 岁以下的未成年人的隐私具有强支配性,此可为我国借鉴。

第三节　个人信息的内容

一、个人信息的定义

在大数据时代,随着信息技术的发展,在互联网领域信息呈现出数字化、廉价存储器、易于提取、全球性覆盖四大特性。[4] 对互联网公司来说,个人信息是其宝贵的资源,可以归属于财产的范畴,在此种情形下,法律必

---

[1] 参见季乃礼、张振华:《心理层面的威权主义辨析》,载李路曲主编:《比较政治学研究》(第 2 辑),中央编译出版社 2011 年版,第 51 页;李延舜:《"权威与服从"语境中的未成年人隐私权保护研究》,苏州大学 2017 年博士学位论文。

[2] 参见彭思彬:《论未成年人人格权法律保护的媒体义务——由"李 × × 案"说起》,载《福建师范大学学报》(哲学社会科学版)2014 年第 5 期。

[3] 参见江苏省南京市江宁区人民法院(2015)江宁少民初字第 7 号民事判决书。

[4] 参见[英]维克托 · 迈尔—舍恩伯格:《删除:大数据取舍之道》,袁杰译,浙江人民出版社 2013 年版,第 67 页。

须回应信息的所有权是归属于收集者抑或是个人信息主体。[1] 在网络服务中,个人信息常常被视为一种商品,被收集、买卖、交换、分析。[2] 互联网服务已经深入生活的各个方面,购物、出行、外卖、住宿、观看视频等皆在网上留有痕迹,如果对这些信息加以整合,就会形成个人的数字人生抑或数字人格。[3] 在网络社会个人信息之保护显得尤为重要,这种保护不仅是不受侵犯,而且也应包括删除、更改等支配权能。由此,个人信息的立法保护已经成为世界潮流。我国《民法总则》第 111 条、《一审稿》第 813 条规定:"个人信息应受到法律保护。"诚值赞同。

从《室内稿》到《一审稿》关于隐私权与个人信息权的界定并未进行修改,其中隐私权涵摄范围内的私人信息与作为个人信息权客体的个人信息之间的区分未能得到良好的处理。[4] 此外,在司法实践中,当诉争客体为私人信息时,司法机关必然要区分隐私权和个人信息权。如在最高人民法院发布的第一批涉互联网典型案例"庞某诉东方公司案"[5]中,该案的系争点为公民的姓名、电话号码及行程安排等事项,法官将之认定为个人信息。东方公司等将之泄露给他人,法官将此案定位为公民隐私权纠纷。而《一审稿》第 813 条明确规定个人身份、电话号码属于个人信息。在学术研究中,学者从通过隐私权无法完全涵盖个人信息权之内涵作为论证依据,证立个人信息权,[6]而两者间重合部分如何处置仍是个问题。由此可见,隐私权与个人信息权区分既是立法难题亦是实践难题。

一般而言,个人信息是指与特定个人相关联的、能够反映个体特征的具

---

[1] See Richard S. Murphy, *Property Right in Personal Information: An Economic Defense of Privacy*. Geo. L. J., 1995(84):2381.

[2] See Jef Ausloos. "The Right to be Forgotten Worth Remembering?", *Forthcoming Computer Law & Security Review* (2012).

[3] 参见张里安、韩旭至:《大数据时代下个人信息权的私法属性》,载《法学论坛》2016 年第 3 期。

[4] 参见常健:《论人格权法(编)中的个人信息权的制度完善——评〈中华人民共和国民法人格权编(草案)·民法室室内稿〉相关规定》,载《四川大学学报》(哲学社会科学版)2018 年第 3 期。

[5] 参见北京市中级人民法院(2017)京 01 民终 509 号民事判决书。

[6] 参见叶名怡:《论个人信息权的基本范畴》,载《清华法学》2018 年第 5 期。

有可识别性的符号系统。[1] 个人信息的核心是可识别性,《一审稿》第 813 条的表述体现了这一特性。探讨个人信息权与隐私权区分需立足于我国隐私权语境,如前所言,我国隐私权受到"隐"与"私"的限制,与美国充任"一般人格权"功能的隐私权存有巨大差别。很多个人信息并不具备"隐"与"私"的属性,如姓名、住址等,这些信息应属个人信息权的涵摄范围。但不可否认,如基因信息、出生日期等个人信息属于隐私范畴,隐私权与个人信息权存在交叉之处。在隐私权与个人信息权并存的立法语境下,宜将隐私权定位为消极型、防御型的精神性权利,将个人信息权定位为积极的支配权。在客体上,隐私应谨慎依循合理隐私期待以及信息组合是否能够营造出令人不适的情景加以判断,而个人信息侧重点在于信息的可识别性。隐私权的目的在于防范私人信息的披露,而个人信息权则在保障信息主体对信息的控制。[2] 当然,隐私权与个人信息权无法做到绝对二分,如个人基因信息,但鉴于个人信息权具有更强的支配权能,为保障信息主体的利益,当两者竞合时应优先适用个人信息权保护路径。

本书认为,《一审稿》第 813 条第 2 款"个人信息是……的各种信息"的表述框架尚存在优化空间。诚如条文中所言,个人信息的可识别性判断存在两种模式:一是单一信息决定可识别性,二是信息集合决定可识别性。由此,构成个人信息者不仅包括各类信息亦包括信息集合,而仅在条文中规定"各种信息",那么信息集合能否归入其中?信息集合中的部分信息能否归属其中?不无疑问。所以,为了严谨起见,宜将该条修订为:"个人信息是以电子或者其他方式记录的能够单独或者与其他信息结合识别自然人个人身份的各种信息和信息集合。"[3]

---

[1] 参见王利明:《论个人信息权的法律保护——以个人信息权与隐私权的界分为中心》,载《现代法学》2013 年第 4 期。

[2] 也有学者认为"个人对个人信息不具有支配权,个人也不享有排除他人支配的权利",参见高富平:《论个人信息保护的目的——以个人信息保护法益区分为核心》,载《法商研究》2019 年第 1 期。

[3] 《互联网企业个人信息保护测评标准》第 3 条采此规范模式:"……4. 个人信息是指能够切实可行地单独或通过与其他信息结合识别特定用户身份的信息或信息集合。"

二、信息分级条款

《一审稿》第 813 条第 2 款后半段紧接着罗列了个人姓名等个人信息类型，但并未对个人信息作出进一步的分类，不无遗憾。本书认为，《一审稿》应增添信息分级条款。不同的个人信息对自然人的影响力度存在巨大差异，各自所蕴含的人格利益亦存有不同，进而自然人针对不同的个人信息类型可行使不同强度的个人信息权，例如针对不同信息的删除权。由此为使个人信息权在司法实践中更易于操作，需要对个人信息进行分级保护。

自比较法观之，《欧盟个人数据保护指令》第 8 条明确了特殊数据的保护方式。欧盟在《通用数据保护条例》（GDPR）中将信息分为一般数据和个人敏感数据，信息涉及以下一种或数种时为个人敏感信息：（1）种族或民族出身；（2）政治观点；（3）宗教/哲学信仰；（4）工会成员身份；（5）涉及健康、性生活或性取向的数据；（6）基因数据；（7）经处理可识别特定个人的生物识别数据。我国亦对此进行尝试，将个人信息分为个人敏感信息和个人一般信息。《信息安全技术公共及商用服务信息系统个人信息保护指南》第 3.7 条明确了个人敏感信息，并将其定义为，"一旦遭到泄露或修改，会对标识的个人信息主体造成不良影响的个人信息"。个人敏感信息受个人意愿和各自业务特点影响，该条进一步进行了列举，如身份证号码、手机号码、种族、政治观点、宗教信仰、基因、指纹等。该指南第 3.8 条规定除了个人敏感信息之外的个人信息是个人一般信息。《信息安全技术个人信息安全规范》附件 B 认为，个人敏感信息可以从以下角度进行判定：个人信息泄露会导致信息主体丧失对信息的控制，且会给信息主体带来重大风险；某些个人信息在授权范围外扩散，就会给信息主体带来风险；超出个人信息授权范围就会给信息主体带来风险。

由上可见，随着信息技术发展，为保障科技发展和个人信息权的平衡，有必要对个人信息进行分级。制定民法典的重要目的之一即是对现有立法的归纳总结，在国内外存有信息分级实践经验的情况下，《一审稿》有必要增添个人信息分级条款。本书认为，应该采用"列举 + 概括"的立法模式，个人敏感信息是指泄露、滥用会严重损害信息主体权利，引来歧视性待遇的个人信息。[1] 个人敏感信息主要如下：身份证号码、政治信仰、金融权证、DNA、指纹、视网膜3D 脸部特征、精确地理位置、情感经历、性生活记录、医疗记录、病史、安全密码信息等个人信息。[2] 针对个人敏感信息应配置不同的规范准则，个人敏感信息的使用应严格遵循个人同意原则，[3] 而针对个人一般信息则无须设置严格的个人同意原则。[4]

三、对《民法总则》第111 条的处置

《一审稿》在隐私权与个人信息章对个人信息权进行了详细规定，如个人信息的确权、个人信息的解释、个人信息的收集、使用的边界等，已经形成了对个人信息权相对完善的规范。而《民法总则》第111 条的规定与《一审稿》规范内容重复，为追求《民法典》的形式逻辑，有必要对其进行探讨。

本书建议删除《民法总则》第111 条，并于《民法总则》第110 条第1 款增添“个人信息权”，以使个人信息权利化。从《民法总则》第111 条的制定背景看，在《民法总则》制定之时甚至颁布之后，学界关于人格权规范是否独立成编仍争议频频，且立法机关关于该问题亦无定论，先确定“两步走”，而后又颁布了《征求意见稿》。[5] 如今已经明确人格权规范应独立成编，在立法状况有了新变化的情形下，应对过往立法进行相应修订，将个人信息权规范的细化规范全部放置于《人格权编》，以优化民法典的立法体系。再者，《民法总则》的条文设置应采取“提取公因式”的立法技术，以高度抽象的统领民法典各编。从《民法总则》的内容看，其对个人信息进行了周延、详细的规定，抽象程度不足，应进一步抽象为个人信息权。此外，生命权、姓

〔1〕参见胡文涛：《我国个人敏感信息界定之构想》，载《中国法学》2018 年第5 期。

〔2〕参见吴标兵、许和隆：《个人信息的边界、敏感度与中心度研究——基于专家和公众认知的数据分析》，载《南京邮电大学学报》（社会科学版）2018 年第5 期；胡文涛：《我国个人敏感信息界定之构想》，载《中国法学》2018 年第5 期。

〔3〕参见陈骞、张志成：《个人敏感数据的法律保护：欧盟立法及借鉴》，载《湘潭大学学报》（哲学社会科学版）2018 年第3 期。

〔4〕参见汤敏：《论同意在个人信息处理中的作用——基于个人敏感信息和个人一般信息二维视角》，载《天府新论》2018 年第2 期。

〔5〕参见梁慧星：《民法典编纂中的重大争论——兼评全国人大常委会法工委两个民法典人格权编草案》，载《甘肃政法学院学报》2018 年第3 期。

名权、隐私权等其他人格权皆规定于《民法总则》第 110 条，将个人信息权置于该条有利于实现规范的形式逻辑一致性。

第四节　个人信息的收集、使用

一、收集、使用个人信息的条件

个人信息的规范体系主要是围绕着个人信息的收集、使用展开的。如前所述，个人信息权产生的背景是网络信息技术的快速发展与普遍使用。个人信息权应对的是因科技发展而导致个人信息被不当收集、使用的高风险，规范信息收集、掌控及使用的行为方式。由此，在个人信息权规范体系中个人信息的收集、使用规范占据了重要地位。《一审稿》在第 814 条中首先规定了个人信息收集、适用三原则，即“收集、使用自然人个人信息的，应当遵循合法、正当、必要原则”。

现代立法是一个利益识别、利益选择、利益整合、利益表达的变涉过程。〔1〕 在对个人信息进行立法保护时，应以信息主体利益为核心，通过利益衡量之思考方法，明确个人信息收集、使用原则。在信息社会，个人信息不仅涉及信息主体的个体利益，其也关涉社会公共利益。在个人信息的收集、适用领域，国家为了实现高效、科学管理，在个人信息保护过程中，国家不仅充任着超然的法律、政策的制定者，也是个人信息最主要的收集者、使用者。〔2〕 在信息社会，信息从业者大量出现，许多互联网公司以个人信息收集、分析、转化为营业内容，有些需要通过对消费者个人信息收集、分析，才能进行提供、优化相关服务。如《淘宝隐私权政策》（2018 年 11 月 8 日生效）明确收集个人信息的目的是：“为改善我们的产品或服务，以便向您提

---

〔1〕 参见张斌：《利益衡量论：以个体主义方法论为视角的现代立法研究》，海天出版社 2015 年版，第 16 页。

〔2〕 参见张新宝：《从隐私到个人信息：利益再衡量的理论与制度安排》，载《中国法学》2015 年第 3 期。

供更符合您个性化需求的信息展示、搜索及交易服务。”[1]由上可见，个人信息权立法保护需要实现多方主体的利益平衡。

基于此，我们需要在“两头强化、三方平衡”的思考体系下来建构个人信息权的立法体系。[2]《一审稿》第814条延续《关于加强网络信息保护的决定》第2条、《消费者权益保护法》第29条等规定，将合法、正当、必要原则作为个人信息收集、使用的原则。合法原则要求信息的收集、使用要符合法律规定。目前国内已有诸多关于个人信息的规范，既有全国人大常委会颁布通过的《消费者权益保护法》《网络安全法》等高位阶法律，亦有《互联网上网服务营业场所管理条例》《征信业管理条例》等行政法规。本书认为，信息收集的合法性应与物权法定的“法”、合同违法无效中的“法”作区分，将“合法”理解为合乎各项法律、行政规范。关于正当、必要原则，立法机关在解释《消费者权益保护法》时，将其解释为个人信息应采用合法、公平手段收集，应告知信息主体其收集信息的使用目的，且不得收集、适用于消费交易无关的信息。[3]本书认为，此处的“正当”是指手段正当、目的正当，可以进一步延伸为信息收集、使用目的应契合《民法总则》部分的公序良俗原则，如即便经过允许，个人照片信息等也不能作为招嫖广告内容。必要性原则此处解释为与消费交易有关的信息，本书认为，如此界定不利于信息主体的保护。在电子商务情景下，与消费交易相关的信息很多，如电话号码、地址、邮政编码、消费者姓名、银行账户的关联等，是不是所有与消费相关的信息主体都有权收集呢？有待商榷。

本书认为，宜在“必要性原则”的基础上引入“比例原则”。比例原则源自行政法领域，近年来在民商事领域备受推崇。如上所言，个人信息涉及国家、网络服务提供者、信息主体三方，而且网络服务提供者的掌控能力很强，

---

[1]《淘宝隐私权政策》，载 http://terms. alicdn. com/legal - agreement/terms/suit _ bu1 _ taobao/suit_bu1_taobao201703241622_61002. html? spm = a2145. 7268393. 0. 0. f9aa5d7c XuqXIU，2019年2月28日最后访问。

[2] 参见张新宝：《从隐私到个人信息：利益再衡量的理论与制度安排》，载《中国法学》2015年第3期。

[3] 参见贾东明主编、全国人大常委会法制工作委员会民法室：《中华人民共和国消费者权益保护法解读》，中国法制出版社2013年版，第136页。

享有“准立法权、准执法权、准司法权”，[1]可见个人信息权收集、使用的行为体系中，行政色彩浓郁，存在比例原则的适用情景与空间。从比较法上看，欧盟个人信息保护立法已经有所尝试，如《关于公共部门信息和私人数据保护的第 3/99 号意见》规定成员国应基于比例原则实现信息自由之目的而排除或者限制本人权利。[2] 比例原则可进一步细化为“适当性”、“必要性”和“均衡性”三项子原则，其所追求的目的是“禁止过度”，[3]即在个人信息收集、使用时要用最少信息收集来完成服务，如是更有利于保护信息主体的利益。

《一审稿》第 814 条在明确个人信息收集、使用的原则后，又对收集、使用条件进行了如下规范：

该条第 2 项规定明确收集、使用信息应“征得被征集者同意”，明确了个人信息收集、使用过程中的“通知—同意”原则。个人信息权是一项积极性权利，信息主体可以依法处置个人信息，其中允许他人收集、使用是其个人信息权的一项重要权能。基于此，信息收集、使用者在收集信息时应首先告知信息主体，以征询信息主体同意。但对于所谓的“非个人数据”，因其无法识别出特定自然人，不会给特定的自然人权益造成损害，故法律对此并无太多限制。对于这些非个人数据的收集、存储、转让和使用，也无须经过被收集者的同意。[4] 需要探讨的是，该款中要求“被征集者”同意，其是否系信息主体？本书认为，这一立法用语并不严谨，被征集者顾名思义是指信息的来源者，并非严谨的法律术语，而且信息来源者并不一定是信息主体。冒用他人信息者并无允诺他人使用信息的权利，而且域外立法普遍采用了“数据主体”“信息主体”等立法术语。[5] 由此，本书建议将“被征集者”修改为“信息主体”。此外，基于未成年人并不具备完全行为能力，其个人信息允诺权应受到限制，可借鉴《通用数据保护条例》等域外规定并延续我国

---

〔1〕 许可：《网络平台规制的双重逻辑及其反思》，载《网络信息法学研究》2018 年第 1 期。

〔2〕 参见齐爱民、李仪：《论利益平衡视野下的个人信息权制度——在人格利益与信息自由之间》，载《法学评论》2011 年第 3 期。

〔3〕 郑晓剑：《比例原则在民法上的适用及展开》，载《中国法学》2016 年第 2 期。

〔4〕 参见程啸：《论大数据时代的个人数据权利》，载《中国社会科学》2018 年第 3 期。

〔5〕 如《欧盟通用数据保护条例》《欧盟一般数据保护法法案》《日本个人数据保护法》等。

《信息安全技术公共及商用服务信息系统个人信息保护指南》中的规定，增添："向未满16周岁等限制民事行为能力人或无民事行为能力人征集个人敏感信息，需经过其监护人同意。"

在个人信息保护语境下，信息收集者的通知内容与民法领域一般的通知内容存在区别。在互联网服务中"通知—同意"原则的演变是一个日益趋严的过程。在互联网发展的前期，公权力很少介入互联网世界，互联网领域规范以网络服务者自律为主，此时采取的是"使用即同意"，但该模式造成了信息主体与信息收集者间的权利失衡。〔1〕 而随着时间的推移，信息收集中的"通知—同意"规则不断严格化，信息收集者在告知作为被收集对象的信息主体时，告知内容应更明确，需要包括公开收集、使用的规则（第2项），明确信息收集、使用信息的目的、方式和范围（第3项）。针对不同类型的信息收集，应取得权利人相应程度的授权。〔2〕 本书认为，因第4项中"不违反法律、行政法的规定"与"合法原则"重复，而且两者位于同一条中，实有不当，应予以删除，保留"不违反当事人间的约定"。

二、个人信息权的权能体系

《一审稿》第815条第1款明确了信息主体依据个人信息权可以行使的权能体系，为信息主体如何行使权利提供了清晰的指导。但本书认为，应当对作为个人信息权行使主体的"自然人"概念进行优化，将之修订为"信息主体"。如前所述，"信息主体"抑或"数据主体"是世界范围内在个人信息立法中的通用概念，而且我国已有立法亦多采用此概念。此外，个人信息内涵丰富，不仅具备人格利益，也具备财产性利益，数据经济是为典型。〔3〕 个人数据的财产属性是引入法人、其他组织作为保护对象的基础，而且不仅自然人的个人信息需要保护，法人的可识别性信息亦需要获得关注，在理论探

---

〔1〕 参见彭玉勇：《论网络服务提供者的权利和义务》，载《暨南学报》（哲学社会科学版）2014年第12期。

〔2〕 参见王利明：《数据共享与个人信息保护》，载《现代法学》2019年第1期。

〔3〕 参见龙卫球、刘保玉主编：《中华人民共和国民法总则释义与适用指导》，中国法制出版社2017年版，第404页。

讨中,有学者将法人视为个人信息权的权利主体。[1] 在比较法上,卢森堡、阿根廷、瑞士等国的个人信息保护法也都将法人和其他组织的信息纳入个人信息的范围。基于此,本书建议,以"信息主体"作为个人信息权的行使主体,在法人等作为个人信息权主体探讨不充分时作限缩解释,为未来保护法人信息权预留解释空间。

通过该条内容可见,首先,信息主体依据个人信息权可以依法查阅、抄录或者复制其个人信息,这是信息主体对自己信息支配权的体现。由此,即便个人信息已经为他人合法控制,但信息主体对信息的支配权仍然存在,这体现了人格权与物权的区分。其次,针对错误个人信息有异议更正权。个人信息的正确对于勾画、反映个人完整人格形象有重要意义,是他人理解信息主体真实"自我"的前提,否则甚至可能使信息主体的社会评价降低。如在"唐伟案"[2]中,唐伟因被告提供错误信息给他人,使唐伟个人征信评价下降,进而降低了其社会评价,唐伟要求被告更正错误信息的请求得到支持。故对错误信息的异议更改权实有必要。此亦是人格权请求权的体现,权利人在尚未构成侵权时可及时要求恢复至圆满状态。[3] 本书认为,除错误信息外,关于个人的片面信息也会对信息主体造成不当影响,甚至会营造出与真实现状截然相反的人物形象。基于此,应将更改权内容修订为:"发现信息有错误的、片面的,有权提出异议并要求数据控制者及时采取更正等必要措施。"最后,在非法收集、使用信息的行为,持有侵害自然人合法权益的信息,持有的信息储存期限已经届满,已经实现收集、使用的特定目的且无继续持有的必要,其他没有正当理由继续持有的情形下,信息主体有权要求信息持有人删除。此条是个人信息删除权,有学者将个人信息删除权成为被遗忘权,[4]亦有学者对两者进行了区分。[5]

被遗忘权产生的背景是互联网技术发展打破了信息的时空界限,个人

[1] 参见余筱兰:《民法典编纂视角下信息删除权建构》,载《政治与法律》2018 年第 4 期。

[2] 参见山东省聊城市中级人民法院(2017)鲁 15 民终 1135 号民事判决书。

[3] 参见王利明:《民法典人格权编草案的亮点及完善》,载《中国法律评论》2019 年第 1 期。

[4] 参见刘文杰:《被遗忘权:传统元素、新语境与利益衡量》,载《法学研究》2018 年第 2 期。

[5] 参见齐爱民:《中华人民共和国个人信息保护法学者建议稿》,载《河北法学》2019 年第 1 期。

信息被互联网存储后会永久存续，[1]且因互联网检索功能之强大，个人信息通过关键词检索可以被他人轻易获得。而在这永久记忆的时代，为保证信息主体的发展特性以及现时人格形象，有些负面的、过时的、片面的信息应当及时被遗忘，以避免过去社会中存续时间较短的负面信息，在现代社会对信息主体造成持续性的负面影响。[2] 需要注意的是，应被遗忘的信息内容可以是真实的、违法抑或违反公序良俗的。从《一审稿》第 815 条删除权的触发情形看，第 4 种、第 5 种情形看似可以包容被遗忘权，但从字面意思上无法体现被遗忘权背后的人文精神。而且目前学界关于被遗忘权的探讨已经比较充分，《通用数据保护条例》《美国橡皮擦法案》等也已肯认被遗忘权，由此本书将被遗忘权作为删除权的一种情形，将其客体规定为："持有、控制过时、片面、负面的信息。"但被遗忘权内涵十分复杂，信息类型、主体身份差异等皆对被遗忘权的行使产生影响，无法在民法典中面面俱到加以规范，仍需将来的个人信息保护单独立法加以解决。

三、侵害个人信息权的除外情形

如前所述，个人信息权保护不仅涉及信息主体的私权利，亦包括国家管理、经济发展、市场效率等诸多社会公益，如个人征信体系的建设。在信息社会，为保障个人信息的社会效能的发挥，对信息收集的同意已不是信息收集的唯一正当性基础，换言之，已无法依据个人控制为中心建构个人信息权体系。[3] 《欧盟一般数据保护条例》第 6 条规定了信息主体同意等 6 种合法使用基础，这说明信息主体对个人信息仅具备较弱的排他性，全面保护个人信息会引发信息交流的停滞。[4] 基于此，我国在对个人信息权立法保护

---

〔1〕 参见郑志峰：《网络社会的被遗忘权研究》，载《法商研究》2015 年第 6 期。

〔2〕 参见吴飞：《名词定义试拟：被遗忘权（Right to Be Forgotten）》，载《新闻与传播研究》2014 年第 7 期；郑文明：《数字遗忘权的由来、本质及争议》，载《中国社会科学报》2014 年 12 月 3 日，第 B01 版；夏燕：《"被遗忘权"之争——基于欧盟个人数据保护立法改革的考察》，载《北京理工大学学报》（社会科学版）2015 年第 2 期。

〔3〕 参见王秀哲：《大数据时代个人信息法律保护制度之重构》，载《法学论坛》2018 年第 6 期。

〔4〕 参见叶名怡：《个人信息的侵权法保护》，载《法学研究》2018 年第 4 期。

时,除信息主体同意之外,引入合法利益豁免机制。[1]《一审稿》第 816 条即是对合法利益豁免机制在立法上的落实。

该条明确了行为人收集、使用或者公开个人信息等行为不承担民事责任的情形。第一种情形规定,行为人在自然人同意范围内处置个人信息时免责。本书认为,该项应予以删除。因为该项规范旨在强调信息控制者不能违反其与信息主体之间的约定,其与《一审稿》第 814 条第 4 项"不违反当事人间的约定"重复,故应予以删除。

第二种情形规定,使用自然人自行公开的或者其他已经合法公开的信息,但侵害该自然人利益或其拒绝除外。同前文所述,此处"自然人"宜修改为"信息主体"。该项主要体现了信息来源途径的合法性,但作为违法阻却事由不仅要追求信息途径合法,亦要强调使用目的合法。使用目的的不法性除了不得损害信息主体的重大利益,亦包括不侵害第三人利益。基于此,本书建议该项修订为:"合法使用信息主体自行公开的或者其他已经公开的信息。"

第三种情形规定,行为人为学术研究、课堂教学或者统计目的在合理范围内实施的信息收集、使用行为。该项正是合法利益豁免理论的立法体现,但出于公共利益而对个人信息的收集、使用并非无限度的,应在合理范围内容实施。合理范围的确认应参酌适用合法、正当、合乎比例原则的个人信息使用规范。

第四种情形规定,行为人出于维护公序良俗的目的而收集、使用他人信息。该项中"公序良俗"与《民法总则》中公序良俗条款内容一致。但该项仅突出目的的正当性,而未对"收集、使用"的行为加以限制。如为了公序良俗而窃听他人信息是否合法呢? 此不无疑问。故建议此项修订为,"为维护公序良俗而实施的必要行为,但信息收集手段应合法"。[2]

《一审稿》第 816 条第 5 项是兜底和转介条款,规定,"法律、行政法规规定的其他适当实施情形"。为其他法律进入民法领域个人信息权保护体

---

〔1〕 参见谢琳:《大数据时代个人信息使用的合法利益豁免》,载《政法论坛》2019 年第 1 期。

〔2〕 如《日本个人信息保护法》第 17 条规定:"个人信息处置业者不得以虚假或者其他不正当手段获取个人信息。"

系预留了窗口，有利于实现立法的灵活性、包容性。

四、信息控制者的义务

在现实生活中，“开房信息泄露事件”“12306 信息泄露事件”等个人信息侵权事件不时映入眼帘，造成重大的社会影响，以上事件多是信息收集人、持有人未尽到相应职责造成的恶果。从利益平衡而言，个人信息的收集人、持有人在享有他人信息带来益处的同时，亦要承担相应的义务，其履行相应义务是个人信息获得全面保护的重要环节。《一审稿》第 817 条明确了信息收集人、持有人应承担的职责。本条是对《网络安全法》第 42 条的规范内容的继受。本书对该条评析如下：

1. 信息收集人、持有人的划分是否合理？《欧盟个人数据保护指令》《欧盟通用数据保护条例》等区分信息控制者与信息处置者作为个人信息的义务主体；《德国联邦资料保护法》采用信息控制者作为义务主体；《日本个人信息保护法》以个人信息处置业者作为义务主体。在社会生活中，信息的收集、处置很多时候并非由单个主体完成的，例如信息分析外包给其他主体，由此存在联合共同控制者的可能性。[1] 专门提供信息服务的主体仅是对信息的占有，在法律上并无对个人信息的完整的控制权。欧盟数据保护指令立法工作组总结认为，在涉及责任承担的问题上，应当区分信息控制者与信息处理者，不能为两者设置同样的权利义务标准。但本书认为，因为个人信息排他性较弱，个人信息的经手人在实质上都具备一样的掌控力，且所造成的损害没有区别，所以没有必要区分个人信息控制者与信息处理者，而应针对任何可能产生个人信息风险的环节，即所有个人信息实质控制者设定相应的权利义务。但如若收集人依据信息主体同意，已将收集信息转交他人且自己不再掌控信息，则不应再承担相应责任。由此建议将个人信息收集者、持有者修订为个人信息控制者。

2. 信息控制者不得泄露、篡改、毁损其收集、存储的信息。该款明确了信息控制者对其所控制的他人信息的行为边界。禁止信息控制者泄露信

---

〔1〕 See Art. 29, Working Party in its Opinion 1/2010 on the concepts of “controller” and “processor”, WP 169, 2010.

息，是保障信息主体对个人信息控制力，并避免信息泄露对信息主体其他权益的影响，如利用个人信息的推销活动、欺诈行为等。[1] 但该款中“未经被收集者同意，不得向他人提供个人信息”本质上与“泄露”同义，在同一条款中出现重复内容实属不当，由此本书建议删除。在虚拟网络空间，每一个自然人都存在特定的数据形象。[2] 现代社会的人际交流亦多借助于网络，并通过网络上的个人信息在心中形成对方的人格形象。信息控制者篡改个人信息会造成数据形象的变化，与现实世界的真实状况存有差异。此外，在个人征信等领域，篡改个人信息则会对个人贷款等造成重要影响。由此，信息控制者不能篡改其控制的他人的个人信息。从《一审稿》第 817 条第 1 款后半段的规定内容来看，《一审稿》肯认了信息控制者对其所控制信息的“匿名化和模糊化”的权利。消除信息的可识别性作为信息的篡改的情形之一，其正当性基础在于“公共利益豁免”原则，此对科学管理、实现经济效率等意义重大。但需要注意的是，因信息技术发展迅速，以往的信息匿名化、模糊化工具常常无法达到目标。[3] 所以在对个人信息进行匿名化、模糊化处理时，应注重对信息技术的评估。相应的技术手段的应用效果自然应符合《网络安全法》及今后《个人信息保护法》[4]确立的标准，排除逆还原过程。[5]

3. 信息控制者不仅要承担不作为义务，亦要履行积极的作为义务。《一审稿》第 817 条第 2 款前半段规定了信息控制者对其所掌控的信息安全保障义务。在互联网世界，个人信息随时面临着被盗窃、买卖的风险，如恶意捆绑、路由器入侵、远程控制后门技术、木马病毒等黑客攻击技术。[6] 此时，信息控制者应针对个人信息可能面临的风险，采用、研发相应的科学技术以规避风险。但信息控制者采用的技术手段是否合适，应充分考量其存

---

〔1〕 参见马彦、徐凤亮：《公民个人信息泄露与传播》，载《征信》2014 年第 5 期。

〔2〕 参见王丽萍、步雷：《信息时代隐私权保护研究》，山东人民出版社 2008 年版，第 46 页。

〔3〕 参见隋爱娜等：《数字内容安全技术》，中国传媒大学出版社 2016 年版，第 216 页。

〔4〕 《个人信息保护》已列全国人大常委会的立法规划，尚未正式通过实施。——编者注

〔5〕 参见肖建华、柴芳墨：《论数据权利与交易规制》，载《中国高校社会科学》2019 年第 1 期。

〔6〕 何培育、蒋启蒙：《个人信息盗窃灰色产业链的技术手段与法律规制》，载《科技管理研究》2015 年第 24 期。

储信息的价值、对信息主体的重要性、社会技术发展实况等。此外，信息控制者亦应加强对自己内部员工的管理，以避免因为管理漏洞引发个人信息的安全风险。

4.《一审稿》第817条第2款后半段规定了在信息安全遭到侵害或有侵害风险时，信息控制者的补救与告知义务。当信息控制者知道其所控制的个人信息出现了泄露等情况时，信息控制者应当积极采取技术等多样补救措施。此外，为保障信息主体的知情权，以及让信息主体提前预防可能因个人信息风险导致的其他风险以及时止损，信息控制者应及时告知信息主体。条文中规定告知对象为信息"被收集者"，同前文论述，本书认为，应将之修订为"信息主体"。

第五节　结　　论

从《一审稿》隐私权与个人信息章内容看，已经形成相对完整的隐私权与个人信息权规范体系。隐私权、个人信息权在网络时代可谓受影响最大，具体情形纷繁复杂。而现有草案规范过于宽泛，需要进一步细化规范。此外，草案中立法用语存在不恰当、不准确的情形。通过上述研究，本书对隐私权、个人信息权相关规范提出以下修订意见：

将"个人信息权"增添入《民法总则》第110条第1款，置于"隐私权"后。

删除《民法总则》第111条。

将《一审稿》第六章修改如下：

第×××条　自然人享有隐私权。

本法所谓隐私是指自然人与公共利益无关的、隐蔽的私人空间、私人活动和私人信息等。

第×××+1条　除法律另有规定或者权利人同意外，任何组织或 者个人不得实施下列行为：

（一）侵入、窥视他人住宅等私人空间；

（二）拍摄、录制、泄露、公开、跟踪、窃听他人的私人活动；

（三）拍摄、窥视、搜查他人的身体；

（四）获取、隐匿、扣留、检查、毁弃、删除、泄露、公开、买卖他人的私人信息；

（五）以其他方式侵害他人的隐私权。

第×××+2条　在公共场所里，自然人符合合理期待的隐私应受到法律保护。

第×××+3条　因公共利益、舆论监督等需要，社会公众人物的隐私可不经允许予以报道、披露。

第×××+4条　未成年人隐私权受法律保护。他人收集未成年人的隐私时，应经过未成年人的监护人允许。未成年人的监护人在符合未成年人发展需要的前提下查看、披露未成年人隐私。其他非完全民事行为能力人的隐私保护准用该条规定。

第×××+5条　利用互联网、电话、短信等发布商业性信息的，进行广场舞等其他活动不得影响民事主体的生活安宁，但当事人另有约定的除外。

第×××+6条　自然人的个人信息受法律保护。

本法所称个人信息是以电子或者其他方式记录的能够单独或者与其他信息结合识别自然人个人身份的各种信息和信息集合，包括自然人的姓名、出生日期、身份证件号码、个人生物识别信息、住址、电话号码等。

第×××+7条　收集个人敏感信息必须经信息主体同意，需严格遵守双方约定。

个人敏感信息是指泄露、滥用会严重损害信息主体权利，引来歧视性待遇的个人信息。包括身份证号码、政治信仰、金融权证、DNA、指纹、视网膜3D脸部特征、精确地理位置、情感经历、性生活记录、医疗记录、病史、安全密码信息等。

第×××+8条　收集、使用他人个人信息的，应当遵循合法、正当、比例原则，并应当符合以下条件：

（一）征得信息主体同意，向未满16周岁等限制民事行为能力人或无民事行为能力人征集个人敏感信息，需经过其监护人同意；

（二）公开收集、使用的规则；

（三）明确信息收集、使用信息的目的、方式和范围；

（四）不违反当事人间的约定。

第×××+9条　信息主体可以向信息控制者依法查阅、抄录或者复制其个人信息；发现信息有错误的、片面的，有权提出异议并要求及时采取更正等必要措施。

有下列情形之一的，信息主体可以请求信息控制者及时删除其个人信息：

（一）存在非法收集、使用信息的行为；

（二）持有侵害自然人合法权益的信息；

（三）持有的信息储存期限已经届满；

（四）根据收集或者使用的特定目的，信息控制者持有信息已经没有必要；

（五）持有、控制过时、片面、负面的信息；

（六）其他没有正当理由继续持有信息的情形。

第×××+10条　实施收集、使用或者公开个人信息等行为，有下列情形之一的，行为人不承担民事责任：

（一）使用信息主体自行公开或者其他已合法公开的信息，但使用目的不合法、该信息侵害该信息主体重大利益或者信息主体明确拒绝他人使用的除外；

（二）为学术研究、课堂教学或者统计目的在合理范围内实施的行为；

（三）为维护公序良俗而实施的必要行为，但信息收集手段应合法；

（四）法律、行政法规规定的其他适当实施情形。

第×××+11条　信息控制者不得泄露、篡改、毁损其收集、存储的信息。但经过处理无法识别特定个人且不能复原的除外。

信息控制者应当采取技术措施和其他必要措施，确保其收集、存储的个人信息安全，防止信息泄露、毁损、丢失。在发生或者可能发生个人信息泄露、毁损、丢失的情况时，应当及时采取补救措施并告知信息主体。

第七章　民法典（草案）人格权编评析

第一节　一 般 规 定

一、调整对象

《三审稿》将《二审稿》规定的人格权编调整范围由"因人格权产生的民事关系"改为"因人格权的享有和保护产生的民事关系"，《四审稿》坚持这一变动。人格权同时具有自然权利属性与法定权利属性，但现代民法将人格权法定方能更好地保护人格权。"没有法律的确认，这些人格权无从获得承认与保护。"〔1〕修改后的调整范围强调人格权的"享有"与"保护"所产生的民事关系，体现了人格权享有的自然性与因法定化而得以保护。

此外，这里的"民事关系"不仅指"侵权关系"。〔2〕人格权的积极利用权能表明人格权在不遭受侵害的前提下也能够发生相应的民事关系。标表型人格权许可使用的合同关系以及诸如姓名决定、变更的人格权法律关系均属调整范围所指的"民事关系"。基于此，建议在调整范围的表述上凸显人格权的积极权能，既是对社会实践中对姓名、肖像等人格标识使用的回应，也是对人格权权能的完整理解的表现。

二、人格权的定义

《四审稿》第990条延续《三审稿》新增的人格权定义条款。本条第1款列举人格权编所出现的具体人格权，以"等"字保持开放性；第2款规定自然人为主体的、以"人身自由、人格尊严"为基础的一般人格权。这种列

---

〔1〕 王利明：《人格权重大疑难问题研究》，法律出版社2019年版，第29页。

〔2〕 张红：《〈民法典各分编（草案）〉人格权编评析》，载《法学评论》2019年第1期。

举式的立法技术使人格权的特性无处可见，让人难以理解人格权背后的内在价值意蕴。从这种意义上说，本条不应算作人格权的定义条款。有的学者认为民法典并不适宜亦无必要规定人格权之定义，故而建议删除本条。[1]

人格权处于不断变动之中，随着社会生活的发展，新的人格权益出现并要求法律加以保护，待到该人格权益成熟化即升级为具体人格权进行保护。但“发展中的人格权”不等于人格权的不可定义性，甚至是“不可言说”性。[2] 未来对于新生人格利益的识别，除需借助一般人格权这一“口袋工具”外，符合人格权核心内涵的要求亦不能忽视。人格权的不断生成，体现为维权和“挖掘”权利的主动性，常表现为“直观感受＋权”式的权利诉求。[3] 但这种直观感受是否为民事主体维护其自身独立人格所必要，则需要加以斟酌。所以，人格权的定义为理解人格权立法提供了认识上的起点，不可谓不必要。建议对《四审稿》第990条加以修改，以强调人格权保护利益的重要性，为今后人格权的变动发展提供基本的判断标准。

本条第2款规定了一般人格权，为兜底条款，是为了适应未来人格权的发展。[4] 以一般人格权中的人格尊严、人身自由为核心产生的人格权益即使没有在本编作出详细规定，亦应视为人格权加以一般性的保护。本条表述上沿袭了《民法总则》第109条，即将作为一般人格权产生基础的根本人格利益规定为“人身自由”与“人格尊严”。一般人格权的基础为何，有“人格尊严”“人格自由”“人格独立”“人格平等”等诸多说法。《民法总则》与人格权编诸官方草案的如此表述与我国《宪法》第37条、第38条的表述保持一致，立法原意亦如此。[5] 厘清宪法上的人格权（人格尊严）与民法上的人格权之间的关系至为重要，民法等普通法律对于人格权的规定即是对于宪法相应规定的具体化。但基于法律体系内部概念的统一性，毕竟不能

---

〔1〕 参见石佳友：《人格权立法的进步与局限——评〈民法典人格权编草案（三审稿）〉》，载《清华法学》2019年第5期。

〔2〕 王利明：《论人格权的定义》，载《华中科技大学学报》（社会科学版）2020年第1期。

〔3〕 张红：《一般人格权：新生人格利益之保护机制》，载《人大法律评论》2018年第2期。

〔4〕 理论上存在将本条与《民法总则》第109条理解为“人格权一般条款”的见解，参见房绍坤、曹相见：《论人格权一般条款的立法表达》，载《江汉论坛》2018年第1期。

〔5〕 参见石宏主编：《〈中华人民共和国民法总则〉条文说明、立法理由及相关规定》，北京大学出版社2017年版，第257页。

将宪法上的人身自由概念与民法上的人身自由概念相等同,这实际上是未重视二者的差别。人格自由是与人格尊严同处于最高层次的价值概念,而人身自由则是与具体人格权并列的自由。在《一审稿》中即出现"一般规定"中"人身自由"与"身体权规定"中"人身自由"表达的冲突,后《二审稿》将后者删除。[1] 这一变动仅解决表意冲突的问题,但表意不准确的问题仍未解决。考虑到立法工作所具有的保守倾向,一般人格权的基础是否还要加上"人格独立"等表述,或者是否删除已规定的某个表述仍可讨论,但建议在"人身自由"问题上,将《民法总则》第 109 条与本条第 2 款的"人身自由"修改为"人格自由"。

三、人格权的权能

人格权的受保护权能不言而喻,而社会的变迁使理论上开始承认人格权的积极权能。对此,《四审稿》第 993 条对姓名、名称、肖像等在实践中常见的标表型人格权积极权能予以肯认,同时以"等"字保持开放性,为未来实践中发展出的新式人格权积极利用方式保留空间。

原草案在本条之前规定,"人格权不得放弃、转让、继承,但是法律另有规定的除外",但自《三审稿》开始就将后半句删除。人格权具有"一身专属性"。[2] 应当区分其与因人格权受侵害而生的损害赔偿请求权。特别注意,《继承法》规定继承的客体是遗产,包括法定的财产以及其他财产性权益。死者生前之人格标识所获得的权利是一种无形财产权,自然属于其继承人,我国司法实务对死者生前人格财产利益的保护发展历程验证了这种理解。死者的人格标识利益不可能再由死者享有,但其也绝无可能成为无主利益,该利益是客观存在的,且只能由其继承人承受。[3] 但依照《三审稿》之前的表述,则会得出这样的结论:人格权是能够继承的。将本条后半句删除,可能是担心人格权的放弃、转让会面临逻辑上的困境。其实,死者

---

〔1〕 参见杨立新、李怡雯:《人格自由与人身自由的区别及价值——〈民法典人格权编草案〉第 774 条第 2 款、第 784 条及第 791 条的规范分工》,载《财经法学》2019 年第 4 期。

〔2〕 王泽鉴:《人格权法　法释义学、比较法、案例研究》,北京大学出版社 2013 年版,第 46、108 ~ 109 页。

〔3〕 参见张红:《死者生前人格上财产利益之保护》,载《法学研究》2011 年第 2 期。

的继承人之所以能够享有死者人格特征所带来的财产利益,是因为继承人在这里继承的是“人格上财产权”这一种无形财产权而非单纯的利益,否则将难以理解为何死者的继承人能够在享有这种利益的同时还能够禁止他人或授权他人使用死者的人格特征。人格权从未作为一个整体权利加以继承,继承人仅取得人格特征上的财产权。将此与著作权制度相比较,就不必再行坚持“人格权不得放弃、转让、继承”的陈旧观点了。因此,“人格权不得放弃、转让、继承,但法律另有规定的除外”是正确的,建议恢复如是规定。

四、死者人格利益

《二审稿》《三审稿》分别在之前版本表述基础上将死者的“遗体”“隐私”纳入死者人格利益保护范围,更为周全。人格权随自然人的死亡而归于消灭,为避免逻辑上的错误,草案将保护范围表述为各项人格要素,避开死者享有人格权利这一逻辑漏洞,转而通过人格利益的保护加以规范。对于权益被侵害后的请求权行使,以死者的配偶、父母、子女为限。在没有配偶、子女且父母已经死亡时,可由其近亲属行使请求权。自《二审稿》开始一改原先“死者没有……父母”的不当表述,纠正了表达上的错误。

英烈亦为死者,其人格利益保护自然应准用死者人格利益保护规则。自《一审稿》删去了《征求意见稿》“英烈条款”后一直未予恢复,或许是考虑到与《民法总则》第 185 条的重复。但“英烈条款”相较于一般死者人格保护有其特殊性,即英雄烈士等人格利益具有社会公共利益的色彩,故其与其他死者人格利益保护的法律规范一起,构成死者人格利益保护的完整体系。建议未来恢复英雄烈士人格利益的保护条款。

五、人格权请求权

人格权请求权是人格权救济的主要工具,其功能特征与适用条件契合了人格权保护的特殊需要。加之民法典侵权责任编的修改呈现出回归传统侵权法的特点,原有的“吸收模式”不能够适应人格权保护的需要,进而为人格权请求权的独立性提供了现实的必要性。[1] 人格权编诸官方草案自始至终都规定了人格权请求权条款，自《二审稿》开始将第 778 条的表述修改为“有权请求”承担民事责任，直接显示了请求权的性质。但与此同时在第 2 款删去了“赔礼道歉”。赔礼道歉作为人格权侵权责任承担方式之一发挥着重要的作用，在性质上属于恢复原状，是人格权遭受侵害后的有效补救措施。[2] 这一责任承担方式不适用诉讼时效的规定亦早有共识，建议未来恢复之，最大化立法对实践的指导。[3]

《四审稿》第 995 条系人格权请求权的一般规范，与之后的第 996 条违约损害人格利益的精神损害赔偿请求权和第 997 条人格权“诉前禁令”共同构成了人格权请求权的一般规范体系，加上基于各具体人格权特性所生的人格权请求权，人格权请求权的整体构建基本完成。

理解上应注意，消除影响、恢复名誉、赔礼道歉请求权，其性质和停止侵害、排除妨碍、消除危险请求权相同，当然可以参照适用《民法总则》第 196 条规定。而且，依据当然解释方法，物权请求权尚且不适用诉讼时效，则人格权请求权，当然更不适用诉讼时效。因人格权本质上属于绝对权、对世权，除人格权权利人之外，任何人都是义务主体，都负有不得侵犯他人人格权的义务。如果人格权请求权受诉讼时效的限制，则必然影响对人格权的周全保护，间接将人格权等视于财产权，与现代民法发展趋势相悖。是故，应当区分人格权请求权是否含有财产利益内容进而决定是否适用诉讼时效之规范。而之后的第 1000 条则是侵权人拒不履行侵害人格权责任承担方式时的特殊规定，是对前文责任承担的一般方式的补充。此时，法院可以通过在报刊、网络等媒体上发布公告或者公布生效裁判文书恢复权利人的名誉，消除相应的影响，责令侵权人进行道歉等；但对于停止侵害、赔偿损失的民事责任恐难使用。

---

〔1〕 参见王利明：《论人格权请求权与侵权损害赔偿请求权的分离》，载《中国法学》2019 年第 1 期；杨立新：《民法典侵权责任编草案二审稿的立法进展与完善》，载《上海政法学院学报》(法治论丛)2019 年第 2 期。

〔2〕 参见张红：《不表意自由与人格权保护——以赔礼道歉民事责任为中心》，载《中国社会科学》2013 年第 7 期。

〔3〕 不同观点参见张平华：《认真对待人格权法律行为》，载《政法论坛》2019 年第 5 期。

关于违约精神损害赔偿。传统民法以物权、债权等非人身权为核心构建民法架构。人的保护观念随着社会变迁以及人本主义思想的发展越发得到重视,违约精神损害赔偿制度的确立已是发展势。德国法以诚信原则为基础派生出非财产性利益的保护义务,最终对违约损害赔偿予以肯定。《四审稿》第996条通过立法明确违约损害人格权益的可以要求精神损害赔偿实有必要。首先,损害赔偿制度意在填补损害,非财产损害自然亦属其列。若仅允许以侵权之诉加以救济,受害人必然面临举证要求高等不合理负担而丧失违约之诉所具有的便利。其次,已有一些肯认合同违约诉讼中主张精神损害赔偿的规范存在,如客运合同等,扩大违约精神损害赔偿制度的适用范围也是当然之举。再次,债法理论上对于债之内容扩张的关注,使得满足债权人精神利益的债之内容亦不断被肯定,从而为本制度自身存在的价值提供了参照。最后,违约精神损害赔偿制度的确立自然加强了对人格权主体的全方位保护,体现了人文关怀。

在诉前禁令规则的实践运用上,应注意与知识产权诉前禁令规则适用的不同。人格权保护侧重对主体根本人格利益的维护,在适用上应重视对于诉前禁令实施的效率;而在知识产权的保护上,因错误实施该措施所导致的经济收益损失以及社会效益的减损属于法院在运用诉前禁令时必须考虑的因素。

第二节　生命权、身体权和健康权

一、生命权

本章前三条简单点出了自然人享有三种物质性人格权,并未进一步阐述三种权利的具体含义。生命权是自然人的生命不受他人非法侵夺的权利。关于生命权的讨论主要集中在生命权的内容构造上,即生命权除了具有消极的防御权能外,应否将"献身"等视为生命权所具有的积极权能,即学者所称之"(有限)生命利益支配权"?若仅停留在强调生命的维持与安全的层次上认识生命权,在一定程度上限缩了民法中生命权应有的调整范围，使生命权的其他权能（如生命损害求偿权、生活安宁权、生命基因权、有限的生命处断权等）无从彰显，无法妥善应对新科技革命所带来的挑战。民法中生命权的内涵应当由强调维系个体生命利益发展为凸显对人性的尊重，并通过民法典的规范条文将生命权的内容具象化，[1]避免生命权的"消极"与"泛化"，使广大公民明确其享有的并应受民法保护的生命权，以纠正现代科技发展所酿成的"人的物化"倾向。

《二审稿》在"自然人……有权维护自己的生命安全"之后新增"生命尊严"并一直沿用。如何理解"生命尊严"成为理解生命权丰富权能层次的关键。有学者认为，"生命尊严"包含三层含义，即生命存续质量、生命终结的尊严以及生命作为一个过程而享有的全过程尊严。[2] 草案审议期间亦曾有全国人大代表建议民法典规定"安乐死"条款。随着现代生命科技的飞速发展，人们对自身生命价值的认识也在不断深化，人们除对"优生"表示关注外，对"优死"也具有相同的要求。生存与死亡为生命的两极，尊严而生、从容赴死皆为珍惜生命的必然要求。选择有尊严的死亡也是生命权的应有之义。生命权的保护既包括生命的过程，也包括生命的两极——生与死。对临终生命的关怀也是对生命权的保护，而且是人文关怀照耀在生命最后时刻的光芒。人类所具有的主观能动性在面对自然死亡的规律时亦熠熠生辉，尊重人的每一个合乎法律与道德的决定才是真正的"人文关怀"之所在。死亡本就是生命过程的应有之义，死亡权是生命权的应有之义，故"安乐死"立法的价值基础便能够寻得。但站在现实主义的立场上不得不承认，现阶段在民法典中规定入"安乐死"的内容为时尚早，国际上明确承认"安乐死"合法化的国家寥寥无几。承认自然人的维生治疗拒绝权可能是较为稳妥理解方案，在民法典中打下了生命权积极权能理解的基础，留有了将来发展的空间。[3]

---

〔1〕 在民法典中将人格权细化、列举为各项权利，不仅为侵权法明确了保护的人格权范围，亦可使公民明确其应受民法保护的人格权范围。此种明确权能与激发公民权利意识的功能，是侵权法难以企及的。参见王利明：《人格权与民法典》，载《求索》2002 年第 5 期。

〔2〕 参见王利明：《人格权法的新发展与我国民法典人格权编的完善》，载《浙江工商大学学报》2019 年第 6 期。

〔3〕 参见陶鑫明：《民法典人格权编（草案）三审稿评析及建言》，载《民商法争鸣》2019 年第 2 期。

建议未来增加关于侵害生命权的民事责任规范。对丧失生命权的受害人及其近亲属的救济包含积极的财产损失与消极的财产损失、受害人近亲属的精神损失。积极的财产损失是指因救助受害人而可能产生的医疗费、护理费等。而消极的财产损失包括两个方面:其一,受害人遭受侵犯直至生命结束期间所造成的误工损失;其二,受害人创造物质价值潜能,即“逸失利益”的损失,死亡赔偿金是对此损失的赔偿。[1] 受害人近亲属遭遇了亲人的生离死别,精神无疑遭受巨大创伤,故有权请求行为人支付精神抚慰金。另外,为维护死者“生命”最后的尊严,受害人的近亲属有权请求行为人支付死者的合理的丧葬费用,以示民法对人之生命最细枝末节之处的关怀。[2] 立法上,众多特别法与单行法的个别规范规制生命损害赔偿,都因民法理论的缺乏、法律术语的不统一等原因仍未能对生命权丧失的后果本身予以完善的救济。[3] 这些繁多乃至令人眼花缭乱,又各自具有特殊调整范围的法律及司法解释,也造成法官在司法实践中援引规范的混乱。因此,须在本章中对侵害生命权的民事责任作出明文规范,以整合相关民事立法,统合人身损害赔偿的规范体系;同时应保持一定的开放性,将司法实践中不同的个案情形交由人民法院予以个案利益的具体衡量。

二、身体权

人格权编第二章绝大部分条文系对身体权所作的规定。身体权自仅具消极一面发展为兼具消极、积极的属性,反映了社会实践与社会观念的进步与发展。消极方面自然体现为身体权的不受侵犯与受保护权能,而其积极一面则表现在随着医学进步而产生的器官捐献、移植、人体试验等方面。身体权最重要的权利目标在于维护身体权人的身体完整,即从外观上看,身体组成部分完好无缺。社会中存在众多对身体完整性的侵害,如未经本人允许强取血液、强行剪除指甲毛发等都属于典型的对身体权的侵害。目前在比较法上,身体权的权能层次有所拓展和丰富,不再局限于受保护的单一消

---

〔1〕 参见张新宝:《〈侵权责任法〉死亡赔偿制度解读》,载《中国法学》2010 年第 3 期。
〔2〕 参见张红、童航:《侵害生命权之丧葬费赔偿研究》,载《环球法律评论》2012 年第 3 期。
〔3〕 参见朱晔:《论人身损害赔偿请求权与继承》,载《环球法律评论》2006 年第 2 期。

极权能。起初受到“人非手段而为目的”的道德限制的身体处分问题在现代社会随着科技的发展以及现实的需要而渐渐变化,开始向具有积极利用权能人格权新含义转变。这也就为器官移植、人体试验提供了理论基础。[1]《四审稿》系统规定了涉及身体伦理的规范,如第 1006 条规定了人体组成部分及遗体的捐赠,第 1007 条规定了人体及遗体的买卖禁止,第 1008 条规制人体试验,第 1009 条回应“基因编辑婴儿”事件、为生命科技活动提供规范程序指引,第 1010 条规制性骚扰问题,第 1011 条保护人身自由。

《四审稿》第 1006 条第 3 款新增自然人身体捐献时应采用书面形式的规定,增加了要式性要件,使得身体捐献活动更加谨慎。捐献器官、组织有损身体完整,未经专业的医学程序不能达到捐献目的,故而严格的程序自为捐献器官、组织所必须遵守,结果上不能够危及生命或有损健康,违背公共秩序与善良风俗亦在禁止之列。此外,人格权编草案《一审稿》曾在本条规定自然人可在同意捐献后随时撤销或撤回意思表示的权利,而后的版本均删除了后半句的表述,令人疑惑。自然人无偿捐献的举动,是对其身体组成部分的处分,绝不可强制履行。无偿捐献牵涉生命健康安全,当然应当允许捐献者做出撤回或撤销的决定。自然人捐献器官、组织或许可类推适用赠与撤销权的规定,但二者分属规制人身关系与财产关系,价值立场与规范重点截然不同,显然不是最佳选择。专门设置一条文规定捐献器官、组织的撤销撤回才是契合人格权编立法目的的途径。因此,建议恢复《一审稿》关于撤销与撤回的表述。

《四审稿》第 1008 条规制人体试验,第 1009 条为回应“基因编辑事件”所增设。在“告知—同意”要件上应注意:未成年人或者无同意能力的成年人作为受试者的,只有对受试未成年人健康有直接利益关系或与同龄段人群有直接关系时,经其监护人知情同意并签署知情同意书的情况下,才能参与试验。未成年人或无同意能力的成年人对试验性质有理解能力并明确反对的,试验不得进行。[2] 程序要件上,本条增加了“经伦理委员会审查同

---

〔1〕 参见石佳友:《人格权立法的历史演进及其趋势》,载《中国政法大学学报》2018 年第 4 期。

〔2〕 参见满洪杰:《关于受试者知情同意权的立法建议》,载《四川大学学报》(哲学社会科学版)2018 年第 3 期。

意”的要求。

在民事基本法中首次正面直接规定性骚扰规制规则在保护性自主利益方面有着重大意义。该条文在草案中始终置于物质性人格权一章中,即明确将性骚扰界定为侵害人格权的行为。从体系位置与条文表述上看,该条采取私权保护主义的基本立场,以权利保护主义为主、兼顾职场保护主义的立法模式。值得注意的是,《四审稿》将“用人单位”的表述修改为“机关、企业、学校等单位”,扩大了防止和制止性骚扰的义务主体,是对实践中曾多次出现的学校性侵事件的及时回应。但在具体表述上,本条仅规制“性骚扰”行为,却未对“性侵害行为”加以回应,可能是认为后者的受害人可由刑事法律加以保护。法律体系内部的如此保护方式可能会造成保护真空,加之司法实践的以往做法已然堵塞了刑事附带民事案件中受害人诉请精神损害赔偿之救济路径,模糊了刑事责任与民事责任本质差异,[1]在性侵害之受害者主张民事赔偿责任时缺乏私法请求权基础。故建议将范围扩大至“性侵害行为”,并明确规定相应的民事赔偿责任。

三、健康权

健康权,即维持身体机能正常运转的权利。理论上对健康权的规制对象是否包含“心理健康”存有不同观点。人格权编草案历来规定“身心健康”,表明心理健康为健康的应有之义,故而在侵害健康权的行为方式上存在两种类型:一是行为人的行为降低他人的生理健康状况,如前所述,此时身体权常会伴随健康权而一同受损,受害人有权请求行为人赔偿相关的医疗费、康复费用、精神抚慰金等。若影响了受害人未来的劳动能力,受害人还可请求行为人赔偿由其抚养的人所必需的生活费用以及残疾赔偿金等。二是行为人的行为仅对受害人造成精神上的刺激、恐惧、焦虑等情绪障碍,而不有损其他生理健康及躯体机能,如因目睹严重车祸而惊吓过度,受害人可向行为人请求精神损害赔偿以及心理治疗康复费用。但因精神损害赔偿的存在与否及损害程度大小因人而异,人民法院须于具体的案件事实予以个案审查,以救济受害人遭损的心理健康。

---

〔1〕 参见张红:《性侵之民事责任》,载《武汉大学学报》(哲学社会科学版)2019 年第 1 期。

《四审稿》第1004条将健康权的主体,限定为自然人,忽视了胎儿的健康利益。胎儿自胚胎形成之日起,便应享有生命利益,其还应享有的健康利益,自不待言。同时,因胎儿受限于母体,无法行使身体权能,身体利益无从体现,故《民法典》无须对胎儿的身体利益作出规定。同时,肯认胎儿所享的生命利益与健康利益,便可搭建胎儿物质性人格权的全面保障体系。胎儿尚在孕妇体内,仍无法避免因交通事故、环境污染、错误诊断等行为而致自身健康利益受损。而侵害后果因胎儿尚未出生,须经过一段时间甚至隔代才能显现,但胎儿健康利益的损害赔偿问题仍可涵摄在侵权赔偿的一般原理中,即须满足侵权行为的四要件,胎儿的父母便可请求健康利益的损害赔偿。

"法律规定得越明确,其条文就越容易切实地施行。"[1]就我国现实国情而言,增加物质性人格权规范的条文数量,对专业水准参差不齐的法官的自由裁量权进行提前约束,以精细化保护人之物质人格要素显得尤为重要,正如王利明教授所言:"人格权独立成编很重要的原因就是为人格权的裁判规则提供足够的空间。"[2]但须注重保持法律体系的适当开放性,既可防止法律制度的僵化,亦可为司法能动提供足够的空间。

第三节 姓名权和名称权

一、姓名权的保护

《四审稿》第1012条规定姓名权的权能。广义上姓名的决定包括姓名的选取与姓名的变更,姓名之使用包括姓名人自己使用以及许可他人使用。自然人拥有姓名外的其他称谓,如笔名、艺名、网名等,涉及姓名权保护范围的问题,对于某些职业而言,为人所熟知的正是这些称谓。需要注意的是,这些称谓并不需要符合姓名的构造,可以适当超越一般姓名的长短且具有良好的识记性。《四审稿》第1017条对于笔名等通称的保护规定了"足以造成公众混淆"的要件。对此,以姓名权保护笔名等通称需达到"混淆"的

〔1〕[德]黑格尔:《法哲学原理》,范扬、张企泰译,商务印书馆1997年版,第109页。
〔2〕王利明:《论人格权独立成编的理由》,载《法学评论》2017年第6期。

程度,系对姓名权的内涵理解出现偏差。“与姓名……受同等保护”不单指侵害后的事后救济,亦指姓名决定、变更与使用权利的积极行使。若笔名、艺名、网名必达“混淆”程度方可受姓名权之保护,则不至于导致混淆的上述称谓就不能受到姓名权的保护,存在保护上的漏洞。且其决定、变更与转让等积极行使权利的行为又如何保护,亦未可知。故只要该通称拥有一定的社会知名度、为一定公众所知晓,就应与姓名一样保护。[1] 司法审判实践中亦有相同见解,并不要求达到“混淆”的程度。[2]

《四审稿》第1014条确认了三种侵害他人姓名权的典型行为方式。这种列举式的立法技术虽用“等”字兜底以保持开放性,但在目前的审判实践中,法官往往要结合姓名权保护意旨,进行目的性扩张的方法来达到保护姓名合法权益之目的。如加害人故意选取具有混淆性的其他姓名、名称以达到侵害姓名权人姓名的目的,再如加害人故意将自己的姓名变更为与被害人姓名相同的姓名进而实施加害行为。[3] 故建议增加侵害姓名权的概括性条款,以保证将来出现的新型姓名权侵害行为能够涵摄其中。姓名作为一种符号,其关键作用在于指代具体的对象,此为“同一性利益”的体现。在不引起混淆的情况下,他人的使用行为与本人无关。姓名的混淆大致可以分为识别混淆与商业利用混淆。只要侵权行为能够认定为有可能造成上述两种混淆,即能认定为侵害姓名权的行为。在体例安排上,权利受到侵害的保护条款应置于权利的描述性条款之后,故该条应置于姓名权和名称权章的尾部,以起到兜底之作用。此外,姓名权具有较大的商业利用价值,能够为权利人带来经济收益。人格平等且尊严无价,但个人的商业利用价值却可以经由评估而得出一个较为合理的结果。虽然对姓名权而言,按获益计算比较困难,因为侵权人对人格上财产利益的侵害并不一定是获利的全部原因。对于姓名权商业性混淆的损失赔偿,依姓名权人可计算损失为准,包括既有利益与可得利益损失。难以计算的则以加害人获益为准,以法官

---

[1] 参见张红:《民法典之姓名权立法论》,载《河北法学》2019年第10期。

[2] 参见北京市朝阳区人民法院(2017)京0105朝民初字第1832号民事判决书;北京市海淀区人民法院(2014)海民初字第14529号民事判决书。

[3] 参见北京市第三中级人民法院(2014)三中民终字第04839号民事判决书;北京市第一中级人民法院(2006)一中民终字第6252号民事判决书。

酌定兜底。名人姓名、肖像等人格要素商业利用的宣传作用固然对商品销售的好坏产生影响,但不是唯一的因素。最终在无法确定被侵权人受到的损失时,法官的自由裁量至关重要。故建议增加关于姓名权财产保护的内容,以适用预见性规则为指导。

二、姓名的决定与变更

对姓名的决定与变更可以细致地分为“姓的决定”、“名的决定”、“姓的变更”与“名的变更”。既然人格权编为姓名权提供了足够的规范容量,除非有充足的理由认为不必规定上述四种制度,理应对此详尽规定之。《二审稿》删去了第795条未成年人父母离异后的姓氏变更规定。《四审稿》仅保留第1015条关于姓氏选取范围的规定以及第1016条笼统的姓名决定、变更权的宣示和登记程序要求,规范的精细程度远不能满足实践的需要。

关于“姓氏的决定”,《四审稿》第1015条规定了父母姓氏作为通常情况下的姓氏决定范围,同时吸收了相关的立法解释。[1] 本条所称“不违背公序良俗的其他正当理由”包括现实生活中大量出现的“返祖姓”需求,也包括原姓氏的含义随着时代的变化而变换为贬义含义等。

关于“名字的决定”,人格权编始终未加规定,建议未来予以增补。名字亦与姓氏一样表征个人人格,寄托着父母长辈对自然人的美好愿望。新生儿不可能自我决定名字,父母作为监护人在绝大部分情况下亦不会故意选择具有恶俗含义的名字,但姓名权作为具体人格权之一种所保护的是自然人在社会交往中极为重要的人格利益,对自然人在社会意义上的成长与发展具有极为重要的意义。因此,父母在为未成年人选择名字时不能违背公序良俗,也不能在字义、词义上损害未成年人的人格利益。此外,名字在字源、字数上的限制应当参考有关行政法律法规的内容。[2] 最后,选取的名字若使姓名丧失识别性,有可能构成对命名自由的滥用而不被户籍管理

---

〔1〕 参见《全国人民代表大会常务委员会关于〈中华人民共和国民法通则〉第九十九条第一款、〈中华人民共和国婚姻法〉第二十二条的解释》。

〔2〕 例如,《国家通用语言文字法》第17条与《居民身份证法》第4条对名字选择上的限制。

机关所认可。

关于“姓氏的变更”,人格权编始终未加规定,建议未来予以增补。姓氏变更可分为“成年人姓氏的变更”和“未成年人姓氏的变更”,此外还包括“继子女姓氏的变更”和“被收养人姓氏的变更”两种特殊情况。姓氏的变更需要正当理由,且该理由不得违背法律法规的强制性规定以及公序良俗。成年人的姓氏变更在符合法定条件下无须经过他人同意。至于姓氏变更次数上的限制,《姓名登记条例(初稿)》第 20 条规定了成年人仅可申请变更姓名一次。但这一限制并无必要,因为姓名是自然人在社会交往中的指称符号,变更必经深思熟虑且需有关行政机关加以审查,硬性规定次数可能会导致适用僵化,一次不成熟的考虑之后的姓氏变更可能终生难以纠正。父母达成合意的情况下,未成年人的姓氏变更应当由父母向有关机关申请,变更姓氏还应当征询未成年人本人的意愿。未成年人父母一方死亡或双方离婚后改称一方姓氏的问题,应从未成年人的判断能力、称原姓的消极影响以及变更姓氏后的积极意义三个方面进行甄别,依据个案作出判断,不宜作统一的原则性规定。继子女的姓氏变更为继父母一方的姓氏有助于融入新家庭,《婚姻法》第 27 条也为此提供了规范基础,但考虑到生父母的利益,需其本源血亲与拟制血亲达成一致约定方可进行申报。出现生父母一方死亡,另一方重新结婚的情况时,仅健在一方与新配偶约定一致即可,但笼统的同意变更姓氏的合意除外,必须清楚明确,同时尊重继子女的意愿,从维护未成年人利益最大化原则出发。基于此,建议恢复《一审稿》第 795 条的规定,并加以修改。被收养人姓氏变更在范围上应当同姓氏的决定范围保持一致,但现实中收养人出于延续血脉宗族的动机而收养子女并不少见。因此,在不违背被收养人意愿的前提下允许被收养人改称收养人直系长辈血亲姓氏有其正当性与合理性。如此,既考虑了收养家庭的内部和谐,也照顾到了未成年被收养人的人格发展利益。而养父母离婚的,可以参考前文已确立之规范框架进行操作。

关于“名字的变更”,人格权编始终未加规定,建议未来予以增补。名字与姓氏不同,不具备表征家族的功能,因此在变更的条件上应当从宽规定。处理名字变更的问题,应当综合考虑名字含义的变迁以及当时的社会环境、对该名字的普遍理解等因素,照顾权利人的内心感受,落实维护个人人格尊严与人身自由的立法价值,采“改名从宽”之原则。[1] 在未成年人的名字变更问题上,当未成年人到达一定的年纪,对名字内涵及意义具有一定的辨识能力之后,应征询其本人的意见。

三、姓名使用权

人格权编缺少关于姓名使用的专门规范,在姓名商业利用广泛存在的当下显然有所缺漏,建议未来加以补充,以构建完整的姓名权权能体系。姓名的日常使用主要是为了保证正常社会交往有秩序地高效进行,权利人有权使用自己的姓名用以指代本人,也有在特定场合不使用自己姓名的权利。此外,在他人错误称呼自己或错误使用自己姓名时,权利人有权要求更正并以正确的方式称呼或使用姓名。对于重名的现象,现实中不可能完全杜绝之,故不得因与明星等知名人物重名即限制其他重名之人对自己姓名的正常使用,甚至商业使用的权利。处理此类问题应当以侵权法的思维方式对事实加以判断,如是否故意利用重名的巧合来攫取他人姓名的商业利益。另外,市场经济的发展使得姓名进入商业宣传,姓名商业性利用可以为姓名权人带来相应的财产利益。这虽成为理论与实践的共识,但现有法律规范中却并未直截了当地指明,存在人格权保护上的漏洞,对财产性利益的保护仍有不足。故有必要明确自然人对自己姓名的使用,包括使用姓名彰显身份、许可他人使用以及姓名的商业性使用。

第四节 肖 像 权

一、肖像权的保护范围

《四审稿》第1018条第2款确认了肖像的定义,吸收了审判实践的经验。[2] 有的观点认为肖像必须反映自然人的面部形象,只有面部形象的再

---

〔1〕 参见张红:《姓名变更规范研究》,载《法学研究》2013年第3期。
〔2〕 参见北京市第一中级人民法院(2018)京01民终97号民事判决书。

现才能称为肖像。[1] 本条使用“外部形象”的表述，说明肖像并不局限于面部形象，只要该整体形象能够反映自然人的特征，他人借此能够识别自然人的，即为肖像。理解上要注意：肖像具有“可辨别性”，这是肖像这一人格标示的应有之义，也为肖像权保护范围的扩张奠定了理论基础；肖像必须反映在一定载体之上，如照片、美术作品等。

基于肖像的特性，与肖像利益一样具有可识别性的人格利益可以类推肖像权的保护方法进行保护。[2] 具体而言，包括美术形象（包括漫画形象）、游戏形象、表演形象、声音等。这些形象都具有识别出特定自然人的可能，故扩张肖像权的保护范围将其纳入进来加以保护能够有效维护自然人的人格利益，避免动辄寻求“一般人格权”的保护。无论何种形式，考察的重点在于：从其所呈现的形象中是否能够清晰辨认为某特定人，且一般人可据此建立联系。《四审稿》第 1023 条第 1 款规定其他人格利益的许可使用参照肖像权相关规定；第 2 款明确规定了“声音”利益参照肖像权保护的规定。未规定其他具有同样保护需求的人格利益参照适用，此类人格利益面临侵犯时，应当率先考虑肖像权的保护规则。

二、侵害肖像权的认定

人格权编在确认侵犯他人肖像权的典型行为方式的措辞上，由《一审稿》的“歪曲、污辱等方式”修改为“丑化、污损，或者利用信息技术手段伪造等方式”。首先，肖像权作为一项具体人格权，其保护的首要利益在于精神利益，肖像权人对其肖像真实、完整享有正当权益。由于肖像系一定载体之上的个人外部形象，故而“丑化、污损”的行为描述更为恰当。其次，针对自然人外部体征的捕捉技术越发成熟，通过生物特征进行电子在线支付已经日常化，对此，强调通过信息技术手段深度伪造的方式侵害他人肖像权的行为具有时代的紧迫性与必要性。以该种方式侵害他人肖像权往往作为一种手段，追求其他违法目的，如骗取钱财等。而出于对肖像权人的精神利益保护，即便行为人通过信息技术手段伪造他人肖像并非出于侵犯任何人财产

---

〔1〕 参见郭明瑞、张玉东：《肖像权三题》，载《浙江工商大学学报》2014 年第 1 期。

〔2〕 参见王利明：《人格权法研究》，中国人民大学出版社 2018 年版，第 433 页。

的目的,单纯出于娱乐等目的亦在禁止行为之列,典型者如"葛优表情包案"。[1]

关于侵害肖像权的认定是否仍应坚持"以营利为目的"之要件问题,理论与实践均持反对态度。[2]《四审稿》第1019条也未规定"营利目的"要件。但"以营利为目的"在审判实践中仍具有重要的价值,为侵权责任范围大小以及具体责任承担方式的确定提供依据。对于以非营利为目的的肖像权侵权责任承担范围,该因素不发生作用。但在精神损害赔偿中,这一因素不能作为精神损害裁量的因素,因为精神损害赔偿是一种补偿,而非赔偿。否则将使公众人物与普通民众的赔偿数额产生的巨大差额,在精神人格的保护上有失公平。[3]

三、肖像权的限制

没有不受限制的权利。肖像权的限制可大致分为合理使用限制、期限限制和其他合法权益限制三类。《四审稿》第999条与第1020条规定了肖像权的合理使用,后者列举了数种典型情形。类型化工作应当尽实践已出现之案例,并适当负有前瞻性地规定将来可能出现的情形,以为司法实践提供明确指引。就此,建议增加规定"为肖像权人自身的利益而使用其肖像""为介绍、评论某一作品或者说明某一问题,可善意使用他人之肖像""工作单位在合理范围内使用其工作人员肖像"作为合理使用情形。[4] 考虑到相当于人格权法总则的第一章"一般规定"第999条规定了人格权合理使用的一般条款,如何安排整体的人格权合理使用规范体系殊值研究。现有规

---

[1] 参见北京市海淀区人民法院(2016)京0108民初39764号一审判决书;北京市第一中级人民法院(2018)京01民终97号二审判决书。

[2] 参见张红:《"以营利为目的"与肖像权侵权责任认定——以案例为基础的实证研究》,载《比较法研究》2012年第3期;刘承韪:《影视演员肖像权纠纷的实证研究》,载《山东科技大学学报》(社会科学版)2019年第1期;安徽省六安市中级人民法院(2016)皖15民终1898号民事判决书。

[3] 参见张红:《民法典之肖像权立法论》,载《学术研究》2019年第9期。

[4] 以上情形在实践中均已出现,可参见北京市东城区人民法院(2006)东民初字第2942号民事判决书;青岛市中级人民法院(2017)鲁02民终9258号民事判决书;北京市朝阳区人民法院(2018)京0105民初29970号民事判决书;常州市中级人民法院(2017)苏04民终3593号民事判决书。

定较为混乱:在第三章“姓名权和名称权”的部分未见有关姓名权与名称权合理使用的条款,故因“实施新闻报道、舆论监督”而合理使用他人姓名的,适用第999条之规定;而第999条规定了姓名、肖像两种人格权在两种特定情况下的合理使用,与第1020条规定的情形存在重合;其他章节中,仅个人信息的合理使用有所规定。较为周延的解决办法是:于“一般规定”规定人格权合理使用的一般条款,而在各具体人格权章节中结合各具体权利的特性规定特殊的合理使用事由。

自然人去世后,死者人格利益仍然存在。死者之人格利益应受保护,但存有一定期限,否则可能于情理不合,有碍于文化传统。我国曾出现过孔子后人主张侵权之诉。德国有学者建议死者人格保护期限应借鉴著作权法之规定;[1]美国部分州法律针对肖像权明确规定了50年到100年不等的保护期限。[2] 可针对死者肖像的保护专条规定保护期限,至于具体的期限设定,建议类推适用《著作权法》第21条之规定,设定死者人格利益保护期限为50年。因为发表权作为著作人身权之一种,与死者其他人格利益并无本质区别,保护上理应一致。死者肖像上的财产利益之于继承人而言,即为无形财产权,与著作财产权极为类似,可类推适用后者。

其他合法权益限制主要涉及集体肖像问题和公众人物等。集体肖像,即两个及以上自然人肖像呈现于同一载体之上。集体肖像的特殊之处在于它是由多个自然人肖像结合而成,其中既有个人肖像利益,也有集体肖像利益,类似于共有物的关系。由此,个人就自己的肖像加以使用必然牵涉集体其他成员,他人侵犯集体肖像利益也损害每一肖像权人的肖像利益。将集体肖像的问题作类型化区分:有明显特殊人物与无明显特殊人物但突出整体的集体肖像、不突出个人而形成标识化整体的集体肖像。第一种情形下,个体可就集体肖像进行个人使用,但应该征得他人同意。第二种情形下,个体之间往往具有某种特定的组织关系,个人明晰可见且无突出人物,就内部关系而言,在无损他人利益的前提下使用该集体肖像而无须经过他人同意;

---

〔1〕 See Götting, Persönlichkeitsrechte als Vermögensrecht, 1995, S. 281.

〔2〕 See Ind. Stat. § 32 – 12 – 1 et seq. (West Supp. 1993) and Okla. Stat. Ann. Tit. 12 § 1488 supp. et seq. (West Supp. 1993)

就外部关系而言,第三人对于该集体肖像负有不得侵害之义务,凡欲加以使用,均须经全体个体同意。最后一种情形中,集体形象达到可识别程度,其作为一个整体成为新的“肖像”。该组织成员是否授权集体享有一定范围内肖像的排他性使用权是问题的关键,若有授权,未按照约定范围使用集体肖像的,个体可主张侵权救济;若未授权,则需考察集体肖像是否达到个体被识别的程度,达到即为侵权。人格权编草案各版本均无规制集体肖像之条文,建议未来加以补充。

《四审稿》第998条后半句规定,判断侵害除物质性人格权之外的其他人格权,“应当考虑行为人和受害人的职业”。本条可视为对公众人物人格权限制的一般条款,因为公众人物的某些人格权应当受到某些限制,如公职人员的隐私权、明星的名誉权等。在肖像权问题上,公众人物因其自身的特殊性而常曝光于众人面前,媒体报道、转载更是家常便饭。未经允许制作、公开及非为营利而正当使用公众人物肖像即为抗辩事由之一。[1] 但相较于普通人的肖像权合理使用,公众人物的肖像权并无另外的限制事项,只不过在新闻报道等使用之上具有更高的容忍义务而已。

四、肖像许可使用合同

许可他人使用肖像进行商业宣传,是人格权财产利益的主要表现,肖像许可合同是这种实践的重要工具。调整肖像许可使用合同应当适用《合同法》的一般规则,但在诸如转让等制度上存在特别之处进而适用人格权编的有关规定。[2] 《四审稿》第1021条和第1022条规定了肖像许可使用合同的有利解释规则和合同解释与解除的特殊规定。第1021条的有利解释规则是对一般合同解释规则的突破,其正当性基础在于保护肖像权的法政策需要,目的是采用特殊的解释方法排除作出不利于肖像权人的解释结果,维护利益平衡。第1022条第1款规定在合同期限不明时双方均享有合同解除权;第2款规定肖像权人的合同解除权。肖像权人享有如此权利,直接

---

〔1〕 参见丁宇翔:《人格权侵权中“公众人物抗辩”的裁判规则》,载《法律适用》2016年第6期。

〔2〕 参见罗昆:《人格权法与合同法的互动探讨》,载《东方法学》2017年第6期。

原因在于对人格尊严的保护,但"正当理由"的表述也存在泛化肖像权人解除权之嫌。[1] "正当理由"当然包括《合同法》第 94 条所列情形,此外欲运用这一规定,必须证明合同履行损及肖像权人人格尊严。对于明星等人的肖像许可合同,因其一般有专业团队为其审查合同,谈判能力与地位并不居于弱势,故在适用本条时应更为慎重,若未侵害其精神利益则不能随意解除合同。

此外,第 1021 条在《一审稿》时曾表述为,"肖像许可使用合同中就肖像使用的范围、方式等约定不明确的,应当作出有利于肖像权人的解释",后将"不明确"更改为"有争议",采纳了学者的批评。[2] 因为合同内容约定"不明确"时,合同双方当事人可根据《合同法》第 61 条、第 62 条进行协商,协商结果仍是双方合意,并不会有损肖像权人合法权益;而当协商不成,有所争议之时,法律向肖像权人一方倾斜,周全保护了肖像权人之权益。

第五节　名誉权和荣誉权

一、名誉权的保护

《四审稿》规定名誉权的主体为"民事主体",即非法人组织亦享有名誉权。法人、非法人组织的名誉主要是指信誉、生产能力、经营状况等因素。除此之外,关于胎儿的名誉是否应受保护的问题,《四审稿》未着一字,建议增加"胎儿名誉受法律保护"条款。胎儿之人格尚未完全形成,但这并不代表着社会对其评价亦未出现。若他人对未降生之胎儿进行侮辱,胎儿虽然无法感知,但亲属之感情因胎儿名誉被贬损而受损害,亲属得以胎儿名誉受损提起诉讼,追究侵害胎儿之名誉者的侵权责任。近亲属提起诉讼若是基于自身的名誉感情而为,则如此保护架构类似于死者名誉保护。但胎儿名誉毕竟不同于死者名誉,因为死者离世后只能通过近亲属主张法律保护死

---

〔1〕 参见廖焕国:《论人格权许可使用合同的法定解除——兼评民法典各分编草案第八百零二、八百零三条》,载《暨南学报》(哲学社会科学版)2019 年第 8 期。

〔2〕 参见温世扬:《民法典人格权编草案评议》,载《政治与法律》2019 年第 3 期。

者人格利益，或是借助公益诉讼的方式维护权益，但胎儿正常降生后将取得民事权利能力，届时再通过其法定监护人提起诉讼或等到胎儿成长为完全民事行为能力人之后再行主张权益，不免为时已晚。加之名誉侵权后果非一时一刻可以消除，因此，建议增加规定，“胎儿近亲属有权就侵害胎儿名誉的行为提起诉讼”。[1]

建议增加：“英雄烈士的名誉受法律保护。其他法律另有规定的从其规定。”在死者名誉保护中，有一类特殊问题立法也必须予以回应，即英雄烈士的名誉保护。近年来，互联网上对英雄人物、革命烈士的恶意戏谑日益增多，如“不死是狗熊，死了就是英雄”[2]等。《英雄烈士保护法》第25条对《民法总则》第185条有进一步的规定，但其条文表述过于原则，难以作为民法请求权基础规范。为了周全保护英烈名誉，建议在《四审稿》中保留英烈名誉保护的特别规定，并加以细化。

随着互联网的发展，虚拟世界中对网民的“社会评价”也是名誉的组成部分，理应为名誉权所保护。[3] 关于名誉感是否应当由名誉权加以保护，有判例认为名誉感与名誉权并非同一概念，名誉感受到侵害非同于名誉权遭到侵害。[4] 名誉感是自然人内心对于自己名誉评价的自我感受，是一种主观感觉。当外界的轻微言词或行为对该自然人有所冒犯，势必会使这种自我感受有所变化，此时若以名誉感遭受侵害为由提起名誉权侵权之诉，将有碍于社会交往的正常进行以及司法正常秩序，将其作为“其他人格利益”加以保护是更为妥适的选择。

《四审稿》第1028条确认了权利人在报道失实侵害名誉权情况下的更正、删除请求权。这一规定是人格权请求权的细化，权利人能够及时请求更正、删除，最大限度地保护名誉利益不受损害。权利人行使此项权利时，不需要证明媒体已经构成侵权，更不需要证明其行为应当承担侵权责任，体现

---

〔1〕 参见张红：《民法典之名誉权立法论》，载《东方法学》2020年第1期。

〔2〕 参见“淮安市检察院诉曾某侵害烈士名誉公益诉讼案”，江苏省淮安市中级人民法院（2018）苏08民公初1号民事判决书。

〔3〕 参见葛江虬：《论网络虚拟名誉及其民法保护》，载《河南大学学报》（社会科学版）2017年第4期。

〔4〕 参见广东省高级人民法院（2015）粤高法民一提字第7号再审民事判决书。

了人格权请求权契合人格权保护预防性的特点。此外，《四审稿》未规定回应权。回应权，是权利人请求报道媒体以同样的规格刊登自己的回应文字，旨在针对其指责与批评作出回应。[1] 我国《出版管理条例》第27条第2款确认了媒体的答辩义务。建议增设回应权规范作为人格权请求权基础规范，完善人格权请求权体系。权利人刊登回应的文字比媒体对错误内容的更正与删除更行之有效，同时也保障了权利人面临他人错误描述甚至是污蔑的反驳自由。

二、侵害名誉权的抗辩事由

《四审稿》第1025条至第1027条规定了侵害名誉权的抗辩事由。名誉与其他人格要素相比具有特殊性，即名誉是产生于社会交往之中，由其他社会主体的评价累计而成的，对于自然人在社会中的成长与发展具有重要意义。名誉权的保护相较于其他人格权而言，具有更高的容忍义务，受到社会公众的言论自由权、对公共事务的舆论权等限制。梳理近年来司法解释和批复性文件中的不认定为侵害名誉权的情形，结合理论上的归纳，可以总结出侵害名誉权的抗辩事由主要有正当行使权利与行使法定职权两大类型，前者可细分为陈述事实、合理评论、未公开意见、消费者评论、新闻自由、创作自由、检举监督等维护公序良俗。《四审稿》仅对其中部分加以规定，建议未来予以增补。

需要注意的是，"陈述事实"并非绝对豁免侵权责任，比如陈述的事实仅为全部事实的一部分，断章取义的陈述也会导致社会大众对他人名誉的错误评价。[2] "合理评论"主要集中在学术领域和公共事务领域，在具体处理案件时，司法应仅对行为本身进行评价，而不宜对评论所涉及的议题加以评判。当然，评论议题的社会关注度、内容种类也是判断侵权责任的重要依据。合理评论所针对的是观点本身，且在目的上具有公益，如就公共关系

---

〔1〕 参见岳业鹏：《论作为名誉损害救济方式的回应权——兼评〈出版管理条例〉第27条第2款规定》，载《北方法学》2015年第5期。

〔2〕 参见"施某某、张某某、桂某某诉徐某某肖像权、名誉权、隐私权纠纷案"，江苏省南京市江宁区人民法院（2015）江宁少民初字第7号民事判决书，载《最高人民法院公报》2016年第4期（总第234期）。

问题发声。在判定是否“合理”时，要着眼于评论的可接受性，是否被认为是“公正”的。[1]“未公开意见”的情形主要为单位、组织内部对其成员的有关处理结果、评价等内容在其内部传播，未置于公共信息传播，其作为抗辩事由的原因主要在于这种行为难有降低权利人社会评价的可能性。[2]“消费者评论”的规范依据在于《消费者权益保护法》第15条与第17条，经营主体的容忍义务与消费者权益的保护存在平衡点，需在具体处理案件中发挥法官的主观能动性，进行利益衡量。当消费者故意虚构、捏造事实恶意评价，超越对产品或服务进行批评、评论的范畴，影响经营、侵害经营者名誉权时，应当承担名誉权侵权责任。最后，国家行为对于公民个人权益影响重大，依照法定程序行使法定职权，纵使造成公民社会评价有所下降，亦不可认定为侵权，如公布失信被执行人名单。

《四审稿》第1026条规定合理审查义务的判断标准，行为人若主张自己已尽合理审查义务，则可免于承担侵权责任。建议增加“转载”作为合理审查义务的规制对象，保持规范协调性。[3] 在现实生活中，社交平台上容易引起误解甚至恐慌的内容时常被人广为转载，媒体之间转载的“标题党”内容使得传播范围和速度更大更快，对于权利人的名誉损害程度更深。媒体转载内容时施加合理审查义务，能够有效预防网络转载出现的名誉权侵权行为。[4]

三、信用权和荣誉权

从《四审稿》第1029条中尚不能解读出我国人格权立法承认了独立的信用权作为一项具体人格权。从体系解释的角度来看，第1029条置于“名

---

〔1〕 参见张民安主编：《名誉侵权的抗辩事由——事实真实、公正评论、绝对或相对免责特权等对行为人名誉侵权责任的免除》，中山大学出版社2011年版，第19～20页。

〔2〕 参见湖南省高级人民法院（2018）湘民再556号再审民事判决书。

〔3〕 参见《名誉权解释》第3条：问：新闻媒介和出版机构转载作品引起的名誉纠纷，人民法院是否受理？答：新闻媒介和出版机构转载作品，当事人以转载者侵害其名誉权向人民法院提起诉讼的，人民法院应当受理。

〔4〕 参见曹小娟、慕明春：《“免责”还是“处罚”——关于网络转载是否承担名誉权侵权责任的思考》，载《陕西师范大学学报》（哲学社会科学版）2016年第5期；丁镜：《转载媒体侵害名誉权的民事法律规制》，载《学术交流》2014年第3期。

誉权和荣誉权”项下且第1024条第2款关于名誉的定义中明确写明“信用”,显然是将信用作为名誉的组成部分之一,名誉权的保护规范当然得适用于信用利益的保护。这两个条文系专门针对名誉中的信用部分加以规制,即有权查询信用以及对记载错误的信用请求更正、删除的权利。《四审稿》第1030条规定信用信息的权利人与收集者、控制者的关系适用“个人信息保护”的有关规定,与前一条的定位似乎有些混乱,受到了学者的批评。[1] 就我国而言,采纳直接保护信用权的方式更为合理,主要是因为:第一,信用是现代市场经济中重要的无形资产,在交易活动中扮演着不可替代的角色。这种无形资产代表着一定的财富,能够转化为实实在在的具体利益,因此有必要单独加以保护。第二,信用的主体并非局限于商事主体。随着国家征信网络的构建与完善,信用已经脱离纯粹的商事活动而与个人日常生活息息相关。随处可见的共享经济很大程度上即以个人信用评估作为支撑,因此,信用的主体为“民事主体”。第三,因信用而产生的关系虽具有相对性,但信用利益作为一种人格利益为民事主体所专有,在保护上具有绝对性。

《四审稿》第1031条规定了荣誉权。荣誉权即获得荣誉的主体保持、支配荣誉的权利。荣誉授予者的“侵害”主要是“非法剥夺”荣誉,除此之外的其他人的侵害行为则表现为否定荣誉取得的事实以及荣誉称号剥夺之表示等。“非法剥夺他人的荣誉称号”的行为,只有授予荣誉的主体才能够实施,亦即其他人根本无法剥夺他人的荣誉称号。只不过宣扬他人不应享有荣誉,或号称他人无获此荣誉资格,再或宣称他人以不正当手段甚至非法手段得此荣誉,如上行为可由名誉权加以保护,因为上述行为的对象指向的是他人公正的社会评价。换言之,其他人不能改变荣誉享有的事实,无法影响荣誉的享有。根据本条第2款的规定,如果荣誉称号应当记载而未记载,或记载错误的,应当根据荣誉发生的依据以及荣誉授予者的身份分别选择行政诉讼或民事诉讼处理。

建议增加“民事主体有权获得因其荣誉所产生的物质利益”的规定。

---

〔1〕 参见石佳友:《人格权立法的进步与局限——评〈民法典人格权编草案(三审稿)〉》,载《清华法学》2019年第5期。

荣誉权人并不能因为享有荣誉就当然有权要求他人给予物质利益,但有权保有因为其荣誉带来的他人的馈赠或者交易带来的种种利益。至于物质支配权,如荣誉权人在获得荣誉时已经取得相应的物质利益,则其对于该物质利益的权利属于财产权的范畴,而非荣誉权的内容,故不在本条规制的范围内。

第六节　隐私权和个人信息保护

一、隐私权

如何界定隐私权是完善隐私权立法体系的前提与基础,隐私权界定的核心在于隐私内涵的确定。隐私内涵的确定有两种模式:一种是价值判断模式,另一种是具体列举模式。《四审稿》第1032条第2款兼采两种模式。隐私权的含义处在不断变动之中,经过多年发展,隐私权概念虽有共识,但也存在诸多争议。我国人格权立法体系与美国人格权保护模式存在巨大差别:在美国隐私权已经成为涵盖多种人格利益保护的人格权利益的集合,实际上承担了人格权对新型人格权利益的"吸纳"作用;而我国人格权体系日益细化,形成了"具体人格权+一般人格权"的保护模式。由此为保障人格权内在体系的稳定性,避免不同具体人格权间的适用冲突,有必要清晰、谨慎的确定隐私权的涵摄范围。[1]

本条在《四审稿》中,将"私人生活安宁"增加至隐私的定义中。这其中涉及如何理解生活安宁利益与隐私权的关系问题。[2] 从实践来看,侵害他人生活安宁利益的行为可类型化为"相邻关系滥用""个人信息滥用""错误告知""不当维权"四种情况。在司法实践中,法官对生活安宁利益的调整领域认知模糊,时常将生活安宁利益视为隐私权的权利子项。[3] 就概念内

〔1〕 参见张红:《民法典之隐私权立法论》,载《社会科学家》2019年第1期。
〔2〕 参见王毅纯:《论隐私权保护范围的界定》,载《苏州大学学报》(法学版)2016年第2期。
〔3〕 参见广东省高级人民法院(2016)粤民再464号民事判决书;北京市高级人民法院(2017)京民申1540号民事裁定书。

涵而言,二者存在如下区别:(1)隐私权人不愿被他人获知自己信息,并积极地排除被他人所知的可能;而生活安宁利益人主观上并没有刻意隐蔽的意图,甚至个人信息等是其本人主动公开的,例如为享用某项商业服务,而注册填报自己的个人信息。(2)两者所保护的价值内涵不同。隐私源自人的羞耻本能,如果隐私被窥探或被他人所知的话,会使当事人觉得羞耻和不愉快;[1]而生活安宁利益之客观表现形式则是自然人对生活安宁状态的追求。(3)侵害隐私权之行为是公布了受害人不愿被他人所知的事实,且公布内容应是已发生的、真实的、合法的事实;而侵害生活安宁利益则不要求信息内容,仅关注事件发生的频率与强度。(4)隐私权之损害后果在于侵犯了权利人之私密信息的保密性,而侵害生活安宁利益的损害后果则在于使其原有的生活宁静的状态受到了破坏。[2] 基于此,生活安宁利益处于一般人格权保护的范围。以隐私权的名义对生活安宁利益加以保护的方式,延续了隐私权以名誉权的名誉加以保护的历史发展路径,表明了对于生活安宁利益的理解尚不足,应通过理论研究以使其成熟化为具体人格权。此外,现有审判实践中已经出现隐私权难以保护生活安宁利益的审判例,如错误告知、滥用个人信息等侵害生活安宁的案例,需要全面归纳总结实践案例,判断"升级"为具体人格权的时机是否成熟。

二、公共场所的隐私权

《四审稿》并无规制公共场所隐私权的条款,建议未来增补。公共场所与隐私权似乎不可共存,因为公共场所意味着"公开",这与隐私是截然相对的。"要么是公共场所,要么是隐私场所",[3]但随着理论的进步,"公共场所无隐私"的观念及其"知情—同意"理论基础正在被推翻。现代社会不间断连续监控已成为现实,旧理论所支撑的瞬时、短时记忆不能适应现实的情况,通过碎片化的信息能够归纳、复原自然人的隐私。公共场所也不完全

〔1〕 参见张新宝:《从隐私到个人信息:利益再衡量的理论与制度安排》,载《中国法学》2015年第3期。

〔2〕 参见张红:《侵害生活安宁利益之侵权责任》,载《财经法学》2018年第6期。

〔3〕 [美]海伦·尼森鲍姆:《信息时代的公共场所隐私权》,凌玲译,载张民安主编:《公共场所隐私权研究》,中山大学出版社2016年版,第64页。

代表公共事务的完全性,即私人事务仍会存在于公共场所之中。[1] 如情侣之间言词激烈,却被他人记录到互联网之上,这无疑侵犯了他人的隐私。

上述观点已在审判实践中得到支持。在一则案例中,法官认为,侵权人安装的摄像头的摄像范围虽是公共领域,但公民进出住宅的行为,与家庭和财产安全、私人生活习惯等高度关联,应视为具有隐私性质的人格权益,受法律保护。[2] 更有法官总结道:公共场所的隐私权即自然人在公共场所中不被打扰、关注的权利。[3] 此外,公共场所隐私权的确认也是在公共监控系统成熟的背景下,公民个人防御行政权力非法侵犯的有效工具。在保护社会公共安全利益和行政管理秩序的同时,避免尖锐对立的出现。[4] 判断自然人公共场所隐私权的诉求是否成立,应当考察所主张的事项是否符合"合理隐私期待"的标准,可从"社会习俗""利益平衡"等角度加以认定。[5]

三、未成年人的隐私权

《四审稿》未对未成年人的隐私权保护作出特殊规定,建议增加:"未成年人隐私权受法律保护。他人收集未成年人的隐私时,应经过未成年人的监护人允许。未成年人的监护人可在符合未成年人发展需要的前提下查看、披露未成年人隐私。其他非完全民事行为能力人的隐私保护准用该条规定。"

我国传统社会一般观念认为"家庭内部无隐私",儒家思想指导下的父母子女关系更无隐私可言,尤其是父母对于子女有着全面的管教权。现代社会,隐私权的观念普及成为公民意识的重要组成部分,传统观念与符合法治的要求相抵触。与此同时,未成年人的法定监护人为履行监护职责的需要,而了解未成年人的相关情况带来了侵犯未成年人隐私权的可能。从隐

[1] 参见李延舜:《公共场所隐私权研究——法理、要素及类型》,载《法学论坛》2018 年第 6 期。

[2] 参见广东省高级人民法院(2016)粤民再 464 号民事判决书。

[3] 参见上海市第一中级人民法院(2018)沪 01 民终 508 号民事判决书。

[4] 参见李延舜:《公共视频监控中的公民隐私权保护研究》,载《法律科学》(西北政法大学学报)2019 年第 3 期。

[5] 参见杜红原:《隐私权的判定——"合理隐私期待标准"的确立与适用》,载《北方法学》2015 年第 6 期。

私权的消极权能来看,未成年人的隐私权主要强调对监护人侵犯的防范。但隐私权亦有积极利用的权能,未成年人随着智识的增长,有权亦有能力在一定范围内决定是否披露隐私。监护人在未成年人决定披露隐私时负有保障义务,即避免未成年人因此遭受损害,如被网络诱惑而填写隐私进而造成财产损失等。基于此,既要承认监护人对于未成年人的隐私有一定的管理控制,也要为未成年人隐私留有一定空间。监护人不能也没有必要全面知悉未成年人的隐私,也不能不分内容、场合地对未成年人的隐私加以公开。监护人的行为应符合儿童利益最大化原则,与未成年人的成长、发展相适应。

四、个人信息保护

《四审稿》第 1034 条至第 1039 条规定个人信息保护。个人信息的保护最初以隐私权加以保护,但互联网时代的到来以及大数据的发展,将个人信息作为一项独立的具体人格权加以保护更加符合当今的保护需求。《四审稿》第六章的标题为"隐私权和个人信息保护",而非"隐私权和个人信息权",故而本章个人信息保护规范仅仅将个人信息作为保护对象加以规定。个人信息权的属性是积极的人格权,个人对此享有自主决定的权利,包括公开、利用、共享等。任何民事主体未经允许而擅自窃取、买卖、非法提供或获取他人个人信息的,皆构成个人信息权之侵权行为。

个人信息的保护非民法一己之力可完成。我国将制定"个人信息保护法",该法的性质非私法,故在保护手段上将运用公权力加以保护,对个人信息收集者、控制者等主体规定相关的强制性义务。民法典中个人信息保护规范主要着眼于个人信息主体的权利以及有关义务主体的私法义务。权利方面,主要有信息支配权、错误信息的异议更正权、信息删除权。信息删除权是否应当理解为"被遗忘权",理论上有不同观点。[1] 从《四审稿》第 1036 条第 2 款的规定来看,删除权的行使条件在于信息控制者违反了约定

---

〔1〕 参见刘文杰:《被遗忘权:传统元素、新语境与利益衡量》,载《法学研究》2018 年第 2 期;满洪杰:《被遗忘权的解析与构建:作为网络时代信息价值纠偏机制的研究》,载《法制与社会发展》2018 年第 2 期。

或法定义务。这样的条件表述过于模糊,取决于其他法律法规是否有相应规定。被遗忘权内涵十分复杂,信息类型、主体身份差异等皆对被遗忘权的行使产生影响,无法在民法典中面面俱到加以规范,仍需“个人信息保护法”单独立法解决。义务方面,主要包括不得泄露、篡改、毁损其收集、存储的信息以及积极采取行动保障信息安全的作为义务。

附　件

《中华人民共和国民法典·人格权编草案》

（2015 年 8 月 13 日中国民法学研究会）

第一章　一 般 规 定

第一条　【立法目的】

为了保障民事主体的合法人格权益，维护民事主体的人格自由和人格尊严，促进民事主体的全面发展，根据宪法和我国实际情况，制定本法。

第二条　【具体人格权】

本法所称人格权，是指权利人对特定人格利益享有直接支配和排他的权利。

前款所称人格利益，包括自然人的生命、身体、健康、姓名、肖像、名誉、信用、人身自由、隐私、个人信息等人格利益，法人和其他组织的名称、名誉、信用等人格利益。

人格权人对自己的人格利益，享有支配、控制、使用和依法处分的权利。

第三条　【人格权类型的法定】

人格权的种类由法律规定。法律未做明确规定的人格利益，同样受到法律保护。

第四条　【一般人格权】

损害公共利益、违反公序良俗侵害自然人的人格平等、人格自由或者人格尊严等其他人格利益的，应当承担相应的法律责任。

第五条　【人格权的专属性】

人格权不得转让、继承，但法律另有规定的除外。

人身自由权不得抛弃，对人身自由权的限制不得违反公序良俗。

第六条　【人格权的保护】

侵害人格权的，侵权人应当承担停止侵害、排除妨碍、消除危险、赔礼道歉、消除影响、恢复名誉、赔偿损失、精神损害赔偿等民事责任。

第二章　生命权、健康权、身体权、人身自由权

第七条　【生命权】

自然人享有生命权。

非依法律规定,任何人不得非法剥夺自然人的生命。

第八条 【健康权】

自然人享有维护其生理和心理机能健康的权利。

第九条 【身体权】

自然人享有维护其身体组织完整并依法支配其肢体、器官和其他身体组织的权利。

禁止以任何方式侵害自然人身体,破坏自然人身体的完整性。

第十条 【医疗机构救助义务】

医疗机构对危重病人应当立即抢救。对限于设备或者技术条件不能诊治的病人,应当及时转诊。

第十一条 【人民警察救助义务】

人民警察遇到自然人人身安全受到侵犯或者处于其他危难情形,应当立即救助。

第十二条 【生命信息的保护】

自然人的生命信息和遗传基因受法律保护,禁止任何人以非法手段获取自然人的生命信息和遗传基因。

第十三条 【禁止代孕和变相代孕行为】

禁止代孕行为和变相代孕行为,以代孕为内容而订立的合同无效。

第十四条 【器官捐献决定权】

完全民事行为能力的自然人有权决定将自己的血液、心脏、肺脏、肝脏、肾脏或者胰腺等组织或者器官捐献给医学教学科研机构、医疗机构或者他人。

前款捐献行为不得危及该自然人的生命或者严重损害其健康。

第十五条 【遗体捐献决定权】

自然人生前表示不同意捐献其人体器官的,任何组织或者个人不得捐献、摘取该公民的人体器官。

自然人生前未表示不同意捐献其人体器官的,该自然人死亡后,其配偶、成年子女、父母可以以书面形式共同表示同意捐献该自然人人体器官的意愿。

第十六条 【遗体解剖决定权】

未经死者的生前同意、在死后经其近亲属同意或者有关国家机关依照法律规定行使职权需要,不得擅自解剖死者遗体。

第十七条 【禁止组织、器官或者遗体买卖】

禁止买卖人体组织或者器官,禁止买卖遗体及其组成部分。

捐献人体组织、人体器官、遗体,应当遵循自愿、无偿的原则。

第十八条 【医疗知情同意权】

医务人员在诊疗活动中应当向患者说明病情和医疗措施。需要实施手术、特殊检查、特殊治疗的,医务人员应当及时向患者说明医疗风险、替代医疗方案等情况,并取得其书面同意;不宜向患者说明的,应当向患者的近亲属说明,并取得其书面同意。

患者生命确有危险而无法及时取得前款书面同意的,经治医师应当提出医疗处置方案,在取得医疗机构负责人或者被授权负责人员的批准后实施。

第十九条 【药品或者治疗方法试验知情同意权】

有关医疗机构、医学科研机构开发新药或者新治疗方法,需要在人体上进行药品或者治疗方法试验的,经卫生等相关国家行政主管部门批准后,还应当向接受试验者详细说明可能产生的损害,并经本人或者其法定代理人、近亲属的书面同意。

第二十条 【人身自由权】

剥夺或限制公民人身自由的。受害人有权请求停止侵害、赔礼道歉和适当的损害赔偿。

受害人受到重大精神损害或者受到身体、健康损害以及财产损失的,加害人应当承担民事责任。

第三章 姓名权、名称权、肖像权

第二十一条 【姓名权】

姓名是自然人的称谓,由姓氏和名字组成。

自然人享有姓名权,姓名权的保护效力及于自然人其他获得广泛认知的称谓。

公民行使姓名权,应尊重社会公德,不得损害社会公共利益。

第二十二条 【姓氏的选择】

自然人应随父姓或者母姓。有下列情形之一的,可在父姓和母姓之外选取姓氏:

(一)选取其他直系长辈血亲的姓氏;

(二)因由法定扶养人以外的人扶养而选取扶养人姓氏;

(三)有不违反公序良俗的其他正当理由。

少数民族公民的姓氏可以从本民族的文化传统和风俗习惯。

第二十三条 【未明确约定姓氏的处理】

自然人姓氏按照其父母书面约定确定并向户籍管理机关申报。没有约定或约定不明,户籍管理机关应依子女最佳利益选取其父母一方的姓氏来确定新生儿的姓氏。

自然人出生超过三个月未进行户籍姓名登记,视为其父母未约定其称姓。

第二十四条　【名字的选择】

自然人名字按照其父母书面约定确定并向户籍管理机关申报。

自然人的名字应符合法律规定的户籍记载的相应规范,同时不得有害于公序良俗。未成年人名字的确定,不得有害于其人格利益。

第二十五条　【十周岁以上未成年人姓名变更】

十周岁以上未成年人的姓氏或名字的变更,申请变更人需征询本人意见并得书面同意。

第二十六条　【未成年人第三姓的选择】

有正当理由的,未成年人的姓氏由父母约定,并向户籍管理机关申请变更。

下列情形中,人民法院可依未成年人父母一方及十周岁以上未成年人请求,以子女最佳利益为判断,判决未成年人变更原有姓氏为父姓、母姓或其他直系长辈血亲的姓氏。

(一)父母离婚;

(二)父母一方死亡;

(三)有事实证明未成年人原有姓氏对其具有重大不利影响。

第二十七条　【未成年人姓氏变更】

未成年人父母离婚后与他人再婚,未成年人改称继父姓、继母姓、继父直系长辈血亲姓氏或继母直系长辈血亲姓氏的,由其生父母与继父或继母约定,向户籍管理机关申请变更。

未成年人父母一方亡故,另一方再婚,未成年人变更为继父姓、继母姓、继父直系长辈血亲姓氏或继母直系长辈血亲姓氏的,由其生父和继母,或生母和继父约定,向户籍管理机关申请变更。

第二十八条　【被收养人姓氏变更】

被收养人可以称收养者的姓氏,亦可维持原有姓氏,亦可称收养人直系长辈血亲的姓氏。

被收养人改称收养人姓氏或收养人直系长辈血亲姓氏的,由收养人向户籍管理机关申请变更。夫妻共同收养的,并需养父母协商一致。

第二十九条　【成年人姓氏变更】

有正当理由的,年满十八周岁的自然人或以本人劳动收入为主要生活来源的十六周岁以上未满十八周岁的未成年人,可以向户籍管理机关申请改称本法第 2 条中原有姓氏的外的其他姓氏。

其他姓氏还包括：

（一）继父、生母及继父、生母三代以内直系血亲长辈姓氏；

（二）养父、生母及养父、生母三代以内直系血亲长辈姓氏；

（三）解除收养关系的被收养人恢复与生父母与其他近亲属间的权利义务关系后，收养关系发生前的原姓氏，其父、母姓氏，父、母三代以内直系血亲长辈姓氏。

上述姓氏变更以一次为限。

第三十条 【成年人基于“不得已的理由”变更姓氏】

有不违反公序良俗，且不得已的理由，年满十八周岁的自然人可以向户籍管理机关申请，改称本法第二条规定以外的其他姓氏。

不得已的理由系指，自然人继续称原有姓氏以及本法第2条中规定的姓氏，将对其个人人格或个人社会生活产生重大不利影响。

上述姓氏变更以一次为限。

第三十一条 【未成年人名字变更】

有正当理由的，未成年人的名字由其父母约定向户籍管理机关申请变更。

未成年人的父母离婚或一方亡故后他方与他人再婚的，未成年人的名字由其生父和继母，或者生母和继父约定后向户籍管理机关申请变更。

未成年被收养人的名字由收养人向户籍管理机关申请变更。夫妻共同收养的，并需养父母协商一致。

上述名字变更以一次为限。

第三十二条 【成年人名字变更】

有正当理由的，年满十八周岁的自然人与以本人劳动收入为主要生活来源的十六周岁以上未满十八周岁的未成年人的名字，可自行向户籍管理机关申请变更。

上述名字变更以一次为限。

第三十三条 【禁止变更姓名的法定情形】

有法律明确规定的禁止情形，自然人不得申请变更姓名。

第三十四条 【姓名选择的限制】

自然人对其姓名的确定，包括姓名下的身份确定以及使用一般社会通行方法识读、记载姓名的确定。

自然人对其姓名的确定、变更，因他人否认、干涉而利益受到损害时，权利人可以请求加害人停止侵害、赔礼道歉、消除影响和损害赔偿。

第三十五条 【姓名的使用】

自然人对其姓名的使用,包括使用姓名彰显身份、使用姓名文字形成其他标识以及获得财产利益。

自然人对其姓名文字的其他标识性使用,不得损害他人与社会公共利益。

第三十六条 【姓名权侵权行为】

他人的仿冒行为造成他人与姓名权人关联性混淆,权利人可以请求加害人停止侵害、赔礼道歉、消除影响和损害赔偿。

第三十七条 【姓名权的行使】

公民行使姓名权,还应当尊重社会公德,不得损害社会公共利益。

第三十八条 【名称权】

法人及其他组织享有名称权。

法人及其他组织有权决定、使用和依照法律规定变更自己的名称,有权禁止他人盗用或者假冒自己的名称。

第三十九条 【名称登记】

法人和其他组织决定、使用和变更自己的名称,应当向相关国家行政机关登记备案。但依法无需进行工商登记的除外。

第四十条 【名称转让权】

企业法人或者其他组织的名称可以依法转让,但法律另有规定的除外。

企业法人或者其他组织的名称权应当与其营业一并转让。

第四十一条 【名称转让登记】

转让企业法人或者其他组织的名称,让与人和受让人应当签订书面合同,并向企业或者其他组织的登记机构申请登记。法律规定需要主管部门批准的,依照其规定。

自名称转让登记完成时,名称权转移。

第四十二条 【名称许可使用权】

企业或者其他组织可以依照法律规定,允许他人使用其名称。

许可使用名称的,双方应当签订书面合同,约定使用范围、使用期限、使用方式等内容。使用人应当按照约定范围使用。

第四十三条 【肖像权】

自然人对自己的肖像享有再现、使用或者许可他人使用的权利。

前款所称肖像,是指通过绘画、照相、雕塑、录像、电影等造型艺术方式所反映的自然人的面部形象。

第四十四条 【肖像制作权】

自然人有权通过造型艺术方式及其他形式再现自己的形象。

制作他人的肖像,应当征得本人同意。

第四十五条 【肖像使用权】

自然人有权自己使用或者许可他人使用自己的肖像。

第四十六条 【肖像许可使用权】

利用他人的肖像,应当征得本人的同意,并以协议方式约定使用范围、使用期限、使用方式等内容。

第四十七条 【人体模特的肖像权】

自然人接受作为人体模特的约定,视为允许以其人体形象制作作品。当事人有特别约定的,依照其约定。

第四章 名誉权、荣誉权、信用权

第一节 名 誉 权

第四十八条 【名誉权】

自然人、法人和其他组织对其名誉享有不被他人以侮辱、诽谤等方式加以侵害的权利。

第四十九条 【名誉权的权能】

自然人、法人和其他组织有权保持自己的名誉,享有名誉所体现的利益,维护自己的名誉不受非法侵害。

抛弃、转让名誉权的行为均为无效。

第五十条 【名誉权侵权行为】

任何人不得利用严重失实的新闻报道或者内容不当的文学作品等侵害他人名誉。

第五十一条 【名誉权与言论自由的平衡】

行使言论自由与他人名誉权发生冲突时,应当根据以下因素确定是否构成名誉权侵权责任:

(一)言论的类型、内容;

(二)受害人是否属于公众人物;

(三)事实陈述是否真实或者陈述人是否尽到合理审查义务而确信为真实;

(四)意见表达是否善意、妥当;

(五)事实陈述或者意见表达与公共利益的关联性。

前款情形由作出事实陈述或者意见表达之人承担举证责任。

第二节 荣 誉 权

第五十二条 【荣誉权】

民事主体享有荣誉权。任何组织和个人不得非法剥夺他人的荣誉称号或者诋毁、贬损他人的荣誉。

获得的荣誉称号应当记载而没有记载或者记载错误的,民事主体可以要求记载或者更正。

第五十三条 【因其荣誉所产生的物质利益】

民事主体有权获得因其荣誉所产生的物质利益。

第三节 信 用 权

第五十四条 【信用权】

信用权,是指自然人、法人和其他组织对其经济活动能力的良好评价所享有的权利。

第五十五条 【金融信用信息基础数据库】

中国人民银行征信中心建设、运行和维护金融信用信息基础数据库,依法进行金融信用信息的采集、整理、保存、加工和提供。

第五十六条 【企业信用信息公示系统】

国家建立统一的企业信用信息公示系统,真实、及时公示企业信用信息。

第五十七条 【其他机构征信系统建设】

最高人民法院建立全国法院失信被执行人名单信息公布与查询平台。

征信机构依法对自然人、法人和其他组织的信用信息进行采集、整理、保存、加工,并向信息使用者提供。

第五十八条 【信用资料查询权、修改权】

自然人、法人和其他组织有权查阅、抄录或者复制涉及自身的信用资料,有权要求修改与事实不符的信用资料。

第五章　隐私权、个人信息权

第一节　隐　私　权

第五十九条　【隐私权(私生活权)】

自然人享有隐私权。

未经本人同意,任何个人和组织不得非法侵害自然人与社会公共领域无关的私人生活。但法律另有规定的除外。

公众人物、新闻事件等具有公共利益或正当的公众兴趣的领域,视为自然人私生活领域的例外。

第六十条　【私人信息】

自然人的私人信息受法律保护,享有对私人信息的控制权。

未经本人同意,禁止非法窥视、窃听、刺探、窃取、偷录、偷拍、公开他人的私人信息。但法律另有规定的除外。

私人信息可以向特定的人披露,并准许特定人利用,或向社会公众公开,视为放弃私人信息。

私人信息的公开和利用不得违反公序良俗。

第六十一条　【私人活动】

自然人正当的私人活动受法律保护。

未经本人同意,禁止跟踪、刺探、披露他人与社会公共利益无关的私人活动。但法律另有规定的除外。

第六十二条　【私人空间】

自然人的住宅等私人空间受法律保护,不受外界侵扰。

未经本人同意,禁止非法窥视、骚扰、侵入他人私人空间,也不得在其中进行搜查。但法律另有规定的除外。

第六十三条　【私生活安宁】

自然人的生活安宁受法律保护。

禁止以窥视、窃听、信件、电话等物理或信息方式,骚扰他人的私生活安宁。

禁止以群发电子邮件、垃圾短信、垃圾电话或其他信息技术等方式,骚扰他人私生活安宁。发送人应当为被发送人提供选择接受信息与否的机会,被发送人有权要求把自己的名字删除群发名单,经拒绝后继续发送的,发送人应当承担法律责任。

第六十四条 【私生活决定】

自然人就其私人生活方式和生活事务享有自己决定的权利。

禁止干涉他人的私生活决定的自由。

第六十五条 【通讯自由和通讯秘密】

自然人的通讯自由和通讯秘密受法律保护。

禁止隐匿、扣留、毁弃或开拆他人的信件。禁止非法截获、窃取他人的电子邮件。禁止非法窃听他人的电话,或者其他阻止、妨碍他人正常通讯的行为。

只有在法律规定并且在有权国家机关发出命令的情形,才能对个人的信件、电话、电子邮件进行检查。

第六十六条 【生命信息的保护】

自然人的生命信息和基因图谱信息受法律保护,未经本人同意,禁止任何人以非法手段检测、获取、存储、公开自然人的生命信息和基因图谱信息。

用人单位、保险公司等不得根据自然人的基因信息采取歧视性待遇。

第六十七条 【身体隐私的保护】

个人的身体的隐私受法律保护。

禁止偷窥、偷拍、偷录他人身体,以及传播、公开、销售他人身体隐私的信息。

禁止猥亵、非法搜查以及其他恶意接触他人身体的行为。

身体及健康状况的信息受法律保护,医院、体检中心等医疗保健机构对客户的身体及健康资料负有妥善保管的义务。

第六十八条 【共同隐私的保护】

数个权利人就共同的事实享有隐私权的,各权利人可以独立行使各自的隐私权,但以不侵犯他人的隐私权为限。

第六十九条 【工作场所的隐私权保护】

在工作场所的员工的隐私权受法律保护,用人单位可以在与员工私人无关的工作范围内对其采取拍摄、录音、监控、检验等措施予以限制。

上述限制措施应当以必要性为限,限制的手段与其目的应当相当,不得侵犯员工人格尊严和违反公序良俗。

用人单位采取限制措施前负有告知的义务,并且不得超越本来目的滥用所取得的资料。

第七十条 【公共场所的隐私权保护】

自然人在公共场所的隐私权受法律保护。

任何个人和组织在公共场所安装闭路电视、摄像等监控装置必须符合法律规定，并标明必要的警示措施，所取得的资料只能在本来的目的内使用。

第七十一条 【互联网络中的隐私权保护】

网络服务提供者对网络用户使用互联网络储存、传递的信息负有保密的义务。未经本人同意不得披露他人不愿公开的信息，但法律另有规定的除外。

网络服务提供者应当制定适当的隐私政策，对于 cookies 等记录网络行踪的程序的使用应当告知网络用户，并允许其选择是否记录。

第七十二条 【特殊职业的保密义务】

律师、医生等人员因职业关系获悉他人隐私的，负有保密义务，不得非法利用和公开该他人的隐私。

第二节 个人信息权

第七十三条 【个人信息权】

自然人享有个人信息权。

个人信息涉及多个自然人的，个人信息权由多个自然人共同享有。

个人信息包括一般个人信息和敏感个人信息。

本法所称一般个人信息，是指自然人的姓名、民族、出生日期、身份证号码、户籍、住址、个人生物识别信息等能够直接或以合理方式间接识别自然人主体身份，且与该自然人的人格权益相关的信息。

本法所称敏感个人信息，是指自然人的政治观点、性取向、宗教信仰等直接涉及自然人隐私和人身财产安全的信息。

个人信息除收到隐私权保护外，进入非隐私领域的个人信息依然受到本法保护。关于自动化收集的系统化的个人信息的保护，可由法律、行政法规另行规定。

第七十四条 【个人信息权的内容】

个人信息权包括以下权利：

（一）收集权，即以自动化或非自动化方式获取个人信息并对其进行系统化处理的权利。

（二）查询权，即向信息控制者询问有关其个人信息被收集、使用和移转的情况并获得相关信息的权利。

（三）更正权，即对不完整、不准确的个人信息进行修改、补充和更新的权利。

（四）删除权，即根据法定或约定事由要求信息控制者全部或部分删除存储的个人信息的权利。

（五）封存权，即根据法定或约定事由要求信息控制者停止继续使用个人信息的权利。

（六）使用权，即以出示、录入、存储、修改、编辑、整理、统计、汇编、检索、标注、比对、分析等除收集、查询、更正、删除、移转以外的方式处理和利用个人信息的权利。

前款第（一）至（五）项权利，不得通过约定要求权利人予以抛弃。

第七十五条　【个人信息的搜集和使用】

信息控制者收集、使用他人个人信息，应以合理方式获得权利人的授权。

信息控制者收集、使用他人敏感个人信息，应当获得权利人的明示授权。

信息控制者对无民事行为能力人或限制民事行为能力人的个人信息进行收集、使用的，应当获得其监护人的明示授权。

本法所称信息控制者，是指对个人信息进行收集、使用的自然人、法人、国家机关以及其他组织。

第七十六条　【个人信息的安全保障义务】

信息控制者应采取合理技术措施，避免其收集和存储的个人信息丢失、毁损、泄露，或被用于未经信息主体同意的其他用途；若已经或可能发生上述情况，应及时采取补救措施，并告知可能受到影响的权利人。

第七十七条　【个人信息的合理使用】

根据法律法规规定，对个人信息进行合理收集、使用的，可以不经权利人同意，但应当明确告知权利人，并保障其查询权、更正权、删除权，以及依照本法享有的其他权益不受侵害。

第七十八条　【个人信息真实权】

权利人有权免受他人指称某一虚假事实与其本人有关，即使该事实不构成对其名誉和私人秘密的侵犯。

第六章　人格权的延伸保护

第七十九条　【人格利益的延伸保护】

胎儿的身体健康利益，受法律保护。

死者的姓名、肖像、名誉、隐私、遗体、遗骨等人格利益，受法律保护。

第八十条　【胎儿人格利益的保护】

胎儿的身体健康受到损害的，在其出生后，享有损害赔偿请求权。

第八十一条　【死者人格利益的保护主体及期限】

死者的姓名、肖像、名誉、隐私、遗体、遗骨等人格利益受侵害时，死者的近亲属有权提出保护请求。

无前款近亲属的,检察机关基于公共利益可以进行保护。

对死者人格利益的保护,不得与他人所享有的在先利益发生冲突。

第八十二条 【死者肖像保护期限的特别规定】

禁止非法使用或者利用死者的肖像。自然人死亡后超过十年的,死者肖像作品的作者可以基于艺术目的,对该肖像予以使用。

第七章 人格权的行使、限制与保护

第一节 人格权的行使

第八十三条 【人格权行使的原则】

人格权的行使不得违反法律的强制性规定,不得有违公序良俗,也不得损害他人的在先权利。

第八十四条 【可作商业化利用的人格权】

自然人、法人或者其他组织可以许可他人使用其人格权益,但法律另有规定的除外。

自然人的身体、身体组成部分及其制品,不得成为商业利用的对象。

第八十五条 【人格权许可使用具体范围的确定】

当事人就许可使用的权益范围以及使用方式约定不明确的,应当作出有利于人格权人一方的解释。

受许可的一方应当在许可的范围内使用他人的人格权益,非经权利人同意,不得再次许可他人使用。

第八十六条 【权利人的任意解除权】

自然人可以随时终止他人对其人格权的商业化利用行为,因此造成对方损失的,应当赔偿损失。

第八十七条 【人格权强制商业化利用的财产损害赔偿责任】

行为人未经许可利用他人人格权益的,权利人可以请求行为人按照其实际损失或者按照行为人的获利赔偿其财产损失,也可以请求人民法院根据实际情况确定赔偿数额。

第八十八条 【人格权商业化利用的限制】

以商业用途使用自然人、法人或者其他组织的人格权益,不得损害人格权主体的人格尊严,不得违反法律的强制性规定,不得损害公共利益、违反公序良俗。

第八十九条　【死者人格标志的商业化利用】

自然人死亡后,他人可以对其姓名、肖像等人格要素进行商业化利用,但不得损害死者本人的人格尊严,不得造成其近亲属精神痛苦,也不得损害他人的在先权利。

第二节　人格权的限制

第九十条　【公众人物人格权的限制】

公众人物的姓名、肖像、隐私、名誉等人格权受有限制。

公众人物对于公众和传媒的妨害其人格权的行为负有一定限度的容忍义务,但在行为人具有真实恶意,以及属于纯粹私人事务的情形下除外。

第九十一条　【国家机关名誉权的限制】

国家机关不得以名誉权受到侵害为由而提起诉讼,但国家机关工作人员的名誉权受到侵害时,其仍有权请求法律保护。

第九十二条　【人格权的限制】

基于公共利益的需要,有关国家机关依照法律规定,可以对人格权予以限制。

因新闻报道等合法正当需要,可以合理使用自然人的姓名、肖像、隐私或者法人的名称等人格权。

权利人对前两款规定的限制或者合理使用,负有容忍义务。

正当的评论,仅因文字使用不当,不构成对名誉权的侵害。

第三节　人格权的保护

第九十三条　【人格权请求权】

权利人在人格利益受他人妨害时,可以请求除去妨害。

在他人的行为可能造成其人格利益损害时,可以请求消除危险。

该出去妨害和消除危险请求权的行使,不受诉讼时效的限制。

妨害人的行为构成侵权行为的,受害人可以请求侵权行为人消除影响、恢复名誉、赔礼道歉,并赔偿所造成的财产损失和精神损害。

第九十四条　【获利返还】

侵害他人人格权益造成财产损失的,按照被侵权人因此受到的损失赔偿;被侵权人的损失难以确定,侵权人因此获得利益的,按照其获得的利益赔偿;侵权人因此获得的利益难以确定,被侵权人和侵权人就赔偿数额协商不一致,向人民法院提起诉讼的,由人民法院根据实际情况确定赔偿数额。

第九十五条 【精神损害赔偿责任】

自然人因人格权遭受非法侵害,造成严重精神损害的,可以请求精神损害赔偿。

损害公共利益、违反公序良俗侵害其他人格利益,造成他人严重精神损害的,受害人可以请求精神损害赔偿。

人格权或者其他人格利益遭受侵害导致精神损害,但未造成严重后果的,受害人可以请求停止侵害、恢复名誉、消除影响、赔礼道歉。

第九十六条 【侵害死者人格利益的精神损害赔偿】

自然人死亡后,其近亲属因下列侵权行为遭受精神痛苦,可以请求精神损害赔偿:

(一)以侮辱、诽谤、贬损、丑化或者损害公共利益、违反公序良俗的其他方式,侵害死者姓名、肖像、名誉;

(二)非法披露、利用死者隐私及个人信息,或者以损害公共利益、违反公序良俗的其他方式侵害死者隐私及个人信息;

(三)非法利用、损害遗体、遗骨,或者以损害公共利益、违反公序良俗的其他方式侵害遗体、遗骨。

第九十七条 【侵害人格物的精神损害赔偿】

具有遗体、遗骨等人格物,因侵权行为而永久性灭失或者毁损,造成物品所有人严重精神损害的,该所有人可以请求精神损害赔偿。

第九十八条 【法人和其他组织不得请求精神损害赔偿】

法人或者其他组织人格权遭受侵害时,受害人不得请求精神损害赔偿。

第九十九条 【精神损害赔偿数额的确定依据】

精神损害的赔偿数额根据以下因素确定:

(一)侵权人的过错程度,法律另有规定的除外;

(二)侵害的手段、场合、行为方式等具体情节;

(三)侵权行为所造成的后果;

(四)侵权人的获利情况;

(五)侵权人承担责任的经济能力;

(六)受诉法院所在地平均生活水平。

第八章 附 则

第一百条 【施行日期】

本法自 2018 年 10 月 1 日起施行。

《中华人民共和国民法典·人格权编专家建议稿(征求意见稿)》

(2017 年 6 月中国民法学研究会)

第一章 一 般 规 定

第一条 为了保障民事主体的人格权益,维护民事主体的人格平等、人格自由和人格尊严,促进人的全面发展,根据宪法和我国实际情况,制定本法。

第二条 本法所称人格权益,包括法律规定的人格权和受法律保护的人格利益。

本法所称人格权,是指权利人依法实现其特定人格利益并排除他人干涉的权利,包括自然人的生命、身体、健康、姓名、肖像、名誉、荣誉、信用、隐私、个人信息、人身自由、贞操、生育等人格权。

法人和其他组织的名称、名誉、荣誉、信用等人格权。

基于维护人格平等、人格自由、人格尊严的需要,民事主体的其他人格利益受法律保护。

第三条 非依法律规定,人格权益不受限制。

死者的人格利益受法律保护。

第四条 人格权益不得转让、继承,但法律另有规定的除外。

第五条 人格权益的行使不得违背公序良俗,不得损害公共利益。

第六条 法律对未成年人、老年人、妇女、身体或者精神障碍者等民事主体人格权益有特别保护的,依照其规定。

第二章 生命权、健康权、身体权

第七条 自然人享有生命权。

非依人民法院生效的死刑判决,不得剥夺自然人的生命。

第八条 基于维护自然人人格尊严的需要,依照法律规定的条件和程序,自然人可以自主决定放弃救治,但实施该行为不得违背公序良俗。

第九条 自然人享有维护其生理和心理健康的权利。

第十条 公民享有维护其身体组织完整并依法支配其肢体、器官的权利。

禁止以任何方式侵害公民身体,破坏公民身体的完整性。

第十一条 医疗机构对危重病人应当立即抢救。对限于设备或者技术条件不能诊治的病人,应当及时转诊。

第十二条 自然人的生命权、健康权、身体权受到侵犯或者处于其他危难情形,负有法定救助义务的机构和人员应当立即实施救助。

第十三条 具有完全民事行为能力的自然人有权依法自主决定捐献其血液、器官或者遗体。

前款捐献行为不得危及该自然人的生命或者严重损害其健康。

第十四条 对遗体的处置和安葬,应当尊重自然人生前意愿,但不得违反法律和风俗习惯。

自然人生前未作表示的,配偶、成年子女、父母有权处置自然人的遗体;没有前述人员的,由其他近亲属处置;没有近亲属的,由民政部门依法处置。

第十五条 自然人生前表示不同意捐献其人体组织、器官或者遗体的,应尊重其意愿。

自然人生前未拒绝捐献其人体组织、器官或者遗体的,该自然人死亡后,其配偶、成年子女、父母可以以书面形式共同决定捐献该自然人的人体组织、器官或者遗体。

第十六条 禁止以任何方式买卖人体组织、器官或者遗体。

第十七条 禁止代孕行为和变相代孕行为,以代孕为内容而订立的合同无效。

人类辅助生殖技术必须在经过批准并进行登记的医疗机构中实施。未经卫生行政部门批准,任何单位和个人不得实施人类辅助生殖技术。

第十八条 经自然人生前同意,可以解剖其遗体。

自然人生前未拒绝解剖的,该自然人死亡后,其配偶、成年子女、父母可以以书面形式共同决定解剖该自然人的遗体。

为了公共利益的需要,有关国家机关有权依照法律规定解剖自然人的遗体。

第十九条 有关医疗机构、医学科研机构开发新药或者新治疗方法,需要在人体上进行药品或者治疗方法试验的,经卫生等相关国家行政主管部门批准后,应当向接受试验者详细说明可能产生的损害,并取得本人或者其法定代理人、近亲属的书面同意。

第三章　姓名权、名称权、肖像权

第一节　姓　名　权

第二十条　自然人享有姓名权。

姓名是自然人的称谓,由姓氏和名组成。

具有一定的社会知名度、为相关公众所知悉的自然人的笔名、艺名、网名等,受法律保护。

第二十一条　自然人原则上应当随父姓或者母姓。有下列情形之一的,可在父姓和母姓之外选取姓氏:

(一)选取其他直系长辈血亲的姓氏;

(二)因由法定扶养人以外的人扶养而选取扶养人姓氏;

(三)有不违反公序良俗的其他正当理由。

自然人的姓氏可以从本民族的文化传统和风俗习惯。

第二十二条　自然人的姓名由其监护人决定。

自然人的姓名应当使用规范汉字,不得违背公序良俗,不得损害公共利益。

第二十三条　监护人变更十周岁以上未成年人的姓名,应当征询未成年人意见。

第二十四条　未成年人姓名的变更,监护人意见不一致的,人民法院可以应监护人一方的申请,依照最有利于未成年人利益的原则确定。

第二十五条　未成年人父母离婚后,与未成年人生活的一方可以申请变更该未成年人的姓氏为与该未成年人共同生活一方的姓氏。

未成年人父母离婚后,与未成年人生活的一方再婚的,如果继父母与未成年人已经形成抚养关系的,与未成年人生活的一方或者未成年人的继父母可以申请变更该未成年人的姓氏为继父母的姓氏。

第二节　名　称　权

第二十六条　法人、其他组织、个体工商户享有名称权。

法人、其他组织、个体工商户有权决定、使用和依照法律规定变更自己的名称,有权禁止他人盗用或者假冒自己的名称。

第二十七条　法人、其他组织、个体工商户的名称应当向登记机关登记,登记完成时,法人、其他组织、个体工商户取得名称权。

第二十八条 法人、其他组织、个体工商户的名称可以依法转让，但依其性质不得转让或者法律另有规定的除外。

法人、其他组织、个体工商户的名称权原则上应当与其营业一并转让。

第二十九条 转让法人、其他组织、个体工商户的名称，让与人和受让人应当签订书面合同，并向登记机关申请登记。法律规定需要办理批准手续的，依照其规定。

名称转让登记完成之时，名称权转移。

第三十条 法人、其他组织、个体工商户具有一定的社会知名度，为相关公众所知悉的简称，受法律保护。

第三节 肖 像 权

第三十一条 肖像是指通过绘画、照相、雕塑、录像、电影等造型艺术方式所反映的自然人的面部形象以及足以呈现个人外部形象的其他身体部分或身体部分的组合。

自然人对自己的肖像享有再现、使用、许可他人使用以及防止他人侵害的权利。

第三十二条 制作他人的肖像，应当征得本人同意。未征得本人同意，本人可以请求停止侵害，但公益性拍摄等合理使用除外。

第三十三条 对合照的使用，应当尊重合照人的肖像权，但合照人的形象难以识别的除外。

第三十四条 对肖像的合理使用，应当考虑肖像权人的社会地位、肖像权人活动内容、肖像再现的场所、制作肖像目的和社会容忍限度等因素。

第三十五条 禁止非法使用死者的肖像。自然人死亡后超过十年的，死者肖像作品的作者可以基于艺术目的，对该肖像予以使用。

第四章 名誉权、荣誉权、信用权

第一节 名 誉 权

第三十六条 自然人、法人、其他组织享有名誉权，禁止任何人以侮辱、诽谤等方式加以侵害。

第三十七条 禁止任何人利用网络或者其他即时通讯工具散布侮辱、诽谤他人的言论，毁损他人名誉。

第三十八条 行使言论自由与他人名誉权发生冲突时,应当根据以下因素确定是否侵害名誉权:

(一)言论的类型、内容;

(二)受害人是否属于公众人物、机关法人或者国家机关工作人员;

(三)事实陈述是否真实或者陈述人是否尽到合理审查义务而确信为真实;

(四)意见表达是否包含侮辱性内容;

(五)事实陈述或者意见表达与公共利益的关联性。

第三十九条 陈述人对事实陈述是否尽到合理审查义务,应根据以下因素确定:

(一)所陈述事实来源的可信性;

(二)所陈述事实的时效性和与公共利益的关联性;

(三)导致名誉贬损的程度;

(四)审查的成本。

是否尽到合理审查义务,由作出事实陈述者承担举证责任,法律另有规定的除外。

第四十条 对国家机关的监督、批评,不构成名誉权侵害。

对国家工作人员行使职权的监督、批评,不构成名誉权侵害。

第四十一条 消费者对生产者、销售者、经营者的产品质量或者服务质量进行监督、批评,不构成名誉权侵害,但构成诽谤或者意见表达仅以损害他人名誉为目的且显著降低其社会评价的除外。

第四十二条 新闻单位对生产者、销售者、经营者的产品质量或者服务质量进行监督、批评,内容基本属实,没有侮辱内容的,不构成名誉权侵害;主要内容失实,包含侮辱内容,损害他人名誉的,构成名誉权侵害。

第二节 荣 誉 权

第四十三条 自然人、法人和其他组织依法享有荣誉权。

本法所称荣誉,是指自然人、法人、其他组织依照法律、章程等获得的荣誉称号。

第四十四条 自然人、法人和其他组织符合法律、章程等规定的获得荣誉称号条件而未获得的,有权要求授予荣誉称号。

第四十五条 对自然人、法人和其他组织获得的荣誉称号应当记载而没有记载或者记载错误的,有权要求予以更正。

第四十六条 荣誉称号的授予者或者人民法院依据法律、章程等规定的事由和程序,有权撤销、变更自然人、法人、其他组织的荣誉称号。

第四十七条 荣誉权的享有和行使不得与权利人分离。

第四十八条 授予集体荣誉称号的,所有集体成员均享有相应的荣誉权。

第三节 信 用 权

第四十九条 自然人、法人和其他组织依法享有信用权。

本法所称信用,包括自然人、法人和其他组织的消费信用或者商业信用等。

第五十条 自然人、法人和其他组织有权查阅、抄录或者复制涉及自身的信用资料,有权要求修改与事实不符的信用资料,有权对不良信用信息作出说明,并要求予以记载。

第五十一条 国家推动信用信息公示系统的建立,完善信用信息的采集、整理、保存和加工。

第五十二条 信用评级应具有相应的资质。

信用评价机构对他人信用评价不当,造成损害的,应当承担相应的法律责任。

第五十三条 信用信息记载错误的,权利人有权请求更正。信息记录者拒绝更正的,权利人有权要求其承担侵权责任。

第五十四条 征信机构对个人不良信息的保存期限,自不良行为或者事件终止之日起为 5 年,超过 5 年的,应当予以删除。

第五章 隐私权、个人信息权

第一节 隐 私 权

第五十五条 自然人享有隐私权。

本法所称隐私,包括自然人与公共利益无关的私人信息秘密和私生活安宁。

第五十六条 权利人可以将私人信息向特定人披露,并准许特定人利用或者向社会公众公开。任何人不得非法窥视、窃听、刺探、窃取、偷录、偷拍、公开他人的私人信息。

任何人不得通过网络技术方式搜索、公开自然人的隐私。

第五十七条 自然人的私人活动不受他人非法干涉。任何人不得非法跟踪、刺探、录制、披露他人的私人活动。

未经本人许可,不得非法录制或者对外公布私人谈话。

第五十八条 自然人的私人空间受法律保护。任何人不得非法窥视、骚扰、侵入、搜查他人住宅等私人空间。

第五十九条 自然人的私生活安宁受法律保护。

任何人不得以群发电子邮件、垃圾短信、垃圾电话或其他信息技术等方式，干扰他人私生活安宁。发送人应当为被发送人提供选择接受信息与否的机会，被发送人有权要求把自己的名字删除群发名单，经拒绝后继续发送的，发送人应当承担法律责任。

第六十条 自然人就其私人生活方式和生活事务享有自己决定的权利。

第六十一条 自然人的通讯自由和通讯秘密受法律保护。任何人不得隐匿、扣留、检查、毁弃或开拆他人的信件。不得非法截获、窃取、检查他人的电子邮件。不得非法窃听他人的电话，或者其他阻止、妨碍他人正常通讯的行为。

第六十二条 自然人的身体隐私受法律保护。任何人不得非法偷窥、偷拍、偷录、搜查他人身体，以及传播、公开、销售他人身体隐私的信息。

医院、体检中心等医疗保健机构对自然人的身体及健康资料负有妥善保管义务。

第六十三条 对共同隐私的使用，应当尊重他人的隐私权。

第六十四条 出于工作需要，用人单位可以在工作范围内采取必要的拍摄、录音、监控、检验等措施。用人单位采取前述限制措施前负有告知义务且应当以必要为限。

用人单位不得滥用依前款措施所取得的信息。

第六十五条 任何个人和组织在公共场所安装闭路电视、摄像等监控装置必须符合法律规定，并标明必要的警示措施，且不得滥用所取得的信息。

第六十六条 自然人的病历、健康检查资料等属于个人隐私，任何人不得非法公开或者向他人移转。

第二节 个人信息权

第六十七条 自然人享有个人信息权。

本法所称个人信息，包括自然人的姓名、民族、出生日期、身份证号码、户籍、住址、职业、个人生物识别信息、婚恋情况、财务情况等能够直接或者以合理方式间接识别自然人主体身份的信息。

第六十八条 信息控制者对自然人个人信息进行收集并且使用的，应当遵循合法、正当、必要的原则，明示收集、使用信息的目的、方式和范围，并经被收集者同意。

不得违反法律、法规的规定和双方的约定收集并且使用信息。

收集并且使用自然人个人信息,应当公开其收集、使用规则。

第六十九条 收集并且使用权利人敏感个人信息的,应当获得本人的明示同意。

前款所称敏感个人信息,是指自然人的政治观点、性取向、病历、宗教信仰等直接涉及自然人隐私或者人身财产安全的信息。

第七十条 禁止任何人非法检测、获取、存储、公开自然人的生命信息和基因图谱信息。

用人单位、保险公司等不得根据自然人的基因信息采取歧视性待遇。

第七十一条 收集并且使用无民事行为能力人或者限制民事行为能力人个人信息的,应当获得其监护人的明示同意。

第七十二条 信息控制者向第三人移转或授权第三人使用其控制的个人信息的,应当获得本人的明示同意。

第七十三条 自然人有权向信息控制者发出通知,要求查询、修改、隔离或删除其个人信息,信息控制者接到通知后应当及时采取措施,协助本人行使上述权利。

信息控制者应当采取合理措施,防止其控制的个人信息丢失、毁损、泄露,或被用于未经本人同意的其他用途。若已经或可能发生上述情况,信息控制者应当及时采取补救措施。

第七十四条 信息控制者公开的个人信息不真实、不完整,自然人有权要求采取修改、补充、完善、断开链接等必要的救济措施。

第七十五条 国家机关依法行使职权的,可以在合理范围内对自然人的个人信息进行收集、使用和移转。

国家机关依职权向社会公开的信息中包含自然人个人信息的,除根据法律法规规定应当公开的以外,应对个人信息进行匿名化处理。

第七十六条 有下列情形之一的,可以不经自然人同意,在合理范围内对其个人信息进行收集、使用、移转,但应当明确告知并保障其对个人信息进行查询、更正和删除的权利:

(一)权利人自行公开个人信息的;

(二)服务于学术研究或者教学需要;

(三)为了公共利益的需要;

(四)法律规定的其他情形。

第七十七条 信息控制者对其收集、使用和移转个人信息的合法性承担举证责任。

第七十八条 个人信息的公开和利用不得违背公序良俗。

第六章 人身自由权、婚姻自主权

第七十九条 自然人享有人身自由权。

本法所称人身自由,是指自然人身体活动的自由。

第八十条 人身自由权不得抛弃。

第八十一条 任何人不得非法拘禁、搜查他人,限制他人的人身自由。

第八十二条 对精神障碍患者采取医疗措施,应当经其监护人同意;监护人不同意的,医疗机构不得对精神障碍者实施住院治疗。

第八十三条 不得以任何方式强迫他人违背真实意志为性行为。

禁止以言语、行动等方式对他人进行性骚扰。

用人单位在工作场所应当采取合理措施,防止性骚扰的发生。

第八十四条 自然人享有婚姻自主权,禁止买卖、包办婚姻和其他干涉婚姻自由的行为。

第七章 人格权益的许可使用、限制

第一节 人格权益的许可使用

第八十五条 自然人、法人、其他组织可以许可他人使用其人格权益,但依照其性质不得许可他人使用的或者法律另有规定的除外。

第八十六条 当事人就许可使用的权益范围、使用方式等约定不明确的,应当作出有利于人格权益人一方的解释。

受许可的一方非经权益人同意,不得再次许可或者转让给他人。

第八十七条 对人格权益的许可使用没有约定使用期限的,当事人可以随时解除许可使用,但应当在合理期限内提前通知。

自然人有权基于正当理由解除人格权益的许可使用协议,因此造成对方损失的,应当赔偿损失。

第八十八条 自然人死亡后,近亲属可以就其人格利益许可他人使用,但自然人死亡第 50 年的 12 月 31 日起,他人可以对其姓名、肖像等人格利益进行商业化利用,但不得违背公序良俗。

第二节　人格权益的限制

第八十九条　公众人物的人格权益在其所参与社会活动范围内依法受到限制。

出于新闻报道、舆论监督等需要，如果所发布的信息事实基本正确，行为人无侵害公众人物的恶意，不构成对其名誉权的侵害。

第九十条　判断某一自然人是否为公众人物，应考虑如下因素：

（一）社会知名度；

（二）在某一领域的影响力；

（三）所担任公共职务的重要性；

（四）受媒体的关注程度。

第九十一条　为了公共利益的需要，国家机关依照法律规定，可以对人格权益予以限制。

因新闻报道等正当需要，可以合理使用自然人的姓名、肖像、隐私或者法人的名称等。

权利人对前两款规定的限制或者合理使用，负有容忍义务。

第八章　人格权益的保护

第九十二条　侵害他人人格权益或者有侵害人格权益危险的，权利人有权请求停止侵害、排除妨碍、消除危险、消除影响、恢复名誉、赔礼道歉、赔偿损失。以上方式可以单独适用，也可以合并适用。

为避免损害的发生或者防止损害扩大，权利人有权向人民法院申请临时保护禁令。因不当申请临时保护禁令给他人造成损害的，受害人有权请求申请人承担相应的责任。

第九十三条　对于利用网络侵害他人人格权的行为，权利人有权请求网络服务提供者采取删除、屏蔽、断开链接等措施。

第九十四条　在报刊杂志上发表的新闻报道或评论，有损他人的名誉权，应当在曾刊载该侵权内容的报刊杂志上刊登书面声明，或者采取其他能够消除影响的合理方式，对错误内容进行更正，并向被侵害人赔礼道歉。

第九十五条　侵害他人名誉权、隐私权等人格权益造成他人精神痛苦的，权利人有权请求行为人赔礼道歉。

人民法院判决侵权人承担赔礼道歉、消除影响或者恢复名誉等责任的，应当与侵权的具体方式和所造成的影响范围相当。侵权人拒不履行的,人民法院可以采取在网络上发布公告或者公布裁判文书等合理的方式执行,由此产生的费用由侵权人承担。

第九十六条　行为人未经许可利用他人人格权益的,权利人可以请求行为人按照其实际损失确定赔偿数额。实际损失难以确定的,有权请求人民法院根据实际情况确定赔偿数额。

人民法院应当在综合考虑行为人的主观过错、获利情况、精神损害赔偿数额等因素的基础上,确定行为人的赔偿数额。

第九十七条　侵害自然人人格权益、法人人格权益,损害难以计算的,权利人有权请求行为人返还因此所获得的利益和因调查侵权行为所支出的合理费用。

权利人请求行为人返还获利,不影响其请求精神损害赔偿。

第九十八条　自然人因人格权益遭受非法侵害,造成严重精神损害的,可以请求精神损害赔偿。

人格权益遭受侵害导致精神损害,但未造成严重后果的,受害人可以请求停止侵害、恢复名誉、消除影响、赔礼道歉。

第九十九条　侵害死者人格利益的,死者近亲属有权请求行为人承担责任。

侵害死者人格利益已经严重损害公共利益的,在无死者近亲属提出请求的情况下,检察机关可以对死者人格利益进行保护。

第一百条　自然人死亡后,其近亲属因下列侵权行为遭受精神痛苦,可以请求精神损害赔偿:

(一)以侮辱、诽谤、贬损、丑化或者损害公共利益、违反公序良俗的其他方式,侵害死者姓名、肖像、名誉;

(二)非法披露、利用死者隐私及个人信息,或者以损害公共利益、违反公序良俗的其他方式侵害死者隐私及个人信息;

(三)非法利用、损害遗体、遗骨,或者以损害公共利益、违反公序良俗的其他方式侵害遗体、遗骨。

第一百零一条　遗体、遗骨等具有人格象征意义的特定纪念物品因侵权行为而永久性灭失或者毁损,造成物品所有人严重精神损害的,该所有人可以请求精神损害赔偿。

第一百零二条　法人或者其他组织人格权益遭受侵害时,受害人不得请求精神损害赔偿。

第一百零三条　精神损害的赔偿数额根据以下因素确定:

（一）侵权人的过错程度，法律另有规定的除外；

（二）侵害的手段、场合、行为方式等具体情节；

（三）侵权行为所造成的后果；

（四）侵权人的获利情况；

（五）侵权人承担责任的经济能力；

（六）受诉法院所在地平均生活水平。

第一百零四条 行为人故意侵害他人人格权益，造成严重后果的，被侵权人有权请求相应的惩罚性赔偿。

第九章 附 则

第一百零五条 本法自 年 月 日施行。

《中华人民共和国民法人格权编（草案）》

（2017年11月15日全国人大法制工作委员会民法室）

第一章 一般规定

第一条 民事主体的人格权益受法律保护，任何组织和个人不得侵犯。

第二条 人格权不得放弃、转让、继承，但法律另有规定的除外。

第三条 人格权人可以许可他人使用其肖像、姓名、名称等，但是依照性质或者法律规定不得被许可的除外。

第四条 自然人死亡后，其姓名、肖像、名誉、荣誉等受到侵害的，其配偶、父母、子女可以依法请求侵权人承担民事责任；死者没有配偶、子女或者父母死亡的，其他近亲属可以依法请求侵权人承担民事责任。

第五条 英雄烈士等的姓名、肖像、名誉、荣誉受法律保护，任何组织和个人不得以侮辱、诽谤、丑化或者其他方式侵害。

行为人侵害英雄烈士等的姓名、肖像、名誉、荣誉，损害社会公共利益的，其近亲属或者法律规定的有关机关可以依法请求侵权人承担民事责任。

第六条 人格权的行使不得违反法律，不得违背公序良俗，不得损害他人合法权益。

第七条　民事主体不得滥用民事权利侵害他人的人格权益。

第二章　生命权、身体权和健康权

第八条　自然人享有生命权，有权依法维护自己的生命安全。任何组织和个人非法剥夺他人生命的，应当依法承担民事责任。

第九条　自然人享有身体权和健康权，有权依法维护自己的身体完整和健康，有权依法支配自己的身体行动。任何组织和个人侵害他人身体和健康的，受害人可以依法请求其承担民事责任。

第十条　自然人的生命权、健康权受到侵害或者处于其他危难情形，负有法定救助义务的机构和人员应当立即救助。

第十一条　具有完全民事行为能力的自然人有权依法自主决定无偿捐献其人体细胞、人体组织、人体器官、遗体。无民事行为能力人或者限制民事行为能力人所作的无偿捐献应当由其法定代理人同意。

第十二条　自然人生前表示不同意捐献人体细胞、人体组织、人体器官、遗体的，应当尊重其真实意愿，任何人不得代其捐献。自然人生前未表示不同意捐献的，该自然人死亡后，其配偶、成年子女、父母可以以书面形式共同表示同意捐献。

第十三条　禁止以任何形式买卖人体细胞、人体组织、人体器官、遗体。

第十四条　经自然人生前同意，可以解剖其遗体。自然人生前未拒绝解剖其遗体的，该自然人死亡后，其配偶、成年子女、父母可以以书面形式共同决定解剖。

为了查找传染病病因、犯罪侦查等公共利益的需要，可以依照法律、行政法规的规定解剖自然人的遗体。

第十五条　自然人同意捐献或者解剖的意思表示应当采取书面形式或者有效的遗嘱形式，并且可以随时被其撤销。

第十六条　对严重精神障碍患者依法实施住院治疗的，应当经其监护人同意，但该精神障碍患者已经实施了危害他人安全的行为或者有危害他人安全的危险的除外。

第十七条　有关科研机构开发新药或者新的治疗方法，需要在人体上进行实验的，依法经相关主管部门批准后，还应当向接受试验的本人或者其监护人依法告知可能产生的损害等详细情况，并经其本人或者监护人书面同意。

第十八条　行为人猥亵他人或者以言语、行动等方式对他人实施性骚扰等性侵害行为的，受害人可以依法请求其承担民事责任。用人单位应当在工作场所采取合理措施，防止性骚扰的发生。

第十九条 任何组织和个人以非法拘禁等方式剥夺、限制他人的身体自由，或者非法搜查他人身体的，受害人可以依法请求其承担民事责任。

第三章 姓名权和名称权

第二十条 自然人享有姓名权，有权依法决定、使用、变更或者许可他人使用自己的姓名。

具有一定的社会知名度、为相关公众所知悉的自然人的笔名、艺名、网名等，被他人使用足以导致公众混淆的，与姓名受同等保护。

第二十一条 法人、非法人组织、个体工商户有权依法决定、使用、变更、转让或者许可他人使用自己的名称。

具有一定的社会知名度、为相关公众所知悉的名称中的字号、名称的简称等，被他人使用足以导致公众混淆的，与名称受同等保护。

第二十二条 任何组织和个人不得以干涉、盗用、假冒或者其他不正当方式侵害他人的姓名或者名称。

第二十三条 自然人原则上应当随父姓或者母姓。有以下情形之一的，可以在父姓和母姓之外选取姓氏：

（一）选取其他直系长辈血亲的姓氏；

（二）因由法定扶养人以外的人扶养而选取扶养人姓氏；

（三）有不违反公序良俗的其他正当理由。

少数民族自然人的姓氏可以从本民族的文化传统和风俗习惯。

第二十四条 无民事行为能力人或者限制民事行为能力人的姓名由其监护人决定。监护人依法变更被监护人的姓名的，应当根据被监护人的年龄、智力和精神健康状况，尊重被监护人的真实意愿。

监护人之间对决定或者变更被监护人的姓名意见不一致的，人民法院可以根据监护人的申请，按照最有利于被监护人的原则确定。

第二十五条 未成年人父母离婚的，与未成年人共同生活的一方可以请求将该未成年人的姓氏变更为自己的姓氏，但应当征得另一方的同意。

第二十六条 民事主体决定、使用或者变更自己的名称，应当依法向有关机关进行登记，但依法不需要登记的除外。

第四章 肖 像 权

第二十七条 自然人享有肖像权，有权依法制作、使用、许可他人使用或者公开自己的肖像。任何组织和个人未经许可不得使用他人肖像,不得以歪曲、污辱或者其他不正当方式侵害他人的肖像。

本编所称肖像,是指通过绘画、照相、雕塑、录像、电影等方式在一定载体上所反映的特定自然人可被识别的外部形象。

第二十八条 未经肖像权人同意,他人不得制作、使用、公开自然人的肖像,但法律另有规定的除外。

未经肖像权人同意,肖像作品的著作权人不得实施将肖像作品发表、复制、发行、出租、展览等涉及使用和公开肖像的行为。

第二十九条 肖像许可使用合同中就许可使用的权益范围、使用方式等约定不明确的,应当作出有利于肖像权人一方的解释。

肖像许可使用合同中肖像权人未明确许可、转让的权利,未经肖像权人同意,另一方当事人不得行使。

第三十条 当事人对肖像许可使用期限没有约定或者约定不明确的,当事人可以随时终止肖像许可使用合同,但是应当在合理期限内提前通知对方。

当事人对肖像许可使用期限有明确约定的,肖像权人可以基于重大理由终止肖像许可使用合同,造成对方损失的,应当赔偿损失。

姓名、名称等的许可使用参照适用本章关于肖像许可使用的规定。

第三十一条 实施下列行为的,可以不经该自然人同意:

(一)为个人学习、艺术欣赏或者学校课堂教学、科学研究,使用他人已经公开的肖像;

(二)为报道时事新闻,在报纸、期刊、电视台、网络等媒体中不可避免地使用、公开他人肖像;

(三)国家机关为执行公务、保障公共安全等在必要范围内合理使用、公开他人肖像;

(四)拍摄特定社会公共环境或者自然环境不可避免地使用、公开他人肖像;

(五)其他维护公序良俗的适当行为。

第五章 名誉权和荣誉权

第三十二条 民事主体享有名誉权。任何组织和个人不得以诽谤、侮辱、诋毁或者其他不正当方式侵害他人的名誉。

本编所称名誉,是指他人对民事主体的品德、声望、才能、信誉、信用等的社会评价。

第三十三条 网络用户或者网络服务提供者不得利用网络采取诽谤、诋毁等方式，贬低对经营主体的产品或者服务的社会评价。

第三十四条 行为人对他人的产品质量或者服务质量进行监督予以正当批评、评论，或者实施其他维护公序良俗的适当行为的，不承担民事责任。但是，另一方当事人能够证明行为人的陈述捏造事实、歪曲事实、对他人提供的事实未尽到合理审查义务或者包含侮辱等过度贬损自己名誉内容的除外。

第三十五条 民事主体可以依法查询自己的信用评价；发现对自己的信用评价错误或者侵害自己的合法权益的，可以依法提出异议，并且要求采取更正、删除等必要措施。信用评价人应及时核查，经核查属实的，应当及时采取必要措施。

信用评价人的信用评价错误或者侵害他人合法权益的，应当依法承担相应的民事责任。

第三十六条 民事主体与依法可以收集或者持有民事主体信用信息的征信机构等信用信息收集人、持有人之间的关系，适用本编有关个人信息的规定和法律、行政法规的有关规定。

第三十七条 民事主体享有荣誉权。任何组织和个人不得非法剥夺他人的荣誉称号和非法诋毁、贬损他人的荣誉。

民事主体获得的荣誉称号应当记载而没有记载或者记载错误的，民事主体可以要求予以记载或者更正。

第三十八条 民事主体有权获得因其荣誉所产生的物质利益。

第六章　隐私权和个人信息

第三十九条 自然人享有隐私权。任何组织和个人不得以侵扰、泄露、公开或者其他不正当方式侵害他人的隐私。

本编所称隐私，是指具有私密性的私人空间、私人活动和私人信息等。

第四十条 行为人实施下列行为的，受害人可以依法请求其承担民事责任：

（一）非法窥视、搜查、侵入他人住宅等私人空间；

（二）非法刺探、窃听、拍摄、录制、泄露、公开、跟踪他人的私人活动；

（三）非法窥视、拍摄他人的身体；

（四）非法获取、隐匿、扣留、检查、毁弃、删除、泄露、公开、买卖他人的私人信息；

（五）以传单、电子邮件、短信、电话等方式非法侵扰他人生活安宁；

（六）其他侵害隐私权的行为。

第四十一条　自然人的通信自由和通信秘密受法律保护。任何组织和个人侵害自然人的通信自由和通信秘密的，受害人可以依法请求其承担民事责任。

第四十二条　自然人的个人信息受法律保护。任何组织和个人不得非法收集、使用、加工、传输、买卖、提供、公开或者以其他不正当方式侵害他人的个人信息。

本编所称个人信息，是指以电子或者其他方式记录的能够单独或者与其他信息结合识别特定自然人或者反映特定自然人活动情况的各种信息，包括姓名、出生日期、身份证件号码、通信通讯联系方式、住址、职业、婚姻家庭状况、账号密码、基因信息、行踪轨迹等。

第四十三条　未经自然人同意或者请求，或者自然人明确表示拒绝的，不得向其发送广告等商业性信息。

以电子信息方式发送广告等商业性信息的，应当明示发送者的真实身份和联系方式，并向接收者提供拒绝继续接收的方式。

利用互联网发布、发送广告等商业性信息的，不得影响自然人正常使用网络，但当事人另有约定的除外。在互联网页面以弹出等形式发布信息的，应当显著标明关闭标志，确保一键关闭。

第四十四条　收集、使用自然人个人信息的，应当遵循合法、正当、必要的原则；除法律另有规定外，应当公开收集、使用规则，明示收集、使用个人信息的目的、方式和范围，并经被收集者同意，不得违反法律的规定和双方的约定收集、使用个人信息。

信息收集人、持有人对收集或者持有的个人信息应当严格保密；除法律另有规定外，未经被收集者同意，不得非法加工、篡改、毁损、传输、买卖、提供或者公开其收集和持有的个人信息，但经过处理无法识别特定自然人且不能复原的除外。

被收集者可以随时撤销其同意，撤销不具有溯及力。

第四十五条　信息收集人、持有人对收集或者持有的个人信息应当采取技术措施和其他必要措施，确保个人信息安全，防止个人信息泄露、毁损、丢失。在发生或者可能发生个人信息泄露、毁损、丢失的情况时，应当立即采取必要的补救措施。

第四十六条　自然人可以依法向信息持有人要求查阅、抄录或者复制其个人信息；发现信息持有人持有的其个人信息有错误的，可以依法向信息持有人提出异议，要求信息持有人及时采取更正等必要措施。

有下列情形之一的，自然人可以依法要求信息持有人及时采取删除其个人信息等必要措施：

（一）信息持有人有非法收集、使用其个人信息等行为；

（二）信息持有人持有侵害其合法权益的信息；

（三）法律、行政法规规定的信息储存期限届满；

（四）根据收集或者使用的特定目的，信息持有人持有其个人信息已经不必要；

（五）法律、行政法规规定的或者具有正当理由的其他情形。

第四十七条　信息持有人应当公布其有效的联系方式，无正当理由不得拒绝自然人根据前条提出的要求，并且在拒绝时应当明确说明拒绝的正当理由。

信息持有人知道或者应当知道其持有的个人信息有错误或者有前条第二款所规定的第二项至第五项情形之一的，应当及时采取必要措施。

第四十八条　实施收集、加工、传输、买卖、提供或者公开自然人个人信息等行为，有下列情形之一的，行为人不承担民事责任：

（一）经该自然人同意，并且在同意范围内实施该行为；

（二）个人信息属于该自然人自行公开的或者其他已合法公开的信息，但使用该信息侵害该自然人的重大利益或者该自然人明确表示拒绝他人使用其个人信息的除外；

（三）学校、科研机构等基于公共利益在学术研究或者统计的必要范围内合法收集，且不足以识别特定自然人；

（四）为维护当事人利益、第三人利益或者社会公共利益采取适当行为；

（五）法律、行政法规规定的其他情形。

第四十九条　国家机关依法行使职权的，可以依法在必要范围内实施收集、使用、传输或者提供自然人的个人信息等行为。

国家机关依职权向社会公开的信息中包含自然人的个人信息的，应当对个人信息进行匿名化处理，但法律、行政法规另有规定的除外。

第七章　人格权的保护

第五十条　侵害他人人格权益的，应当依照本法和其他法律的规定承担停止侵害、排除妨碍、消除危险、赔偿损失、精神损害赔偿、赔礼道歉、消除影响、恢复名誉等民事责任。

第五十一条　认定行为人承担侵害人格权益的民事责任，应当综合考虑下列因素：

（一）人格权益的类型；

（二）行为人和受害人的职业、社会身份、社会影响范围等；

（三）行为人的过错程度，但法律另有规定的除外；

（四）行为的目的、方式、时间、后果等具体情节；

（五）基于正当的新闻报道、舆论监督等有利于维护公序良俗的其他因素。

第五十二条　民事主体有证据证明他人正在实施或者即将实施侵害其人格权益的行为，如不及时制止将会使其合法权益受到难以弥补的损害的，可以依法向人民法院申请采取责令停止有关行为的措施。

第五十三条　侵权人依法承担赔礼道歉、消除影响或者恢复名誉等责任形式的，应当与侵权的具体方式和所造成的影响范围相当。

侵权人拒不履行的，可以采取在网络上发布公告或者公布生效裁判文书等合理的方式执行，由此产生的费用由侵权人承担。

第五十四条　因当事人一方的违约行为，损害对方人格权益，造成其严重精神损害，受损害方选择请求违约方承担违约责任的，可以请求违约人承担精神损害赔偿。

《民法典·人格权编（草案）（征求意见稿）》

（2018 年 5 月全国人大法制工作委员会）

第一章　一 般 规 定

第一条　民事主体的人格权益受法律保护，任何组织和个人不得侵犯。

第二条　人格权不得放弃、转让、继承，但法律另有规定的除外。

对人格权益不得进行非法限制，但为了公共利益的需要，国家机关可以依照法律规定予以限制。

第三条　民事主体对与其人格利益有关的事务享有决定权，任何组织和个人不得干涉，但行使决定权不得违反法律，不得违背公序良俗。

第四条　民事主体对其名称、肖像、个人信息等具有经济利益内容的人格权益享有支配的权利，可以许可他人使用，但根据其性质或者依照法律规定不得许可的除外。

第五条　侵害死者的姓名、肖像、名誉、荣誉、隐私等，损害其近亲属合法权益的，其配偶、父母、子女可以依法请求行为人承担民事责任；死者没有配偶、子女或者父母死亡的，其他近亲属可以依法请求行为人承担民事责任。

第六条 英雄烈士的姓名、肖像、名誉、荣誉受法律保护，任何组织和个人不得以侮辱、诽谤、丑化或者其他方式侵害。

侵害英雄烈士的姓名、肖像、名誉、荣誉，损害社会公共利益的，法律规定的机关可以依法请求行为人承担民事责任。

第七条 除本编规定的人格权益外，自然人享有基于人格尊严产生的其他人格权益。

第八条 侵害他人人格权益的，应当依照本法和其他法律的规定承担停止侵害、排除妨碍、消除危险、赔偿损失、消除影响、恢复名誉、赔礼道歉等民事责任。

被侵权人依照前款规定提出的停止侵害、排除妨碍、消除危险、消除影响、恢复名誉、赔礼道歉请求权不受诉讼时效的限制。

第九条 认定行为人承担侵害人格权益的民事责任，应当考虑下列因素：

（一）人格权益的类型；

（二）行为人和受害人的职业、社会身份、社会影响范围等；

（三）行为人的过错程度，但法律另有规定的除外；

（四）行为的目的、方式、时间、后果等具体情节。

行为人为新闻报道、舆论监督等维护公序良俗的目的，在必要范围内合理使用民事主体的姓名、名称、肖像、隐私、个人信息等人格权益的，不承担民事责任。

第十条 民事主体有证据证明他人正在实施或者即将实施侵害其人格权益的行为，如不及时制止将会使其合法权益受到难以弥补的损害的，可以依法向人民法院申请采取责令停止有关行为的措施。

第十一条 侵权人依法承担消除影响、恢复名誉或者赔礼道歉等责任形式的，应当与侵权的具体方式和所造成的影响范围相当。侵权人拒不履行的，人民法院可以采取在报刊、网络等媒体上发布公告或者公布生效裁判文书等合理的方式执行，由此产生的费用由侵权人承担。

第十二条 因当事人一方的违约行为，损害对方人格权益造成严重精神损害，受损害方选择请求其承担违约责任的，有权要求精神损害赔偿。

第二章 生命权、身体权和健康权

第十三条 自然人享有生命权，有权依法保护自己的生命利益。任何组织和个人不得侵害他人生命。

第十四条 自然人享有身体权和健康权，有权依法维护自己的身体完整和身心健康，依法享有行动自由，任何组织和个人不得侵害他人身体或者健康。

第十五条 自然人的生命权、身体权、健康权受到侵害或者处于其他危难情形的，负有法定救助义务的机构和人员应当立即施救。

第十六条 自然人有权依法自主决定无偿捐献其人体细胞、人体器官、人体组织、遗体。任何组织和个人不得强迫、欺骗或者利诱自然人捐献。

因捐献人体细胞、人体器官、人体组织所实施的提取或者摘取行为，不得危及自然人的生命，也不得损害除提取或者摘取行为产生的直接后果之外的正常生理功能。

第十七条 自然人同意捐献的意思表示应当采取书面形式或者有效的遗嘱形式，并且可以随时撤销该同意。

第十八条 禁止以任何形式买卖人体细胞、人体组织、人体器官、遗体。

违反前款规定的民事法律行为无效。

第十九条 有关科研机构开发新药或者发展新的治疗方法，需要在人体上进行实验的，依法经相关主管部门批准后，还应当向接受试验的本人或者其监护人告知可能产生的损害等详细情况，并经其书面同意，但本人或者其监护人可以随时撤销该同意。

第二十条 任何人不得以言语、行动等方式对他人实施性骚扰等性侵害行为。

用人单位应当在工作场所采取合理措施，防止性侵害行为的发生。

第二十一条 自然人的人身自由不受侵犯。任何组织和个人以非法拘禁等方式剥夺、限制他人的行动自由，或者非法搜查他人身体的，受害人可以依法请求行为人承担民事责任。

第三章 姓名权和名称权

第二十二条 自然人享有姓名权，有权依法决定、使用、变更或者许可他人使用自己的姓名。

具有一定社会知名度，为相关公众所知悉的笔名、艺名、网名等，被他人使用足以导致公众混淆的，与姓名受同等保护。

第二十三条 法人、非法人组织、个体工商户享有名称权，有权依法决定、使用、变更、转让或者许可他人使用自己的名称。

具有一定社会知名度，为相关公众所知悉的简称、字号等，被他人使用足以导致公众混淆的，与名称受同等保护。

第二十四条 任何组织和个人不得以干涉、盗用、假冒或者其他不正当方式侵害他人的姓名或者名称。

第二十五条 未成年人父母离婚的，与未成年人共同生活的一方可以请求将该未成年人的姓氏变更为自己的姓氏，但另一方有正当理由明确表示反对的除外。

第二十六条 民事主体可以依法转让其名称，但根据性质或者依照法律规定不得转让的除外。

第二十七条 民事主体决定、变更自己的姓名、名称，或者转让自己的名称的，应当依法向有关机关进行登记，但法律另有规定的除外。

第四章 肖 像 权

第二十八条 自然人享有肖像权，有权依法制作、使用、许可他人使用或者公开自己的肖像。

本法所称肖像是通过摄影、雕塑、录像、电影等方式在一定载体上所反映的特定自然人可被识别的外部形象。

第二十九条 任何组织和个人不得以歪曲、污辱或者其他方式侵害他人的肖像。未经肖像权人同意，他人不得制作、使用、公开自然人的肖像，但法律另有规定的除外。

未经肖像权人同意，肖像作品的著作权人不得实施将肖像作品发表、复制、发行、出租、展览等涉及使用和公开肖像的行为。

第三十条 肖像许可使用合同中就肖像使用的范围、方式等没有约定或者约定不明确的，应当作出有利于肖像权人一方的解释。

肖像许可使用合同中肖像权人未明确许可使用的权利，未经肖像权人同意，另一方当事人不得行使。

第三十一条 当事人对肖像许可使用期限没有约定或者约定不明确的，任何一方当事人可以随时解除肖像许可使用合同，但应当在合理期限之前通知对方。

当事人对肖像许可使用期限有明确约定，肖像权人有正当理由的，可以解除肖像许可使用合同，但应当提前通知对方。因解除合同造成对方损失的，除不可归责于肖像权人的事由以外，应当赔偿损失。

其他人格权益的许可使用参照适用本章关于肖像许可使用的规定。

第三十二条 实施下列行为的，可以不经肖像权人同意：

（一）为个人学习、艺术欣赏、课堂教学或者科学研究，使用他人已经公开的肖像；

（二）为报道时事新闻，在报刊、电视台、网络等媒体中不可避免地使用、公开他人肖像；

（三）国家机关为执行公务、保障公共安全等在必要范围内使用、公开他人肖像；

（四）拍摄特定公共环境不可避免地使用、公开他人肖像；

（五）其他维护公序良俗的行为。

第五章　名誉权和荣誉权

第三十三条　民事主体享有名誉权。任何组织和个人不得以侮辱、诽谤、诋毁或者其他方式侵害他人的名誉。

本法所称名誉是他人对民事主体的品德、声望、才能、信誉、信用等的社会评价。

第三十四条　行为人对他人的产品质量或者服务质量进行正当批评、评论，或者实施其他新闻报道、舆论监督等维护公序良俗行为的，不承担民事责任。但是另一方当事人能够证明行为人捏造事实、歪曲事实、对他人提供的事实未尽到合理审查义务或者包含侮辱等过度贬损他人名誉内容的除外。

第三十五条　行为人对他人提供的事实是否尽到合理审查义务，应当根据以下因素确定：

（一）事实来源的可信性；

（二）行为人对明显可能引发争议的内容是否进行了必要的调查；

（三）事实的时效性和与公序良俗的关联性；

（四）受害人名誉贬损的程度；

（五）审查的成本。

行为人应当承担自己尽到合理审查义务的证明责任，但法律另有规定的除外。

第三十六条　民事主体发表的文学作品的作品情节与特定人的情况相似，但不是以该特定人为描写对象的，不承担民事责任。

民事主体发表的文学作品描写真人真事，或者虽未写明特定人，但以该特定人或者其特定事为描写对象，损害该特定人名誉的，应当依法承担民事责任。

第三十七条　民事主体可以依法查询自己的信用评价；发现信用评价错误或者侵害自己合法权益的，有权提出异议并要求采取更正、删除等必要措施。信用评价人应及时核查，经核查属实的，应当及时采取必要措施。

第三十八条　民事主体与依法可以收集或者持有其信用信息的征信机构等信用信息收集人、持有人之间的关系，适用本编有关个人信息的规定和法律、行政法规的相关规定。

第三十九条　民事主体享有荣誉权。任何组织和个人不得非法剥夺他人的荣誉称号或者诋毁、贬损他人的荣誉。

获得的荣誉称号应当记载而没有记载或者记载错误的,民事主体可以要求记载或者更正。

第四十条 民事主体有权获得因其荣誉所产生的物质利益。

第六章 隐私权和个人信息权

第四十一条 自然人享有隐私权。任何组织和个人不得以侵扰、泄露、公开或者其他方式侵害他人的隐私。

本法所称隐私是具有私密性的私人空间、私人活动和私人信息等。

第四十二条 民事主体从事民事活动,不得实施下列行为:

(一)非法搜查、侵入、窥视他人住宅等私人空间;

(二)非法拍摄、录制、泄露、公开、跟踪、窃听他人的私人活动;

(三)非法拍摄、窥视他人的身体;

(四)非法获取、隐匿、扣留、检查、毁弃、删除、泄露、公开、买卖他人的私人信息;

(五)非法以短信、电话、传单、电子邮件等方式侵扰他人生活安宁;

(六)以其他方式侵害他人隐私的行为。

第四十三条 民事主体的通信秘密受法律保护。任何组织和个人不得侵害他人通信秘密。

第四十四条 以电子信息方式发送广告等商业性信息的,应当明示发送者的真实身份和联系方式,并向接收者提供拒绝继续接收的方式。民事主体明确表示拒绝的,不得向其发送广告等商业性信息。

利用互联网发布、发送广告等商业性信息的,不得影响民事主体正常使用网络,但当事人另有约定的除外。在互联网页面以弹出等形式发布信息的,应当显著标明关闭标志,确保一键关闭。通过已安装程序或者软件弹出信息的,还应当在程序或者软件中提供禁止继续弹出信息的设置选项。

第四十五条 自然人的个人信息受法律保护。任何组织和个人不得侵害他人的个人信息。

本法所称个人信息是以电子或者其他方式记录的能够单独或者与其他信息结合识别特定自然人或者反映特定自然人活动情况的各种信息,包括姓名、出生日期、身份证件号码、通讯联系方式、住址、婚姻家庭状况、财产状况、账号、密码、基因信息、行踪轨迹等。

第四十六条 收集、使用自然人个人信息的，应当遵循合法、正当、必要原则，并应当符合以下条件：

（一）征得被收集者同意；

（二）公开收集、使用信息的规则；

（三）明示收集、使用信息的目的、方式和范围；

（四）不违反法律、行政法规的规定和当事人之间的约定。

信息收集人、持有人对收集或者持有的个人信息应当保密，并采取必要措施确保个人信息安全。除法律另有规定外，未经被收集者同意，不得非法加工、篡改、毁损、传输、买卖、提供或者公开其收集和持有的个人信息，但经过处理无法识别特定自然人且不能复原的除外；在发生或者可能发生个人信息泄露、毁损、丢失的情况时，应当及时采取补救措施。

第四十七条 自然人可以向信息持有人依法查阅、抄录或者复制其个人信息；发现信息有错误的，有权提出异议并要求及时采取更正等必要措施。

信息持有人有下列情形之一的，自然人有权要求其及时采取删除等必要措施：

（一）存在非法收集、使用信息的行为；

（二）持有侵害自然人合法权益的信息；

（三）持有的信息储存期限依法已经届满；

（四）根据收集或者使用的特定目的，信息持有人持有信息已经没有必要；

（五）其他没有正当理由继续持有信息的情形。

第四十八条 实施收集、使用、加工、传输、买卖、提供或者公开自然人个人信息等行为，有下列情形之一的，行为人不承担民事责任：

（一）在自然人同意的范围内实施的行为；

（二）个人信息属于自然人自行公开的或者其他已合法公开的信息，但使用该信息侵害该自然人重大利益或者自然人明确拒绝他人使用的除外；

（三）学校、科研机构等为学术研究或者统计目的在合理范围内合法实施的行为；

（四）为维护公序良俗而实施的必要行为；

（五）法律、行政法规规定的其他适当情形。

第四十九条 国家机关依法行使职权的，可以在必要范围内实施收集、使用、加工、传输或者提供个人信息等行为。

国家机关依职权向社会公开的信息中包含个人信息的，应当对个人信息进行匿名化处理，但法律、行政法规另有规定的除外。

《民法典各分编(草案)》(节录)

(2018 年 8 月全国人大法制工作委员会)

第一章 一般规定

第七百七十三条 本编调整因人格权产生的民事关系。

第七百七十四条 民事主体的人格权受法律保护。

除本编规定的人格权外,自然人享有基于人身自由、人格尊严产生的其他人格权益。

第七百七十五条 人格权不得放弃、转让、继承,但是法律另有规定的除外。

对人格权不得进行非法限制。

第七百七十六条 民事主体可以许可他人使用姓名、名称、肖像等,但是依照法律规定或者根据其性质不得许可的除外。

第七百七十七条 死者的姓名、肖像、名誉、荣誉等受到侵害的,其配偶、子女、父母可以依法请求行为人承担民事责任;死者没有配偶、子女和父母的,其他近亲属可以依法请求行为人承担民事责任。

第七百七十八条 侵害民事主体人格权的,应当依照本法和其他法律的规定承担停止侵害、排除妨碍、消除危险、赔偿损失、消除影响、恢复名誉、赔礼道歉等民事责任。

民事主体依照前款规定提出的停止侵害、排除妨碍、消除危险、消除影响、恢复名誉、赔礼道歉请求权不受诉讼时效的限制。

第七百七十九条 认定行为人承担侵害人格权的民事责任,应当考虑下列因素:

(一)人格权的类型;

(二)行为人和受害人的职业、社会身份、影响范围等;

(三)行为的目的、方式、地点、时间、后果等具体情节。

行为人为维护公序良俗实施新闻报道、舆论监督等行为的,可以在必要范围内合理使用民事主体的姓名、名称、肖像、隐私、个人信息等。

第七百八十条 民事主体有证据证明他人正在实施或者即将实施侵害其人格

权的行为，如不及时制止将会使其合法权益受到难以弥补的损害的，可以在起诉前依法向人民法院申请采取责令停止有关行为的措施。

第七百八十一条　侵权人依法承担消除影响、恢复名誉或者赔礼道歉等民事责任的，应当与侵权的具体方式和造成的影响范围相当。侵权人拒不履行的，人民法院可以采取在报刊、网络等媒体上发布公告或者公布生效裁判文书等方式执行，产生的费用由侵权人负担。

第七百八十二条　因当事人一方的违约行为，损害对方人格权造成严重精神损害，受损害方选择请求其承担违约责任的，不影响受损害方请求精神损害赔偿。

第二章　生命权、身体权和健康权

第七百八十三条　自然人享有生命权，有权维护自己的生命安全。任何组织或者个人不得侵害他人的生命权。

第七百八十四条　自然人享有身体权，有权维护自己的身体完整。任何组织或者个人不得侵害他人的身体权。

第七百八十五条　自然人享有健康权，有权维护自己的身心健康。任何组织或者个人不得侵害他人的健康权。

第七百八十六条　自然人的生命权、身体权、健康权受到侵害或者处于其他危难情形的，负有法定救助义务的机构和人员应当依法及时施救。

第七百八十七条　完全民事行为能力人有权依法自主决定无偿捐献其人体细胞、人体器官、人体组织、遗体。任何组织或者个人不得欺诈、胁迫自然人捐献。

自然人同意捐献的意思表示应当采用书面形式或者有效的遗嘱形式，并且可以随时被撤销或者撤回。

第七百八十八条　禁止以任何形式买卖人体细胞、人体器官、人体组织、遗体。

违反前款规定的买卖行为无效。

第七百八十九条　有关科研机构等开发新药或者发展新的治疗方法，需要在人体上进行试验的，依法经相关主管部门批准后，还应当向接受试验的本人或者其监护人告知试验目的、用途和可能产生的损害等详细情况，并经其书面同意。本人或者其监护人可以随时撤销该同意。

禁止向接受试验者支付任何形式的报酬，但是可以给予其必要的补偿。

第七百九十条　违背他人意愿，以言语、行动或者利用从属关系等方式对他人实施性骚扰的，受害人可以依法请求行为人承担民事责任。

用人单位应当在工作场所采取合理的预防、投诉、处置等措施，预防和制止性骚扰行为。

第七百九十一条 自然人的人身自由不受侵犯。任何组织或者个人以非法拘禁等方式剥夺、限制他人的行动自由,或者非法搜查他人身体的,受害人可以依法请求行为人承担民事责任。

第三章 姓名权和名称权

第七百九十二条 自然人享有姓名权,有权依法决定、使用、变更或者许可他人使用自己的姓名。

法人、非法人组织享有名称权,有权依法使用、变更、转让或者许可他人使用自己的名称。

第七百九十三条 任何组织或者个人不得以干涉、盗用、假冒等方式侵害他人的姓名权或者名称权。

第七百九十四条 自然人原则上应当随父姓或者母姓。有下列情形之一的,可以在父姓和母姓之外选取姓氏:

(一)选取其他直系长辈血亲的姓氏;

(二)因由法定扶养人以外的人扶养而选取扶养人姓氏;

(三)有不违反公序良俗的其他正当理由。

少数民族自然人的姓氏可以从本民族的文化传统和风俗习惯。

第七百九十五条 未成年人父母离婚的,与未成年人共同生活的一方可以将该未成年人的姓氏变更为自己的姓氏,但是另一方有正当理由表示反对的除外。

父或者母变更未成年子女姓氏的,应当根据未成年子女的年龄和智力状况,尊重其真实意愿。

第七百九十六条 民事主体决定、变更自己的姓名、名称,或者转让自己的名称的,应当依法向有关机关办理登记手续,但是法律另有规定的除外。

第七百九十七条 具有一定社会知名度、为相关公众所知悉的笔名、艺名、网名、简称、字号等,被他人使用足以致使公众混淆的,与姓名和名称受同等保护。

第四章 肖 像 权

第七百九十八条 自然人享有肖像权,有权依法制作、使用、公开或者许可他人使用自己的肖像。

本法所称肖像是通过影像、雕塑、绘画等方式在一定载体上所反映的特定自然人可被识别的外部形象。

第七百九十九条 任何组织或者个人不得以歪曲、污辱等方式侵害他人的肖像权。未经肖像权人同意,他人不得制作、使用、公开自然人的肖像,但是法律另有规定的除外。

未经肖像权人同意,肖像作品的权利人不得实施将肖像作品发表、复制、发行、出租、展览等涉及使用或者公开肖像的行为。

第八百条 实施下列行为的,可以不经肖像权人同意:

(一)为个人学习、艺术欣赏、课堂教学或者科学研究,使用他人已经公开的肖像;

(二)为报道时事新闻,在报刊、电视台、网络等媒体中不可避免地使用、公开他人肖像;

(三)国家机关为执行公务、保障公共安全等目的在必要范围内使用、公开他人肖像;

(四)拍摄特定公共环境不可避免地使用、公开他人肖像;

(五)维护公序良俗的行为。

第八百零一条 肖像许可使用合同中就肖像使用的范围、方式等约定不明确的,应当作出有利于肖像权人的解释。

第八百零二条 当事人对肖像许可使用期限没有约定或者约定不明确的,任何一方当事人可以随时解除肖像许可使用合同,但是应当在合理期限之前通知对方。

当事人对肖像许可使用期限有明确约定,肖像权人有正当理由的,可以解除肖像许可使用合同,但是应当在合理期限之前通知对方。因解除合同造成对方损失的,除不可归责于肖像权人的事由外,应当赔偿损失。

第八百零三条 其他人格权的许可使用,参照适用本章的有关规定。

第五章 名誉权和荣誉权

第八百零四条 民事主体享有名誉权。任何组织或者个人不得以侮辱、诽谤等方式侵害他人的名誉权。

本法所称名誉是他人对民事主体的品德、声望、才能、信誉、信用等的社会评价。

第八百零五条 行为人为维护公序良俗实施新闻报道、舆论监督等行为,影响他人名誉的,不承担民事责任。但是行为人捏造事实、歪曲事实、对他人提供的事实未尽到合理审查义务或者包含过度贬损他人名誉内容的除外。

第八百零六条 行为人对转载的或者他人提供的事实是否尽到合理审查义

务,可以根据以下因素确定:

(一)信息来源的可信度;

(二)对明显可能引发争议的内容是否进行必要的调查;

(三)事实的时效性和与公序良俗的关联性;

(四)受害人名誉贬损的可能程度;

(五)审查能力和审查成本。

行为人应当就自己已尽到合理审查义务承担举证责任,但是法律另有规定的除外。

第八百零七条 民事主体发表的作品中的情节与特定人的情况相似,但是不以该特定人为描述对象的,不承担民事责任。

民事主体发表的作品描述真人真事,或者以特定人为描述对象,包含侮辱性内容,侵害他人名誉权的,被侵权人可以依法请求侵权人承担民事责任。

第八百零八条 民事主体可以依法查询自己的信用评价;发现信用评价错误或者侵害自己合法权益的,有权提出异议并要求采取更正、删除等必要措施。信用评价人应及时核查,经核查属实的,应当及时采取必要措施。

第八百零九条 民事主体与依法可以收集或者存储其信用信息的征信机构等信用信息收集人、持有人之间的关系,适用本编有关个人信息的规定和其他法律、行政法规的有关规定。

第八百一十条 民事主体享有荣誉权。任何组织或者个人不得非法剥夺他人的荣誉称号或者诋毁、贬损他人的荣誉。

获得的荣誉称号应当记载而没有记载或者记载错误的,民事主体可以要求记载或者更正。

第六章 隐私权和个人信息

第八百一十一条 自然人享有隐私权。任何组织或者个人不得以刺探、侵扰、泄露、公开等方式侵害他人的隐私权。

本法所称隐私是具有私密性的私人空间、私人活动和私人信息等。

第八百一十二条 除法律另有规定或者权利人同意外,任何组织或者个人不得实施下列行为:

(一)搜查、侵入、窥视他人住宅等私人空间;

(二)拍摄、录制、泄露、公开、跟踪、窃听他人的私人活动;

(三)拍摄、窥视他人的身体;

(四)获取、隐匿、扣留、检查、毁弃、删除、泄露、公开、买卖他人的私人信息;

(五)以短信、电话、即时通讯工具、传单、电子邮件等方式侵扰他人的生活安宁;

(六)以其他方式侵害他人的隐私权。

第八百一十三条 自然人的个人信息受法律保护。

本法所称个人信息是以电子或者其他方式记录的能够单独或者与其他信息结合识别自然人个人身份的各种信息,包括自然人的姓名、出生日期、身份证件号码、个人生物识别信息、住址、电话号码等。

第八百一十四条 收集、使用自然人个人信息的,应当遵循合法、正当、必要原则,并应当符合以下条件:

(一)征得被收集者同意;

(二)公开收集、使用信息的规则;

(三)明示收集、使用信息的目的、方式和范围;

(四)不违反法律、行政法规的规定和当事人之间的约定。

第八百一十五条 自然人可以向信息持有人依法查阅、抄录或者复制其个人信息;发现信息有错误的,有权提出异议并要求及时采取更正等必要措施。

有下列情形之一的,自然人可以请求信息持有人及时删除其个人信息:

(一)存在非法收集、使用信息的行为;

(二)持有侵害自然人合法权益的信息;

(三)持有的信息储存期限依法已经届满;

(四)根据收集或者使用的特定目的,信息持有人持有信息已经没有必要;

(五)其他没有正当理由继续持有信息的情形。

第八百一十六条 实施收集、使用或者公开个人信息等行为,有下列情形之一的,行为人不承担民事责任:

(一)在自然人同意的范围内实施的行为;

(二)使用自然人自行公开的或者其他已合法公开的信息,但是使用该信息侵害该自然人重大利益或者自然人明确拒绝他人使用的除外;

(三)为学术研究、课堂教学或者统计目的在合理范围内实施的行为;

(四)为维护公序良俗而实施的必要行为;

(五)法律、行政法规规定的其他适当实施情形。

第八百一十七条 信息收集人、持有人不得泄露、篡改、毁损其收集、存储的个人信息;未经被收集者同意,不得向他人提供个人信息。但是经过处理无法识别特定个人且不能复原的除外。

信息收集人、持有人应当采取技术措施和其他必要措施，确保其收集、存储的个人信息安全，防止信息泄露、毁损、丢失。在发生或者可能发生个人信息泄露、毁损、丢失的情况时，应当及时采取补救措施并告知被收集者。

《民法典各分编（草案）二审稿》（节录）

（2019 年 4 月全国人大法制工作委员会）

第一章　一 般 规 定

第七百七十三条　本编调整因人格权产生的民事关系。

第七百七十四条　民事主体的人格权受法律保护，任何组织或者个人不得侵害。

除本编规定的人格权外，自然人享有基于人身自由、人格尊严产生的其他人格权益。

第七百七十五条　人格权不得放弃、转让、继承，但是法律另有规定的除外。

第七百七十六条　民事主体可以许可他人使用姓名、名称、肖像等，但是依照法律规定或者根据其性质不得许可的除外。

第七百七十七条　死者的姓名、肖像、名誉、荣誉、遗体等受到侵害的，其配偶、子女、父母有权依法请求行为人承担民事责任；死者没有配偶、子女并且父母已经死亡的，其他近亲属有权依法请求行为人承担民事责任。

第七百七十八条　人格权受到侵害的，受害人有权依照本法和其他法律的规定请求行为人承担民事责任。

依照前款规定提出停止侵害、排除妨碍、消除危险、消除影响、恢复名誉请求权的，不适用诉讼时效的规定。

第七百七十九条　因当事人一方的违约行为，损害对方人格权造成严重精神损害，受损害方选择请求其承担违约责任的，不影响受损害方请求精神损害赔偿。（从原第七百八十二条移来此处）

第七百八十条　民事主体有证据证明他人正在实施或者即将实施侵害其人格权的行为，不及时制止将会使其合法权益受到难以弥补的损害的，有权依法向人民法院申请采取责令停止有关行为的措施。

第七百八十一条 认定行为人承担侵害除生命权、身体权和健康权以外的人格权的民事责任,可以考虑行为人和受害人的职业、影响范围、过错程度,以及行为的目的、方式、后果等因素。(从原第七百七十九条第一款移来此处)

第七百八十一条之一 实施新闻报道、舆论监督等行为的,可以合理使用民事主体的姓名、名称、肖像、个人信息等。行为人未合理使用的,应当依法承担民事责任。(从原第七百七十九条第二款移来此处)

第七百八十二条 行为人因侵害人格权依法承担消除影响、恢复名誉、赔礼道歉等民事责任的,应当与行为的具体方式和造成的影响范围相当。

行为人拒不承担前款规定的民事责任的,人民法院可以采取在报刊、网络等媒体上发布公告或者公布生效裁判文书等方式执行,产生的费用由行为人负担。(从原第七百八十一条移来此处)

第七百八十二条之一 自然人因婚姻、家庭关系等产生的身份权利的保护,参照适用本编人格权保护的有关规定。

第二章 生命权、身体权和健康权

第七百八十三条 自然人享有生命权,有权维护自己的生命安全和生命尊严。任何组织或者个人不得侵害他人的生命权。

第七百八十四条 自然人享有身体权,有权维护自己的身体完整和行动自由。任何组织或者个人不得侵害他人的身体权。

第七百八十五条 自然人享有健康权,有权维护自己的身心健康。任何组织或者个人不得侵害他人的健康权。

第七百八十六条 自然人的生命权、身体权、健康权受到侵害或者处于其他危难情形的,负有法定救助义务的组织或者个人应当及时施救。

第七百八十七条 完全民事行为能力人有权依法自主决定无偿捐献其人体细胞、人体组织、人体器官、遗体。任何组织或者个人不得欺诈、利诱、胁迫其捐献。

自然人依照前款规定同意捐献的,应当采用书面形式或者有效的遗嘱形式。

第七百八十八条 禁止以任何形式买卖人体细胞、人体组织、人体器官、遗体。

违反前款规定的买卖行为无效。

第七百八十九条 为研制新药、医疗器械或者发展新的预防和治疗方法,需要进行临床试验的,应当依法经相关主管部门批准并经伦理委员会审查同意,向接受试验者或者其监护人告知试验目的、用途和可能产生的风险等详细情况,并经书面同意。

第七百八十九条之一 从事与人体基因、人体胚胎等有关的医学和科研活动的，应当遵守法律、行政法规和国家有关规定，不得危害人体健康，不得违背伦理道德。

第七百九十条 违背他人意愿，以言语、行为等方式对他人实施性骚扰的，受害人有权依法请求行为人承担民事责任。

用人单位应当在工作场所采取合理的预防、投诉调查、处置等措施，防止和制止利用从属关系等实施性骚扰。

第七百九十一条 任何组织或者个人以非法拘禁等方式剥夺、限制他人的行动自由，或者非法搜查他人身体的，受害人有权依法请求行为人承担民事责任。

第三章 姓名权和名称权

第七百九十二条 自然人享有姓名权，有权依法决定、使用、变更或者许可他人使用自己的姓名。

第七百九十二条之一 法人、非法人组织享有名称权，有权依法使用、变更、转让或者许可他人使用自己的名称。(原第七百九十二条第二款单独成条)

第七百九十三条 任何组织或者个人不得以干涉、盗用、假冒等方式侵害他人的姓名权或者名称权。

第七百九十四条 自然人的姓氏应当随父姓或者母姓，但是有下列情形之一的，可以在父姓和母姓之外选取姓氏：

(一)选取其他长辈直系血亲的姓氏；

(二)因由法定扶养人以外的人扶养而选取扶养人姓氏；

(三)有不违背公序良俗的其他正当理由。

少数民族自然人的姓氏可以遵从本民族的文化传统和风俗习惯。

第七百九十五条 (删去)

第七百九十六条 民事主体决定、变更自己的姓名、名称，或者转让自己的名称的，应当依法向有关机关办理登记手续，但是法律另有规定的除外。

民事主体变更姓名、名称的，变更前实施的民事法律行为对其具有法律约束力。

第七百九十七条 具有一定社会知名度的笔名、艺名、网名、字号、姓名和名称的简称等，被他人使用足以致使公众混淆的，与姓名和名称受同等保护。

第四章　肖　像　权

第七百九十八条　自然人享有肖像权,有权依法制作、使用、公开或者许可他人使用自己的肖像。

本法所称肖像是通过影像、雕塑、绘画等方式在一定载体上所反映的特定自然人可被识别的外部形象。

第七百九十九条　任何组织或者个人不得以丑化、污损,或者利用信息技术手段伪造等方式侵害他人的肖像权。未经肖像权人同意,不得制作、使用、公开肖像权人的肖像,但是法律另有规定的除外。

未经肖像权人同意,肖像作品权利人不得以发表、复制、发行、出租、展览等方式使用或者公开肖像权人的肖像。

第八百条　实施下列行为的,可以不经肖像权人同意:

(一)为个人学习、艺术欣赏、课堂教学或者科学研究,在必要范围内使用肖像权人已经公开的肖像;

(二)为实施新闻报道,不可避免地使用、公开肖像权人肖像;

(三)为依法履行职责,国家机关在必要范围内使用、公开肖像权人肖像;

(四)为展示特定公共环境,不可避免地使用、公开肖像权人肖像;

(五)为维护公共利益或者肖像权人合法权益,合理使用、公开肖像权人肖像的其他行为。

第八百零一条　肖像许可使用合同中就肖像使用的范围、方式等约定有争议的,应当作出有利于肖像权人的解释。

第八百零二条　当事人对肖像许可使用期限没有约定或者约定不明确的,任何一方当事人可以随时解除肖像许可使用合同,但是应当在合理期限之前通知对方。

当事人对肖像许可使用期限有明确约定,肖像权人有正当理由的,可以解除肖像许可使用合同,但是应当在合理期限之前通知对方。因解除合同造成对方损失的,除不可归责于肖像权人的事由外,应当赔偿损失。

第八百零三条　其他人格权的许可使用和自然人声音的保护,参照适用本章的有关规定。

第五章　名誉权和荣誉权

第八百零四条　民事主体享有名誉权。任何组织或者个人不得以侮辱、诽谤等方式侵害他人的名誉权。

本法所称名誉是对民事主体的品德、声望、才能、信用等的社会评价。

第八百零五条 实施新闻报道、舆论监督等行为,影响他人名誉的,不承担民事责任,但是有下列情形之一的除外:

(一)行为人捏造事实、歪曲事实;

(二)对他人提供的失实内容未尽到合理审查义务;

(三)相关内容过度贬损他人名誉。

第八百零六条 认定行为人是否尽到前条第二项规定的合理审查义务,可以考虑下列因素:

(一)内容来源的可信度;

(二)对明显可能引发争议的内容是否进行必要的调查;

(三)内容的时效性;

(四)内容与公序良俗的关联性;

(五)受害人名誉受贬损的可能性;

(六)审查能力和审查成本。

行为人应当就其尽到合理审查义务承担举证责任。

第八百零七条 行为人发表的文学、艺术作品以真人真事或者特定人为描述对象,包含侮辱、诽谤内容,侵害他人名誉权的,受害人有权依法请求该行为人承担民事责任。

行为人发表的文学、艺术作品不以特定人为描述对象,仅是其中的情节与该特定人的情况相似的,不承担民事责任。

第八百零七条之一 报刊、网络等媒体报道的内容失实,侵害他人名誉权的,受害人有权请求该媒体及时更正或者删除。媒体不及时履行的,受害人有权请求人民法院责令该媒体限期更正或者删除。

第八百零八条 民事主体可以依法查询自己的信用评价;发现信用评价错误的,有权提出异议并要求采取更正、删除等必要措施。信用评价人应当及时核查,经核查属实的,应当及时采取必要措施。

第八百零九条 民事主体与征信机构等信用信息收集者、持有者之间的关系,适用本编有关个人信息的规定和其他法律、行政法规的有关规定。

第八百一十条 民事主体享有荣誉权。任何组织或者个人不得非法剥夺他人的荣誉称号,不得诋毁、贬损他人的荣誉。

获得的荣誉称号应当记载而没有记载或者记载错误的,民事主体可以要求记载或者更正。

第六章　隐私权和个人信息保护

第八百一十一条　自然人享有隐私权。任何组织或者个人不得以刺探、侵扰、泄露、公开等方式侵害他人的隐私权。

本法所称隐私是具有私密性的私人空间、私人活动和私人信息等。

第八百一十二条　除法律另有规定或者权利人同意外，任何组织或者个人不得实施下列行为：

（一）搜查、进入、窥视他人住宅等私人空间；

（二）拍摄、录制、公开、窥视、窃听他人的私人活动；

（三）拍摄、窥视他人身体的私密部位；

（四）获取、删除、公开、买卖他人的私人信息；

（五）以短信、电话、即时通讯工具、电子邮件、传单等方式侵扰他人的生活安宁；

（六）以其他方式侵害他人的隐私权。

第八百一十三条　自然人的个人信息受法律保护。

本法所称个人信息是以电子或者其他方式记录的能够单独或者与其他信息结合识别特定自然人的各种信息，包括自然人的姓名、出生日期、身份证件号码、个人生物识别信息、住址、电话号码等。

第八百一十四条　收集、使用自然人个人信息的，应当遵循合法、正当、必要原则，并应当符合下列条件：

（一）征得该自然人或者其监护人同意，但是法律、行政法规另有规定的除外；

（二）公开收集、使用信息的规则；

（三）明示收集、使用信息的目的、方式和范围；

（四）不违反法律、行政法规的规定和双方的约定。

第八百一十五条　自然人可以向信息持有者依法查阅、抄录或者复制其个人信息；发现信息有错误的，有权提出异议并要求及时采取更正等必要措施。

自然人发现信息持有者违反法律、行政法规的规定或者双方的约定收集、使用其个人信息的，有权要求信息持有者及时删除其个人信息。

第八百一十六条　收集、使用或者公开自然人个人信息，有下列情形之一的，行为人不承担民事责任：

（一）在该自然人同意的范围内实施的行为；

（二）使用该自然人自行公开的或者其他已合法公开的信息，但是使用该信息侵害该自然人重大利益或者自然人明确拒绝他人使用的除外；

（三）为维护公共利益或者该自然人合法权益，合理实施的其他行为。

第八百一十七条 信息收集者、持有者不得泄露、篡改、毁损其收集、存储的个人信息；未经被收集者同意，不得向他人非法提供个人信息。但是经过处理无法识别特定个人且不能复原的除外。

信息收集者、持有者应当采取技术措施和其他必要措施，确保其收集、存储的个人信息安全，防止信息泄露、毁损、丢失。发生或者可能发生个人信息泄露、毁损、丢失的情况的，应当及时采取补救措施，依照规定告知被收集者并向有关主管部门报告。

第八百一十七条之一 国家机关及其工作人员对于履行职责过程中知悉的自然人隐私、个人信息，应当予以保密，不得泄露或者非法向他人提供。

《民法典各分编（草案）三审稿》（节录）

（2019 年 8 月全国人大法制工作委员会）

第一章 一般规定

第七百七十三条 本编调整因人格权的享有和保护产生的民事关系。

第七百七十四条 人格权是民事主体享有的生命权、身体权、健康权、姓名权、名称权、肖像权、名誉权、荣誉权、隐私权等权利。

除前款规定的人格权外，自然人享有基于人身自由、人格尊严产生的其他人格权益。

第七百七十四条之一 民事主体的人格权受法律保护，任何组织或者个人不得侵害。

第七百七十五条 人格权不得放弃、转让、继承。

第七百七十六条 民事主体可以将自己的姓名、名称、肖像等许可他人使用，但是依照法律规定或者根据其性质不得许可的除外。

第七百七十七条 死者的姓名、肖像、名誉、荣誉、隐私、遗体等受到侵害的，其配偶、子女、父母有权依法请求行为人承担民事责任；死者没有配偶、子女并且父母已经死亡的，其他近亲属有权依法请求行为人承担民事责任。

第七百七十八条 人格权受到侵害的，受害人有权依照本法和其他法律的规定请求行为人承担民事责任。

依照前款规定提出的停止侵害、排除妨碍、消除危险、消除影响、恢复名誉请求权，不适用诉讼时效的规定。

第七百七十九条 因当事人一方的违约行为，损害对方人格权并造成严重精神损害，受损害方选择请求其承担违约责任的，不影响受损害方请求精神损害赔偿。

第七百八十条 民事主体有证据证明行为人正在实施或者即将实施侵害其人格权的行为，不及时制止将使其合法权益受到难以弥补的损害的，有权依法向人民法院申请采取责令行为人停止有关行为的措施。

第七百八十一条 认定行为人承担侵害除生命权、身体权和健康权以外的人格权的民事责任，应当考虑行为人和受害人的职业、影响范围、过错程度，以及行为的目的、方式、后果等因素。

第七百八十一条之一 实施新闻报道、舆论监督等行为的，可以合理使用民事主体的姓名、名称、肖像、个人信息等；使用不合理的，应当依法承担民事责任。

第七百八十二条 行为人因侵害人格权依法承担消除影响、恢复名誉、赔礼道歉等民事责任的，应当与行为的具体方式和造成的影响范围相当。

行为人拒不承担前款规定的民事责任的，人民法院可以采取在报刊、网络等媒体上发布公告或者公布生效裁判文书等方式执行，产生的费用由行为人负担。

第七百八十二条之一 对自然人因婚姻家庭关系等产生的身份权利的保护，适用本法总则编、婚姻家庭编和其他法律的相关规定；没有规定的，参照适用本编人格权保护的有关规定。

第二章 生命权、身体权和健康权

第七百八十三条 自然人享有生命权，有权维护自己的生命安全和生命尊严。任何组织或者个人不得侵害他人的生命权。

第七百八十四条 自然人享有身体权，有权维护自己的身体完整和行动自由。任何组织或者个人不得侵害他人的身体权。

第七百八十五条 自然人享有健康权，有权维护自己的身心健康。任何组织或者个人不得侵害他人的健康权。

第七百八十六条 自然人的生命权、身体权、健康权受到侵害或者处于其他危难情形的,负有法定救助义务的组织或者个人应当及时施救。

第七百八十七条 完全民事行为能力人有权依法自主决定无偿捐献其人体细胞、人体组织、人体器官、遗体。任何组织或者个人不得欺诈、利诱、胁迫其捐献。

完全民事行为能力人依照前款规定同意捐献的,应当采用书面形式或者有效的遗嘱形式。

自然人生前未表示不同意捐献的,该自然人死亡后,其配偶、成年子女、父母可以采用书面形式共同决定捐献。

第七百八十八条 禁止以任何形式买卖人体细胞、人体组织、人体器官、遗体。

违反前款规定的买卖行为无效。

第七百八十九条 为研制新药、医疗器械或者发展新的预防和治疗方法,需要进行临床试验的,应当依法经相关主管部门批准并经伦理委员会审查同意,向受试者或者其监护人告知试验目的、用途和可能产生的风险等详细情况,并经书面同意。

进行临床试验的,不得向受试者收取试验费用。

第七百八十九条之一 从事与人体基因、人体胚胎等有关的医学和科研活动的,应当遵守法律、行政法规和国家有关规定,不得危害人体健康,不得违背伦理道德,不得损害公共利益。

第七百九十条 违背他人意愿,以言语、行为等方式对他人实施性骚扰的,受害人有权依法请求行为人承担民事责任。

用人单位应当采取合理的预防、受理投诉、调查处置等措施,防止和制止利用职权、从属关系等实施性骚扰。

第七百九十一条 以非法拘禁等方式剥夺、限制他人的行动自由,或者非法搜查他人身体的,受害人有权依法请求行为人承担民事责任。

第三章　姓名权和名称权

第七百九十二条 自然人享有姓名权,有权依法决定、使用、变更或者许可他人使用自己的姓名。

第七百九十二条之一 法人、非法人组织享有名称权,有权依法使用、变更、转让或者许可他人使用自己的名称。

第七百九十三条 任何组织或者个人不得以干涉、盗用、假冒等方式侵害他人的姓名权或者名称权。

第七百九十四条 自然人的姓氏应当随父姓或者母姓,但是有下列情形之一

的,可以在父姓和母姓之外选取姓氏:

(一)选取其他长辈直系血亲的姓氏;

(二)因由法定扶养人以外的人扶养而选取扶养人姓氏;

(三)有不违背公序良俗的其他正当理由。

少数民族自然人的姓氏可以遵从本民族的文化传统和风俗习惯。

第七百九十五条 (删去)

第七百九十六条 民事主体决定、变更自己的姓名、名称,或者转让自己的名称的,应当依法向有关机关办理登记手续,但是法律另有规定的除外。

民事主体变更姓名、名称的,变更前实施的民事法律行为对其具有法律约束力。

第七百九十七条 具有一定社会知名度的笔名、艺名、网名、字号、姓名和名称的简称等,被他人使用足以致使公众混淆的,与姓名和名称受同等保护。

第四章 肖 像 权

第七百九十八条 自然人享有肖像权,有权依法制作、使用、公开或者许可他人使用自己的肖像。

肖像是通过影像、雕塑、绘画等方式在一定载体上所反映的特定自然人可以被识别的外部形象。

第七百九十九条 任何组织或者个人不得以丑化、污损,或者利用信息技术手段伪造等方式侵害他人的肖像权。未经肖像权人同意,不得制作、使用、公开肖像权人的肖像,但是法律另有规定的除外。

未经肖像权人同意,肖像作品权利人不得以发表、复制、发行、出租、展览等方式使用或者公开肖像权人的肖像。

第八百条 合理实施下列行为的,可以不经肖像权人同意:

(一)为个人学习、艺术欣赏、课堂教学或者科学研究,在必要范围内使用肖像权人已经公开的肖像;

(二)为实施新闻报道,不可避免地制作、使用、公开肖像权人的肖像;

(三)为依法履行职责,国家机关在必要范围内制作、使用、公开肖像权人的肖像;

(四)为展示特定公共环境,不可避免地制作、使用、公开肖像权人的肖像;

(五)为维护公共利益或者肖像权人合法权益,制作、使用、公开肖像权人的肖像的其他行为。

第八百零一条 当事人对肖像许可使用合同中关于肖像使用条款的理解有争议的,应当作出有利于肖像权人的解释。

第八百零二条 当事人对肖像许可使用期限没有约定或者约定不明确的,任何一方当事人可以随时解除肖像许可使用合同,但是应当在合理期限之前通知对方。

当事人对肖像许可使用期限有明确约定,肖像权人有正当理由的,可以解除肖像许可使用合同,但是应当在合理期限之前通知对方。因解除合同造成对方损失的,除不可归责于肖像权人的事由外,应当赔偿损失。

第八百零三条 对姓名、名称等的许可使用,参照适用肖像许可使用的有关规定。

对自然人声音的保护,参照适用肖像权保护的有关规定。

第五章　名誉权和荣誉权

第八百零四条 民事主体享有名誉权。任何组织或者个人不得以侮辱、诽谤等方式侵害他人的名誉权。

名誉是对民事主体的品德、声望、才能、信用等的社会评价。

第八百零五条 行为人实施新闻报道、舆论监督等行为,影响他人名誉的,不承担民事责任,但是有下列情形之一的除外:

(一)捏造事实、歪曲事实;

(二)对他人提供的失实内容未尽到合理审查义务;

(三)使用侮辱性言辞等贬损他人名誉。

第八百零六条 认定行为人是否尽到前条第二项规定的合理审查义务,应当考虑下列因素:

(一)内容来源的可信度;

(二)对明显可能引发争议的内容是否进行了必要的调查;

(三)内容的时效性;

(四)内容与公序良俗的关联性;

(五)受害人名誉受贬损的可能性;

(六)审查能力和审查成本。

行为人应当就其尽到合理审查义务承担举证责任。

第八百零七条 行为人发表的文学、艺术作品以真人真事或者特定人为描述对象,包含侮辱、诽谤内容,侵害他人名誉权的,受害人有权依法请求该行为人承担民事责任。

行为人发表的文学、艺术作品不以特定人为描述对象,仅是其中的情节与该特定人的情况相似的,不承担民事责任。

第八百零七条之一 报刊、网络等媒体报道的内容失实,侵害他人名誉权的,受害人有权请求该媒体及时采取更正或者删除等必要措施;媒体不及时采取措施的,受害人有权请求人民法院责令该媒体在一定限期内履行。

第八百零八条 民事主体可以依法查询自己的信用评价;发现信用评价错误的,有权提出异议并要求采取更正、删除等必要措施。信用评价人应当及时核查,经核查属实的,应当及时采取必要措施。

第八百零九条 民事主体与征信机构等信用信息收集者、控制者之间的关系,适用本编有关个人信息保护的规定和其他法律、行政法规的有关规定。

第八百一十条 民事主体享有荣誉权。任何组织或者个人不得非法剥夺他人的荣誉称号,不得诋毁、贬损他人的荣誉。

获得的荣誉称号应当记载而没有记载的,民事主体可以要求记载;获得的荣誉称号记载错误的,民事主体可以要求更正。

第六章 隐私权和个人信息保护

第八百一十一条 自然人享有隐私权。任何组织或者个人不得以刺探、侵扰、泄露、公开等方式侵害他人的隐私权。

隐私是自然人不愿为他人知晓的私密空间、私密活动和私密信息等。

第八百一十二条 除法律另有规定或者权利人同意外,任何组织或者个人不得实施下列行为:

(一)搜查、进入、窥视、拍摄他人的住宅、宾馆房间等私密空间;

(二)拍摄、录制、公开、窥视、窃听他人的私密活动;

(三)拍摄、窥视他人身体的私密部位;

(四)收集、处理他人的私密信息;

(五)以短信、电话、即时通讯工具、电子邮件、传单等方式侵扰他人的生活安宁;

(六)以其他方式侵害他人的隐私权。

第八百一十三条 自然人的个人信息受法律保护。

个人信息是以电子或者其他方式记录的能够单独或者与其他信息结合识别特定自然人的各种信息,包括自然人的姓名、出生日期、身份证件号码、生物识别信息、住址、电话号码、电子邮箱地址、行踪信息等。

第八百一十四条 收集、处理自然人个人信息的,应当遵循合法、正当、必要原则,并应当符合下列条件:

(一)征得该自然人或者其监护人同意,但是法律、行政法规另有规定的除外;

(二)公开收集、处理信息的规则;

(三)明示收集、处理信息的目的、方式和范围;

(四)不违反法律、行政法规的规定和双方的约定。

个人信息的处理包括个人信息的使用、加工、传输、提供、公开等。

第八百一十五条 自然人可以向信息控制者依法查阅、抄录或者复制其个人信息;发现信息有错误的,有权提出异议并要求及时采取更正等必要措施。

自然人发现信息控制者违反法律、行政法规的规定或者双方的约定收集、处理其个人信息的,有权要求信息控制者及时删除其个人信息。

第八百一十六条 收集、处理自然人个人信息,有下列情形之一的,行为人不承担民事责任:

(一)在该自然人或者其监护人同意的范围内实施的行为;

(二)处理该自然人自行公开的或者其他已经合法公开的信息,但是该自然人明确拒绝或者处理该信息侵害其重大利益的除外;

(三)为维护公共利益或者该自然人合法权益,合理实施的其他行为。

第八百一十七条 信息收集者、控制者不得泄露、篡改其收集、存储的个人信息;未经被收集者同意,不得向他人非法提供个人信息,但是经过加工无法识别特定个人且不能复原的除外。

信息收集者、控制者应当采取技术措施和其他必要措施,确保其收集、存储的个人信息安全,防止信息泄露、丢失。发生或者可能发生个人信息泄露、丢失的情况的,应当及时采取补救措施,依照规定告知被收集者并向有关主管部门报告。

第八百一十七条之一 国家机关及其工作人员对于履行职责过程中知悉的自然人的隐私和个人信息,应当予以保密,不得泄露或者向他人非法提供。

《中华人民共和国民法典(草案)》人格权编

(2019 年 12 月全国人大法制工作委员会)

第一章　一 般 规 定

第九百八十九条　本编调整因人格权的享有和保护产生的民事关系。

第九百九十条　人格权是民事主体享有的生命权、身体权、健康权、姓名权、名称权、肖像权、名誉权、荣誉权、隐私权等权利。

除前款规定的人格权外,自然人享有基于人身自由、人格尊严产生的其他人格权益。

第九百九十一条　民事主体的人格权受法律保护,任何组织或者个人不得侵害。

第九百九十二条　人格权不得放弃、转让、继承。

第九百九十三条　民事主体可以将自己的姓名、名称、肖像等许可他人使用,但是依照法律规定或者根据其性质不得许可的除外。

第九百九十四条　死者的姓名、肖像、名誉、荣誉、隐私、遗体等受到侵害的,其配偶、子女、父母有权依法请求行为人承担民事责任;死者没有配偶、子女并且父母已经死亡的,其他近亲属有权依法请求行为人承担民事责任。

第九百九十五条　人格权受到侵害的,受害人有权依照本法和其他法律的规定请求行为人承担民事责任。

依据前款规定提出的停止侵害、排除妨碍、消除危险、消除影响、恢复名誉请求权,不适用诉讼时效的规定。

第九百九十六条　因当事人一方的违约行为,损害对方人格权并造成严重精神损害,受损害方选择请求其承担违约责任的,不影响受损害方请求精神损害赔偿。

第九百九十七条　民事主体有证据证明行为人正在实施或者即将实施侵害其人格权的行为,不及时制止将使其合法权益受到难以弥补的损害的,有权依法向人民法院申请采取责令行为人停止有关行为的措施。

第九百九十八条　认定行为人承担侵害除生命权、身体权和健康权外的人格权的民事责任,应当考虑行为人和受害人的职业、影响范围、过错程度,以及行为的目的、方式、后果等因素。

第九百九十九条 实施新闻报道、舆论监督等行为的,可以合理使用民事主体的姓名、名称、肖像、个人信息等;使用不合理的,应当依法承担民事责任。

第一千条 行为人因侵害人格权承担消除影响、恢复名誉、赔礼道歉等民事责任的,应当与行为的具体方式和造成的影响范围相当。

行为人拒不承担前款规定的民事责任的,人民法院可以采取在报刊、网络等媒体上发布公告或者公布生效裁判文书等方式执行,产生的费用由行为人负担。

第一千零一条 对自然人因婚姻家庭关系等产生的身份权利的保护,适用本法总则编、婚姻家庭编和其他法律的相关规定;没有规定的,参照适用本编人格权保护的有关规定。

第二章 生命权、身体权和健康权

第一千零二条 自然人享有生命权,有权维护自己的生命安全和生命尊严。任何组织或者个人不得侵害他人的生命权。

第一千零三条 自然人享有身体权,有权维护自己的身体完整和行动自由。任何组织或者个人不得侵害他人的身体权。

第一千零四条 自然人享有健康权,有权维护自己的身心健康。任何组织或者个人不得侵害他人的健康权。

第一千零五条 自然人的生命权、身体权、健康权受到侵害或者处于其他危难情形的,负有法定救助义务的组织或者个人应当及时施救。

第一千零六条 完全民事行为能力人有权依法自主决定无偿捐献其人体细胞、人体组织、人体器官、遗体。任何组织或者个人不得强迫、欺骗、利诱其捐献。

完全民事行为能力人依据前款规定同意捐献的,应当采用书面形式或者有效的遗嘱形式。

自然人生前未表示不同意捐献的,该自然人死亡后,其配偶、成年子女、父母可以共同决定捐献,决定捐献应当采用书面形式。

第一千零七条 禁止以任何形式买卖人体细胞、人体组织、人体器官、遗体。

违反前款规定的买卖行为无效。

第一千零八条 为研制新药、医疗器械或者发展新的预防和治疗方法,需要进行临床试验的,应当依法经相关主管部门批准并经伦理委员会审查同意,向受试者或者受试者的监护人告知试验目的、用途和可能产生的风险等详细情况,并经其书面同意。

进行临床试验的,不得向受试者收取试验费用。

第一千零九条 从事与人体基因、人体胚胎等有关的医学和科研活动的,应当遵守法律、行政法规和国家有关规定,不得危害人体健康,不得违背伦理道德,不得损害公共利益。

第一千零一十条 违背他人意愿,以言语、行为等方式对他人实施性骚扰的,受害人有权依法请求行为人承担民事责任。

机关、企业、学校等单位应当采取合理的预防、受理投诉、调查处置等措施,防止和制止利用职权、从属关系等实施性骚扰。

第一千零一十一条 以非法拘禁等方式剥夺、限制他人的行动自由,或者非法搜查他人身体的,受害人有权依法请求行为人承担民事责任。

第三章 姓名权和名称权

第一千零一十二条 自然人享有姓名权,有权依法决定、使用、变更或者许可他人使用自己的姓名。

第一千零一十三条 法人、非法人组织享有名称权,有权依法使用、变更、转让或者许可他人使用自己的名称。

第一千零一十四条 任何组织或者个人不得以干涉、盗用、假冒等方式侵害他人的姓名权或者名称权。

第一千零一十五条 自然人的姓氏应当随父姓或者母姓,但是有下列情形之一的,可以在父姓和母姓之外选取姓氏:

(一)选取其他直系长辈血亲的姓氏;

(二)因由法定扶养人以外的人扶养而选取扶养人姓氏;

(三)有不违背公序良俗的其他正当理由。

少数民族自然人的姓氏可以遵从本民族的文化传统和风俗习惯。

第一千零一十六条 民事主体决定、变更自己的姓名、名称,或者转让自己的名称的,应当依法向有关机关办理登记手续,但是法律另有规定的除外。

民事主体变更姓名、名称的,变更前实施的民事法律行为对其具有法律约束力。

第一千零一十七条 具有一定社会知名度的笔名、艺名、网名、字号、姓名和名称的简称等,被他人使用足以造成公众混淆的,与姓名和名称受同等保护。

第四章 肖 像 权

第一千零一十八条 自然人享有肖像权,有权依法制作、使用、公开或者许可他人使用自己的肖像。

肖像是通过影像、雕塑、绘画等方式在一定载体上所反映的特定自然人可以被识别的外部形象。

第一千零一十九条 任何组织或者个人不得以丑化、污损，或者利用信息技术手段伪造等方式侵害他人的肖像权。未经肖像权人同意，不得制作、使用、公开肖像权人的肖像，但是法律另有规定的除外。

未经肖像权人同意，肖像作品权利人不得以发表、复制、发行、出租、展览等方式使用或者公开肖像权人的肖像。

第一千零二十条 合理实施下列行为的，可以不经肖像权人同意：

（一）为个人学习、艺术欣赏、课堂教学或者科学研究，在必要范围内使用肖像权人已经公开的肖像；

（二）为实施新闻报道，不可避免地制作、使用、公开肖像权人的肖像；

（三）为依法履行职责，国家机关在必要范围内制作、使用、公开肖像权人的肖像；

（四）为展示特定公共环境，不可避免地制作、使用、公开肖像权人的肖像；

（五）为维护公共利益或者肖像权人合法权益，制作、使用、公开肖像权人的肖像的其他行为。

第一千零二十一条 当事人对肖像许可使用合同中关于肖像使用条款的理解有争议的，应当作出有利于肖像权人的解释。

第一千零二十二条 当事人对肖像许可使用期限没有约定或者约定不明确的，任何一方当事人可以随时解除肖像许可使用合同，但是应当在合理期限之前通知对方。

当事人对肖像许可使用期限有明确约定，肖像权人有正当理由的，可以解除肖像许可使用合同，但是应当在合理期限之前通知对方。因解除合同造成对方损失的，除不可归责于肖像权人的事由外，应当赔偿损失。

第一千零二十三条 对姓名等的许可使用，参照适用肖像许可使用的有关规定。

对自然人声音的保护，参照适用肖像权保护的有关规定。

第五章 名誉权和荣誉权

第一千零二十四条 民事主体享有名誉权。任何组织或者个人不得以侮辱、诽谤等方式侵害他人的名誉权。

名誉是对民事主体的品德、声望、才能、信用等的社会评价。

第一千零二十五条 行为人实施新闻报道、舆论监督等行为，影响他人名誉的，不承担民事责任，但是有下列情形之一的除外：

（一）捏造事实、歪曲事实；

（二）对他人提供的失实内容未尽到合理审查义务；

（三）使用侮辱性言辞等贬损他人名誉。

第一千零二十六条 认定行为人是否尽到前条第二项规定的合理审查义务，应当考虑下列因素：

（一）内容来源的可信度；

（二）对明显可能引发争议的内容是否进行了必要的调查；

（三）内容的时效性；

（四）内容与公序良俗的关联性；

（五）受害人名誉受贬损的可能性；

（六）审查能力和审查成本。

行为人应当就其尽到合理审查义务承担举证责任。

第一千零二十七条 行为人发表的文学、艺术作品以真人真事或者特定人为描述对象，含有侮辱、诽谤内容，侵害他人名誉权的，受害人有权依法请求该行为人承担民事责任。

行为人发表的文学、艺术作品不以特定人为描述对象，仅其中的情节与该特定人的情况相似的，不承担民事责任。

第一千零二十八条 报刊、网络等媒体报道的内容失实，侵害他人名誉权的，受害人有权请求该媒体及时采取更正或者删除等必要措施；媒体不及时采取措施的，受害人有权请求人民法院责令该媒体在一定期限内履行。

第一千零二十九条 民事主体可以依法查询自己的信用评价；发现信用评价错误的，有权提出异议并请求采取更正、删除等必要措施。信用评价人应当及时核查，经核查属实的，应当及时采取必要措施。

第一千零三十条 民事主体与征信机构等信用信息收集者、控制者之间的关系，适用本编有关个人信息保护的规定和其他法律、行政法规的有关规定。

第一千零三十一条 民事主体享有荣誉权。任何组织或者个人不得非法剥夺他人的荣誉称号，不得诋毁、贬损他人的荣誉。

获得的荣誉称号应当记载而没有记载的，民事主体可以请求记载；获得的荣誉称号记载错误的，民事主体可以请求更正。

第六章 隐私权和个人信息保护

第一千零三十二条 自然人享有隐私权。任何组织或者个人不得以刺探、侵扰、泄露、公开等方式侵害他人的隐私权。

隐私是自然人的私人生活安宁和不愿为他人知晓的私密空间、私密活动、私密信息。

第一千零三十三条 除权利人明确同意外，任何组织或者个人不得实施下列行为：

（一）以短信、电话、即时通讯工具、电子邮件、传单等方式侵扰他人的私人生活安宁；

（二）进入、窥视、拍摄他人的住宅、宾馆房间等私密空间；

（三）拍摄、录制、公开、窥视、窃听他人的私密活动；

（四）拍摄、窥视他人身体的私密部位；

（五）收集、处理他人的私密信息；

（六）以其他方式侵害他人的隐私权。

第一千零三十四条 自然人的个人信息受法律保护。

个人信息是以电子或者其他方式记录的能够单独或者与其他信息结合识别特定自然人的各种信息，包括自然人的姓名、出生日期、身份证件号码、生物识别信息、住址、电话号码、电子邮箱地址、行踪信息等。

个人信息中的私密信息，同时适用隐私权保护的有关规定。

第一千零三十五条 收集、处理自然人个人信息的，应当遵循合法、正当、必要原则，不得过度收集、处理，并符合下列条件：

（一）征得该自然人或者其监护人同意，但是法律、行政法规另有规定的除外；

（二）公开收集、处理信息的规则；

（三）明示收集、处理信息的目的、方式和范围；

（四）不违反法律、行政法规的规定和双方的约定。

个人信息的处理包括个人信息的使用、加工、传输、提供、公开等。

第一千零三十六条 自然人可以向信息控制者依法查阅、抄录或者复制其个人信息；发现信息有错误的，有权提出异议并请求及时采取更正等必要措施。

自然人发现信息控制者违反法律、行政法规的规定或者双方的约定收集、处理其个人信息的，有权请求信息控制者及时删除。

第一千零三十七条 收集、处理自然人个人信息，有下列情形之一的，行为人不承担民事责任：

（一）在该自然人或者其监护人同意的范围内实施的行为；

（二）处理该自然人自行公开的或者其他已经合法公开的信息，但是该自然人

明确拒绝或者处理该信息侵害其重大利益的除外;

(三)为维护公共利益或者该自然人合法权益,合理实施的其他行为。

第一千零三十八条 信息收集者、控制者不得泄露、篡改其收集、存储的个人信息;未经被收集者同意,不得向他人非法提供个人信息,但是经过加工无法识别特定个人且不能复原的除外。

信息收集者、控制者应当采取技术措施和其他必要措施,确保其收集、存储的个人信息安全,防止信息泄露、篡改、丢失;发生或者可能发生个人信息泄露、篡改、丢失的,应当及时采取补救措施,依照规定告知被收集者并向有关主管部门报告。

第一千零三十九条 国家机关及其工作人员对于履行职责过程中知悉的自然人的隐私和个人信息,应当予以保密,不得泄露或者向他人非法提供。

《中华人民共和国民法典》人格权编

（2020 年 5 月 28 日第十三届全国人民代表大会第三次会议）

第四编　人　格　权

第一章　一 般 规 定

第九百八十九条　本编调整因人格权的享有和保护产生的民事关系。

第九百九十条　人格权是民事主体享有的生命权、身体权、健康权、姓名权、名称权、肖像权、名誉权、荣誉权、隐私权等权利。

除前款规定的人格权外，自然人享有基于人身自由、人格尊严产生的其他人格权益。

第九百九十一条　民事主体的人格权受法律保护，任何组织或者个人不得侵害。

第九百九十二条　人格权不得放弃、转让或者继承。

第九百九十三条　民事主体可以将自己的姓名、名称、肖像等许可他人使用，但是依照法律规定或者根据其性质不得许可的除外。

第九百九十四条　死者的姓名、肖像、名誉、荣誉、隐私、遗体等受到侵害的，其配偶、子女、父母有权依法请求行为人承担民事责任；死者没有配偶、子女且父母已经死亡的，其他近亲属有权依法请求行为人承担民事责任。

第九百九十五条　人格权受到侵害的，受害人有权依照本法和其他法律的规定请求行为人承担民事责任。受害人的停止侵害、排除妨碍、消除危险、消除影响、恢复名誉、赔礼道歉请求权，不适用诉讼时效的规定。

第九百九十六条　因当事人一方的违约行为，损害对方人格权并造成严重精神损害，受损害方选择请求其承担违约责任的，不影响受损害方请求精神损害赔偿。

第九百九十七条　民事主体有证据证明行为人正在实施或者即将实施

侵害其人格权的违法行为,不及时制止将使其合法权益受到难以弥补的损害的,有权依法向人民法院申请采取责令行为人停止有关行为的措施。

第九百九十八条 认定行为人承担侵害除生命权、身体权和健康权外的人格权的民事责任,应当考虑行为人和受害人的职业、影响范围、过错程度,以及行为的目的、方式、后果等因素。

第九百九十九条 为公共利益实施新闻报道、舆论监督等行为的,可以合理使用民事主体的姓名、名称、肖像、个人信息等;使用不合理侵害民事主体人格权的,应当依法承担民事责任。

第一千条 行为人因侵害人格权承担消除影响、恢复名誉、赔礼道歉等民事责任的,应当与行为的具体方式和造成的影响范围相当。

行为人拒不承担前款规定的民事责任的,人民法院可以采取在报刊、网络等媒体上发布公告或者公布生效裁判文书等方式执行,产生的费用由行为人负担。

第一千零一条 对自然人因婚姻家庭关系等产生的身份权利的保护,适用本法第一编、第五编和其他法律的相关规定;没有规定的,可以根据其性质参照适用本编人格权保护的有关规定。

第二章 生命权、身体权和健康权

第一千零二条 自然人享有生命权。自然人的生命安全和生命尊严受法律保护。任何组织或者个人不得侵害他人的生命权。

第一千零三条 自然人享有身体权。自然人的身体完整和行动自由受法律保护。任何组织或者个人不得侵害他人的身体权。

第一千零四条 自然人享有健康权。自然人的身心健康受法律保护。任何组织或者个人不得侵害他人的健康权。

第一千零五条 自然人的生命权、身体权、健康权受到侵害或者处于其他危难情形的,负有法定救助义务的组织或者个人应当及时施救。

第一千零六条 完全民事行为能力人有权依法自主决定无偿捐献其人体细胞、人体组织、人体器官、遗体。任何组织或者个人不得强迫、欺骗、利诱其捐献。

完全民事行为能力人依据前款规定同意捐献的,应当采用书面形式,也可以订立遗嘱。

自然人生前未表示不同意捐献的，该自然人死亡后，其配偶、成年子女、父母可以共同决定捐献，决定捐献应当采用书面形式。

第一千零七条 禁止以任何形式买卖人体细胞、人体组织、人体器官、遗体。

违反前款规定的买卖行为无效。

第一千零八条 为研制新药、医疗器械或者发展新的预防和治疗方法，需要进行临床试验的，应当依法经相关主管部门批准并经伦理委员会审查同意，向受试者或者受试者的监护人告知试验目的、用途和可能产生的风险等详细情况，并经其书面同意。

进行临床试验的，不得向受试者收取试验费用。

第一千零九条 从事与人体基因、人体胚胎等有关的医学和科研活动，应当遵守法律、行政法规和国家有关规定，不得危害人体健康，不得违背伦理道德，不得损害公共利益。

第一千零一十条 违背他人意愿，以言语、文字、图像、肢体行为等方式对他人实施性骚扰的，受害人有权依法请求行为人承担民事责任。

机关、企业、学校等单位应当采取合理的预防、受理投诉、调查处置等措施，防止和制止利用职权、从属关系等实施性骚扰。

第一千零一十一条 以非法拘禁等方式剥夺、限制他人的行动自由，或者非法搜查他人身体的，受害人有权依法请求行为人承担民事责任。

第三章 姓名权和名称权

第一千零一十二条 自然人享有姓名权，有权依法决定、使用、变更或者许可他人使用自己的姓名，但是不得违背公序良俗。

第一千零一十三条 法人、非法人组织享有名称权，有权依法决定、使用、变更、转让或者许可他人使用自己的名称。

第一千零一十四条 任何组织或者个人不得以干涉、盗用、假冒等方式侵害他人的姓名权或者名称权。

第一千零一十五条 自然人应当随父姓或者母姓，但是有下列情形之一的，可以在父姓和母姓之外选取姓氏：

（一）选取其他直系长辈血亲的姓氏；

（二）因由法定扶养人以外的人扶养而选取扶养人姓氏；

（三）有不违背公序良俗的其他正当理由。

少数民族自然人的姓氏可以遵从本民族的文化传统和风俗习惯。

第一千零一十六条 自然人决定、变更姓名，或者法人、非法人组织决定、变更、转让名称的，应当依法向有关机关办理登记手续，但是法律另有规定的除外。

民事主体变更姓名、名称的，变更前实施的民事法律行为对其具有法律约束力。

第一千零一十七条 具有一定社会知名度，被他人使用足以造成公众混淆的笔名、艺名、网名、译名、字号、姓名和名称的简称等，参照适用姓名权和名称权保护的有关规定。

第四章 肖 像 权

第一千零一十八条 自然人享有肖像权，有权依法制作、使用、公开或者许可他人使用自己的肖像。

肖像是通过影像、雕塑、绘画等方式在一定载体上所反映的特定自然人可以被识别的外部形象。

第一千零一十九条 任何组织或者个人不得以丑化、污损，或者利用信息技术手段伪造等方式侵害他人的肖像权。未经肖像权人同意，不得制作、使用、公开肖像权人的肖像，但是法律另有规定的除外。

未经肖像权人同意，肖像作品权利人不得以发表、复制、发行、出租、展览等方式使用或者公开肖像权人的肖像。

第一千零二十条 合理实施下列行为的，可以不经肖像权人同意：

（一）为个人学习、艺术欣赏、课堂教学或者科学研究，在必要范围内使用肖像权人已经公开的肖像；

（二）为实施新闻报道，不可避免地制作、使用、公开肖像权人的肖像；

（三）为依法履行职责，国家机关在必要范围内制作、使用、公开肖像权人的肖像；

（四）为展示特定公共环境，不可避免地制作、使用、公开肖像权人的肖像；

（五）为维护公共利益或者肖像权人合法权益，制作、使用、公开肖像权人的肖像的其他行为。

第一千零二十一条 当事人对肖像许可使用合同中关于肖像使用条款的理解有争议的，应当作出有利于肖像权人的解释。

第一千零二十二条 当事人对肖像许可使用期限没有约定或者约定不明确的，任何一方当事人可以随时解除肖像许可使用合同，但是应当在合理期限之前通知对方。

当事人对肖像许可使用期限有明确约定，肖像权人有正当理由的，可以解除肖像许可使用合同，但是应当在合理期限之前通知对方。因解除合同造成对方损失的，除不可归责于肖像权人的事由外，应当赔偿损失。

第一千零二十三条 对姓名等的许可使用，参照适用肖像许可使用的有关规定。

对自然人声音的保护，参照适用肖像权保护的有关规定。

第五章 名誉权和荣誉权

第一千零二十四条 民事主体享有名誉权。任何组织或者个人不得以侮辱、诽谤等方式侵害他人的名誉权。

名誉是对民事主体的品德、声望、才能、信用等的社会评价。

第一千零二十五条 行为人为公共利益实施新闻报道、舆论监督等行为，影响他人名誉的，不承担民事责任，但是有下列情形之一的除外：

（一）捏造、歪曲事实；

（二）对他人提供的严重失实内容未尽到合理核实义务；

（三）使用侮辱性言辞等贬损他人名誉。

第一千零二十六条 认定行为人是否尽到前条第二项规定的合理核实义务，应当考虑下列因素：

（一）内容来源的可信度；

（二）对明显可能引发争议的内容是否进行了必要的调查；

（三）内容的时限性；

（四）内容与公序良俗的关联性；

（五）受害人名誉受贬损的可能性；

（六）核实能力和核实成本。

第一千零二十七条　行为人发表的文学、艺术作品以真人真事或者特定人为描述对象，含有侮辱、诽谤内容，侵害他人名誉权的，受害人有权依法请求该行为人承担民事责任。

行为人发表的文学、艺术作品不以特定人为描述对象，仅其中的情节与该特定人的情况相似的，不承担民事责任。

第一千零二十八条　民事主体有证据证明报刊、网络等媒体报道的内容失实，侵害其名誉权的，有权请求该媒体及时采取更正或者删除等必要措施。

第一千零二十九条　民事主体可以依法查询自己的信用评价；发现信用评价不当的，有权提出异议并请求采取更正、删除等必要措施。信用评价人应当及时核查，经核查属实的，应当及时采取必要措施。

第一千零三十条　民事主体与征信机构等信用信息处理者之间的关系，适用本编有关个人信息保护的规定和其他法律、行政法规的有关规定。

第一千零三十一条　民事主体享有荣誉权。任何组织或者个人不得非法剥夺他人的荣誉称号，不得诋毁、贬损他人的荣誉。

获得的荣誉称号应当记载而没有记载的，民事主体可以请求记载；获得的荣誉称号记载错误的，民事主体可以请求更正。

第六章　隐私权和个人信息保护

第一千零三十二条　自然人享有隐私权。任何组织或者个人不得以刺探、侵扰、泄露、公开等方式侵害他人的隐私权。

隐私是自然人的私人生活安宁和不愿为他人知晓的私密空间、私密活动、私密信息。

第一千零三十三条　除法律另有规定或者权利人明确同意外，任何组织或者个人不得实施下列行为：

（一）以电话、短信、即时通讯工具、电子邮件、传单等方式侵扰他人的私人生活安宁；

（二）进入、拍摄、窥视他人的住宅、宾馆房间等私密空间；

（三）拍摄、窥视、窃听、公开他人的私密活动；

（四）拍摄、窥视他人身体的私密部位；

（五）处理他人的私密信息；

（六）以其他方式侵害他人的隐私权。

第一千零三十四条 自然人的个人信息受法律保护。

个人信息是以电子或者其他方式记录的能够单独或者与其他信息结合识别特定自然人的各种信息，包括自然人的姓名、出生日期、身份证件号码、生物识别信息、住址、电话号码、电子邮箱、健康信息、行踪信息等。

个人信息中的私密信息，适用有关隐私权的规定；没有规定的，适用有关个人信息保护的规定。

第一千零三十五条 处理个人信息的，应当遵循合法、正当、必要原则，不得过度处理，并符合下列条件：

（一）征得该自然人或者其监护人同意，但是法律、行政法规另有规定的除外；

（二）公开处理信息的规则；

（三）明示处理信息的目的、方式和范围；

（四）不违反法律、行政法规的规定和双方的约定。

个人信息的处理包括个人信息的收集、存储、使用、加工、传输、提供、公开等。

第一千零三十六条 处理个人信息，有下列情形之一的，行为人不承担民事责任：

（一）在该自然人或者其监护人同意的范围内合理实施的行为；

（二）合理处理该自然人自行公开的或者其他已经合法公开的信息，但是该自然人明确拒绝或者处理该信息侵害其重大利益的除外；

（三）为维护公共利益或者该自然人合法权益，合理实施的其他行为。

第一千零三十七条 自然人可以依法向信息处理者查阅或者复制其个人信息；发现信息有错误的，有权提出异议并请求及时采取更正等必要措施。

自然人发现信息处理者违反法律、行政法规的规定或者双方的约定处理其个人信息的，有权请求信息处理者及时删除。

第一千零三十八条　信息处理者不得泄露或者篡改其收集、存储的个人信息；未经自然人同意，不得向他人非法提供其个人信息，但是经过加工无法识别特定个人且不能复原的除外。

信息处理者应当采取技术措施和其他必要措施，确保其收集、存储的个人信息安全，防止信息泄露、篡改、丢失；发生或者可能发生个人信息泄露、篡改、丢失的，应当及时采取补救措施，按照规定告知自然人并向有关主管部门报告。

第一千零三十九条　国家机关、承担行政职能的法定机构及其工作人员对于履行职责过程中知悉的自然人的隐私和个人信息，应当予以保密，不得泄露或者向他人非法提供。

参考文献

(一)著作类

[澳]胡·贝弗利·史密斯:《人格的商业利用》,李志刚、缪因知译,北京大学出版社2007年版。

[德]克里斯蒂安·冯·巴尔:《欧洲比较侵权行为法》(下)(第2版),焦美华译,法律出版社2004年版。

[德]黑格尔:《法哲学原理》,范扬、张企泰译,商务印书馆1997年版。

[德]卡尔·拉伦茨:《德国民法通论》,王晓晔等译,法律出版社2003年版。

[德]克雷斯蒂安·冯·巴尔:《欧洲比较侵权行为法》(下),焦美华译,张新宝校,法律出版社2001年版。

[美]H. L. A. 哈特、[美]托尼·奥诺尔:《法律中的因果关系》,张绍谦、孙战国译,中国政法大学出版社2005年版。

[美]阿丽塔·L. 艾伦、[美]理查德·C. 托克音顿:《美国隐私权:学说、判例与立法》,冯建妹等编译,中国民主法制出版社2004年版。

[美]亚伯拉罕·马斯洛:《动机与人格》(第3版),许金声译,中国人民大学出版社2007年版。

[日]五十岚清:《人格权法》,[日]铃木贤、葛敏译,北京大学出版社2009年版。

[英]A. J. M. 米尔恩:《人权哲学》,王先恒等译,东方出版社1991年版。

[英]维克托·迈尔—舍恩伯格:《删除:大数据取舍之道》,袁杰译,浙江人民出版社2013年版。

《德国民法典》(第4版),陈卫佐译,法律出版社2015年版。

程啸:《侵权责任法》,法律出版社2015年版。

[德]卡尔·拉伦茨:《德国民法通论》(上册),王晓晔等译,法律出版社2013年版。

杜景林、卢谌:《德国民法典——全条文注释》,中国政法大学出版社2015

年版。

《十二国著作权法》,《十二国著作权法》翻译组译,清华大学出版社 2011 年版。

冯象:《政法笔记》,江苏人民出版社 2004 年版。

高奇琦:《人工智能:驯服赛维坦》,上海交通大学出版社 2018 年版。

郭明瑞等:《民商法原理(一):民商法总论　人身权法》,中国人民大学出版社 1999 年版。

黄秀凤主编:《护理伦理学》,中国医药科技出版社 2016 年版。

江平主编:《民法学》(第 2 版),中国政法大学出版社 2011 年版。

李琛:《论知识产权法的体系化》,北京大学出版社 2005 年版。

李锡鹤:《民法原理论稿》,法律出版社 2009 年版。

梁慧星:《民法总论》,法律出版社 2009 年版。

龙卫球、刘保玉主编:《中华人民共和国民法总则释义与适用指导》,中国法制出版社 2017 年版。

龙卫球:《民法总论》,中国法制出版社 2001 年版。

孟勤国、张里安主编:《物权法》,湖南大学出版社 2006 年版。

贾东明主编、全国人大常委会法制工作委员会民法室编著:《中华人民共和国消费者权益保护法解读》,中国法制出版社 2013 年版。

沈德咏主编:《〈中华人民共和国民法总则〉条文理解与适用》(下册),人民法院出版社 2017 年版。

石宏主编:《〈中华人民共和国民法总则〉条文说明、立法理由及相关规定》,北京大学出版社 2017 年版。

史尚宽:《民法总论》,中国政法大学出版社 2000 年版。

隋爱娜等编著:《数字内容安全技术》,中国传媒大学出版社 2016 年版。

王康:《基因权的私法规范》,中国法制出版社 2014 年版。

王丽萍、步雷:《信息时代隐私权保护研究》,山东人民出版社 2008 年版。

王利明主编:《民法学》(第 2 版),复旦大学出版社 2015 年版。

王利明:《人格权法研究》,中国人民大学出版社 2012 年版。

王利明:《人格权法研究》(第 3 版),中国人民大学出版社 2018 年版。

王利明主编:《中国民法典草案建议稿及说明》,中国法制出版社 2004 年版。

王利明等撰稿:《中国民法典学者建议稿及立法理由　人格权编·婚姻家庭编·继承编》,法律出版社 2005 年版。

王利明等:《侵权责任法疑难问题研究》,中国法制出版社 2012 年版。

王利明主编:《人格权法新论》,吉林人民出版社 1994 年版。

王泽鉴:《民法总则》,北京大学出版社 2009 年版。

王泽鉴:《侵权行为》,北京大学出版社 2009 年版。

王泽鉴:《侵权行为》(第 3 版),北京大学出版社 2016 年版。

王泽鉴:《人格权法　法释义学、比较法、案例研究》,北京大学出版社 2013 年版。

《北京大学法学百科全书》编委会编:《北京大学法学百科全书:民法学·商法学》,北京大学出版社 2004 年版。

徐国栋:《民法总论》,高等教育出版社 2007 年版。

杨立新:《简明侵权责任法》,中国法制出版社 2015 年版。

杨立新:《人格权法》,法律出版社 2011 年版。

杨立新:《人格权法》,法律出版社 2015 年版。

杨立新:《人身权法论》,人民法院出版社 2002 年版。

杨立新主编:《中华人民共和国民法总则要义与案例解读》,法制出版社 2017 年版。

杨仁寿:《法学方法论》,中国政法大学出版社 1999 年版。

姚辉:《人格权法论》,中国人民大学出版社 2011 年版。

尹田主编:《民法学总论》,北京师范大学出版社 2010 年版。

张斌:《利益衡量论:以个体主义方法论为视角的现代立法研究》,海天出版社 2015 年版。

张红:《人格权各论》,高等教育出版社 2016 年版。

张红:《人格权总论》,北京大学出版社 2012 年版。

张民安主编:《名誉侵权的抗辩事由——事实真实、公正评论、绝对或相对免责特权等对行为人名誉侵权责任的免除》,中山大学出版社 2011 年版。

张明楷:《刑法学》(第 4 版),法律出版社 2011 年版。

张世欣:《思想政治教育的人学解读》,浙江大学出版社 2017 年版。

张新宝:《〈中华人民共和国民法总则〉释义》,中国人民大学出版社 2017 年版。

张新宝:《名誉权的法律保护》,中国政法大学出版社 1997 年版。

张新宝:《侵权责任法立法研究》,中国人民大学出版社 2009 年版。

张新宝:《隐私权的法律保护》,群众出版社 2004 年版。

中国审判理论研究会民商事专业委员会编著:《〈民法总则〉条文理解与司法适用》,法律出版社 2017 年版。

(二)论文类

[美]海伦·尼森鲍姆:《信息时代的公共场所隐私权》,凌玲译,载张民安主编:《公共场所隐私权研究》,中山大学出版社 2016 年版。

[日]北川善太郎:《关于最近之未来的法律模型》,李薇译,载梁慧星主编:《民商法论丛》(第 6 卷),法律出版社 1997 年版。

季乃礼、张振华:《心理层面的威权主义辨析》,载李路曲主编:《比较政治学研究》(第 2 辑),中央编译出版社 2011 年版。

艾围利:《免责的理由:逻辑推论还是政策考量?》,载《四川师范大学学报》(社会科学版)2015 年第 4 期。

蔡小雪:《因公民起名引起立法解释之判案解析》,载《中国法律评论》2015 年第 4 期。

曹诗权、李政辉:《论侵害生命权在民法上的责任》,载《法学评论》1998 年第 5 期。

曹小娟、慕明春:《"免责"还是"处罚"——关于网络转载是否承担名誉权侵权责任的思考》,载《陕西师范大学学报》(哲学社会科学版)2016 年第 5 期。

常健:《论人格权法(编)中的个人信息权的制度完善——评〈中华人民共和国民法人格权编(草案)·民法室室内稿〉相关规定》,载《四川大学学报》(哲学社会科学版)2018 年第 3 期。

陈骞、张志成:《个人敏感数据的法律保护:欧盟立法及借鉴》,载《湘潭大学学报》(哲学社会科学版)2018 年第 3 期。

陈龙江:《德国民法对姓名上利益的保护及其借鉴》,载《法商研究》2008 年第 3 期。

程啸:《论大数据时代的个人数据权利》,载《中国社会科学》2018 年第 3 期。

崔建远:《我国〈民法总则〉的制度创新及历史意义》,载《比较法研究》2017 年第 3 期。

崔建远:《姓名与商标:路径及方法论之检讨　最高人民法院(2016)最高法行再 27 号行政判决书之评释》,载《中外法学》2017 年第 2 期。

丁镜:《转载媒体侵害名誉权的民事法律规制》,载《学术交流》2014 年第 3 期。

丁相顺、杜民:《姓名权与商标权法律关系的符号学分析——以"乔丹"商标案为分析路径》,载《上海政法学院学报》(法治论丛)2018 年第 4 期。

丁宇翔:《人格权侵权中"公众人物抗辩"的裁判规则》,载《法律适用》2016 年第 6 期。

杜红原:《隐私权的判定——“合理隐私期待标准”的确立与适用》,载《北方法学》2015 年第 6 期。

杜鹏:《媒体报道中的新闻侵权与法律规制研究》,载《法学杂志》2016 年第 2 期。

方乐坤:《精神安宁权的基础及理由分析》,载《西南政法大学学报》2007 年第 5 期。

房绍坤、曹相见:《标表型人格权的构造与人格权商品化批判》,载《中国社会科学》2018 年第 7 期。

房绍坤、张玉东:《论紧急救助情形下救助人不承担责任的条件——以〈民法总则〉第 184 条为分析对象》,载《比较法研究》2018 年第 6 期。

房绍坤:《英雄烈士人格利益不容侵害》,载《检察日报》2017 年 4 月 25 日,第 003 版。

冯恺:《生命损害赔偿请求权理论再思考》,载《政法论丛》2004 年第 2 期。

高富平:《论个人信息保护的目的——以个人信息保护法益区分为核心》,载《法商研究》2019 年第 1 期。

高圣平:《比较法视野下人格权的发展——以美国隐私权为例》,载《法商研究》2012 年第 1 期。

高翼飞:《角色形象成为演员肖像权的客体考量》,载《人民司法》2013 年第 16 期。

葛江虬:《论网络虚拟名誉及其民法保护》,载《河南大学学报》(社会科学版)2017 年第 4 期。

葛云松:《死者生前人格利益的民法保护》,载《比较法研究》2002 年第 4 期。

郭明瑞、张玉东:《肖像权三题》,载《浙江工商大学学报》2014 年第 1 期。

韩强:《人格权确认与构造的法律依据》,载《中国法学》2015 年第 3 期。

韩跃红、李昶达:《安乐死辩论中的“尊严悖论”》,载《道德与文明》2015 年第 6 期。

何培育、蒋启蒙:《个人信息盗窃灰色产业链的技术手段与法律规制》,载《科技管理研究》2015 年第 24 期。

侯国跃、刘玖林:《公共场所的隐私保护问题》,载《重庆日报》2018 年 3 月 29 日,第 007 版。

胡昌明、田丽丽:《使用人体摄影侵犯肖像权的认定》,载《人民司法》2007 年第 20 期。

胡文涛:《我国个人敏感信息界定之构想》,载《中国法学》2018 年第 5 期。

黄泷一:《姓氏选择、公序良俗与法律解释——最高法院第 89 号指导案例与姓名权立法解释评述》,载《法治研究》2018 年第 5 期。

黄小洵:《公众人物姓名商标注册的法律规制——以公众人物姓名与注册商标权利冲突为视角》,载《北方法学》2017 年第 2 期。

黄忠:《人格权法独立成编的体系效应之辨识》,载《现代法学》2013 年第 1 期。

霍原:《论〈民法典〉对器官捐献自己决定权的规范回应》,载《学术交流》2017 年第 6 期。

简良育:《民法亲属编修正后子女称姓之探讨》,载《月旦法学杂志》第 161 期。

焦卫、杨晓霓:《对一起变更子女姓名案的法律思考》,载《法学》2001 年第 1 期。

解亘:《论管制规范在侵权行为法上的意义》,载《中国法学》2009 年第 2 期。

孔祥俊:《姓名权与姓名的商品化权益及其保护——兼评"乔丹商标案"和相关司法解释》,载《法学》2018 年第 3 期。

罗昆:《人格权法与合同法的互动探讨》,载《东方法学》2017 年第 6 期。

黎桦:《民法典编纂中的财产性人格权研究》,载《政治与法律》2017 年第 8 期。

李本森:《生命价值的法律与经济分析——中国生命赔偿法律的改革路径》,载《中国社会科学》2011 年第 6 期。

李娜玲:《关于非亲属间活体器官"交叉移植"的法律思考》,载《河北法学》2011 年第 5 期。

李士林:《论姓名商标》,载《法治研究》2014 年第 7 期。

李梯恺:《姓名权之研究》,台湾天主教辅仁大学法律学研究所 2009 年博士论文。

李锡鹤:《胎儿不应有法律上的利益——〈民法总则草案〉第 16 条质疑》,载《东方法学》2017 年第 1 期。

李新天、郑鸣:《论中国公众人物隐私权的构建》,载《中国法学》2005 年第 5 期。

李延舜:《公共场所隐私权研究——法理、要素及类型》,载《法学论坛》2018 年第 6 期。

李延舜:《公共视频监控中的公民隐私权保护研究》,载《法律科学》(西北政法大学学报)2019 年第 3 期。

李延舜:《论未成年人隐私权》,载《法制与社会发展》2015 年第 6 期。

李延舜:《“权威与服从”语境中的未成年人隐私权保护研究》,苏州大学 2017 年博士学位论文。

李拥军:《从“人可非人”到“非人可人”:民事主体制度与理念的历史变迁——对法律“人”的一种解析》,载《法制与社会发展》2005 年第 2 期。

李永军:《论姓名权的性质与法律保护》,载《比较法研究》2012 年第 1 期。

李永军:《我国〈民法总则〉第 16 条关于胎儿利益保护的质疑——基于规范的实证分析与理论研究》,载《法律科学》(西北政法大学学报)2019 年第 2 期。

李予霞、牛占斌:《我的名字谁做主?——论姓名命名权的自由与限制》,载《法律适用》2009 年第 6 期。

李智超、罗家德:《中国人的社会行为与关系网络特质——一个社会网的观点》,载《社会科学战线》2012 年第 1 期。

王利明:《论人格权的定义》,载《华中科技大学学报》(社会科学版)2020 年第 1 期。

梁慧星:《民法典编纂中的重大争论——兼评全国人大常委会法工委两个民法典人格权编草案》,载《甘肃政法学院学报》2018 年第 3 期。

廖焕国:《论人格权许可使用合同的法定解除——兼评民法典各分编草案第八百零二、八百零三条》,载《暨南学报》(哲学社会科学版)2019 年第 8 期。

刘保玉、周玉辉:《论安宁生活权》,载《当代法学》2013 年第 2 期。

刘承韪:《影视演员肖像权纠纷的实证研究》,载《山东科技大学学报》(社会科学版)2019 年第 1 期。

刘国涛:《司法实践中未出生者的民法地位》,载《河北法学》2003 年第 2 期。

刘练军:《姓名登记规范研究》,载《法商研究》2017 年第 3 期。

刘史丹:《隐私权的新发展——私人摄像头侵犯隐私权案件的审理思路和判断要素初探》,载《法律适用》(司法案例)2017 年第 12 期。

刘文杰:《被遗忘权:传统元素、新语境与利益衡量》,载《法学研究》2018 年第 2 期。

刘文杰:《论新闻侵权的归责原则》,载《环球法律评论》2010 年第 4 期。

刘文杰:《民法上的姓名权》,载《法学研究》2010 年第 6 期。

刘小平:《新兴权利的证成及其基础——以“安宁死亡权”为个例的分析》,载《学习与探索》2015 年第 4 期。

刘引玲:《对生命权的思考》,载张士宝主编:《法学家茶座》(第 15 辑),山东人民出版社 2007 年版。

刘召成:《生命尊严的规范构造与制度实现》,载《河南社会科学》2019 年第 7 期。

龙卫球:《人格权立法的制度设计》,载《中国法律》2011 年第 6 期。

罗斌:《传播侵害公共利益维度下的“英烈条款”——〈民法总则〉第一百八十五条的理解与适用》,载《学术论坛》2018 年第 1 期。

罗昆:《人格权法与合同法的互动探讨》,载《东方法学》2017 年第 6 期。

马桦、袁雪石:《“第三姓”的法律承认及规范》,载《法商研究》2007 年第 1 期。

马俊驹:《民法上支配权与请求权的不同逻辑证成——兼论人格权请求权之独立性》,载《法学研究》2007 年第 3 期。

马彦、徐凤亮:《公民个人信息泄露与传播》,载《征信》2014 年第 5 期。

马一德:《商标权行使与姓名权保护的冲突与规制》,载《中国法学》2018 年第 4 期。

满洪杰:《被遗忘权的解析与构建:作为网络时代信息价值纠偏机制的研究》,载《法制与社会发展》2018 年第 2 期。

满洪杰:《关于受试者知情同意权的立法建议》,载《四川大学学报》(哲学社会科学版)2018 年第 3 期。

满洪杰:《荣誉权作为独立人格利益之质疑——基于案例的实证分析》,载《法商研究》2012 年第 5 期。

孟勤国:《人格权独立成编是中国民法典的不二选择》,载《东方法学》2017 年第 6 期。

彭思彬:《论未成年人人格权法律保护的媒体义务——由“李××案”说起》,载《福建师范大学学报》(哲学社会科学版)2014 年第 5 期。

彭玉勇:《论网络服务提供者的权利和义务》,载《暨南学报》(哲学社会科学版)2014 年第 12 期。

齐爱民、李仪:《论利益平衡视野下的个人信息权制度——在人格利益与信息自由之间》,载《法学评论》2011 年第 3 期。

齐爱民:《中华人民共和国个人信息保护法学者建议稿》,载《河北法学》2019 年第 1 期。

齐晓丹:《社会监督与公众人物隐私权保护中的利益平衡》,载法制网:http://www.legaldaily.com.cn/fxjy/content/2018-05/30/content_7556855.htm,2019 年 12 月 30 日最后访问。

冉克平:《肖像权上的财产利益及其救济》,载《清华法学》2015 年第 4 期。

任江、张小余:《子女姓名决定、变更权的实证分析与启示——实证主义路径下的我国首部民法立法解释评析》,载《河北法学》2015 年第 11 期。

申卫星:《从生到死的民法学思考——兼论中国卫生法学研究的重要性》,载《湖南社会科学》2011 年第 2 期。

石冠彬:《姓名权侵权纠纷的裁判规则研究》,载《当代法学》2018 年第 3 期。

石佳友:《人格权立法的进步与局限——评〈民法典人格权编草案(三审稿)〉》,载《清华法学》2019 年第 5 期。

石佳友:《人格权立法的历史演进及其趋势》,载《中国政法大学学报》2018 年第 4 期。

宋宗宇、曾林:《侵权责任减责免责事由的制度创新与立法完善》,载《重庆大学学报》(社会科学版)2012 年第 4 期。

隋彭生:《论肖像权的客体》,载《中国法学》2005 年第 1 期。

孙振栋:《论医院见习教学中患者隐私权之保护——兼谈我国隐私权立法》,载《法学》2001 年第 2 期。

陶鑫明:《民法典人格权编(草案)三审稿评析及建言》,载《民商法争鸣》2019 年第 2 期。

王福友、高勇:《侵权违法阻却事由论纲》,载《北方法学》2009 年第 6 期。

王歌雅:《荣誉权的价值阐释与规制思考》,载《环球法律评论》2013 年第 3 期。

王洪平:《论胎儿的民事权利能力及权利实现机制》,载《法学论坛》2017 年第 4 期。

王康:《人类基因编辑多维风险的法律规制》,载《求索》2017 年第 11 期。

王利明:《论个人信息权的法律保护——以个人信息权与隐私权的界分为中心》,载《现代法学》2013 年第 4 期。

王利明:《论人格权编与侵权责任编的区分与衔接》,载《比较法研究》2018 年第 2 期。

王利明:《论人格权的定义》,载《华中科技大学学报》(社会科学版)2020 年第 1 期。

王利明:《论人格权独立成编的理由》,载《法学评论》2017 年第 6 期。

王利明:《论人格权请求权与侵权损害赔偿请求权的分离》,载《中国法学》2019 年第 1 期。

王利明:《民法典人格权编草案的亮点及改善》,载《中国法律评论》2019 年第 1 期。

王利明:《〈民法总则〉的本土性与时代性》,载《交大法学》2017 年第 3 期。

王利明:《人格权的属性:从消极防御到积极利用》,载《中外法学》2018 年第 4 期。

王利明:《人格权法的新发展与我国民法典人格权编的完善》,载《浙江工商大学学报》2019 年第 6 期。

王利明:《人格权与民法典》,载《求索》2002 年第 5 期。

王利明:《数据共享与个人信息保护》,载《现代法学》2019 年第 1 期。

王利明:《我国〈侵权责任法〉采纳了违法性要件吗?》,载《中外法学》2012 年第 1 期。

王利明:《我国未来民法典中人格权编的完善——2002 年〈民法典草案〉第四编评述》,载《中国政法大学学报》2013 年第 1 期。

王利明:《隐私权概念的再界定》,载《法学家》2012 年第 1 期。

王秀哲:《大数据时代个人信息法律保护制度之重构》,载《法学论坛》2018 年第 6 期。

王叶刚:《民法典人格权编的规则设计》,载《政治与法律》2017 年第 8 期。

王毅纯:《论隐私权保护范围的界定》,载《苏州大学学报》(法学版)2016 年第 2 期。

王毅纯:《民法典人格权编对性骚扰的规制路径与规则设计》,载《河南社会科学》2019 年第 7 期。

王泽鉴:《人格权的具体化及其保护范围·隐私权篇》(上),载《比较法研究》2008 年第 6 期。

王竹、方延:《身体权学理独立过程考》,载《广州大学学报》(社会科学版)2012 年第 5 期。

温世扬:《略论人格权的类型体系》,载《现代法学》2012 年第 4 期。

温世扬:《民法典人格权编草案评议》,载《政治与法律》2019 年第 3 期。

吴标兵、许和隆:《个人信息的边界、敏感度与中心度研究——基于专家和公众认知的数据分析》,载《南京邮电大学学报》(社会科学版)2018 年第 5 期。

吴飞:《名词定义试拟:被遗忘权(Right to Be Forgotten)》,载《新闻与传播研究》2014 年第 7 期。

夏燕:《"被遗忘权"之争——基于欧盟个人数据保护立法改革的考察》,载《北京理工大学学报》(社会科学版)2015 年第 2 期。

肖建华、柴芳墨:《论数据权利与交易规制》,载《中国高校社会科学》2019 年第 1 期。

谢琳:《大数据时代个人信息使用的合法利益豁免》,载《政法论坛》2019 年第 1 期。

徐国栋:《出生与权利——权力冲突》,载《东方法学》2009 年第 2 期。

徐显明:《生存权论》,载《中国社会科学》1992 年第 5 期。

许可:《网络平台规制的双重逻辑及其反思》,载《网络信息法学研究》2018 年第 1 期。

杨代雄:《出生前生命体的民法保护——以"限制权利能力"为基点》,载《东方法学》2013 年第 3 期。

杨洪逵:《单方变更未成年子女姓氏的行为无效——对一起变更子女姓名案的再思考》,载《人民司法》2000 年第 12 期。

杨立新、扈艳:《〈中华人民共和国人格权法〉建议稿及立法理由书》,载《财经法学》2016 年第 4 期。

杨立新、李怡雯:《人格自由与人身自由的区别及价值——〈民法典人格权编草案〉第 774 条第 2 款、第 784 条及第 791 条的规范分工》,载《财经法学》2019 年第 4 期。

杨立新、袁雪石:《论人格权请求权》,载《法学研究》2003 年第 6 期。

杨立新:《民法典侵权责任编草案二审稿的立法进展与完善》,载《上海政法学院学报》(法治论丛)2019 年第 2 期。

杨立新:《民法典人格权编草案逻辑结构的特点与问题》,载《东方法学》2019 年第 2 期。

杨祥:《集体肖像权刍议》,载《人大法律评论》2012 年第 1 期。

姚辉、邱鹏:《论侵害生命权之损害赔偿》,载《中国人民大学学报》2006 年第 4 期。

叶金强:《〈民法总则〉民事权利章的得与失》,载《中外法学》2017 年第 3 期。

叶名怡:《个人信息的侵权法保护》,载《法学研究》2018 年第 4 期。

叶名怡:《论个人信息权的基本范畴》,载《清华法学》2018 年第 5 期。

叶涛:《民法典编纂中人格标识财产利益的制度构建——从人格权衍生财产利益的比较展开》,载《河南财经政法大学学报》2018 年第 4 期。

易军:《生命权:藉论证而型塑》,载《华东政法大学学报》2012 年第 1 期。

余能斌、涂文:《论人体器官移植的现代民法理论基础》,载《中国法学》2003 年第 6 期。

余筱兰:《民法典编纂视角下信息删除权建构》,载《政治与法律》2018 年第

4 期。

喻军:《论政府官员隐私权及其规制——以绝对隐私、相对隐私为切入点》,载《政治与法律》2013 年第 5 期。

袁博:《我国形象权纠纷案件类型化研究》,载《上海政法学院学学报》(法治论丛)2011 年第 5 期。

岳业鹏:《论作为名誉损害救济方式的回应权——兼评〈出版管理条例〉第 27 条第 2 款规定》,载《北方法学》2015 年第 5 期。

张恒山:《论权利本体》,载《中国法学》2018 年第 6 期。

张红、童航:《侵害生命权之丧葬费赔偿研究》,载《环球法律评论》2012 年第 3 期。

张红:《"以营利为目的"与肖像权侵权责任认定——以案例为基础的实证研究》,载《比较法研究》2012 年第 3 期。

张红:《〈民法典各分编(草案)〉人格权编评析》,载《法学评论》2019 年第 1 期。

张红:《不表意自由与人格权保护——以赔礼道歉民事责任为中心》,载《中国社会科学》2013 年第 7 期。

张红:《错误出生的损害赔偿责任》,载《法学家》2011 年第 6 期。

张红:《夫妻生育权冲突及其解决——从妻子私自堕胎引发丈夫索赔案出发》,载《咸宁学院学报》2010 年第 9 期。

张红:《混淆姓名之侵权责任》,载《财经法学》2015 年第 4 期。

张红:《论一般人格权作为基本权利之保护手段——以对"齐玉苓案"的再检讨为中心》,载《法商研究》2009 年第 4 期。

张红:《民法典之名誉权立法论》,载《东方法学》2020 年第 1 期。

张红:《民法典之肖像权立法论》,载《学术研究》2019 年第 9 期。

张红:《民法典之姓名权立法论》,载《河北法学》2019 年第 10 期。

张红:《民法典之隐私权立法论》,载《社会科学家》2019 年第 1 期。

张红:《侵害祭奠利益之侵权责任》,载《法学评论》2018 年第 2 期。

张红:《侵害生活安宁利益之侵权责任》,载《财经法学》2018 年第 6 期。

张红:《事实陈述、意见表达与公益性言论保护——最高法院 1993 年〈名誉权问题解答〉第 8 条之检讨》,载《法律科学》(西北政法大学学报)2010 年第 3 期。

张红:《死者人格精神利益保护:案例比较与法官造法》,载《法商研究》2010 年第 4 期。

张红:《死者生前人格上财产利益之保护》,载《法学研究》2011 年第 2 期。

张红:《文学作品中的名誉权侵权责任》,载《中南民族大学学报》(人文社会科学版)2012 年第 6 期。

张红:《肖像权保护中的利益平衡》,载《中国法学》2014 年第 1 期。

张红:《性侵之民事责任》,载《武汉大学学报》(哲学社会科学版)2019 年第 1 期。

张红:《姓名变更规范研究》,载《法学研究》2013 年第 3 期。

张红:《一般人格权:新生人格利益之保护机制》,载《人大法律评论》2018 年第 2 期。

张建文、贾佳:《论我国姓名变更权的法律限制问题》,载《河北法学》2011 年第 3 期。

张莉:《胎儿的准人格地位及其利益保护》,载《政法论坛》2007 年第 4 期。

张平华:《认真对待人格权法律行为》,载《政法论坛》2019 年第 5 期。

张平华:《生命权价值的再探讨》,载《法学杂志》2008 年第 1 期。

张素华:《人格权法独立成编必须正视的几个基本问题》,载《东方法学》2018 年第 2 期。

张新宝、吴婷芳:《姓名的公法规制及制度完善》,载《法制与社会发展》2015 年第 6 期。

张新宝:《〈侵权责任法〉死亡赔偿制度解读》,载《中国法学》2010 年第 3 期。

张新宝:《〈中国民法典·侵权行为法编草案建议稿〉理由概说》,载《私法》2002 年第 2 期。

张新宝:《从隐私到个人信息:利益再衡量的理论与制度安排》,载《中国法学》2015 年第 3 期。

张新宝:《侵害名誉权的损害后果及其民事救济方式探讨》,载《法商研究》(中南政法学院学报)1997 年第 6 期。

张新宝:《隐私权研究》,载《法学研究》1990 年第 3 期。

郑文明:《数字遗忘权的由来、本质及争议》,载《中国社会科学报》2014 年 12 月 3 日,第 B01 版。

郑晓剑:《比例原则在民法上的适用及展开》,载《中国法学》2016 年第 2 期。

郑志峰:《网络社会的被遗忘权研究》,载《法商研究》2015 年第 6 期。

周详:《胎儿“生命权”的确认与刑法保护》,载《法学》2012 年第 8 期。

朱晓峰:《民法典编纂视野下胎儿利益的民法规范——兼评五部民法典建议稿胎儿利益保护条款》,载《法学评论》2016 年第 1 期。

朱晔:《论人身损害赔偿请求权与继承》,载《环球法律评论》2006 年第 2 期。

(三)法律、司法解释以及规范性文件

1. 中国

《宪法》

《民法通则》

《民法总则》

《合同法》

《侵权责任法》

《妇女权益保障法》

《居民身份证法》

《收养法》

《人民警察法》

《人民武装警察法》

《执业医师法》

《英雄烈士保护法》

《广告法》

《网络安全法》

《国家通用语言文字法》

全国人民代表大会常务委员会《关于〈中华人民共和国民法通则〉第九十九条第一款、〈中华人民共和国婚姻法〉第二十二条的解释》

最高人民法院《关于贯彻执行〈中华人民共和国民法通则〉若干问题的意见(试行)》

最高人民法院《关于确定民事侵权精神损害赔偿责任若干问题的解释》

最高人民法院《关于审理名誉权案件若干问题的解答》

最高人民法院《关于审理名誉权案件若干问题的解释》

最高人民法院《关于审理利用信息网络侵害人身权益民事纠纷案件适用法律若干问题的规定》

最高人民法院《关于审理触电人身损害赔偿案件若干问题的解释》

最高人民法院《关于审理旅游纠纷案件适用法律若干问题的规定》

最高人民法院《关于审理人身损害赔偿案件适用法律若干问题的解释》

最高人民法院《关于人民法院民事执行中查封、扣押、冻结财产的规定的司法解释》

《人体器官移植条例》

《征信业管理条例》

《道路交通事故处理办法》(已失效)

《涉及人的生物医学研究伦理审查办法》

《企业名称登记管理规定》

公安部《关于父母一方亡故另一方再婚未成年人子女姓名变更有关问题处理意见的通知》

公安部三局《关于执行户口登记条例的初步意见》

《中国澳门特区民法典》

中国台湾地区"民法"

2. 国外法律/外国法律及国际公约

《埃塞俄比亚民法典》

《德国民法典》

《俄罗斯民法典》

《瑞士民法典》

《意大利民法典》

《澳大利亚儿童和青少年(照管和保护)法》

《儿童权利公约》

《美国儿童在线隐私保护法案》

《法国民法典》

《公民权利和政治权利国际公约》

《魁北克省民法典》

《美洲人权公约》

《欧洲联盟基本权利宪章》

《欧洲人权公约》

《世界人权宣言》

案例索引

图书在版编目(CIP)数据

民法典人格权编立法论 / 张红著. -- 北京 : 法律出版社, 2020
ISBN 978 -7 -5197 -4436 -6

Ⅰ. ①民… Ⅱ. ①张… Ⅲ. ①人格－权利－立法－研究－中国 Ⅳ. ①D923.14

中国版本图书馆 CIP 数据核字(2020)第 066861 号

民法典人格权编立法论
MINFADIAN RENGEQUAN BIAN LIFALUN

张 红 著

责任编辑 郑怡萍
装帧设计 李 瞻

出版 法律出版社
总发行 中国法律图书有限公司
经销 新华书店
印刷 固安华明印业有限公司
责任印制 胡晓雅

编辑统筹 法律教育出版分社
开本 710 毫米×1000 毫米 1/16
印张 23.25
字数 338 千
版本 2020 年 6 月第 1 版
印次 2020 年 6 月第 1 次印刷

法律出版社/北京市丰台区莲花池西里 7 号(100073)
网址/www. lawpress. com. cn
投稿邮箱/info@ lawpress. com. cn
举报维权邮箱/jbwq@ lawpress. com. cn
销售热线/400 -660 -8393
咨询电话/010 -63939796

中国法律图书有限公司/北京市丰台区莲花池西里 7 号(100073)
全国各地中法图分、子公司销售电话:
统一销售客服/400 -660 -8393/6393
第一法律书店/010 -83938432/8433
西安分公司/029 -85330678
重庆分公司/023 -67453036
上海分公司/021 -62071639/1636
深圳分公司/0755 -83072995

书号:ISBN 978 -7 -5197 -4436 -6
定价:68.00 元
(如有缺页或倒装,中国法律图书有限公司负责退换)